ÄWK
Ärztlicher Weiterbildungskreis für Psychotherapie und Psychoanalyse
München - Südbayern e.V.
Haydnstraße 2 · 8000 München 2
Telefon 089/53 71 72

D1667089

Schriften zur anthropologischen und interdisziplinären Forschung in der Medizin
Bd. 1

VIKTOR VON WEIZSÄCKER ZUM 100. GEBURTSTAG

Beiträge zum Symposion der
Universität Heidelberg
(1.–3.5.1986)
sowie der 24. Arbeitstagung des Deutschen
Kollegiums für Psychosomatische Medizin
(5. 3. 1986)
und der 36. Lindauer Psychotherapiewochen
(19. 4. 1986)

Herausgegeben von
P. Hahn und W. Jacob

Springer-Verlag
Berlin Heidelberg New York
London Paris Tokyo

Prof. Dr. P. Hahn
Abt. Innere Medizin II
(Schwerpunkt: Allgemeine Klinische und
Psychosomatische Medizin)
Medizinische Universitätsklinik
Bergheimer Straße 58
D-6900 Heidelberg

Prof. Dr. W. Jacob
Institut für Sozial-
und Arbeitsmedizin
Im Neuenheimer Feld 368
D-6900 Heidelberg

ISBN 3-540-16747-1 Springer-Verlag Berlin Heidelberg New York
ISBN 0-387-16747-1 Springer-Verlag New York Berlin Heidelberg

Dieses Werk ist urheberrechtlich geschützt. Die dadurch begründeten Rechte, insbesondere die der Übersetzung, des Nachdrucks, des Vortrags, der Entnahme von Abbildungen und Tabellen, der Funksendung, der Mikroverfilmung oder der Vervielfältigung auf anderen Wegen und der Speicherung in Datenverarbeitsanlagen, bleiben, auch bei nur auszugsweiser Verwertung, vorbehalten. Eine Vervielfältigung dieses Werkes oder von Teilen dieses Werkes ist auch im Einzelfall nur in den Grenzen der gesetzlichen Bestimmungen des Urheberrechtsgesetzes der Bundesrepublik Deutschland vom 9. September 1985 in der Fassung vom 24. Juni 1985 zulässig. Sie ist grundsätzlich vergütungspflichtig. Zuwiderhandlungen unterliegen den Strafbestimmungen des Urheberrechtsgesetzes.

Die Vergütungsansprüche des § 54, Abs. 2 UrhG werden durch die „Verwertungsgesellschaft Wort", München, wahrgenommen.

© Springer-Verlag Berlin Heidelberg 1987
Printed in Germany

Druck und buchb. Verarbeitung: Beltz-Offsetdruck, 6944 Hemsbach
2119/3140/54321

Vorwort

Den 100. Geburtstag Viktor von Weizsäckers durch ein Symposion zu feiern, das vom 1. bis 3. Mai 1986 im Rahmen der 600-Jahr-Feiern der Universität Heidelberg veranstaltet wurde, dafür gab es mancherlei Anlässe und Gründe. Neben der immer bewegenden Frage, in welcher Weise das geistige Erbe eines so vielseitigen Arztes, Forschers und Denkers in das Gedankengut der Gegenwart aufgenommen oder nicht aufgenommen worden ist, läßt sich die Beteiligung derer, die ihn persönlich kannten oder seine Schüler waren, vielleicht als das wichtigste Ereignis sehen.

Durch vielfache Umstände ist das Werk Viktor von Weizsäckers, des Heidelberger Klinikers und Arztes, der gemeinsam mit seinem Lehrer Ludolf Krehl und seinem Freund Richard Siebeck die „Heidelberger Schule" begründet hat, der heutigen Medizin weitgehend unzugänglich geblieben. Viktor von Weizsäcker wird zwar als der Begründer der deutschen Psychosomatik nach dem Ersten Weltkrieg angesehen und gewürdigt, aber die Rezeption seines Werkes ist weder im deutschsprachigen Raum noch in den europäischen und außereuropäischen Ländern so weit fortgeschritten, daß man von einer internationalen Anerkennung sprechen könnte. Seine Wirkungen in den USA waren zumeist indirekt, vornehmlich vermittelt durch die Bostoner Schule von Erich Lindemann; die Reflektionen der Kollegen aus Spanien und Finnland, aus Japan, Italien und Südamerika zeigen zwar ebenfalls die Suche nach einer Neuorientierung in der Medizin, sind aber vorerst Einzelstimmen geblieben. Dennoch scheint aus einem immer stärker werdenden Bedürfnis zunehmend die Einsicht zu wachsen, daß die gegenwärtige immense Entwicklungskrise der Medizin in komplementären Zusammenhängen verstanden werden muß und einer grundlegenden anthropologischen Besinnung bedarf.

Die zum Teil weit vorausgedachten, aber immer noch unverstandenen Gedankengänge Viktor von Weizsäckers, dem wir im „Gestaltkreis", in der „Anthropologischen Medizin" und in der „Pathosophie" neue Ansätze sowohl für die Allgemeine Medizin als auch für die Theorie der Klinik und für die Psychosomatik verdanken, sind bislang vor allem im Tätigkeitsfeld der ehemaligen Mitarbeiter und deren Nachfolger bewahrt und ausgebaut worden. Die Verstreutheit und der oft beschwerliche Zugang zu den wissenschaftlichen Arbeiten von Weizsäckers haben darüber hinaus ein breiteres Bekanntwerden verhindert. Durch die Neuherausgabe der „Gesammelten Schriften" (Bd. 1 und 2 im Suhrkamp-Verlag, 1986) sowie die Sammlung und zum Teil erstmalige Veröffentlichung von Originalhandschriften und Archivmaterial im Rahmen der begleitenden Ausstellung zum Symposion (Th. Henkelmann, Springer-Verlag, 1986) läßt sich diese Lücke zunehmend schließen.

Mit dem vorliegenden Band, der die „Schriften zur anthropologischen und interdisziplinären Forschung in der Medizin" eröffnet, ist nur ein erster Schritt getan. Das besondere Interesse, mit dem die Öffentlichkeit den Vortragenden des Symposions gefolgt ist, richtet sich auf die Medizin als eine „Allgemeine Wissenschaft vom kranken Menschen". In welcher mannigfaltigen Weise dieses Thema von den Vortragenden und Gesprächsteilnehmern bearbeitet worden ist, zeigt dieser Band. Zahlreiche Beiträge, zustimmende wie kritische Äußerungen früherer Mitarbeiter, Leser und Freunde konnten an dieser Stelle noch nicht berücksichtigt werden. Sie sollen in der nachfolgenden Schriftenreihe veröffentlicht werden.

Die Vielfältigkeit der Standpunkte, mit der sich die heutige Wissenschaft dem Werk Viktor von Weizsäckers annähert, eröffnet neue Perspektiven einer interdisziplinären Forschung in der Medizin. Dank der großzügigen Unterstützung der Robert-Bosch-Stiftung Stuttgart und der tatkräftigen Mithilfe des Springer-Verlages, insbesondere seiner rührigen Mitarbeiter Dr. T. Graf-Baumann sowie H. P. Dörr, läßt sich hier eine Entwicklung mit neuen Ausblicken erkennen. Ein Wort Viktor von Weizsäckers, dessen koan-ähnlicher Tiefsinn im Verlauf des Symposions mehrfach zitiert wurde, wird dem am ehesten gerecht: „Nichts Seelisches hat keinen Leib, nichts Organisches hat keinen Sinn".

Peter Hahn   Wolfgang Jacob

Heidelberg, im Februar 1987

Inhaltsverzeichnis

Symposion

Eröffnungsansprachen und Grußworte

des Rektors der Universität Heidelberg
Prof. Dr. *G. Frhr. zu Putlitz* 1

des Ministers für Wissenschaft und Kunst
des Landes Baden-Württemberg
Prof. Dr. *H. Engler* 3

des Dekans der Medizinischen Gesamtfakultät
der Universität Heidelberg
Prof. Dr. *H.-G. Sonntag* 6

Vorträge (erster Tag)

Viktor v. Weizsäcker zwischen Physik und Philosophie
C. F. v. Weizsäcker 9

Viktor von Weizsäcker und die ärztliche Praxis
P. Laín Entralgo 23

Zwischen Natur und Kunst
H.-G. Gadamer 45

Heidelberger Medizin in Bewegung
H. Schipperges 51

Die Krehlschule aus der Sicht des Pathologen
W. Doerr 61

Der „Gestaltkreis" von Viktor von Weizsäcker
P. Christian 72

Über ärztliche Anthropologie
F. Hartmann 80

Gespräch mit den Vortragenden:
Die „Heidelberger Schule" – Tradition oder Zukunft?
Moderation: *C. F. v. Weizsäcker* 104

Vorträge (zweiter Tag)

Gestaltkreis und Situationskreis
Th. von Uexküll 126

Über den Schwindel bei Viktor von Weizsäcker
D. Janz 132

Therapeia
M. Siirala 140

Anthropologische Medizin
W. Jacob 154

Podiumsgespräch:
Viktor von Weizsäcker – heute
Moderation: *P. Hahn* 160

Schlußwort
C. F. v. Weizsäcker 197

Weitere Beiträge

Die Rezeption des Werkes Viktor von Weizsäckers in Japan
T. Hamanaka 204

Die medizinische Anthropologie Viktor von Weizsäckers:
Ethische Folgen
S. Spinsanti 210

Viktor von Weizsäckers Einfluß in Argentinien
L. A. Chiozza 221

Viktor von Weizsäcker – Leben und Werk heute
P. Hahn 232

Erinnerungen an Viktor von Weizsäcker
D. Sternberger 253

Referentenverzeichnis

ACHILLES, Peter, Dr.
Institut für Klinische Psychotherapie, Universitäts-Kliniken, Haus 2,
D-5650 Homburg/Saar

BRÄUTIGAM, Walter, Prof. Dr.
Psychosomatische Klinik der Universität, Thibautstr. 2,
D-6900 Heidelberg

CHIOZZA, Luis, A., Dr.
Gorostiaga 2104, 1426 Buenos Aires/Argentinien

CHRISTIAN, Paul, Prof. Dr.
Jaspersstr. 2, D-6900 Heidelberg

DOERR, Wilhelm, Prof. Dr. Dres. h.c.
Ludolf-Krehl-Str. 46, D-6900 Heidelberg

ENGLER, Helmut, Prof. Dr.
Ministerium für Wissenschaft und Kunst
des Landes Baden-Württemberg, Postfach 401, D-7000 Stuttgart

GADAMER, Hans-Georg, Prof. Dr.
Am Büchsenackerhang 53, D-6900 Heidelberg-Ziegelhausen

HAHN, Peter, Prof. Dr.
Abteilung Innere Medizin II (Allgemeine Klinische und
Psychosomatische Medizin) der Medizinischen Universitätsklinik,
Bergheimer Str. 58, D-6900 Heidelberg

HAMANAKA, Toshihiko, Prof. Dr.
Psychiatrische und Nervenklinik der Universität 606 Kyoto Sakyo,
Shogoin/Japan

HARTMANN, *Fritz*, Prof. Dr.
Zentrum für Innere Medizin, Medizinische Hochschule,
Postfach 610180, 3000 Hannover 61

HUEBSCHMANN, *Heinrich*, Dr.
Biethstr. 48, D-6900 Heidelberg

JACOB, *Wolfgang*, Prof. Dr.
Institut für Sozial- und Arbeitsmedizin der Universität,
Im Neuenheimer Feld 368, D-6900 Heidelberg

JANZ, *Dieter*, Prof. Dr.
Neurologische Klinik, FU Berlin, Klinikum Charlottenburg,
Spandauer Damm 130, D-1000 Berlin 19

KÜTEMEYER, *Mechthilde*, Dr.
Psychosomatische Abteilung des St. Agatha-Krankenhauses,
Feldgärtenstr. 97, D-5000 Köln 60

LAÍN ENTRALGO, *Pedro*, Prof. Dr.
Ministro Ibanez Martin, 6, 28015 Madrid/Spanien

PUTLITZ, *Gisbert, Frhr. zu*, Prof. Dr.
Rektorat der Universität, Grabengasse 1, D-6900 Heidelberg

RAD, *Michael von*, Prof. Dr.
Institut und Poliklinik für Medizinische Psychologie, Psychosomatik und
Psychotherapie der TU München, Langerstr. 3, D-8000 München 80

SCHIPPERGES, *Heinrich*, Prof. Dr.
Institut für Geschichte der Medizin der Universität,
Im Neuenheimer Feld 305, D-6900 Heidelberg

SIIRALA, *Martti*, Prof. Dr.
Dagmarinkatu 5 B 14 B, SF-00100 Helsinki 10/Finnland

SONNTAG, *Hans-Günther*, Prof. Dr.
Dekanat der Medizinischen Gesamtfakultät der Universität,
Im Neuenheimer Feld 324, D-6900 Heidelberg

SPINSANTI, Sandro, Prof. Dr.
Centro di Terapia Integrativa, Psicologo Clinico, Via Giusti, 3,
I-00185 Roma/Italien

STERNBERGER, Dolf, Prof. Dr.
Rosenhöhe, Schindelhaus, D-6100 Darmstadt

UEXKÜLL, Thure von, Prof. Dr.
Sonnhalde 15, D-7800 Freiburg

WEIZSÄCKER, Carl Friedrich, Frhr. von, Prof. Dr.
Bahnhofsplatz 4, D-8130 Starnberg/Obb.

WIESENHÜTTER, Eckart, Prof. Dr.
Haslpoint 10, D-8185 Kreuth

Begrüßung durch den Rektor der Universität Heidelberg, Prof. Dr. Gisbert Frhr. zu Putlitz

Im Namen der Ruprecht-Karls-Universität Heidelberg und persönlich begrüße ich Sie zu diesem Symposion aus Anlaß des 100. Geburtstages von Viktor von Weizsäcker.

Ich freue mich sehr, daß die Medizinische Klinik der Universität Heidelberg, und hier besonders jene Abteilungen, die sich mit psychosomatischer Medizin und Sozialmedizin beschäftigen, den 100. Geburtstag Viktor von Weizsäckers zum Anlaß genommen haben, sein Leben und sein Werk mit dieser Veranstaltung und mit einer begleitenden Ausstellung zu würdigen. In der Tat, hier wird das Erbe Viktor von Weizsäckers fortgeführt. So danke ich den Kollegen Hahn und Jacob sowie Herrn Eich, aber auch der Robert-Bosch-Stiftung Stuttgart für Organisation und Unterstützung dieser Tagung.

In Viktor von Weizsäcker ehren wir heute einen Mann, der einen wichtigen Teil der Heidelberger Wissenschaftsgeschichte darstellt. Sein Beitrag bestand, wie er es selbst sagte, in der Einführung des Subjekts in die medizinische Wissenschaft und in seinem Einsatz für eine anthropologisch orientierte und soziale Medizin. Nicht immer hat dieser Ansatz die gebührende Würdigung erfahren. In Heidelberg steht er für eine medizinische Tradition, die im Beitrag von Laín Entralgo als „Heidelberger Schule" noch ausführlich gewürdigt werden wird. Diese Heidelberger Schule lebt bis heute in den Schülern Viktor von Weizsäckers fort.

Wie man aus der bemerkenswerten Ausstellung von Materialien zu Leben und Werk Viktor von Weizsäckers erfährt, war er selbst von seiner wissenschaftlichen Leistung nicht immer überzeugt; sein Leben an der Universität hielt er sogar für erfolglos. Seine Äußerung: „In der Wissenschaft benutzen wir weit überwiegend die Erkenntnisse, welche andere Menschen vor uns und mit uns zustande gebracht haben, und der eigene Beitrag ist immer nur ein kleines Stück, welches wir zum Ganzen hinzufügen", ist aber wohl doch von zu großer Bescheidenheit geprägt.

Von Weizsäckers Einbringen neuer Entwicklungslinien in die Heidelberger Medizin ist ein wichtiges Kapitel der Heidelberger Universitätsgeschichte. Dieses akademische Leben in den ersten Jahrzehnten unseres

Jahrhunderts, der produktivsten Zeit von Weizsäckers, war durch das lebhafte wissenschaftliche Gespräch über die Disziplinen hinweg gekennzeichnet. Hier in Heidelberg herrschte das richtige Klima für interdisziplinäre Gedanken. Der Gesprächskreis um Max und Marianne Weber, an dem Gelehrte wie Georg Jellinek, Ernst Troeltsch, Edgar und Else Jaffé und Carl Neumann, aber auch Gothein, Voßler, Lask, Radbruch, Gundolf, Jaspers, Bloch und Lukács teilnahmen, kann hier ebenso als Beispiel gelten wie der Kreis um Stefan George und Gundolf oder um den Kunsthistoriker Henry Thode. Hier wurde intensiver geistiger Austausch gepflegt. Dolf Sternberger, selbst ein Schüler von Weizsäckers, sprach kürzlich im Rahmen unseres Studium generale im Jubiläumsjahr über seine 20er Jahre in Heidelberg und beschrieb deren Grundton und Hauptthema als eine Philosophie der Kommunikation und als ein Leben in der Intimität. Diese „Entdeckung des Dialogs als Lebensprinzip", wie Sternberger es nannte, schuf vor dem Ersten Weltkrieg und in den 20er Jahren in Heidelberg eine einmalige Atmosphäre des geistigen Austausches, der Liberalität und Weltoffenheit.

Auch in Viktor von Weizsäckers Werk findet sich diese interdisziplinäre Befruchtung wieder. Physiologische und neurologische Arbeiten erhielten grundlegende Impulse aus der Philosophie, in die Erkenntnisse aus der Physik und, in geringerem Maße, aus der Theologie eingeflossen waren. Windelband und Rickert übten einen prägenden Einfluß auf ihn aus. In Lektüreabenden zur Anthropologie des Philosophen und Physikers Jakob Friedrich Fries traf sich von Weizsäcker mit dem späteren Nobelpreisträger Meyerhof und dem Mediziner Arthur Kronfeld, zu dessen 100. Geburtstag die Psychiatrische Klinik der Universität übrigens gegenwärtig eine Ausstellung veranstaltet.

Aber das, was in den 20er Jahren als „Heidelberger Geist" bekannt wurde, wandelte sich in den 30er Jahren zum „Heidelberger Ungeist". Eine liberale Universität verlor 30% ihres Lehrkörpers, der alsbald nach dem Gesichtspunkt der Linientreue aufgefüllt wurde. Hierdurch verdoppelte sich der Schaden. Viktor von Weizsäckers Leben und Werk selbst zeigt die Spuren des tiefen Einschnitts, der sich durch die nationalsozialistische Gleichschaltungs- und Säuberungsaktion in die deutsche Wissenschaftsgeschichte einprägte.

Es ist eine große Ehre und Freude für die Universität, daß dieses Symposion zum 100. Geburtstag Viktor von Weizsäckers in ihrem Jubiläumsjahr stattfindet. Es ist ein faszinierendes Erlebnis, durch die bisher in dieser Form nicht zugänglichen Materialien zum Leben und Werk von Weizsäckers und durch die folgenden Vorträge einen näheren Zugang zu Viktor von Weizsäcker zu finden.

Begrüßung durch den Minister für Wissenschaft und Kunst des Landes Baden-Württemberg, Prof. Dr. Helmut Engler

„Um Lebendes zu erforschen, muß man sich am Leben beteiligen... Am Anfang jeder Lebenswissenschaft steht nicht der Anfang des Lebens selbst; sondern die Wissenschaft hat mit dem Erwachen des Fragens mitten im Leben angefangen.

Der Absprung der Wissenschaft vom Leben ähnelt also dem Erwachen aus dem Schlaf. Man sollte daher nicht, wie oft geschehen ist, mit dem unbelebten Stoff oder dem Toten anfangen, etwa durch Aufzählen der in den Organismen vorkommenden chemischen Elemente. Das Lebende entsteht nicht aus dem Toten... das Leben selbst stirbt nicht; nur die einzelnen Lebewesen sterben. Der Tod der Individuen aber begrenzt, besondert und erneut das Leben. Sterben bedeutet Wandlung ermöglichen. Der Tod ist nicht der Gegensatz zum Leben, sondern der Gegenspieler der Zeugung und Geburt; Geburt und Tod verhalten sich wie Rückseite und Vorderseite des Lebens, nicht wie logisch einander ausschließende Gegensätze. Leben ist: Geburt *und* Tod."

In diesen Sätzen, die dem Vorwort der 1. Auflage des 1940 erschienenen „Gestaltkreises" von Viktor von Weizsäcker entnommen sind, kann man eine Art programmatische Leitlinie sehen, die sein ganzes wissenschaftliches Werk durchzieht. Das Leben erschließt sich nur in der Gesamtheit seines Ablaufs. Die Frage nach der Schöpfung und damit das Verhältnis zur Theologie wird scheinbar ausgeklammert, und doch zeigt gerade die Biographie Viktor von Weizsäckers – und dies bedeutet eine unmittelbare Anwendung seiner wissenschaftlichen Erkenntnisse auf sein eigenes Leben –, daß ihn auch die Fragen nach dem Grund des Lebens und damit nach der Schöpfung im Innersten bewegt haben, wie dies Martin Buber, Hans Ehrenberg und Richard Siebeck in der 1956 erschienenen Freundesgabe zu seinem 70. Geburtstag dargestellt haben.

Die Bedeutung des Lebenswerks von Viktor von Weizsäcker liegt darin, daß er versucht hat, eine rein naturwissenschaftliche Betrachtung des Lebens abzulösen durch eine Gesamtschau der Erscheinungsformen menschlichen Lebens, von Krankheit und Tod, bei der Aspekte der Teilwissenschaften der Medizin, Chemie, Biologie, Physik, Philosophie, aber auch der Theologie zu einer Synthese zusammengefaßt werden. Die rein naturwissenschaftlich orientierte Medizin wird ersetzt durch eine anthropologische Medizin.

Viktor von Weizsäcker ist diesen Weg der Neuorientierung in der Medizin nicht allein und nicht als erster gegangen, kann aber als der Vollender dieser Idee bezeichnet werden, deren Vertreter unter dem Begriff der „Heidelberger Schule" bekannt sind. Das Symposion zu Ehren von Viktor von Weizsäcker ist damit gleichzeitig auch eine Würdigung dieser Heidelberger Schule, die einen bedeutenden Platz in der Wissenschaftsgeschichte des 20. Jahrhunderts einnimmt und untrennbar mit dem Namen der Universität Heidelberg verbunden ist.

Als die herausragenden Repräsentanten dieser „Heidelberger Schule" gelten Ludolf Krehl, Richard Siebeck und natürlich Viktor von Weizsäcker. Schon Ludolf Krehl, der akademische und medizinische Lehrer der beiden anderen, bemühte sich, die monokausale Betrachtung der Krankheit als ein rein organbezogenes lokales Geschehen im Körper zu überwinden. Berühmt ist der Satz von Ludolf Krehl: „Krankheiten als solche gibt es nicht, wir kennen nur kranke Menschen." In den Mittelpunkt rückt damit nicht die einzelne Krankheit, sondern der kranke Mensch als Gesamtpersönlichkeit, dessen gesamte subjektive Situation, insbesondere auch seine seelische, berücksichtigt werden muß. 30 Jahre lang stand Viktor von Weizsäcker in enger Verbindung mit Ludolf Krehl, zunächst als Student, dann als Assistent, schließlich als Kollege und als Freund. Auf Ludolf Krehl als wissenschaftlichen Lehrmeister gehen verschiedene Anstöße zurück, aus denen Viktor von Weizsäcker später sein philosophisch-wissenschaftliches System entwickelt hat, das wir heute als medizinische Anthropologie bezeichnen. Viktor von Weizsäcker wurde dabei auch wesentlich von Sigmund Freud beeinflußt, dessen Lehre er fortentwickelt hat, indem er zeigte, daß auch somatische Erkrankungen ihre Ursachen in psychischen Konflikten haben können.

Viktor von Weizsäcker gilt insoweit als einer der Väter der Psychosomatik. Er ist jedoch noch einen Schritt weiter gegangen. In seinem vielleicht wichtigsten Werk, dem „Gestaltkreis", in dem er die „Einheit von Wahrnehmen und Bewegen" als Theorie begründet, stellt er in den Mittelpunkt die Wechselwirkung zwischen externen und internen Prozessen, einmal im Verhältnis zwischen dem „Ich" und der „Umwelt" und daneben im Verhältnis zwischen Leib und Seele. Dabei zeigt Viktor von Weizsäcker auf, daß es nicht nur eine geradlinige Wirkung von Kausalität oder eine parallele Wirkung mehrerer Kausalitäten gibt, sondern daß auch eine kreisförmige Ordnung denkbar erscheint, „bei der jedes der beiden Glieder aufs andere wirkt". Viktor von Weizsäcker entwickelt damit die Theorie einer Art biologischen Regelkreises, eines Regelkreises, wie er zur gleichen Zeit als technisches System entwickelt wird. Krankheit ist damit für Viktor von Weizsäcker verbunden mit vielfältigen, bei dem einzelnen Individuum unterschiedlich wirksamen Ereignissen seiner

Lebensgeschichte, der Biographie, und führt letztlich auch zur Frage nach dem finalen Sinn von Krankheit für den kranken Menschen. Viktor von Weizsäcker hat mit seinem Lebenswerk den Blick auf ein bedeutendes wissenschaftliches Feld geöffnet. Für die Beantwortung der daraus resultierenden großen Fragen war der Zeitraum eines Lebens zu kurz. Die Beantwortung dieser Fragen müssen wir als sein Vermächtnis, als Aufgabe und Verpflichtung betrachten. Ich sehe dieses Symposion als einen Ausdruck des Bemühens, dieser Aufgabe schrittweise gerecht zu werden.

Begrüßung durch den Dekan der Medizinischen Gesamtfakultät, Prof. Dr. Hans-Günther Sonntag

Ich bin mir der großen Ehre bewußt, als Dekan der Medizinischen Gesamtfakultät der Universität Heidelberg Sie anläßlich des Symposions zum 100. Geburtstag von Viktor von Weizsäcker begrüßen zu dürfen.

Dies ist nicht unbedingt als selbstverständlich anzusehen, gibt es doch sicher andere Fakultäten, so insbesondere die Philosophische Fakultät, die Viktor von Weizsäcker als ihr Mitglied beanspruchen könnten, und die Auswahl der Vortragenden mit Carl Friedrich von Weizsäcker, H.-G. Gadamer und Th. von Uexküll macht deutlich, daß es sich hier nicht um eine medizininterne Veranstaltung handelt.

Ließe sich über die Zuordnung von Viktor von Weizsäcker in die eine oder andere Fakultät noch diskutieren, so ist seine Bedeutung für die Medizin unbestritten. Er selbst hat seine Bemühungen um „neue Medizin" 1955 unter der Überschrift „Meines Lebens hauptsächlichste Bemühungen" wie folgt zusammengefaßt:

„Der Versuch, die methodischen Grundlagen der Medizin neu und radikal zu durchdenken, die Formulierung eines anthropologischen Zuganges für die Realität des klinischen Alltags, die sog. Einführung des Subjektes in die Medizin und damit die Einführung der in diesem Sinne verstandenen wissenschaftlichen Psychologie und Soziologie in die medizinische Forschung sollte nicht allein dazu bestimmt sein, eine kleinere Gruppe seelischer Erkrankungen genauer erkennen und behandeln zu lernen, sondern es sollten neue Möglichkeiten erschlossen werden zur Beantwortung der Fragen, in welcher Weise jede Krankheit, die der Haut, der Lunge, des Herzens, der Leber und der Niere auch von seelischer Natur sein könnten. Damit ist für die medizinische Aus- und Weiterbildung keine zusätzliche Vermehrung der Fächer gemeint, sondern eine Veränderung der bisherigen Fächer selbst, und zwar aufgrund der Erkenntnis, die materielle Substanz des organischen menschlichen Körpers sei etwas anderes als das, was die Physiologie bisher gelehrt hatte" (Hahn 1986).

Auch wenn diese Vorstellungen einer „neuen Medizin" sich bei Viktor von Weizsäcker in einer fundierten experimentellen Tätigkeit als Physiologe und in einer breiten klinischen Erfahrung als Arzt und Internist begründen lassen – er hat sich niemals primär als Psychotherapeut gefühlt –, so blieb die Anerkennung aus. Bei einem mehr oder minder indifferenten Verhalten der psychosomatisch und psychotherapeutisch Engagierten wandten sich die Internisten zusehends von ihm ab, und er kommt in seiner Biographie zu der Aussage: „Mein Leben ist also zum großen Teil an der Universität erfolglos verlaufen."

Dieser eher negativen eigenen Bewertung seines Wirkens können für die Medizinische Fakultät der Universität Heidelberg positive Entwicklungen zumindest hinsichtlich der Institutionalisierung der Psychosomatik entgegengesetzt werden. Unter dem Direktorium von Siebeck übernahm Viktor von Weizsäcker selbst noch 1946 den Lehrstuhl für „Allgemeine Klinische Medizin", auf dem er konsequent seine Vorstellungen zu realisieren versuchte. Ganz wesentlich aufgrund seiner Initiative wurde 1949 Deutschlands erste Psychosomatische Klinik in Heidelberg begründet und A. Mitscherlich als deren erster ärztlicher Direktor berufen. 1967 hat Bräutigam die Nachfolge Mitscherlichs angetreten.

Nach der Emeritierung von Viktor von Weizsäcker 1952 und einem Interregnum durch P. Christian und W. Kütemeyer wurde 1958 Paul Christian als Nachfolger Viktor von Weizsäckers auf den Lehrstuhl für „Allgemeine Klinische Medizin" berufen, nachdem das Land Baden-Württemberg und die Medizinische Fakultät der Universität Heidelberg Wertigkeit und Bedeutung des Erbes von Viktor von Weizsäcker insbesondere durch ein Memorandum festgelegt hatten.

Die Aufgaben für diesen Lehrstuhl sollten bestehen:
1. In einer klinischen Methodenlehre, wie sie sich aus der Gegenüberstellung naturwissenschaftlicher, psychologischer und philosophischer Methoden in ihrer Anwendung auf medizinische Substrate ergibt;
2. in der Erforschung ökologischer und soziologischer Bedingungen der Krankheit;
3. in der Durchführung experimenteller Forschung, die der Struktur des Zusammenhanges von Morphologischem und Funktionellem gilt;
4. in einer Grundlagenforschung, soweit sie das Thema einer medizinischen Anthropologie betrifft, und schließlich
5. im Studium des Wesens des Arzt-Patienten-Verhältnisses (Hahn 1980).

Neben der medizinischen Anthropologie, vertreten durch Paul Christian, entwickelten sich in der Folgezeit ein psychotherapeutischer und psychosomatischer, ein experimentell-biometrischer und ein sozial-medizinischer Schwerpunkt, was dann im Gefolge der Differenzierung 1977 dazu führte, daß neben der Psychosomatischen Klinik (Bräutigam) eine selbständige, sozial-epidemiologische Abteilung unter Nüssel etabliert und auch die Allgemeinmedizin als eigene Fachrichtung mit einem Lehrauftrag (Mattern) integriert wurde. Damit konnte in der Abteilung „Allgemeine Klinische und Psychosomatische Medizin", als deren ärztlicher Direktor 1979 Peter Hahn berufen wurde, eine schwerpunktmäßige Behandlung klinischer und experimenteller Probleme vorgenommen und die Entwicklung eines eigenen Stils klinischer Psychosomatik gefördert werden.

So läßt sich feststellen, daß das Bemühen Viktor von Weizsäckers, in der Schulmedizin Raum zu schaffen für seine „neue Medizin", in der Form der Etablierung von Institutionen wohl Erfolg gezeitigt hat, und dies ist sicher ein guter Grund, den 100. Geburtstag von Viktor von Weizsäcker zu feiern. Es darf jedoch nicht verkannt werden, daß die von Viktor von Weizsäcker dargestellten Inhalte seiner „neuen Medizin", d. h. der ganzheitlichen Betrachtung des Patienten, heute eher denn je aktuell sind und einer Lösung bedürfen. Getreu dem Wahlspruch unserer Universität für die 600-Jahr-Feier gilt daher auch für dieses Symposion: „Aus Tradition in die Zukunft".

Viktor v. Weizsäcker zwischen Physik und Philosophie

Carl Friedrich v. Weizsäcker

Wir feiern den hundertsten Geburtstag von Viktor v. Weizsäcker. Was heißt hier „feiern"?

Wir feiern nicht einen Besitz unserer Gegenwart, denn wir besitzen Viktor v. Weizsäcker nicht, er ist nur wenigen bekannt; wir pflegen auch nicht Pietät gegen die Vergangenheit, obwohl die pietätvolle Erinnerung heute gewiß zu Wort kommen darf. Wir fordern vielmehr zu einer Anstrengung für die Zukunft auf. Denn wir werden in unserer eigenen Zukunft genau das nötig haben, woran Viktor v. Weizsäcker ein Leben lang gearbeitet hat.

Ich wage so zu sprechen, obwohl ich unter dem Verdacht verwandtschaftlicher Voreingenommenheit stehe. Die verwandtschaftliche Beziehung hat mir durch sieben Jahrzehnte wiederholte Begegnungen mit ihm und seinem Werk eingetragen, lernende, kritische, aufs neue lernende Begegnungen. Deshalb kann und muß ich heute wohlerwogen sagen: Wenn wir ihn jetzt wieder zu lesen beginnen, so geht es dabei um unsere eigene Zukunft.

Eine Gedächtnistagung kann dazu nur einen Anstoß geben. Die Herausgabe seiner Schriften, die soeben begonnen hat, wird das Arbeitsmaterial wieder zugänglich machen. Ein Vortrag wie der meine kann nur eine Faser im Geflecht der Tagung und der künftigen Arbeit sein. Ich teile den Vortrag in fünf Kapitel ein:

1. Der Arzt
2. Der Mann
3. Zwischen Physik und Philosophie
4. Zwischen Logik und Theologie
5. Zwischen Neuzeit und Religion.

1. Der Arzt

Viktor v. Weizsäcker war Arzt. An die Ärzte und an die medizinische Wissenschaft wendet sich zuerst und vor allem die Aufforderung, kennenzulernen und ernstzunehmen, was er gedacht und getan hat. Ich selbst bin nicht Arzt. Aber die Gewichtsverteilung meines Vortrags wäre falsch, wenn ich nicht mit der ärztlichen Aufgabe begänne.

Sein Konzept heißt anthropologische Medizin. Seiner Medizin geht es um den Menschen, den ganzen Menschen. Darin liegt die Einheit von Wirklichkeiten, die historisch in scheinbar getrennte Bereiche zerlegt worden sind. Es geht um die Einheit von Leib und Seele, um die Zusammengehörigkeit von Krankheit und Biographie, um die Kontinuität von Bewußtem und Unbewußtem, um die Verflochtenheit der Biographie des Kranken in die Gesellschaft. Es geht um die Partnerschaft zwischen dem Kranken und dem Arzt. Es geht deshalb um die Zusammengehörigkeit aller dieser Bereiche für den Arzt. Denn die Krankheit ist da, und sie fragt nicht danach, ob der Arzt wissenschaftliche Skrupel hat, sondern ob er, um zu helfen, ihren Ursachen und ihrem Sinn nachzuspüren vermag, wo immer diese Ursachen und dieser Sinn liegen mögen.

Ich habe vier Problemkreise genannt. Allgemein die Einheit der Spezialbereiche überhaupt. Im besonderen die Einheit von Leib und Seele, von Krankheit und Biographie, von Bewußtem und Unbewußtem, von Biographie und Gesellschaft.

Die Einheit der Spezialbereiche als Aufgabe. Dieses Problem teilt die Entwicklung der Medizin mit der historischen Entwicklung aller Wissenschaften. Die Trennung der Spezialbereiche ist eine Folge der Begrenztheit unserer intellektuellen Kräfte. Man sollte alles wissen, aber man kann es nicht. Die äußere Lösung ist, wie überall in der Gesellschaft, die Arbeitsteilung. In der Medizin unserer Jahrzehnte hat diese Lösung die Gestalt des Übergewichts der Fachärzte und der vor allem in Amerika entwickelten großen Kliniken mit Spezialistenteams. In der Tat ist die Kooperation der Spezialisten die einzige gesellschaftlich realisierbare Form der Lösung. Aber sie hat zwei Schwächen:

Sie ist ein Privileg der Reichen – der reichen Leute oder zum mindesten der reichen Länder. Und die Arbeitsteilung erzeugt allzu leicht die Ideologie, die Spezialbereiche seien nicht nur Folgen unserer begrenzten Denkfähigkeit, sondern sie seien getrennte Realitäten. Damit entsteht die Gefahr, daß im medizinischen Techniker der Arzt verkümmert. Der Satz „das Ärztliche versteht sich immer von selbst" deckt einerseits zwar den Heroismus der engagierten Ärzte, andererseits aber die Gewissensberuhigung der Routine. Weizsäckers anthropologische Medizin hingegen sollte nicht bloß eine ärztliche Gesinnung pflegen. Sie sollte die Einheit der Bereiche ausdrücklich und im Detail durchdenken. Das ist Anthropologie, d. h. Wissen vom Menschen.

Die Einheit von Leib und Seele. Auf das philosophische Problem komme ich im dritten Kapitel zurück. Hier geht es zunächst um das konkret

Medizinische. Weizsäcker gilt mit Recht als einer der Väter der psychosomatischen Medizin. Aber wir müssen nachvollziehen, was er darunter verstand. Psychosomatische Medizin war für ihn nicht ein weiterer Spezialbereich, sondern eine Auffassung der ganzen Medizin. Daß gewisse somatische Krankheiten psychisch ausgelöst sind, wie etwa die von ihm beobachtete psychogene Angina, war für ihn nur ein Demonstrationsbeispiel. Spiegelbildlich könnte man da die somatogenen psychischen Störungen anführen. Es handelt sich aber nicht um gegenseitige Einwirkung zweier unabhängiger Prozesse. Es handelt sich eher um gegenseitige Vertretung und Verborgenheit zweier Aspekte des menschlichen Lebens. Wenn, um im Beispiel zu bleiben, die psychische Krise reif ist, markiert die somatische Krankheit die Krise.

Es handelt sich also um die Zusammengehörigkeit von Krankheit und Biographie. Die psychosomatische Frage an ein Symptom: „Warum gerade hier?", „Warum gerade jetzt?" fragt offenkundig nach dem Sinn der Krankheit im Leben des Patienten. Die übliche Meinung, welche eine Krankheit wie einen äußerlichen Betriebsunfall sieht, dokumentiert nur die gegenseitige Verborgenheit von Soma und Psyche. In der menschlichen Biographie sind die Krisen lebenswichtige markierende Phänomene; ohne Krise keine Reifung. „Krise" ist ein Zentralbegriff anthropologischer Medizin.

Verborgenheit und Vertretung heißt Zusammenhang zwischen Bewußtem und Unbewußtem. Weizsäcker war einer der ersten Mediziner, die Freud ernstnahmen. Für Weizsäcker rücken dabei Leib und unbewußte Seele nahe aneinander. „Körpergeschehen und Neurose" ist der Titel seiner Angina-Arbeit. Freud hatte umgekehrt die Psyche, die er bis in ihre tief unbewußten Schichten verstehend zu durchdringen suchte, von dem ihm aus dem 19. Jahrhundert überlieferten Bild des Körpers als Maschine methodisch möglichst weit abgerückt. Für Weizsäcker war der Leib selbst Sinnträger, oft „klüger als das Bewußtsein"; so konnte er Leib und Unbewußtes wieder zusammenrücken.

Die Biographie jedes Menschen aber ist in die Gesellschaft verflochten und ohne sie unverständlich. Medizinisch hat v. Weizsäcker hiervon vor allem in seinen Arbeiten zur Rentenneurose Gebrauch gemacht. Eine mechanische Rentengesetzgebung kann den physisch Geschädigten nötigen, geschädigt zu bleiben, um die Rente nicht zu verlieren, obwohl er eine richtig ausgewählte Arbeit sehr wohl verrichten könnte. Insofern die Gesellschaft, in diesem Falle durch Text und Praxis der Rechtsnormen, so im Individuum eine psychisch bedingte Krankheit erzeugt, muß die Gesellschaft selbst als krank bezeichnet werden. „Krankheit der Gesellschaft" ist dann keine illegitime medizinische Metapher der Gesellschaftskritik. Wenn man eine funktionale Definition von Krankheit hat, darf man den

Ausdruck wörtlich verstehen. Dieselbe gegenseitige Verborgenheit von Motiv und Wirkung spielt in der Gesellschaft wie im psycho-physischen Organismus des Individuums.

Was ich soeben anzudeuten versucht habe, ist ein umfassender, wie es scheint konsistenter theoretischer Entwurf, eine allgemeine Krankheitslehre. Ich mußte mich dabei fast nur auf eine Nennung ihrer Grundbegriffe beschränken; sie werden in unserer Tagung weit ausgebreitet werden. Mein Vortrag ist ein Versuch, seine Philosophie zu verstehen, ohne welche diese Krankheitslehre nicht entstanden wäre. In dieser Philosophie aber spricht sich die Wahrnehmungsfähigkeit eines Menschen aus.

2. *Der Mann*

Über die Biographie Viktor v. Weizsäckers spreche ich zuerst in einem objektiven, dann in einem subjektiven Teil.

Aus den objektiven Daten seines Lebens hebe ich nur ein paar Züge heraus, die zum Verständnis seines Denkens beitragen können. Jedem Interessierten möchte ich die Lektüre seiner beiden autobiographisch angelegten Bücher „Natur und Geist" und „Begegnungen und Entscheidungen" dringend anraten. Beide sind unter dem Eindruck des Endes des Zweiten Weltkrieges geschrieben, das erste 1944 in Breslau, das zweite im Sommer 1945 in amerikanischer Gefangenschaft. Das erste ist die Geschichte seiner medizinischen Ausbildung und Arbeit. Das zweite ist ein grundsätzliches Buch, man darf sagen seine Religionsphilosophie, eingeleitet durch die Geschichte des religiösen Denkens in den deutschen akademischen Kreisen, in denen er sein Leben verbracht hat. Beide schildern seine frühere Umwelt deutlich und spannend; beide aber spiegeln zugleich die apokalyptische Befreiung des Kriegsendes.

Die Jugend war nicht apokalyptisch, sondern bürgerlich. Er wurde am 21. April 1886 in Stuttgart geboren. Sein Vater, Jurist, war württembergischer Ministerialbeamter und wurde schließlich der letzte königlich württembergische Ministerpräsident, ein lebhafter, illusionsloser politischer Kopf, der den Kriegsbeginn am 1. August 1914 mit einem Verzweiflungsausbruch quittierte: „Dieser Krieg endet mit einer Revolution." Die Mutter, Paula v. Meibom, auch sie ein Juristenkind, war klug, von leiser, gütiger Skepsis, diesem begabten und besonderen Sohn zeitlebens verstehend zugewandt. Viktor war ein sehr zartes Kind, aber er wuchs zu einem physisch kräftigen, großen Mann heran. Er sah sich stets als Nachkomme von Theologen und Juristen. Er studierte Medizin. Als Physiologe war er Schüler von Kries, schrieb anerkannte Arbeiten zur Herzphysiologie. Er wandte sich aber der inneren Klinik als Schüler Krehls zu und blieb in

Heidelberg. In den Ausbildungsjahren pflegte er einen philosophischen Freundeskreis, um den südwestdeutschen Neukantianismus und das aufkommende Junghegelianertum geschart. Die bewegende Frage aber war die religiöse; Franz Rosenzweig war vielleicht der wichtigste Partner. Bei einem Ausbildungsaufenthalt in Berlin besuchte er Reichstagssitzungen und war tief beeindruckt von August Bebel – eine Richtung, die ihn politisch von seinem Vater distanzierte.

Den Ersten Weltkrieg verbrachte er als Sanitätsoffizier an der Westfront. Wie eine ganze Generation kam er verwandelt aus dem Krieg zurück. Er hatte schon die akademische Laufbahn eingeschlagen. Er heiratete Olympia Curtius. Ihr Großvater, Ernst Curtius, hatte den Tempelbezirk von Olympia ausgegraben, ihr Bruder war der große Romanist Ernst Robert Curtius, ihr Neffe war Georg Picht. Die Einheit der antiken und der christlichen Kultur in moderner Liberalität war Mitgift ihrer Familie, zugewandte schöne Menschlichkeit ihre persönliche Gabe.

Seinen Weg in der Medizin wird Herr Laín Entralgo sachverständiger schildern, als ich es könnte. Ich sage nur, daß er sich aus der angestrebten inneren Medizin in die Neurologie als ein freilich wichtiges Spezialfach abgedrängt fühlte, auch als er Nachfolger Otfried Försters in Breslau wurde.

Bitter waren die letzten anderthalb Jahrzehnte seines Lebens. Der Zweite Weltkrieg raubte ihm seine beiden Söhne, die Nachkriegszeit die ältere Tochter. In Breslau verlor er Haus und Bibliothek. Die später erneute Heidelberger Lehrtätigkeit endete in langer, lähmender Krankheit. Siebzigjährig starb er am 8. Januar 1957.

Seine Subjektivität, seine Wahrnehmungsfähigkeit, kann ich nur so schildern, wie ich selbst sie subjektiv wahrgenommen habe; ich erlaube mir, anekdotische Züge einzumischen.

Mein Vater, Ernst Weizsäcker, war sein älterer Bruder. Ich möchte hier ein Wort über meinen Vater sagen. Ihm verdanke ich seit der Kindheit die Weitergabe der Tradition nüchternen, an die Aufgabe hingegebenen politischen Denkens. Ihm verdanke ich die rechtzeitige Warnung vor Hitler. Ihm verdanke ich die prägende Erfahrung eines verzweifelten Einsatzes für den Frieden. Ich wurde nach dem Krieg Zeuge des entsetzlichen Mißverständnisses einer Anklage für die Mitschuld an dem, was zu verhindern ihm nicht gelungen war. Sich durfte er im Alter fragen, ob er auch sein Leben und seine Familie hätte opfern sollen; anklagen durften ihn die anderen nicht.

In den geistigen Bereichen, in Wissenschaft, Philosophie, Religion, war Viktor mir fast ein Vater. Wir haben geographisch nie am selben Ort gelebt. Unsere Begegnungen waren wie sporadische Blitze, aber sie erhellten eine gemeinsame geistige Heimat. Ein einzelnes aphoristisches Wort von ihm konnte mich jahrzehntelang beschäftigen. So wenn er mir, dem von eigenen Theorien erfüllten Gymnasiasten, kurz sagte: „Sei net so g'scheit!" Oder dem jungen Physiker: „Du, ich glaub', das Kausalgesetz, das ist eine Neurose." Oder schon in seiner letzten Krankheit, als ich mich mit Quantenlogik beschäftigte: „Der Kütemeyer hat mir erzählt, du wollest die Logik ändern. Das kann man nicht. Das Antilogische kann man erleben, z. B. bei einer Frau. Aber die Logik kann man nicht ändern."

Ich kenne Viktor nicht anders als mit diesem Einschuß stets wacher Skepsis, gegen die anderen und gegen sich selbst. Sein Bruder Ernst war bescheiden und darum den größten Teil seines Lebens mehr mit sich im Einklang. Viktor hatte den großen geistigen Ehrgeiz. Niemand von uns hat sich selbst gemacht. Ich habe eine Kindheitsphotographie der drei Brüder: zwischen den beiden normalen Schulbuben Karl und Ernst streckt sich in weißem Kittel der vielleicht 5jährige Viktor hoch hinaus, blitzgescheit blickend. Nur mit dem großen geistigen Ehrgeiz konnte man ein Konzept wie die anthropologische Medizin entwerfen. Davon sagt er im ersten Erinnerungsbuch (V. v. Weizsäcker 1954): „Das Thema..., nämlich die Sinndeutung der organischen Krankheiten, erwartet einen Genius und wird auf ihn warten müssen." Aus dem unzureichenden eigenen Erfolg in diesem Feld zieht er ebenda die Folgerung, „daß ich keine reine Forschernatur bin und daß die Großmacht der Genialität mir nicht übertragen war".

Im zweiten Erinnerungsbuch (V. v. Weizsäcker 1949) sagt er: „Überhaupt scheint mir das menschliche Leben sich aus einer Anzahl von inneren Krisen zusammenzusetzen...", und über seine eigenen Krisen fährt er fort: „... so kann ich aussagen, daß mir die frühesten, in früher Kindheit aufkommenden, die religiösen gewesen zu sein scheinen; es folgen die erotischen oder geschlechwn die erotischen oder geschlechtlichen. Was dann kommt, kann man soziale oder politische und schließlich berufliche oder Lebensaufgaben-Krisen nennen." Und, ein in seinen Schriften wiederkehrendes Thema: „Sehende Nächstenliebe, soweit wir ihrer überhaupt fähig sind, lernen wir nur durch eigenes Leiden. Wer das Leben verstehen will, muß sich am Leben beteiligen."

Hundert Anekdoten könnte ich von ihm erzählen, viele heiter, fast jede schwäbisch hintersinnig. Ich muß darauf verzichten.

Ein unvergeßlicher Mann.

3. Zwischen Physik und Philosophie

Den Titel dieses Kapitels habe ich zugleich zum Titel des Vortrags gemacht. Welche Philosophie mußte man entwerfen, wenn man die anthropologische Medizin als ein wahres, ein der Wirklichkeit gemäßes Konzept erkennen wollte?

Der Name Physik steht in diesem Titel stellvertretend für die gesamte Denkweise der neuzeitlichen Naturwissenschaft, deren Zentraldisziplin eben die Physik ist. Er steht also insbesondere auch für die Denk- und Handlungsweise der naturwissenschaftlichen Medizin, die den menschlichen Körper als einen physikalischen Gegenstand beschreibt, freilich einen sehr besonderen, hoch-zweckmäßigen, einer jahremilliardenlangen Evolution verdankten. Der Name Philosophie steht nicht für eine philosophische Schule oder ein philosophisches System. Philosophieren heißt weiterdenken, also die sonst ungestellten Fragen wirklich stellen. Philosophie ist ihrem Wesen nach die sokratische Rückfrage: „Verstehst du eigentlich, was du selber sagst?" Der Titel „Zwischen Physik und Philosophie" bezeichnet dann die Spannung, in der sich Weizsäckers grundsätzliches Denken zeitlebens bewegt hat: zwischen dem Weltbild der klassischen Physik, in dem er als junger Mediziner erzogen wurde und das heute noch in der Medizin herrscht, und seiner eigenen sokratischen Rückfrage: „Weiß ich, wißt ihr eigentlich, wovon wir reden, wenn wir vom Menschen oder von der Natur reden?"

Eine so rückfragende Philosophie kann man kaum abgekürzt darstellen. Ihr Dialog mit Partnern und Gegnern, und zumal ihre innere Dialektik, platonisch gesagt das Gespräch der Seele mit sich selbst, muß nachvollzogen werden. Dieses Gespräch ist in vielen Schriften Weizsäckers dokumentiert. Ich trete nicht als Berichterstatter auf, sondern als andeutender Exeget, dann und wann als sympathisierender Kritiker, und vor allem als Anwalt des Autors. Anwalt gegen noch heute bestehende Vorurteile, die nicht gegen ihn gerichtet sind, sondern die ihn ignorieren, da sie in der Richtung, in die er schaut, eine Wand des Selbstschutzes errichtet haben. Es ist die Auffassung von Philosophie als Feiertagsgeschäft. Es ist damit aber zugleich die Blindheit gegenüber Phänomenen, die jeder Arzt an jedem Patienten wahrnehmen könnte. Denn die rückfragende Philosophie fragt nach dem, was offen zutage liegt.

Weizsäckers zentrales theoretisches Buch heißt „Der Gestaltkreis. Theorie der Einheit von Wahrnehmen und Bewegen" (1940). Es wird in mehreren Referaten dieser Tagung besprochen werden. Ich darf vielleicht darauf hinweisen, daß ich in den letzten dreißig Jahren zwei Anläufe unternommen habe, wenigstens den Grundgedanken dieses Buches zu interpretieren (C. F. v. Weizsäcker 1956). Ich beziehe mich ferner auf eine hervorragende, noch ungedruckte Arbeit von Wolfgang Rumpf „Über die verschiedenen Bedeutungen des ‚Gestaltkreises' Viktor von Weizsäckers". Diese Arbeit eines Arztes ist von philosophischer Treue in der Interpretation, und sie ist dem philosophischen Niveau des Autors gewachsen. Sie führt, so empfinde ich, den dritten, zentralgerichteten und ausführlichen Anlauf aus, den ich hätte versuchen wollen, zu dem mir aber bisher Zeit, Kraft und gedankliche Reife gefehlt hatten.

Das Thema der Einheit von Wahrnehmen und Bewegen ist eine spezifische, vorsichtigere Fassung des Themas der Einheit von Seele und Leib. Es befaßt sich nicht mit der unnachprüfbaren Metaphysik von Substanzen, sondern mit den alltäglich beobachtbaren Vorgängen im Leben, Vorgängen im Verhalten der Tiere und zumal im von uns ständig erlebten Umgang des Menschen mit seiner Umwelt, ergänzt durch einfache sinnesphysiologische Versuche und durch Erfahrungen der Neurologie. Wahrnehmung ordnet man gewöhnlich dem Bewußtsein zu, Bewegung dem Körper; Einheit von Wahrnehmen und Bewegen ist also psychosomatische Einheit.

In meiner Rolle als Anwalt möchte ich eine Bemerkung über das sogenannte Leib-Seele-Problem machen, wie es die meisten Verhaltensforscher und Mediziner heute noch sehen. In dieser Gestalt ist das Problem eine Schöpfung von René Descartes. Es ist, wie man heute sehen kann, ein Lösungsversuch für ein Problem des 17. Jahrhunderts, nämlich der entstehenden mathematischen Physik in Gestalt der klassischen Mechanik. Das Objekt der Naturwissenschaft definiert Descartes als res extensa, also durch seine Ausdehnung; die Ausgedehntheit ist geometrisch beschreibbar und charakterisiert damit für ihn das einzige klar und distinkt, nämlich mathematisch erkennbare Objekt. Das Bewußtsein aber definiert er als res cogitans, als das Subjekt, das die Fähigkeit des klaren und distinkten Erkennens besitzt, primär die Fähigkeit, sich selbst zu erkennen. Es handelt sich dabei um ein Machtprogramm, nämlich das Programm der absoluten Gewißheit.

Die heutige Wissenschaft hat beide Gewißheiten erschüttert. Für die heutige Quantentheorie ist die Materie zwar mathematisch beschreibbar, aber nicht räumlich und nicht deterministisch. Ich habe eine Rekonstruktion der Quantentheorie aus Postulaten über beliebige empirisch entscheidbare Alternativen entworfen; diese abstrakte Version der Theorie würde auch eine Anwendung auf die Selbstkenntnis des Bewußtseins zulassen, soweit wir nämlich unsere Bewußtseinsphänomene in entscheidbare Alternativen anordnen können (C. F. v. Weizsäcker 1985). Umgekehrt hat die Psychoanalyse unsere eigene Seele gerade als weitgehend unbewußt erkannt; die Verborgenheit ist ein Grundbegriff Weizsäckers. Es gibt keinerlei empirischen Grund in der heutigen Wissenschaft, am Dualismus von Leib und Seele festzuhalten. Es gibt nur historisch geprägte Denkschwierigkeiten, ihre Einheit in Worte zu fassen. In den Abgrund dieser Schwierigkeiten wagt sich Weizsäcker mit dem Gedanken des Gestaltkreises hinein.

Aus dem Gedankengut des „Gestaltkreises" hebe ich drei Konzepte hervor, deren beide erste, in scheinbar ganz verschiedenem Sinn, mit Drehung zu tun haben: das Drehtürprinzip, den Drehversuch und das komplexe Verhältnis von Zeitlichkeit und Widerspruch, Subjekt und Krise.

Das Drehtürprinzip erinnert an das alte Spielzeug der Wetterhäuschen: je nach der Luftfeuchtigkeit tritt die leicht bekleidete Frau oder der regenharte Mann aus der jeweiligen Tür, aber nie beide zugleich. Das Drehtürprinzip spricht den Sinn des Gestaltkreises aus. Wahrnehmung geschieht durch Bewegung, Bewegung ist von Wahrnehmung gelenkt, sie werden aber nicht zugleich für den Menschen Ereignis. Die Wahrnehmung und die Bewegung, die die Wahrnehmung ermöglicht, sind mir nicht zugleich präsent; die Aufmerksamkeit kann sich aber der einen oder der anderen, in einem Kreise gegenseitiger Abhängigkeit, zuwenden. Gestaltkreis heißt der Kreis, weil wir Gestalten wahrnehmen. Nicht nur das Denken, gerade auch die Wahrnehmung ist prädikativ, wie Weizsäcker gemeinsam mit seinem bedeutenden Schüler, dem Prinzen Alfred Auersperg, betonte. Wir nehmen etwas stets als etwas wahr: jenes Rote als Rose, dieses Weiße als Papierblätter, sogar als Vortragsmanuskript.

Der Drehversuch, ein wahrnehmungsphysiologisches Experiment, illustriert, wie Wahrnehmung des identischen Gegenstands und Wahrnehmung der Bewegung einander vertreten können. Sitze ich im Zimmer auf dem gleichmäßig bewegten Drehschemel, so folgt das Auge den vorbeigleitenden Gegenständen eine Weile, dann reißt die Kohärenz zwischen mir und dem Gegenstand ab, um sich alsbald mit einem neuen Gegenstand wieder herzustellen. Die unbewußte gleitende und periodisch zurückzuckende Bewegung des Augapfels ist bei Eisenbahnreisenden, die aus dem Fenster schauen, leicht zu beobachten und wird Eisenbahn-Nystagmus genannt. Steht der Drehschemel in der Achse eines ebenfalls drehbaren konturlosen Zylinders, so kann dieselbe relative Drehung entweder als Bewegung des Zylinders oder des Schemels wahrgenommen werden. Verlust der klaren Gegenstandsorientierung aber kann subjektiv in der Katastrophe des Drehschwindels enden. Was ich hier schildere, ist natürlich nur das Material der Versuche (denen ich selbst einmal als Versuchsperson gedient habe), nicht ihre detaillierte Analyse. Ich erlaube mir hierzu eine kleine kritische Anmerkung. Viktors Beschreibung der beobachteten Phänomene erscheint mir untadelhaft. Seine festgehaltene Überzeugung, diese Leistungen seien durch physikalische Modelle des nervösen Prozesses nicht zu erklären, scheint mir falsch und für sein philosophisches Anliegen überflüssig. Heute bieten sich kybernetische Modelle mühelos an. Und die vorhin skizzierte Auffassung des Leib-Seele-Problems läßt positiv erwarten, daß reproduzierbare Leistungen eine Beschreibung in Begriffen der Physik zulassen.

Für das Verhältnis von Zeitlichkeit und Widerspruch muß ich auf die präzise Textanalyse von Rumpf verweisen, die u. a. zeigt, wie nahe die Grundbegriffe des Gestaltkreises denen von Aristoteles sind: Bewegung, Selbstbewegung, Zeit als Kontinuum, Möglichkeit und Wirklichkeit. Ich hebe wenige Züge hervor. Aristoteles formuliert den Satz vom Widerspruch unter explizitem Bezug auf die Zeit: „Dasselbe kann demselben nicht *zugleich* zukommen und nicht zukommen." Dies ist nicht formale Logik, also Sprachregulierung, sondern eine Aussage über die Wirklichkeit; es impliziert einen Zusammenhang zwischen Ontologie und Zeitverständnis. Weizsäcker illustriert an der wahrgenommenen Bewegung die fast unvermeidlichen widerspruchsvollen Sprechweisen. Ich zitiere sie hier in ihrer aristotelischen Fassung. Wann ist Bewegung? Nicht in einem Zeitpunkt, denn in ihm ändert sich nichts. Zeit, in der Tat, besteht wie alle Kontinua nicht aus Punkten, sondern ist stets eine Zeitspanne. (Ich kann mich hier und heute nicht auf die Auseinandersetzung dieser klassischen Auffassung mit der Erfindung der Mathematiker des späten 19. Jahrhunderts einlassen, die ein Kontinuum als überabzählbar unendliche Punktmenge stilisiert haben.) Eine Zeitspanne, die das Jetzt umfaßt, ist z. T. schon vergangen, z. T. ist sie noch nicht; was ist dann ihre Wirklichkeit?

Weizsäckers Ziel mit diesen Erwägungen ist nicht, sich in eine widerspruchsfreie Mathematik der physikalischen Zeit zu retten, sondern gerade umgekehrt zu zeigen, daß die Wahrnehmung der Zeit und alles zeitlichen Geschehens dieser Widerspruchsfreiheit eben nicht hat. Die Antilogik aller Wahrnehmung ist gerade sein Thema. Antilogik ist nicht der unauflösbare logische Widerspruch, sondern die nie ruhende Bewegung des ständigen Abreißens und Wiederaufbauens der Kohärenz von Wahrnehmung und Gegenstand. Dieses Zerreißen und Wiederanknüpfen wird erlitten. Die Wirklichkeit des Menschen ist pathisch, nicht ontisch, um Weizsäckers eigene Worte zu gebrauchen. Und die ontische Welt der physikalischen Objekte ist ein gedankliches Konstrukt. Sie ist der Zugriff unseres logischen Machtwillens auf die selbst pathische Wirklichkeit.

Für die pathische Welt sind Krisen konstitutiv. Das Subjekt selbst verdankt seine Identität den Krisen, in denen es sich verliert und wieder geschenkt bekommt. Rumpf hebt hervor, daß das Subjekt im Grund ein moralisches Postulat ist: das „Du sollst" konstituiert das Du, also, da ich selbst so angesprochen bin, das Ich. Subjekt und Objekt sind nicht Substanzen, sondern Rollen im Drama der pathischen Wirklichkeit.

Die Analysen des „Gestaltkreises" schließen sich ihrerseits nicht in einen selbstkonsistenten Kreis zusammen. Sie verweisen auf einen Hintergrund, der das Schleiermachersche Wort unserer „schlechthinnigen Abhängigkeit" in Erinnerung ruft. Von ihm sollen meine zwei letzten Kapitel handeln.

4. Zwischen Logik und Theologie

Zur Vorbereitung dieses Vortrags hatte ich die beiden Bücher „Gestaltkreis" und „Pathosophie" noch einmal bzw. erstmals gründlich lesen wollen. Wegen anderer Pflichten war die Zeit knapp, und ich bin stattdessen, der Faszination des theologischen Erinnerungs- und Reflexionsbuches „Begegnungen und Entscheidungen" verfallen. Ich sagte vorhin, das Buch sei in der apokalyptischen Befreiung des Sommers 1945 geschrieben. Der alte christliche Begriff „Apokalypse" bedeutet Enthüllung, nämlich Enthüllung der strafenden und dadurch rettenden Gerechtigkeit Gottes. 1945 in Deutschland war ein apokalyptisches Jahr. Viktor Weizsäcker erlebte den Krieg und sein Ende als den Untergang seiner Heimat Deutschland, vielleicht der größeren Heimat Europa. Täuschen wir uns heute, im Wohlstand, nicht: was Deutschland und Europa einmal waren, werden sie nicht mehr sein. Und die Apokalypse geschieht in Schritten; sie ist nicht vollendet. Aber im Sommer 1945 haben manche geistige Deutsche, befreit vom Beben vor dem Ende der Tragödie, zur Feder gegriffen und sich der Frage ausdrücklich gestellt: Was ist denn geschehen? Und: Was sollte denn sein?

Für Viktor Weizsäcker war elementar klar, daß der tiefste Grund der Katastrophe Europas der Verlust der Religion war. Aber dies meinte er überhaupt nicht im Sinne der Orthodoxie. Was denn Religion sei, eben das war die Frage seit seinem jugendlichen Freundeskreis. In Gefühle und Relativierungen auszuweichen, war wiederum nicht seine Sache. „Endlich war ich immer der Meinung, daß die Gottesgelehrtheit, die Theologie, besonders die Dogmatik, ein ganz unentbehrlicher Bestandteil der christlichen Religion ist" (B u E, S 36). Was also ist denn theologisch geschehen, und was sollte theologisch geschehen?

Womit aber, nach zwei hinreißend wahrgenommenen Kapiteln über die religiöse Haltung seiner Generation, beginnt er die theologische Sachfrage? Mit einem Kapitel über Sexualität und Sozialität, nämlich über Einen und Trennen. Einheit des Getrennten, das ist die erlebte Sehnsucht des Sexualakts. Er sagt, daß die sexuelle Vereinigung „Unmögliches verwirklicht, also antilogisch ist". Sie ist „nur als transzendente Funktion verständlich" (S. 22). Wenn das Theologie ist, dann Theologie der *Natur*. Wenn das Naturwissenschaft ist, dann *Theologie* der Natur.

„Einen und Trennen" heißt das Kapitel. Man könnte es statt mit den gelehrten Ausdrücken „Sexualität und Sozialität" mit den deutschen Worten Leidenschaft und Gesellschaft beschreiben. Gesellschaft ist Mehrheit, sie setzt die Getrenntheit ihrer Glieder voraus und gibt ihr Gestalt. Gesellschaft bedarf des Rollenspiels. Rollenspiel ist stets ein Leiden. „Plaudite, amici, comoedia finita est" sagte der erste und größte römische

Kaiser auf dem Totenbett. Liebesleidenschaft aber sucht das Unmögliche, die Einigung des Getrennten. In dieser Spannung sieht Weizsäcker das menschliche Leben; nächst der Bibel findet er sie bei Shakespeare am wahrsten beschrieben.

Er wendet sich nun aber zur christlichen Dogmatik. Zunächst zur Trinität, eigentlich zur Lehre von den zwei Naturen Christi. Die Gottessohnschaft Christi ist für mich daher überhaupt niemals ein Skandalon des natürlichen Verstandes gewesen, da ja die Logik selbst, mit der wir alles und jedes denken müssen, die Einheit von Sein und Erscheinung, von Substanz und Akzidens, von Subjekt und Prädikat nicht anders als dialektisch, d. h. in aufgehobenem Widerspruch, in widersprechender Vereinigung denken muß. Das christliche Paradox und die dialektische Struktur der Vernunft habe ich daher stets als dasselbe, jedenfalls nicht als ein unerträgliches Entweder – Oder auffassen können" (S. 116).

Also Sexualität wird bejaht und christliches Dogma wird bejaht, weil beide antilogisch sind. Und beide können es sein, weil die Logik selbst antilogisch ist. Der Schwabe, der so spricht, hat seinen Hegel gut gelesen. Aber er spricht seine eigene spontane Denkweise aus, die Voraussetzung seiner so unerschöpflich vielseitigen Wahrnehmungsfähigkeit. Und er zielt nicht auf das Machtinstrument des Hegelschen Titanismus, auf das System, jenes professorale Staufertum. Er zielt auf die Mystik, auf die tiefe Erfahrung des Einen, das die Gegensätze erst aus sich entläßt.

Seine Mystik aber ist insbesondere Mystik des Leibes. Seine medizinische Erfahrung resümiert er in diesem Zusammenhang so: „Das Geheimnis der Leiblichkeit zeigte sich als ein noch größeres als das des Geistes" (S. 120). So liest er auch das Neue Testament mit den Stellen über die Auferstehung des Fleisches. „Nicht im Geiste nur, nein im Fleische wird die Wandlung des Menschen verkündet" (ebenda).

Ich beende dieses Kapitel mit einem herausgegriffenen Satz des Dialektikers, der aphoristisch hier stehen möge: „Die Wahrheit scheint also mit der Seligkeit doch immer noch näher verwandt zu sein als mit der Unseligkeit" (S. 128).

5. Zwischen Neuzeit und Religion

Wo stehen wir in unseren Überlegungen?

Eingangs habe ich gesagt, wenn wir von Viktor von Weizsäcker reden, so reden wir von einer Notwendigkeit für unsere eigene Zukunft. Wir haben mit der großen unerfüllten ärztlichen Forderung der anthropologischen Medizin begonnen. Dann aber haben wir getan, was er stets vom Arzt verlangte: wir haben uns auf das konkrete Leben, auf die Biographie eines Menschen eingelassen. Dieser Mensch war, zurecht am heutigen Tage, er selbst. Wir sind ihm auf den Wegen seiner objektiv nachvollziehbaren philosophischen Rückfrage gefolgt und wurden bis zu einer sehr persönlichen Theologie geführt. Es sei bemerkt, daß die Strukturen, die er als Arzt und Philosoph objektiv beschreibt, zugleich die eigentümlichen Strukturen seines eigenen Denkens sind. Auch die Kohärenz seines Denkens mit einem Gegenstand wird eine Strecke weit verfolgt, dann reißt sie ab und wird mit einem neuen Gegenstand wiederhergestellt. Die symbolische Rolle der Drehung dürfte nicht zufällig sein. Seine Bewegung vollzieht sich im Kreis der Gestalten. Drehung ist in sich zurückführende Bewegung, und sie kann Schwindel erregen. „Dein Leid ist drehend wie das Sterngewölbe" sagt Goethe von Hafis.

Weizsäcker betont die Partnerschaft zwischen dem Arzt und dem Patienten. Anläßlich der Psychoanalyse sagt er, „daß jede Analyse des Kranken auch zugleich eine Analyse des Arztes ist" (V. v. Weizsäcker, 1954, S. 63). In der Hermeneutik gilt dasselbe. Unser Versuch, Viktor Weizsäcker zu verstehen, ist unausweichlich auch ein Versuch, uns selbst zu verstehen. Wo also stehen wir in unseren Überlegungen?

Ich folge noch einmal seinen Winken. Wenn Krankheit Sinnträger ist, so hat er voll legitim von sozialer Krankheit, von Krankheit der Gesellschaft gesprochen. Die spezifische Krankheit der heutigen Gesellschaft führt er letztlich auf den Verlust der Religion zurück. Dieser wird in unserem Jahrhundert manifest, geht aber auf die Anfänge der Neuzeit zurück. Was sind das nun für zwei Begriffe: „Neuzeit" und „Religion"? Hier wage ich meine eigenen Definitionen.

Die Neuzeit rechnet unsere überlieferte europäische Epocheneinteilung als die Zeit seit Kolumbus. Sie ist demnach die Zeit der Machtergreifung der europäischen Kultur auf unserem Planeten. Nicht als das süße Fruchtfleisch oder die bunte Schale, aber als den harten Kern der Neuzeit bezeichne ich die Naturwissenschaft. Sie fördert die unwidersprechlichsten Resultate, sie ist die Rechtfertigung des Rationalismus. Und, wie Viktor mir als Studenten sagte, der Glaube an die beweisbare Kausalität ist das neurotische Symptom ihres Machtwillens.

Was aber ist Religion? Ich wage zu sagen: sie ist die Reifung des Menschen. Eine Frucht reift gemäß dem ihr genetisch eingeschriebenen Gesetz, im Lichte der Sonne, in der Luft, die die Pflanze nährt, durch die Säfte, die die Wurzel aus Regen und Boden saugt; sie reift in schlechthinniger Abhängigkeit. Im Menschen wächst das bewußte, wollende, moralische Subjekt. In den Krisen seiner Reifung verliert sich das Subjekt und findet sich wieder. Die Reifung als Forderung und Geschenk einer höheren Macht zu verstehen, das ist Zurückbindung, re-ligio. Die rationale Kultur fordert, die mythischen Bilder dieser Macht in Gedanken zu fassen:

das ist Philosophie, deren Kern seit den Griechen Theologie heißt. Also ist der Titel „Zwischen Neuzeit und Religion" eine Auslegung des Titels „Zwischen Physik und Philosophie".

Reifung, also Religion, bezieht sich auf das ganze Leben, oder sie ist unwahr. Die unvollendete Krise der Neuzeit besteht im Verlust der noch gleichsam kindlichen Reifungsstufe des historischen Christentums und in der Nichtgewinnung einer neuen Reife. Das gilt insbesondere von der Wissenschaft. Die Wissenschaft versteht ihre eigenen Folgen nicht; sie ist noch nicht erwachsen. Viktor Weizsäcker hat sich nie an romantischem Irrationalismus, an der Verteufelung der Wissenschaft beteiligt. Seine Forderung einer anthropologischen Medizin meint eine erwachsene Medizin.

Literatur

Weizsäcker CF von (1956) Gestaltkreis und Komplementarität. In: Vogel P (Hrsg) Viktor v. Weizsäcker. Arzt im Irrsal der Zeit. Göttingen 1956. – Abgedruckt in: Zum Weltbild der Physik. Göttingen 1957
Weizsäcker CF von (1971) Modelle des Gesunden und Kranken, Guten und Bösen, Wahren und Falschen. In: Die Einheit der Natur, Kap. III/4. München
Weizsäcker CF von (1973) Die Einheit von Wahrnehmen und Bewegen. In: Der Garten des Menschlichen. München 1977
Weizsäcker CF von (1985) Aufbau der Physik, Kap. 8 u. 11. München
Weizsäcker V von (1940) Der Gestaltkreis. Theorie der Einheit von Wahrnehmen und Bewegen; seit 1973 in Reihe „Suhrkamp taschenbuch wissenschaft" als Nr. 18 wieder zugänglich
Weizsäcker V von (1949) Begegnungen und Entscheidungen. Stuttgart, S. 159
Weizsäcker V von (1954) Natur und Geist. Erinnerungen eines Arztes. Göttingen, S. 62

Viktor von Weizsäcker und die ärztliche Praxis

P. Laín Entralgo

Damit die Erinnerung an das Leben und Werk eines Menschen das ist, was sie sein soll, muß sie zwei Forderungen nachkommen: der Forderung nach Treue und der Forderung nach Offenheit. Treue gegenüber der Wahrheit dieses Lebens und Werks. Wahrheit eines Menschen ist nicht nur, was er geschaffen hat, sondern auch, was er schaffen wollte. Die wahrheitsgemäße Darlegung seines Schaffens und die rationale Mutmaßung über sein beabsichtigtes Schaffen sind also unumgängliche Bedingungen für diese Treue. Die Offenheit andererseits, die Offenheit all dem gegenüber, was dieses Leben und Werk für denjenigen bedeuten, der sie aus seiner eigenen geschichtlichen und geistigen Warte sieht und versteht. Husserl würde sagen, in der Erinnerung jedes menschlichen Schaffens müssen ein *sinngebender* und ein *sinnerfüllender* Akt zusammenwirken.

In meinem Beitrag über Viktor von Weizsäcker werde ich versuchen, diesen beiden Regeln treu zu bleiben. Um der zweiten Regel gerecht zu werden, werde ich vorwiegend berücksichtigen, was sein Werk heute einem durchschnittlich gebildeten Arzt bedeutet und bedeuten muß. Ich werde also versuchen, folgende Frage zu beantworten: „Wer war Viktor von Weizsäcker, und was hat er geschaffen, für mich, einen praktischen Arzt, der den intellektuellen, technischen und ethischen Anforderungen seines Berufes auf die bestmögliche Weise nachkommen will?" Oder, kürzer gesagt: „Was muß ich über Viktor von Weizsäcker wissen?"

Folgende Worte von Wolfgang Jacob bieten einen ausgezeichneten Ausgangspunkt für eine Antwort: „Das Leben Viktor von Weizsäckers ist aufs engste verwoben und verknüpft mit der großen und bedeutenden Familie, mit dem in der Öffentlichkeit hervortretenden Elternhaus, dem er entstammt, mit den Freunden und Zeitgenossen der eigenen Generation, mit den großen Lehrenden und Denkern seiner Zeit, mit der Epoche einer Medizin, in der neben allen Erfolgen, die durch die Anwendung der Naturwissenschaften und Technik sich anbahnen, doch auch eine tiefgreifende Krise sich abzuzeichnen beginnt, als ein Mann, der in seinem Fach, der Neurologie, zu der er sich zunächst entschließt und aus der er Zeit seines Lebens sich fortsehnt, in die innere Medizin zurück, dennoch oder gerade darum in der neurologischen Klinik der Medizin eine neue, nicht nur theoretische Grundlage schafft und endlich – in der Gebrochenheit des Daseins – den kranken Menschen und das Kranksein nicht nur als eine ‚Epoche' der Biographie, sondern als bestimmt und bestimmend in der menschlichen Existenz, in der Reichweite und zugleich Begrenzung des ärztlichen Handelns und der menschlichen Erkenntnis erfährt."

Innerhalb dieses weitgefaßten Rahmens untersuchen wir, was ein Arzt von heute – normalerweise ist ihm das Werk von Weizsäckers unbekannt, und er orientiert sich in seiner Praxis, trotz der Bedeutung dieses Werks, vorwiegend an Techniken, die aus der naturwissenschaftlichen Auffassung der Medizin hervorgegangen sind – über diesen großen Reformer des Denkens und der ärztlichen Tätigkeit wissen muß.

Wissen muß er vor allem, daß Viktor von Weizsäcker die Hauptfigur einer Schule war, die ich vor mehr als 30 Jahren als „Heidelberger Schule" bezeichnet habe. Letztere bestand aus einer Gruppe von Ärzten, die sich während eines halben Jahrhunderts, von 1910 bis 1960, vorgenommen hatten, die Medizin so aufzufassen und auszuüben, daß der Patient als solcher betrachtet wird, als ein kranker Mensch mit all den Konsequenzen, die mit dem menschlichen Leben und dem Kranksein verbunden sind und nicht nur als Organismus, der gemäß Prinzipien, Techniken und Ergebnissen der Naturwissenschaften bekannt ist und behandelt wird. Die wichtigsten Vertreter dieser Schule waren Ludolf von Krehl, Richard Siebeck und Viktor von Weizsäcker.

In meinem Buch *La historia clínica*, 1950, in *Anthropologische Medizin oder die Entstehung einer neuen Wissenschaft. Zur Geschichte der Heidelberger Schule*, Inaugural-Dissertation, 1973, von Mechthilde Kütemeyer und in *Medizinische Anthropologie. Krehl, Siebeck und von Weizsäcker*, 1985 von Wolfgang Jacob ist die Heidelberger Schule behandelt worden. Zu dem dort Festgehaltenen kann ich nichts mehr hinzufügen. Wie ich bereits darauf hingewiesen habe, werde ich einzig das Werk von Weizsäckers in Betracht ziehen. Um die Aufmerksamkeit des Arztes von heute darauf hin zu lenken, beginne ich mit der Aussage, daß jenes Werk ihm – vor allem in seiner Rolle als praktischer Arzt – drei einfache Fragen stellt, die sich auf drei Probleme beziehen, mit denen sich jeder Kliniker auseinandersetzen muß, wenn er den ihm vorliegenden Fall wirklich vollständig verstehen und ihn in angemessener Weise behandeln will: Warum gerade hier? Warum gerade so? Warum gerade jetzt?

Mit einer Ausdehnung über den ganzen Körper, wie das Fieber – *morbi totius corporis*, so nannte man im Altertum die fieberhaften Krankheiten, die keine genaue Lagerung aufweisen – oder beschränkt auf ein Organ oder eine Körpergegend, wie die Koronarsklerose, das Magengeschwür oder die Lungenentzündung, hat die Krankheit im Organismus einen bestimmten *Ort*. Im individuellen Fall also, warum gerade dieser Krankheitsort? Warum gerade hier?

Auf die sie leitenden Prinzipien gestützt, bietet die naturwissenschaftliche Pathologie folgende Antwort: Die Lagerung der unmittelbaren Krankheit hängt vom Eintrittsweg des Erregers ab, von seinem Molekularaufbau, von der anatomischen und zellularen Eigenschaft – letzten Endes der biophysischen und biochemischen Eigenschaft – des einzelnen Organs, in dem sich der Erreger festsetzt, und vom momentanen Funktionszustand jenes Organs, von seiner größeren oder kleineren „Widerstandsfähigkeit". Man braucht sich nur an die Theorie, mit der Overton und Meyer die Lokalisation von Betäubungsmitteln im Gehirn erklärten, oder an die alten Untersuchungen von Heubel über die Ablagerung von Blei in den Nieren bei einer Bleivergiftung zu erinnern; letztere sind deswegen berühmt, weil sie Ehrlich, als er Kenntnis davon nahm, auf mehrere der zentralen Ideen seines genialen Werks brachten: die Erklärung der Neurolotropie des Methylenblaus, die Immunologielehre der Seitenketten und die Schaffung der synthetischen Chemotherapie. Je nach Fall mehr oder weniger komplex, immer aber vom Erklärungsschema Prädeterminationsfolge bestimmt, wird eine gradlinige Kette von Ursachen und Wirkungen die organische Lagerung der Krankheit, ihr „Hier" festlegen.

Trotz der unzweifelhaften, objektiven Gültigkeit der Tatsachen, auf die sie sich stützt, ist die naturwissenschaftliche Erklärung des „Hier" der Krankheit weit davon entfernt, die Realität ihrer Bestimmung zu erschöpfen. Bei den Organneurosen kann die sog. „Symptomwahl" nicht vollständig mittels Erklärungen physikalisch-chemischer Art verstanden werden. Natürlich gibt es in der Struktur dieser Wahl neurophysiologische und metabolische Momente und folglich viele biophysische und biochemische Prozesse; aber es gibt auch bewußte und unbewußte psychische Prozesse, Vorgänge, für deren Kenntnis es der Deutung und des Verstehens, abgesehen von der Beobachtung und des Erklärens bedarf. Andererseits gibt es rein organische Krankheiten, bei denen eine aufmerksame und sorgfältige Anamnese die Ursache psychischer und biographischer Art in der Bestimmung des „Hier" entdecken hilft. Mehr noch: eine feine und durchdringende Beobachtung der Bedeutung, die der Ausübung der verschiedenen organischen Funktionen – Einnahme und Verdauung der Nahrungsmittel, Stuhlgang, Atmung, Herztätigkeit, Bewegung der Muskeln, Harnentleerung usw. – für den betreffenden Menschen hat, zeigt, daß jede von ihnen, von ihrer organischen Aufgabe abgesehen, eine gewisse Bedeutung in der Gesamtheit des psychischen Lebens dieses Menschen besitzt. Es ist beispielsweise kein Zufall, daß alle Menschen ihre Einstellung der Zukunft gegenüber – Gelassenheit, Vertrauen, Angst, innere Unruhe usw. – mit der Tätigkeit des Kreislaufapparats und der Atmungsorgane in Verbindung bringen. All das zwingt uns, die rein naturwissenschaftliche Erklärung des „Hier" der Krankheit von Grund auf zu ändern.

Zweite Frage: „Warum gerade so?" Das „So" bezieht sich nun nicht auf die Einordnung der Krankheiten in spezifische Krankheitseinheiten oder „Krankheitsgattungen" – die von der beobachteten Symptomatologie, der Art der äußeren Ursache der Krankheit abhängt –, sondern auf die offensichtliche Modalbedeutung der Symptome jeder Krankheitsgattung, je nach der Person, die sie erleidet. Die akademische Medizin versteht diese Verschiedenartigkeit auf die typischen Bestimmungen des Menschen bezogen: Geschlecht, Alter, Rasse, konstitutioneller Biotyp; wissenschaftlich gefaßte Bestimmungen als Folge der Wechselwirkung zwischen der genetischen Konstitution des Individuums und der Umgebung, in der es sich gestaltet. Können jedoch die Eigentümlichkeit jeder Person und folglich die individuelle Besonderheit jedes Krankheitsbildes *vollständig und allgemein* mit Hilfe dieser typisierten Bestimmungen der Menschengattung erklärt werden? Hängt die symptomatische Eigentümlichkeit einer Mitralstenose *nur* davon ab, ob der Erkrankte männlichen Geschlechts, Heranwachsender, Weißer oder Leptosomer ist? Zweifellos nein. Auch in dieser Hinsicht ist es unvermeidlich, über die Prinzipien und Methoden der naturwissenschaftlichen Pathologie hinauszugehen.

Dritte Frage: „Warum gerade jetzt?" Warum ist die Krankheit, die ich vor mir habe, in *diesem* Moment des Lebens des Kranken aufgetreten? Gibt es im Kranksein eines Menschen ein individuelles *kairós*, und wie kann man es verstehen, falls es wirklich existiert?

In der Antwort der naturwissenschaftlichen Pathologie werden zwei Möglichkeiten einer Erklärung deutlich: der Zufall und der physikalisch-chemische Determinismus. Der Zufall in bezug auf den Krankheitsbeginn. Durch Zufall zieht sich der Besucher eines Bordells eine Syphilis und die Person, die in einer bestimmten Umgebung Kochsche Bazillen einatmet, eine Lungentuberkulose zu; durch Zufall erleidet jemand, der auf dem Eis ausgleitet, einen Knochenbruch. Der physikalisch-chemische Determinismus, und daher die Notwendigkeit in bezug auf die nosogene Wirkung des Zufalls. Im angenommenen Fall einer zufälligen Ansteckung oder eines zufälligen Unfalls wird die Krankheit gemäß der geradlinigen Kette von Ursache und Wirkung, welche die zeitliche Abfolge der kosmischen Vorgänge lenkt, gelagert und ablaufen. Der Zufall also in bezug auf die Gelegenheit; die Notwendigkeit, was die Nosogenese betrifft. Wenn ein Individuum *jene* Menge Kochscher Bazillen einatmet und sein Organismus in *jenem* Ausmaß einer tuberkulösen Infektion gegenüber anfällig ist, wird diese zwangsweise auftreten. Das ist die Regel.

Sydenham behauptete, daß die Ursache der akuten Krankheiten bei Gott (d. h. im geheimnisvollen Plan, der die Veränderungen des Universums und die Entstehung von Epidemien bestimmt) und die Ursache der chronischen Krankheiten in uns selbst liegt (d. h. in der Lebensform, die jeder einzelne erwählt hat). Somit hält die Freiheit des Subjekts in der Nosogenese der inneren Krankheiten Einzug, da ja die Wahl der Lebensform in einer gewissen Weise frei ist. Aber die Tatsache, auf die eine oder die andere Weise zu leben, hängt nicht nur von frei ausgeübten Handlungen ab, so wie sie die klassische Psychologie auslegte; es existieren auch fehlerhafte und unbewußte Ausübungen einer freien Handlung – hypobulische, wie Kretschmer sagen würde – und andererseits hilft eine sorgfältige und vernünftige Anamnese manchmal, die ausschließlich menschliche Kondition des *kairós* der Krankheit, das Vorhandensein einer verständlichen Beziehung zwischen dem „Jetzt" ihres Beginns und dem momentanen Zustand des psychischen und sozialen Lebens des erkrankten Subjekts zu entdecken. Die klinische Realität und nicht die Spekulation im Studierzimmer zwingt uns letzten Endes, die Biographie in das klinische Wissen einzuführen und eine soziale Pathologie zu schaffen, die viel weiter und tiefergehend ist als die von Alfred Grotjahn eingeleitete.

Warum gerade hier, so und jetzt? Um diese Frage in zufriedenstellender Weise zu beantworten, zwingt uns die Realität selbst der Klinik, eine Auffassung des menschlichen Lebens und der Krankheit zu finden, die über jene hinausgeht, die, direkt und ausschließlich auf den Naturwissenschaften basierend, von den Klinikern, Pathologen und Physiologen der zweiten Hälfte des 19. Jahrhunderts geschaffen wurde. Ganz ihrer Behauptung widersprechend, kann und darf die Medizin keine angewandte Naturwissenschaft sein. Was also soll sie sein? Die umfassende Antwort, die Viktor von Weizsäcker nach seinen 40 Jahre dauernden Untersuchungen und Überlegungen gab, kann in drei Teile gegliedert werden: einen historisch-kulturellen, einen pathologischen und methodischen und schließlich einen rein anthropologischen Teil.

1. Historisch-kultureller Teil

Viktor von Weizsäcker lehrt, daß das Verhalten des Arztes vom Zusammenwirken dreier Faktoren bestimmt wird: Wissen, Geld und Macht; in institutionellen Begriffen ausgedrückt: Wissenschaft, Wirtschaft und Politik. In jeder historisch-sozialen Situation denkt und macht der Arzt, was ihn die Wissenschaft lehrt und was ihm die Wirtschaft und die Politik auferlegen oder erlauben. Ich würde diesen drei Faktoren einen vierten hinzufügen: die Ethik. Innerhalb dessen, was die Wissenschaft sagt und die

Wirtschaft und die Politik auferlegen oder erlauben, wirken die in der Gesellschaft – zu der Arzt und Kranker gehören – geltende Ethik und die ethischen Entscheidungen des eigenen Bewußtseins, mit der Wissenschaft, der Wirtschaft und der Politik mit bei der Gestaltung der Mentalität und des Verhaltens des Arztes, manchmal in Form einer Zustimmung und zuweilen in Form einer Rebellion. Jeder Arzt, der über seine Arbeit als Kliniker nachdenkt, wird bald in seinem eigenen Berufsleben den Einfluß dieser vier großen Leitmotive entdecken.

Es ist ein Fehler, die Epistemologie der Medizin ausschließlich auf die Prinzipien der Naturwissenschaften zu stützen, wie es Helmholtz wollte; diese Prinzipien bilden letzten Endes den Rahmen, der die Handlungen und das Denken des Arztes in einer unüberwindlichen Weise beschränkt. Mit den Berichtigungen, welche die moderne Physik eingeführt hat, sind die Gesetze der Mechanik und die Hauptsätze der Thermodynamik allgemein gültig, und sie treffen natürlich auch auf die physiologischen und pathologischen Vorgänge im menschlichen Organismus zu. Der Stoff- und Kraftwechsel unseres Körpers folgt genau dem chemischen Gesetz der Erhaltung der Masse und dem thermodynamischen Prinzip der Erhaltung der Energie. Das ist vollkommen richtig. Aber ohne diese Abfolge schmälern zu wollen, können wir mittels dieses biophysischen und biochemischen Vorgangs, der die fieberhafte Hyperthermie hervorruft, doch nicht genau verstehen, was diese Hyperthermie in dem sie erleidenden Organismus ist. Der fieberhafte Temperaturanstieg erfolgt auf einem ontischen Niveau der materiellen Realität – das Niveau des menschlichen Lebens, das sich wesentlich von demjenigen unterscheidet, zu dem die Hyperthermie einer chemischen Reaktion in vitro gehört, obwohl die eine wie auch die andere unentrinnbar den Gesetzen der Chemie und den Prinzipien der Thermodynamik unterliegen. Um also das Fieber im Menschen zu verstehen, ist es notwendig, eine Theorie der Lebensaktivität und ihrer pathologischen Veränderungen zu entwerfen, die es uns ermöglicht, sie in ihrem wirklichen Wesen zu verstehen.

Es ist gleichermaßen ein Fehler, eine Pathologie bilden zu wollen, als ob die Wirklichkeit und die Bewertung der wirtschaftlichen Aktivität – und folglich die Wirklichkeit und der Sinn der Arbeit – keinen Einfluß auf die Entstehung und Gestaltung des Krankseins und auf das Denken und das Verhalten des Arztes hätten, und nicht nur, wie man zu glauben pflegt, auf die Behandlungskosten und die soziale Organisierung der Krankenpflege. Die Häufigkeit von nicht wenigen Krankheiten, die Arten des Krankseins und die wissenschaftliche Auslegung der Krankheit sind nicht identisch in einer sozialistischen und einer kapitalistischen Gesellschaft, noch sind sie innerhalb der sozialen Klassen dieser beiden Gesellschaftsformen identisch. Deshalb kann die Pathologie weder wirklich menschlich noch wirklich wissenschaftlich sein, ohne eine Theorie über das Kranksein vorzuschlagen, die uns diese Unterschiedlichkeiten in zufriedenstellender Weise verstehen läßt.

Den Einfluß der Politik und ihrer veränderlichen Struktur auf die Krankheiten und die Medizin zu verkennen, ist auch ein Fehler, obwohl die Kochschen Bazillen und der Fettstoffwechsel auf dem ganzen Planeten gleich sind. Und schließlich ist es nicht weniger falsch, die medizinische Ethik als eine bloße Vereinigung von Gesetzen zu sehen, die auf einen objektiv typifizierbaren moralischen Fall – Schwangerschaftsabbruch, Euthanasie usw. – angewendet werden; mit anderen Worten, blind zu sein vor zwei unumgänglichen Wahrheiten: Wie von Weizsäcker sagte, reicht die Moralität des menschlichen Lebens bis ins Innere der Zellen, woraus gefolgert werden kann, daß die Krankheit *auch* ein moralisch bedingtes Ereignis ist. Andererseits muß mit zunehmender Häufigkeit die Vorgehensweise des Arztes dem Kranken gegenüber, anstelle einer bloßen Erfüllung oder Nichterfüllung der „von außen" festgelegten moralischen Gesetze, eine Teilnahme an einem Drama sein, an einem Drama, das der Arzt aufdecken und an dessen Lösung er mithelfen muß.

Diese vier Bedingungen bezüglich des Denkens und der Tätigkeit des Arztes wurden besonders offenkundig, als die Krise der bürgerlichen Welt die Grundlagen der menschlichen Existenz in den westlichen Ländern erschütterte und der Krieg von 1914, die erste blutige Äußerung dieser Krise, das Leben in den Schützengräben und den Lazaretten anhand der Tatsachen die völlige Unzulänglichkeit einer ausschließlich auf die Naturwissenschaften gestützten Medizin aufzeigte. Es ist kein Zufall, daß es für die drei eminentesten Gründer der Heidelberger Schule, Krehl, Siebeck und von Weizsäcker, von entscheidender Bedeutung war, an diesem Krieg als Ärzte teilgenommen zu haben. Zufall ist es auch nicht, daß die Geschichte der deutschen Gesellschaft nach dem Waffenstillstand des Jahres 1918 von großer Bedeutung für das persönliche und berufliche Leben Viktor von Weizsäckers war: Weimarer Republik, Nationalsozialismus, Zweiter Weltkrieg. Diese bedrückende geschichtliche Erfahrung lastete auf der Seele Viktor von Weizsäckers, in seiner Eigenschaft als Mensch und Arzt, als er nach seiner Rückkehr aus Breslau seine Lehrtätigkeit in Heidelberg wieder aufnahm.

Die Erfahrung dieser schrecklichen geschichtlichen Krise, oder präziser noch, die Erschütterung, die diese Krise in den vier Faktoren, welche die Tätigkeit des Arztes bedingen – Wissenschaft, Wirtschaft, Politik und Ethik – hervorrief, veranlaßte den Internisten und Neurologen von Weizsäcker zur allmählichen Erarbeitung einer neuen und systematischen Antwort auf die Frage nach dem „Hier", „So" und „Jetzt" der Krankheit; eine Antwort, die vom ersten Moment an gleichzeitig eine klinische, methodische und anthropologische war. Betrachten wir zuerst einmal ihren klinischen und methodischen Aspekt.

2. *Pathologischer und methodischer Teil*

Aus dem Schoße einer historischen Krise, die notwendigerweise die Gestaltung des menschlichen Krankseins und die realen und theoretischen Grundlagen der Medizin beeinflussen mußte, auf Grund seiner Erfahrung als Internist und Neurologe, auf Grund der Integrität und der Einzigartigkeit seiner Person, überzeugte von Weizsäcker die praktischen Ärzte, nicht nur die grüblerischen Pathologen, daß die naturwissenschaftliche Pathologie die Frage nach dem „Hier", „So" und „Jetzt" der einzelnen Krankheiten nicht in zufriedenstellender Weise beantworten kann. Dem Hauptbestreben der Heidelberger Schule folgend begann er, eine Pathologie zu schaffen, die auf diese Frage diejenige Antwort zu geben vermochte, welche die klinische Erfahrung des Arztes und die *Condition humana* des Kranken gleichzeitig fordern. Der Name, den er seinem Vorhaben gab, lautete: „Die Einführung des Subjekts in die Pathologie." In der Tat ist der Patient in der neuen Pathologie nicht mehr reines Objekt, wie in der naturwissenschaftlichen Pathologie, sondern – gemäß der heutigen Auffassung des Begriffs – authentisches Subjekt.

Vom Gesichtspunkt der reinen Beobachtung aus begann die Einführung des Subjektes in die Wissenschaft mit der Darlegung der Heisenbergschen Unbestimmtheitsrelation; mit der rigorosen Evidenz, daß, wenigstens in der Mikrophysik, eine Messung den Zustand des Gemessenen beeinflußt. Das positivistische Streben nach einer rein objektiven Wissenschaft – die Auffassung der physischen Realität als Objekt, das einfach vor den Augen des Beobachters „daliegt" – wurde formell abgeschafft. Carl Friedrich von Weizsäcker vermochte die tiefgreifenden wissenschaftlichen und philosophischen Schlüsse aus diesem grundlegenden und revolutionären Prinzip der Physik zu ziehen. Ungefähr zum Zeitpunkt dieser Formulierung zeigt sich uns die Einführung des Subjekts in die Biologie und in die Pathologie als ein historischer und kultureller Vorfall, der mit der epochalen epistemologischen Leistung Heisenbergs einhergeht.

In der Medizin ging der „Einführung des Subjekts" ein „Aufstand des Subjekts" voraus: eine Art des Krankseins, mit der der Kranke, sein Leiden als Hilfsmittel verwendend, unbewußt seinen Protest gegen die historisch-soziale Lage und gegen die Weise, in der man die Krankheit auffaßte und behandelte, ausdrückte. Auf dem Gebiet der Medizin war dies das erste Zeichen der tiefen Krise, die sich in der europäischen Gesellschaft am Ende des 19. Jahrhunderts offenbarte. Die Neurosen, die

Freud in seiner Arztpraxis in der Berggasse beobachtete, waren der intimistische und bürgerliche Ausdruck dieser Rebellion; und die Hysterien, die Charcot in der Salpêtrière beobachtete – und, ohne es zu wissen, förderte –, deren lauter und proletarischer Ausdruck. Die bezüglich der sozialhistorischen Veränderungen empfindlichste Art des Krankseins, die Neurose, zeigte auf die Notwendigkeit einer Reform der Medizin in dem Sinne, wie ihn später die Heidelberger Schule vorschlagen würde. Seitdem sich Viktor von Weizsäcker, kurz nach 1920, entschloß, einige innere Krankheiten psychoanalytisch zu untersuchen, wurde dies zum Hauptbestreben seines Werkes.

Die Einführung des Subjekts in die Medizin fand auf doppelte Weise statt: In den Augen des Arztes ist der Kranke jetzt eine Person, die in irgendeiner Weise am Entstehen und an der Gestaltung der Krankheit mitwirkt; statt reines Objekt zu sein, wird er also Subjekt, und dies sowohl in bezug auf die Subjektualität als auch in bezug auf die Subjektivität. Der Arzt seinerseits wird zum Hermeneuten; er beschränkt sich nicht mehr einzig darauf, bei der Diagnosestellung objektive Zeichen zu entdecken und zu kombinieren und bei der Behandlung als reiner Verwalter von physiopathologisch und pharmakologisch objektiv angezeigten Hilfsmitteln vorzugehen. Mit einem Wort, der Arzt und der Kranke werden zwei individuelle Subjekte, die sich zu einem eigentümlichen dualen Subjekt vereinen, das *Wir* einer Beziehung, die Weizsäcker „Weggenossenschaft" nannte.

Immer vom Gesichtspunkt der Bedürfnisse und Forderungen des praktischen Arztes ausgehend, betrachten wir jetzt die wichtigsten begrifflichen und methodischen Hilfsmittel, mit denen von Weizsäcker die Einführung des Subjekts in die Pathologie und die Klinik durchführte. Meinem Ermessen nach sind es folgende:

a) Das Konzept des *Funktionswandels*. Die naturwissenschaftliche Pathologie faßte die biologische Bedeutung der Symptome gemäß des „Hypo-Hyper"-Schemas auf. Das Symptom ist der Ausdruck eines Nachlassens der Funktionstätigkeit eines Organs (Hypotonie, Hyposekretion, Hypothermie) oder einer Zunahme derselben (Hypertonie, Hypersekretion, Hyperthermie). Es stimmt, daß diese Pathologie auch von den pathologischen Veränderungen mit der Vorsible „dys" spricht (Dysenterie, Dysphagie, Dyspnoe); aber was der Arzt mit diesen Begriffen ausdrücken will, sind meistens – abgesehen von einem subjektiven Unwohlsein des Kranken – eine unregelmäßige Kombination und zeitweilige schlechte Anordnung von „Hypo"- und „Hyper"-Störungen. Der extremste Fall einer „Hypo"-Störung ist das Symptom „a" (Aphasie, Anästhesie), die Annullierung einer organischen Funktion nach der pathologischen Zerstörung des Organs oder des Teils des Organs, von dem die annullierte

Funktion abhängt. In der klassischen Neuropathologie – Broca, Wernicke, Charcot, Erb – fand dieses Schema seine reinste Ausführung.

Dieses Schema drückt aber die klinisch-experimentelle Realität nicht richtig aus. Die pathologische Tätigkeit des verletzten Organismus ist nicht Resultat einer verminderten normalen Tätigkeit des verletzten Organs oder des Zentrums, sondern eine qualitativ neue Tätigkeit. Auf Grund des Ersten Weltkriegs wurde eine tiefgreifende kritische Überholung der klassischen Neurologie unumgänglich, und zwei große Neurologen, Goldstein und von Weizsäcker – ersterer mit einer mehr allgemein biologischen Mentalität, der zweite mit einer eher speziell anthropologischen Denkweise – orientierten ihre klinische Forschung in diese Richtung. Von Weizsäckers erstes Untersuchungsergebnis in dieser Hinsicht war das Konzept des *Funktionswandels*; ein Konzept, das bald eine allgemeine pathologische und nicht nur neuro-pathologische Gültigkeit erlangen würde. Funktionswandel: die qualitative Änderung in der Tätigkeit eines Organismus, wenn die Funktion eines seiner Teile annulliert oder gestört wird. Eine qualitative Änderung des menschlichen Lebens, nicht eine bloße Anpassung des Organismus an die durch die Verletzung geschaffenen biologischen Bedingungen. Auch wenn die Anpassung – wie es klar und deutlich ist – eines der strukturellen Momente des Funktionswandels ist.

Dieses Konzept ermöglichte es von Weizsäcker, die Hauptideen der klassischen Neurologie – Reflextheorie, Lokalisierung der neurologischen Funktionen – durch andere, mehr mit der Wirklichkeit übereinstimmende zu ersetzen und gleichzeitig die Assoziationspsychologie abzulegen: Die Summe von angeblichen elementaren Tätigkeiten kann eine biologische Funktion nicht in zufriedenstellender Weise erklären, insbesondere dann nicht, wenn es um eine Funktion des menschlichen Organismus geht. Weizsäcker öffnete damit der Forschung zwei Wege: einer mit ausschließlich neurologischem Inhalt, weil die Neuronenlehre – gültig seit Ramón y Cajal, trotz der späteren retikulärистischen Einwände seitens Apathy, Bethe, Held, Boeke, Stöhr und anderer – uns zwingt, das neurologische Moment des Funktionswandels in einem neuronalen Sinn zu verstehen, und der zweite Weg mit einem begrifflichen, in gleicher Weise biologischen und anthropologischen Gepräge, weil es notwendig war, das Leben, dessen pathologischer Ausdruck der Funktionswandel ist, in seiner echten Realität zu verstehen. Die moderne Neurophysiologie schreitet unermüdlich der Lösung des ersten Problems entgegen, als Beispiel gebe ich nur das Buch *Languages of the brain* des Neurophysiologen Pribram an. Andererseits führte die klinische und experimentelle Forschung von Weizsäcker zur persönlichsten und wichtigsten Schöpfung seiner Laufbahn als Neurologe und Internist: dem Konzept des Gestaltkreises.

b) Der Ausdruck *Gestaltkreis* erscheint zum ersten Male im Artikel „Ueber medizinische Anthropologie" (1927). Mehr noch als im späteren Buch (*Der Gestaltkreis*, 1940), war der Gestaltkreis anfangs ein zugleich neurophysiologischer und klinischer Begriff. Sicher trifft zu, daß die Einheit der Wahrnehmung und der Bewegung, die biologische Tatsache, daß beide sich kreisförmig mitbestimmen, ihre elementarste Äußerung in der Sinnes- und Bewegungstätigkeit des Nervensystems findet; aber auch die Dynamik der Untersuchung in der Beziehung Arzt – Kranker bezieht sich darauf. Wenn sie nicht Ergebnis eines blinden Drauflosschlagens, sondern Ausdruck einer wohlbegründeten Absicht der Diagnosestellung ist, stellt die Untersuchung seitens des Arztes – eine Frage, eine Funktionsprobe – eine Reaktion zu dem, was er im Kranken wahrgenommen hat, dar; und was der Arzt im Kranken merkt, ist wiederum das Ergebnis dessen, was er mit dem Kranken bis zu diesem Zeitpunkt unternommen hat. In der klinischen Untersuchung existiert also ein Gestaltkreis, der jedes Mal, wenn der Arzt sich zur Durchführung einer Untersuchung entschließt, aufbricht und sich erneuert. Wie von Weizsäcker sagt, betrifft der Entschluß im wesentlichen alle Tätigkeiten der menschlichen Existenz, nicht nur ihre Moral. Die klinische Untersuchung ist also die wachsende Erfahrung, die der Arzt erwirbt, nachdem er die duale Einheit der Weggenossenschaft mit dem Kranken gebildet hat.

Die Dynamik eines Schachspiels erläutert sehr gut, was in der klinischen Untersuchung – noch genereller, in der Erkenntnis des Menschen durch den Menschen – wirklich geschieht. Die Spielregeln einer klinischen Untersuchung sind die allgemein gültigen Gesetze der Universalnatur und jene besonderen Gesetze, die sich dem menschlichen Organismus durch seine anatomisch-physiologische Beschaffenheit aufdrängen. An diesen gesetzlichen Rahmen müssen sich die Frage des Arztes (ob er daran denkt oder nicht, er muß mit ihnen rechnen) und die Antwort des Kranken (ob er es weiß oder nicht, er muß ihnen gehorchen) halten. Die Antwort ist aber nicht starr festgelegt. Im Unterschied zur Arbeitsweise einer Maschine gibt es hier eine gewisse Unbestimmtheit, eine gewisse Plastizität; und so muß der Arzt, gleich einem Schachspieler, jeden Zug, den er bei der Untersuchung macht, in Verbindung mit Mutmaßungen über die Antwort, die er erhalten wird, machen. Hat er die Antworten erhalten, muß er ihre tatsächliche Wirklichkeit mit seinen Vermutungen vergleichen. Das ist der geistige Mechanismus der Aneignung klinischer Erfahrung und, in einem weiteren Sinne, der Erkennungs- und Tätigkeitsbezug zwischen Subjekt und Umwelt; der gegenseitige Kontakt, den Viktor von Weizsäcker *Kohärenz* nennt. Diese findet nicht nur bei der Erforschung der Krankengeschichte, sondern sogar bei der Untersuchung eines Reflexes statt.

Zur dynamischen Struktur der Beziehung „Subjekt – Welt" und „Arzt – Kranker" gehört auch der Begriff der *Verdeckung*. Trotz des Bestrebens der klassischen Naturwissenschaft ist es nicht möglich, eine objektive und vollständige Vision der Welt zu erlangen. Unsere kreisförmige und fließende Beziehung zur Welt will, daß von uns Wahrgenommenes alles uns Unsichtbare verdeckt und uns Augenscheinliches unsichtbar wird, sobald man wahrnimmt, was man vorher nicht sah. Diese eigentümliche Beschränkung unserer Erkenntnis der Welt nannte Viktor von Weizsäcker *Drehtürprinzip*. Carl Friedrich von Weizsäcker bewies, daß sowohl das Drehtürprinzip als auch die Tatsache und der Begriff des Gestaltkreises auf eine andere Tatsache und einen anderen Begriff von allgemeinerer Ausdehnung bezogen werden müssen, die Komplementarität, von der das berühmte kosmologische Prinzip von Niels Bohr spricht.

c) Das *Prinzip der Äquivalenz und der gegenseitigen Vertretbarkeit* der organischen und der psychischen Symptomatologie. Eng verbunden mit der Realität des Gestaltkreises ist Viktor von Weizsäckers Auffassung der Beziehung zwischen dem Organischen und dem Psychischen, ein Thema, das im Mittelpunkt jeder Pathologie und jeder wirklich biologischen und anthropologischen Semiologie stehen muß.

Mehr oder weniger ausgeprägt und augenscheinlich, je nach Fall, sind Psychogenie (die Bildung von organischen Symptomen auf Grund von psychischen Bewegungen) und Somatogenie (die Bildung von psychischen Symptomen auf Grund von organischen Bewegungen) in jeder Krankheit vorhanden. So die Auffassung und Denkweise der traditionellen Medizin. Ist das wirklich Psychogenie und Somatogenie? Nein. Die Verbindung zwischen Somatischem und Psychischem ist kein gegenseitiger Kausalzusammenhang zwischen Soma und Psyche, wie der kartesische Dualismus behauptete, auch ist es nicht die „Konversion", die von der Freudschen Psychoanalyse geltend gemacht wurde, und nicht das „Simultangeschehen", von dem Mitscherlich spricht, nicht einmal die „Ausdrucksgemeinschaft", von der vor 1930 von Weizsäcker selbst gesprochen hatte; laut seiner endgültigen Idee ist es die Beziehung zwischen zwei möglichen Antworten des Subjekts in einer vitalen Entscheidungslage; zwei Möglichkeiten, die äquivalent sind und sich gegenseitig ersetzen und vertreten können. Ein organisches Symptom kann ein psychisches Symptom vertreten und umgekehrt. Das organische Symptom bringt eine „Es-Bildung" und das psychische Symptom eine „Ich-Bildung" mit sich. Sowohl diese beiden Bildungen als auch der Vorgang ihrer wechselnden gegenseitigen Konversion im Verlauf der Krankheit haben ihren Ursprung im *Grundverhältnis*, wie von Weizsäcker es nennt: dem einheitlichen, unergründlichen und unerkennbaren „Inneren" jeder Person.

Natürlich steht das Drehtürprinzip über der Kenntnis von der fließenden Beziehung zwischen dem Somatischen und dem Psychischen. Daraus wird deutlich, daß die Methode dieser Erkenntniserlangung weder die von der Naturwissenschaft postulierte *Objektivität* sein kann noch die *Subjektivität* der Selbsterkenntnis und der Selbstbeobachtung, sondern die eigentümliche Wahrnehmung alles Lebendigen, welche die Beziehung zwischen dem Arzt und dem Kranken herstellt und von Viktor von Weizsäcker *klinische Objektivität* oder *Transjektivität* genannt wird. Dieses Konzept vervollständigt meiner Meinung nach, dank der von der Medizin verlangten andauernden und notwendigen Aufmerksamkeit auf den Körper, die von Dilthey in ihrer Gesamtheit als „höhere Form des Verstehens" bezeichnet wurde, das *Hineinversetzen* in den anderen, das *Nacherleben* und das *Nachbilden*.

d) Der Vorschlag einer *neuen Nosographie und Nosoraxie*. Die traditionelle Pathologie teilt die Krankheiten in „Krankheitsgattungen" ein, die gemäß der pathologischen Anatomie (Mitralstenose), der klinischen Symptomatologie (Bronchialasthma), der Physiopathologie (Zystinurie), der Ätiologie (Amöbiasis) oder einer bestimmten pathologischen Angewohnheit (Alkoholismus) festgelegt wurden. In den letzten Jahrzehnten kritisierten Richard Koch (*Die ärztliche Diagnose*, 1918) und Alvan R. Feinstein (*Clinical Judgment*, 1961) diese traditionelle Vorgehensweise. Ersterer degradierte die Krankheitsgattungen zu einer „Als-ob-Fiktion" – im Sinne Vaihingers –, der Zweitgenannte wandte die Boolesche Algebra und die Diagramme von Venn auf die Analyse der einzelnen Krankheit an.

Von Weizsäcker, der sich zeitlich gesehen zwischen diesen beiden Wissenschaftlern befindet, aber von einem anderen Standpunkt ausgeht, schlug zwei Regeln für die Klassifizierung der Krankheiten vor: eine rein pathochronische und eine formell anthropologische.

Je nach ihrem Auftreten im zeitlichen Verlauf des Krankseins, können die Krankheiten Neurose, Biose oder Sklerose sein. *Neurosen*, im rein pathochronischen Sinne des Begriffs, sind all jene Krankheiten und Krankheitsperioden, die als bloße Funktionsänderungen auftreten: Störungen im Rhythmus, in der Richtung und im Verhältnis der Symptome der Absorption, der Ausscheidung, des Chemismus, der Empfindung und der Bewegung. Solche Änderungen sind nicht dauerhaft und können irgendwann verschwinden; sie sind also *zeitlos*. Auf diese Weise beginnen alle Krankheiten, selbst jene, die ganz plötzlich auftreten. Wenn der Krankheitsprozeß andauert, wird die Neurose zu einer *Biose*. In der Biose treten umkehrbare Änderungen in der Zell- und Organstruktur auf: Entzündungen, Neubildungen, Degenerationen usw. Nun ist eine augenblickliche Gesundung nicht möglich. Die organische Störung ist *zeitgebunden*. Dauert der Prozeß an, so kann die Krankheit zur *Sklerose* werden. Die strukturellen Änderungen sind nun nicht mehr umkehrbar. Sie stellen das *Geschichtliche* der Krankheit dar; d. h. was in der Nekropsie von der Geschichte des krankhaften Prozesses zum Ausdruck kommt.

Am Ende seines Lebens, in seiner *Pathosophie*, brachte die Betrachtung der biographischen Bedeutung der Krankheit von Weizsäcker auf den Entwurf einer Nosotaxie, die sich auf die verschiedenen Lebensordnungen stützt, die in der Existenz der Menschen unterscheidbar sind. Darin sieht er die unmittelbare Zukunft der Klassifizierung der Krankheiten. Meines Wissens nach reifte diese vielversprechende Idee aber nie zu einem konkreten und gut gegliederten Vorschlag aus.

e) Die Entdeckung des biographischen Sinns der *organischen Krankheiten*. Freud legte dar, daß die Psychoneurosen eine biographische Bedeutung haben; ihre Entstehung und Gestaltung im Leben eines Subjekts besitzen ein *Wozu*. Bald dehnte sich diese Feststellung auch auf die Organneurosen aus, wie im kollektiven Buch *Psychogenese und Psychotherapie körperlicher Symptome* (1925) deutlich dargelegt wird. In jenen Jahren begann von Weizsäcker zu beweisen, daß nicht wenigen der sog. „inneren Krankheiten" ebenfalls eine Bedeutung in der Existenz des Kranken zukommt. Sie haben also dort eine Bedeutung, wo sie von den Kausalerklärungen der Naturwissenschaft keineswegs erfaßt werden können; kurz, eine Bedeutung, einen Sinn, der nur mittels des Verstehens und der Auslegung entdeckt und erkannt werden kann.

In der Bedeutung, die von Weizsäcker der Krankheit zuschreibt, muß zwischen zwei Ebenen unterschieden werden, der rein graphischen und der transbiographischen oder metaphysischen. Eine sorgfältige Anamnese vermag den Krankheitsbeginn häufig auf eine moralische Krise im Leben des Kranken zurückzuführen, und außerdem – was auch gesagt werden muß – einen Bezug zwischen der betroffenen Körpergegend und der Haltung des Subjekts seinem Trauma gegenüber herzustellen.

Das Auftreten einer Tonsillarangina ist ein deutliches Beispiel für diese zweifache Möglichkeit. In einem solchen Fall ist die Krankheit keine Affektion, die zufällig im Leben des Patienten auftritt, sondern ein mit seiner Biographie eng verbundener Unfall. Folglich werden die Lagerung (wo), der Zeitpunkt (wann) und die Art (wie) des krankhaften Prozesses nicht *einzig und allein* durch die Anatomie und die Physiopathologie der betroffenen Körpergegend, den momentanen Zustand der Abwehrkräfte des Organismus und die besondere Heftigkeit des Erregers bestimmt, sondern *auch*, und in einer entscheidenden Weise, durch die Person des Kranken und durch die Lage, in die ihn seine Freiheit und sein Schicksal gebracht haben. Die Naturgesetze der Physik und Chemie, die Anatomie und die Physiologie bilden den unüberschreitbaren Rahmen der Bedingungen, in welchem ein Mensch mit einer Krankheit – folglich in einer nicht angemessenen Form – auf eine Situation reagiert, die sein Leben in einer kritischen Weise berührt. Die Antwort, die aus den unergründlichen Tiefen der Person kommt, die von Weizsäcker *Grundverhältnis* nennt, ist gleichzeitig eine somatische und eine psychische, und zu ihrer Dynamik gehört die Möglichkeit der Verwirklichung des Psychischen auf somatische Weise und des Somatischen auf psychische Weise. Mehr als nur *Vorgang*, ist die Krankheit ein *Hervorgang*, in dessen Struktur sich die passive Affektion *(pathos, passio)*, die reaktive Tätigkeit *(energeia, reactio, labor)* und das Werk dieser reaktiven Tätigkeit *(érgon, poíema, opus)* verschmelzen. Die Krankheit wird gleichzeitig erlitten und gebildet, auf Grund einer halb bewußten, halb unbewußten Tätigkeit, und besitzt in der Biographie desjenigen, der sie bildet und erleidet, gleichzeitig eine negative Bedeutung, da sie vorübergehend oder für immer Lebensmöglichkeiten abbaut, und eine positive Bedeutung, da sie, wenn auch in unangemessener Weise, einer Lebenskrise entgegentritt und ihr Ausdruck verleiht. Folglich ist eine Diagnose nicht *einzig* die Bezeichnung der organischen Störung und der unmittelbaren Ursache des krankhaften Vorgangs, sondern *auch* das auslegende Wissen von der ursprünglichen Krise und von der Antwort auf die Krise.

Eine Frage drängt sich auf: Bis zu welchem Punkt und in welchem Ausmaße kann der Krankheit angesichts des mannigfaltigen klinischen Bildes des menschlichen Krankseins eine biographische Bedeutung zugemessen werden? Mit anderen Worten: Bis zu welchem Punkt und in welchem Ausmaße kann die naturwissenschaftliche Erklärung durch ein Verständnis ersetzt werden, das sie – auf umfassende und auslegende Weise – auf der Ebene der Realität, die wir „menschliches Leben" nennen, situiert und einordnet? Diese Frage stellt sich Richard Siebeck in seinem Buch *Medizin in Bewegung*.

Abgesehen von der Bedeutung, die in der Erkrankung beschrieben werden kann, hat die Krankheit für von Weizsäcker einen transbiographischen Sinn, eine Bedeutung, die über die konkrete Beziehung zwischen ihr, als momentaner Vorfall im Leben eines Menschen, und der biographischen Kurve, die sie mit all den restlichen Ereignissen zeichnet, hinausgeht. Sinn und Bedeutung der Krankheit hängen nun vom Sinn des Lebens als solchem ab.

Der letztliche Sinn des Lebens ist nicht das Leben selbst, wie die Grundthesen der Darwinschen Entwicklungslehre behaupten, wenn sie auf eine ausschließliche Weise verstanden werden: der Kampf ums Dasein und die natürliche Zuchtwahl. Die Krankheit ist nicht nur ein Kampf gegen den Erreger und der Versuch, sich an den Defekt, der durch den Kampf entstanden ist, anzupassen. Über den Kampf und die Anpassung hinausgehend, liegt der Lebenssinn im Opfer; selbst in der Fauna, da die tierischen Individuen sich umformen und biologisch höherstehenden Arten Platz machen. Wo läge demnach die letztliche Bedeutung der menschlichen Krankheit? Warum existiert im Falle des Menschen Krankheit? Laut Viktor von Weizsäcker, damit der Mensch auf dem Leidensweg – der mühsamste von allen, die ihn zu diesem Ziel führen können – er selbst werden kann: „Die Krankheit des Menschen" – so sagt er uns – „ist nicht das, was es schien, ein Gebrechen in einer Maschine; die Krankheit ist nichts anderes als er selbst, oder besser ausgedrückt: eine Gelegenheit, um er selbst zu werden." Hinter diesem tiefgreifenden und sibyllinischen Ausspruch von Weizsäckers spürt man Fichtes „*Werde, der du bist*".

Mit der biographischen und transbiographischen Bedeutung der Krankheit ist eine andere, historisch-kultureller Art, verbunden: jene, welche der Kranke seinem Leiden zuschreibt, als Mensch, der geistig und affektiv von einschätzenden und auslegenden Gewohnheiten seiner geschichtlichen Situation geprägt wurde. Unabhängig von ihrem Entstehungsmechanismus kann man die Krankheit, die Tatsache, sie zu haben, und den Schmerz, sie zu leiden, gemäß vier Regeln auslegen: Strafe, Prüfung, Zufall und Herausforderung. Die Tatsache, eine Krankheit zu erleiden, kann als Strafe für einen Verstoß gegen ein moralisches Gesetz gedeutet werden oder als eine Prüfung, die der Patient erdulden muß, um so einen Verdienst zu erlangen, oder als Zufall, der unverständlicherweise, absurderweise in seinem Leben aufgetreten ist, oder letzten Endes, wenn er sie auch als Strafe, Prüfung oder Zufall verspürt, als eine an seine Möglichkeiten gestellte Herausforderung, diese widerwärtige Lage zu überwinden. Die Geschichte der Menschheit, von den primitiven Kulturen bis zum Werk *Die Pest* von Albert Camus, bietet sehr unterschiedliche Beispiele bezüglich dieser vier Grundformen für das Verstehen der Bedeutung des Schmerzes.

3. *Anthropologischer Teil*

Gehen wir jetzt von der anthropologischen Klinik – genauer gesagt, der anthropologischen Medizin – zur medizinischen Anthropologie über, einer wissenschaftlichen Disziplin, der von Weizsäcker, nach deren nicht sehr bedeutenden Vorgeschichte, eine wachsende intellektuelle Kraft seit seinem Artikel „Über medizinische Anthropologie" aus dem Jahr 1927 verliehen hat.

Für den Arzt gibt es zwei Hauptfragen bezüglich des anthropologischen Wissens: Was ist die Krankheit des Menschen? Was ist der Mensch in seiner Eigenschaft als krankheitsanfälliges Wesen?

Die Antwort, die von Weizsäcker auf die erste dieser zwei Fragen gibt, kann ihrerseits in drei Ebenen aufgeteilt werden: eine primäre und pragmatische, eine andere rein anthropologische und eine dritte grundsätzlich ethische.

Die Krankheit ist in erster Linie eine *Not*; folglich veranlaßt sie das Subjekt, einen Heilkundigen aufzusuchen, sei es der Medizinmann eines primitiven Volkes oder ein moderner Arzt. Erst die Notwendigkeit, denjenigen um Hilfe zu bitten, von dem wir glauben, daß er sie leisten kann, verleiht der Lebensweise, die wir mit dem Namen Krankheit bezeichnen, ihre endgültige Form.

Die Krankheit des Menschen, ausgedrückt im Vorgang, in dem sie sich somatisch und psychisch entwickelt, ist außerdem eine *Un-Wahrheit* des Subjekts, das sie bildet und erleidet, wenn wir unter Wahrheit des Subjekts den Zustand einer psychoorganischen Einheit verstehen, der in genügendem Ausmaß dem entspricht, was es sein will, kann und muß. Folglich wird eine Diagnose, die sich, wie Hegel sagen würde, „im Element des Seins" und nicht nur des Anscheins bewegen will, verlangen, daß im Mittelpunkt der Untersuchung des Kranken folgende Frage steht: „Welche deiner Wahrheiten gibt die Un-Wahrheit deines Leidens zu erkennen?"

Die Krankheit, wenn man sie schließlich vom Gesichtspunkt ihrer letztlichen Bedeutung aus betrachtet ist, wie von Weizsäcker poetisch sagt, *„ein Seufzen der Kreatürlichkeit"*, insofern sie dem Kranken, auch wenn dieser es nicht weiß, einen Weg – einen schwierigen und mühevollen Weg – seiner eigenen Selbstverwirklichung erschließt. Nietzsche war vielleicht das beste Beispiel dieser Realität, und vielleicht hat sie in Thomas Mann ihren hervorragendsten Schriftsteller gefunden.

Wenn dies wirklich die Krankheit des Menschen ist, was ist dann der Mensch in seiner Eigenschaft als ein sie erleidendes Wesen? In ihren Hauptzügen kann die Antwort von Weizsäckers in die vier folgenden Begriffe eingeteilt werden:

a) Da die Wirklichkeit des Menschen in ihrem Wesen fließend ist und von ihm *erlitten* wird und nicht nur objektiv beobachtbar ist, sind die ihrem Wesen eigenen Kategorien nicht hauptsächlich *ontisch*, wie die, die es uns ermöglichen, ein Glas oder eine chemische Reaktion zu verstehen und zu beschreiben, sondern *pathisch*: die fünf Kategorien, die in den Verben *wollen, sollen, können, müssen* und *dürfen* ihren Ausdruck finden. Innerhalb dieses pathischen Pentagramms verwirklicht und offenbart sich die konstante und dramatische Beziehung zwischen Freiheit und Notwendigkeit des Lebens. Die Kohärenz zwischen dem Subjekt und seiner Welt ist pathisch; und in diesem tiefen Sinn, nicht nur in dem des *pathos* und der *passio* der traditionellen Pathologie, ist die Struktur der Lebenskrisen und der Krankheit pathisch.

b) Das menschliche Leben läuft auf eine unabwendbare Weise ab und vereint mehrere zueinander in Widerspruch stehende Begriffe: Ich und Welt, Soma und Psyche, Fleisch und Geist, Notwendigkeit und Freiheit, ontische Bestimmung und pathische Bestimmung. Auf eine erlebte und reelle, nicht nur begriffliche und formelle Weise kann man sagen, daß die Tatsache, als Mensch zu existieren, eine konstante und veränderliche Verneinung des logischen Prinzips des ausgeschlossenen Dritten ist. Im Leben des Menschen, *Tertium datur*, einem *Tertium,* zu dem man nur über den *Umgang* mit der Welt und der übrigen Menschheit gelangt. Das Werden des menschlichen Lebens wird eher von einer *Antilogik* als von einer Logik, wie die Hegelsche Dialektik behauptet, bestimmt.
c) Die reale Grundlage der Krankheit ist ein wesentliches „Erkrankenkönnen" des Menschen, folglich seine wesentliche Verwundbarkeit; nicht nur hinsichtlich seines konkreten Lebens (die Krankheit als Schädigung des biologischen Lebens), sondern auch bezüglich eines wirklichen Seins (die Krankheit als Bedrohung der Existenz). Die Krankheit stellt die effektive Realität der drei Merkmale in Frage, die das Wesen des Menschen am besten zu charakterisieren scheinen: die Identität (in seinem Werden er selbst zu sein), der freie Wille (Verfügbarkeit bezüglich der Möglichkeiten, die ihm die Natur bietet) und die Autonomie der Person (autonome Bestimmung der Ziele, nach denen sich das persönliche Leben richtet).
d) Die fünf Verben des pathischen Pentagramms beinhalten im wesentlichen die Beziehung des Menschen zum „Mitmenschen" und folglich zur Gesellschaft. Auf Grund seines Seins ist der Mensch ein soziales Wesen; und wie er selbst, ist es auch seine Krankheit. Das menschliche Kranksein läuft, mehr oder weniger deutlich und sichtbar, als *soziale Krankheit* ab und die Genesung des Menschen als *soziale Gesundung.* Folglich unterliegen sowohl die Krankheit als auch ihre Behandlung, sowohl der Kranke als auch der Arzt den Kräften, die in der westlichen Welt das Sozialverhalten der Menschheit bestimmen: Wissenschaft und Technik, Wirtschaft, Politik, Ethik.

4. *Zusammenfassung*

In einer sehr schematischen Form und in Übergehung von nicht weniger wichtigen Dingen enthalten die vorangehenden Seiten den Torso der Lektion, die Viktor von Weizsäcker den Ärzten von gestern gab und auch den Ärzten von heute weiterhin gibt. Die Bedeutung, Neuheit und Anregungskraft des Denkens von Weizsäckers sind augenscheinlich. Im Lichte dieses Denkens werden wenige die Unfähigkeit der naturwissenschaftlichen Pathologie, die Krankheit des Menschen in passender Weise zu verstehen und zu behandeln, leugnen können. Kann jedoch gesagt werden, daß die naturwissenschaftliche Auffassung der Pathologie und der Therapeutik wirklich durch die von Viktor von Weizsäcker vorgeschlagene anthropologische Pathologie und Therapeutik ersetzt wurde? Läßt eine eingehende Prüfung der heutigen Praxis der Medizin nicht doch auf eine weitere Vorherrschaft der naturwissenschaftlichen Haltung der Krankheit gegenüber schließen? Meiner Meinung nach ja. Ich denke also, daß die Erinnerung an Viktor von Weizsäcker, die hohe Einschätzung seines reformierenden Werkes und die Absicht, diesem eine ausgedehnte Wirksamkeit zu geben, ein aufmerksames Nachdenken über diese unleugbare Tatsache verlangen.

Die Genese dieser Tatsache ist komplex, und in ihr wirken verschiedene ursächliche Momente mit, wenigstens die folgenden sechs:

Das historisch-soziale Moment

Die große historische Krise der westlichen Welt, auf die von Weizsäcker in seinem Werk eine Antwort geben wollte, ist noch nicht zu Ende. Der Mensch von heute lebt weiterhin in einer Krise. Der bürgerliche Zusammenhang zwischen der Wissenschaft, der Technik, der Wirtschaft, der Politik und der Ethik hat sich in den ersten Jahrzehnten unseres Jahrhunderts aufgelöst, und weder der kapitalistischen noch der sozialistischen Welt ist es gelungen, eine neue Ordnung zu schaffen, die den historischen Zusammenbruch der alten und schon hinfälligen in zufriedenstellender Weise beheben könnte. Dies macht der Eindruck der Gegenwärtigkeit deutlich, der den Artikeln innewohnt, in denen Max Scheler (*Abhandlungen und Aufsätze*, 1915) die Krise der bürgerlichen Denkweise aufzeigte und seine Hoffnung in eine Einstellung dem Leben gegenüber legte, die damals aufzukommen schien; oder die kurzen Abhandlungen von Ortega y Gasset in den Jahren, in denen er sich „überhaupt nicht modern und sehr dem 20. Jahrhundert angehörend" bezeichnete. Ärzte, Kranke, Krankenhäuser und Pflegeanstalten geben ihre schmerzliche Ratlosigkeit gegenüber der Tatsache zu erkennen, zwischen dem „nicht mehr" und „noch nicht" zu leben, zu dem kritische Situationen notwendigerweise zwingen.

Das technische Moment

Die Wirksamkeit sowohl der pharmakologischen als auch der chirurgisch-therapeutischen Technik machte es in einer zunehmenden Anzahl von

Fällen möglich, die *causa morbi* – ein Krankheitserreger, eine gut lokalisierte organische Schädigung – rasch und sicher zu unterdrücken und folglich die Krankheit endgültig zu heilen. Die *therapia sterilisans magna*, von der Ehrlich träumte, wird immer ein Traum bleiben, aber mittels verschiedener therapeutischer Handlungen rückt dieser Traum der effektiven Realität immer näher. In wenigen Stunden heilt das Penicillin eine Pneumonie, die Appendektomie eine Blinddarmentzündung und die antipaludischen Medikamente die Malaria. Kann in solchen Fällen die Absicht, die biographischen Implikationen und die Un-Wahrheit der Krankheit zu erforschen, einen praktischen Sinn haben?

Das psychosoziale Moment

Die in der westlichen Welt seit der Renaissance zunehmende Entwicklung des persönlichen Bewußtseins bringt einen konstanten Anstieg in der Zahl der Menschen mit sich, die der amerikanische Soziologe David Riesman die *innen-geleiteten*, gegenüber den *außen-geleiteten*, nannte. Für die ersteren ist die Intimität eine unerschütterliche und in stolzer Weise autonome Festung und der Körper eine mehr oder weniger tüchtige und mehr oder weniger starke Maschine im Dienste des persönlichen Willens – ein Pferd, wenn man es so sagen will, auf dem man reitet –, und ihre Einstellung gegenüber der Krankheit und dem Arzt kann mit dem folgenden Satz ausgedrückt werden: „Herr Doktor, heilen Sie meinen Körper so früh wie möglich, und zerbrechen Sie sich nicht den Kopf darüber, was meine Krankheit in meinem Leben bedeutet; das geht einzig und allein mich an." Mit dieser Einstellung sich selbst und seiner Krankheit gegenüber macht der innengeleitete Mensch das Bestreben, seine Leiden in anthropologischer Weise verstehen und deuten zu wollen, fast immer sinnlos.

Das wirtschaftliche Moment

Heinrich Schipperges schenkte uns die Entdeckung einer prophetischen Perle des vielseitigen Hellsehers Johann Wolfgang von Goethe. In einem während seiner Reise nach Italien geschriebenen Brief an Charlotte von Stein machte Goethe den folgenden sibyllinischen Kommentar über den fortschrittlichen Optimismus der *Ideen zur Philosophie der Geschichte der Menschheit* von Herder: „Auch muß ich selbst sagen, halt' ich es für wahr, daß die Humanität endlich siegen wird; nur fürcht' ich, daß zu gleicher Zeit die Welt ein großes Hospital und einer des andern humaner Krankenwärter sein wird." Stimmt es vielleicht nicht, daß die großen und ständig anwachsenden Geldsummen, die die fortschrittlichen Länder heute für die Heilung und Verhütung von Krankheiten ausgeben – mit anderen Worten: die ganze Arbeit, die die Gesunden tun müssen, um die Genesung der Kranken zu erreichen oder ihre Gesundheit zu verbessern – die prophetische Besorgnis Goethes bestätigen? Nun gut: die von der Sozialisierung der anthropologischen Medizin bedingten Kosten, wenn man sie zu diesen oben erwähnten hohen Summen dazuzählt, bilden ein weiteres Moment – diesmal wirtschaftlicher Art – zu den verschiedenen Momenten, die sich absichtlich oder nicht der vollkommenen sozialen Gültigkeit der von Weizsäckerschen Reform der Medizin widersetzen.

Das didaktische Moment

Die starke spekulative und philosophische Neigung von Weizsäckers führte ihn mit übermäßiger Häufigkeit dazu, seine Gedanken in einer Weise auszudrücken, die von den Beschränkungen, Bevorzugungen und Forderungen des praktischen Arztes sehr weit entfernt war. Es ist sehr wahrscheinlich, daß mancher Arzt, nachdem er *Der kranke Mensch* und vor allem die *Pathosophie* gelesen hat – sich gefragt hat: „Gut. Und was mache ich jetzt?" Vielleicht irre ich mich; aber ich glaube, daß für die Darstellung der anthropologischen Medizin Bücher fehlen wie früher die *Allgemeine Pathologie* von Cohnheim und die *Pathologische Physiologie* von Krehl oder wie heutzutage, in einem rein praktischen Sinn, die *Medizinische Diagnostik* von R. Gross. Die Füllung dieser bibliographischen Lücke ist eine ernstzunehmende Pflicht für alle jene, die das Werk der Heidelberger Schule fortsetzen wollen.

Das klinische Moment

Ich glaube, daß, genauso wie bei Freud, der „Deutungsoptimismus" bei von Weizsäcker zu stark war, und der gleichen Meinung war auch Siebeck. Auch wenn die Krankheit noch so zufällig erscheinen mag, so kann sie doch immer in ihrer Struktur irgendeinen biographischen Sinn beinhalten. Und wenn sie auch noch so viel Sinn aufweist, so wird sie in ihrer Wirklichkeit einen unweigerlich zufälligen Faktor beherbergen. Sinn und Zufall, Durchsichtigkeit und Undurchsichtigkeit vermischen sich in veränderlichem Maße in der Realität der menschlichen Erkrankung und bedingen ihr Verständnis. Die Anamnese und die psychosoziale Untersuchung zeigen vielleicht, daß Knochenbrüche, die einen zufälligen Ursprung haben, im wesentlichen eine Ursache biographischer Art haben. Anderererseits kann das beste Verständnis der Entstehung einer Neurose nie so abgerundet sein wie das eines literarischen Werkes oder einer normalen Handlung und kann immer den Anlaß dazu geben, daß der Kranke sich fragt: „Warum habe ich, gerade ich, der Mensch sein müssen, der sich in die mühevolle Lage versetzt sieht, diese moralische Krise meines Lebens auf diese Weise zu lösen?"; eine Frage, die offenbar macht, was in der Entstehung und der Empfindung der Krankheit letztlich undurchsichtig ist – möge man diese Undurchsichtigkeit Geheimnis oder Zufall nennen –, und deren Beantwortung nie vernunftsmäßig zufriedenstellend sein kann; nicht einmal, wenn das Leiden, das das Kranksein so unumstößlich mit sich bringt, als Strafe oder Prüfung ausgelegt wird.

Mit all diesen Hindernissen müssen jene rechnen, die von Weizsäckers Werk weiterführen, sei es in Richtung der *Allgemeinen Klinischen und Psychosomatischen Medizin* von P. Hahn, in Richtung der *Soziosomatik* von H. Schaefer und M. Blohmke oder in Richtung der anthropologischen Grundlagenforschung in der Medizin von W. Jacob. Auch wenn die Wirkung der Heilmittel noch so gut und schnell ist, wird es immer Krankheiten geben – vor allem die neurotischen und die chronischen –, bei denen die Diagnose und die Behandlung nur auf dem anthropologischen Weg ein zufriedenstellendes Ziel erreichen können; und wenn ein Mensch auch noch so innengeleitet zu sein scheint, so wird ihn die Krankheit doch die Schranken fühlen lassen, die unerbittlich die menschliche Stärke begrenzen.

Viktor von Weizsäcker schrieb in *Natur und Geist*: „Wenn die Dinge so liegen, ist hier die Aufgabe einer Revolution, die Forderung nach einem Propheten gestellt. Und sie liegen so. Was meine Gesinnungsgenossen und ich selbst geleistet und nicht geleistet haben, muß nämlich wirklich von hier aus ermessen werden. Mag dieser Rückblick hier also auch sehr skeptisch und kritisch, ja verurteilend ausfallen, so ist doch hier der Rückblick um so mehr ein Vorblick und dadurch eine Erkenntnis, welche zwar nicht den Rang der Prophetie, aber doch das Verdienst der Voraussicht hat." Die Heidelberger Schule und in ihr das persönliche Werk Viktor von Weizsäckers stellten mehr als eine Voraussicht dar; beide bedeuteten den Durchbruch eines neuen Weges in der Geschichte der Medizin und eine entscheidende Annäherung an das weit entfernte Ziel, jenes Ziel, dessen Erlangung alle jene anstreben müssen, die wollen, daß die Medizin weiterhin eine Tätigkeit des Menschen für den Menschen ist.

Zwischen Natur und Kunst

Hans-Georg Gadamer

Es ist schwierig, in sehr kurzer Zeit etwas in sich Geschlossenes über einen Mann wie Viktor von Weizsäcker und seine Leistung zu sagen – über die Probleme, an denen er zu arbeiten hatte und an denen wir zu arbeiten haben. Vielleicht darf ich meinen Beitrag als Fortsetzung eines Gespräches verstehen, das ich immer wieder, in gelegentlichen Begegnungen, mit Viktor von Weizsäcker zu führen gesucht habe. Als Laie, der ich auf dem Gebiete der ärztlichen Wissenschaft und Kunst bin, war ich natürlich nicht imstande, an dem rein ärztlichen Aspekt der Dinge produktiv teilzunehmen. Wohl aber beschäftigten mich immer das Thema des Gestaltkreises sowie die Gestalt des schwäbischen Grüblers, der seine eigenen Gedanken in nahezu kryptischer Weise zu verstecken verstand.

So war mir am Ende der Gestaltkreis mehr ein Symbol und wie eine Einladung zu gemeinsamer Besinnung, auf die ich hoffte, als ich 1949 nach Heidelberg kam und meine früheren Kontakte mit Viktor von Weizsäcker wieder aufnahm. Leider ließen sich diese Gespräche angesichts seiner Erkrankung nicht mehr verwirklichen. So möchte ich heute anstelle eines eigenen produktiven Beitrages die Fragen, die ich ihm zu stellen hatte, ein wenig exponieren. Was mich dabei am meisten beschäftigt hat und weiter beschäftigt, ist gewiß nichts, was der besonderen Kompetenz des Arztes und seiner denkenden Erfahrung allein vorbehalten wäre. Wenn ich meine Frage unter die Formel „Zwischen Natur und Kunst" stellte, so meine ich nicht irgendeinen Beitrag zu dem, was wir in unserem Sprachgebrauch im allgemeinen „die Kunst" nennen, sondern jenen Inbegriff von Können, der als die gefährliche Begabung des menschlichen Wesens uns allen bekannt ist. „Kunst" meint hier also im Sinne der Antike „Techne", das Wissen und wissende Können, von dem aus die griechische Antike den ersten Schritt zu unserer heute die Welt umspannenden Könnerschaft und Wissenschaft getan hat. Das war, wenn ich so sagen darf, das Zielthema, das mir für diese nie gelungenen, vom Schicksal nicht gewährten Gespräche mit Viktor von Weizsäcker vorschwebte.

Gewiß braucht man nicht der westlichen Zivilisation anzugehören und auf ihrem besonderen Weg des begrifflichen Denkens erzogen zu sein, um ein sicheres Bewußtsein für die eigentümliche Querstellung zu haben, die das menschliche Wesen im Ganzen der uns umgebenden und uns tragenden Natur einnimmt. Da ist rings der selbstverständliche Kreisgang der Dinge, der uns wie eine Art Vorbild im frühen Denken umgibt, und so war es auch in unserem eigenen okzidentalen Kulturkreis, den wir nicht ganz von ungefähr einen „Kreis" nennen. So hat etwa ein Plato das Ganze der von ihm gesehenen und gewagten Weltvisionen zu beschreiben unternommen: da ist der Kreis der Seele, der Kreis der Stadt, der Kreis des Alls, die sich in ihrem eigentümlichen Miteinander und Ineinander vor uns darstellen. Das ist wie eine höhere Weisheit gegenüber unserer Vermessenheit des immer weiter ausgreifenden Könnens. Gleichwohl ist eben das unsere eigentliche menschliche Ausstattung, die am Ende die kritische Weltlage heraufbeschworen hat, in der sich die menschliche Rasse heute auf diesem Planeten befindet. Wir Menschen haben unser Wissen und Können zu einer allgemeinen, alles umspannenden Grundhaltung gegenüber der Natur und der Menschenwelt entwickelt und treiben es immer weiter, ohne Maß. Das ist, wie vor allem in dem Vortrag von Laín Entralgo klar herauskam, die Krisis, in der wir stehen und von der wir nur hoffen können, daß sie uns, wie die Krisis eines Kranken, in ein neues Gleichgewicht, einen neuen Leibkreis, Seelenkreis und einen neuen Kreis des All-Einklangs führen möchte. Was Viktor von Weizsäcker ehedem schon den Gestaltkreis nannte, dieses Ineinanderspiel von Wahrnehmung und Bewegung, war älteste griechische Weisheit: *Krinein* und *Kinein*, Unterscheiden und Sich-Bewegen ist die besondere Ausstattung der lebenden Wesen im Ganzen der Natur. Auch wir sind solche Lebewesen. Doch wir sind Lebewesen, die mit einer ebenso kühnen wie gewagten Distanz zu unserem eigenen Natursein von der Natur selbst begabt worden sind. Durch sie sind wir in einer eigentümlichen Weise Ausgesetzte, und insbesondere sind wir unserer Zukunft ausgesetzt. Denn wir sind das Wesen, das Zukunft weiß und die Zukunft vorausblickend zu wissen sucht. Auf dieser Auszeichnung beruht zugleich unsere eigene Selbstgefährdung.

Es wäre vermessen, von den Leistungen eines Mannes oder auch nur einer Generation oder eines Zustandes in der Entwicklung unseres geschichtlichen Schicksals auszugehen, ohne das Großartige der Leistung dieser europäischen Zivilisation zu sehen. Es ist in Europa entstanden, was heute die ganze Welt als eine Zivilisationsdecke überzieht, unter der sich die gewachsenen und gewordenen Kulturen beinahe verstecken. Die Ausgesetztheit des Menschen, die aller Menschen Teil ist, ist in der westlichen Zivilisation bis zum Extrem der Selbstgefährdung gestiegen. Wir können uns geradezu als allgemeine Menschheitsaufgabe immer nur vor Augen stellen, wie wir diese unsere Richtung von uns weg, diese Richtung auf das Mögliche, das Unbekannte und das Gewagte, zurückbiegen lernen in den großen Gleichgewichtsrhythmus der Naturordnung. Sie lebt es uns in jedem Tageslauf vor. Das Geheimnis des Schlafes scheint mir eine der Grunderfahrungen zu sein, an der sich menschliches Selbstverständnis in seiner Naturhaftigkeit und in seinem Aufbruchswillen erweist. Was morgen ist, was ein Morgen ist, was für Versprechung und was für Wagnis, das erfährt jeder Mensch jeden Tag, jeden Morgen. Eben hierin begegnet die besondere Ausstattung des Menschen, in solchem Gang zwischen Schlaf und Wachen, zwischen Entspannung und Anspannung, die Einheit mit sich selbst auf die gewagtesten Ziele hin zu entwerfen und durchzuhalten. Das ist es, was wir in unserer menschlichen Grundverfassung vorfinden und was ein denkender Arzt immer wieder als seine Grundaufgabe erkennen wird, nicht nur den Leidenden wiederherzustellen; sondern ihm mit der Rückstellung, Rückgabe, Rückkehr zu seinem Können und Sein die Einheit mit sich selbst wiederzugeben.

So kam es, wie mir scheint, nicht von ungefähr, daß Viktor von Weizsäcker, ein in vielen Dingen hochbegabter Mann, der sicherlich als Physiologe in der Schule von Herrn von Kries auch eine große akademische Kapazität geworden wäre, und der sich ebenso als ein Eigengrübler und versonnener Mystiker, der er war, ganz dem philosophischen Wagnis hätte überlassen können, an seiner Berufung zum Arzt festhielt. Darin hat er seinen menschlichen und geistigen Rang bestätigt, daß er immer wieder in allen Entscheidungen seines Lebens am Ende für den Kranken entschied und im Angesicht der Krankheit das große Rätsel des Gesundseins zu erkennen und seine Wohltat zu vermitteln suchte.

Einmal habe ich das selbst erfahren. Es war schon während des Krieges. Ich war Professor in Leipzig. Dort war der Lehrstuhl der Psychologie vakant geworden. Die Leipziger Experimentalpsychologie hatte ehedem eine führende Stellung in der ganzen Welt. Das Psychologische Institut von Wilhelm Wundt war das erste, das überhaupt gegründet worden war. Damals, 1944, habe ich Viktor von Weizsäcker im Einverständnis mit meiner Fakultät als Nachfolger des nach München gegangenen Psychologen Lersch vorgeschlagen, zu uns zu kommen. Ich wußte, glaube ich, was ich tat. Ich verstand auch, wie Herr von Weizsäcker auf diesen Versuch wie auf eine verlockende Versuchung einging, um schließlich alle solchen Pläne aufgeben und nach Heidelberg zurückkehren zu müssen. Die Anziehung, die es für ihn haben mußte, war gewiß dieselbe, um derentwillen wir ihn uns so wünschten. Hier wäre ein Forscher zur Allgemeinen Psychologie und das heißt zugleich zur Philosophie zurückgerufen worden, die neuer Besinnung bedurften. Ihre Herkunft aus der Sinnesphysiologie und den Problemen der experimentellen Sinnespsychologie ihrer Zeit hatte die Psychologie damals längst hinter sich gelassen. Im Bestreben, andere Gebiete der seelischen Menscherfahrung in wissenschaftlicher Weise in den Griff zu bekommen, war sie weit ins Diffuse vager typologischer Pragmatik geraten. Da schien es uns eine des großen Forschers und offenen Denkers würdige Aufgabe, die Psychologie an die Urphänomene der „condition humaine" zurückzuführen, die, wie wir wohl alle nicht bestreiten können, am Leidenden, am Kranken, an dem, dem etwas fehlt, für uns erst ganz sichtbar werden. Die Rätsel der Krankheit bezeugen das große Wunder der Gesundheit, das wir alle leben und das uns alle mit dem Glück des Vergessens, dem Glück des Wohlseins und der Leichtigkeit des Lebens immer wieder beschenkt. Das war damals unser Gedanke, daß ein Arzt, der die naturwissenschaftliche Grundausstattung des experimentellen Forschers hatte, und der zugleich sein denkendes Streben auf das Ganze des Menschseins richtete, sich mit uns zu gemeinsamer Arbeit vereinigen könnte. Das waren, in der späten Stunde des Krieges, gewiß Illusionen. Aber in solchen lebte man, wenn man in einem untergehenden Lande war, das durch eigene Schuld sich ins Verderben gestürzt hatte, und wenn man gleichwohl immer aufs neue an Zukunft glauben mußte.

Herr von Weizsäcker hat klar genug gesehen, daß ihm am Schluß die Rückkehr nach Heidelberg und die Rückkehr zu seinem ärztlichen Tun wichtiger sein mußte, als die ins Ungewisse der reinen Theorie führende Arbeit in Leipzig. Nun, dies Biographicum, das ich einstreue, soll nur erklären, warum ich mit Herrn von Weizsäcker, ehedem wie auch nach seiner Rückkehr nach Heidelberg, als ich dann selbst nach Heidelberg kam, Gespräche führte, und daß ich gerade mit ihm das Geheimnis des „Kreises" zu diskutieren hoffte, das Geheimnis dieses sich selbst erhaltenden Unendlichen, das sich im organischen Leben zeigt und das wie jeder Leser Platos wohl weiß, an einer unvergeßlichen Stelle des platonischen Phaidros zum Thema wird. Sokrates sagt dort zu seinem jugendlichen Begleiter, daß wir doch wohl nichts über die menschliche Seele, ja auch nichts über den menschlichen Leib wissen könnten ohne das Ganze, das *Holon* der Natur. Schon das griechische Wort hat für den, der Griechisch kann, einen besonderen Klang, anders, als bei uns der Ausdruck „das Ganze". Ein *Holon* ist auch das Heile, das kraft seiner eigenen in sich geschlossenen und sich selbst immer wieder herstellenden Lebendigkeit in das Ganze der Natur eingefügt ist. Jede den Arzt angehende Aufgabe ist von solcher Art, dies beherzigen zu müssen. Auch heute vormittag sind wir daran erinnert worden, wie sehr Viktor von Weizsäcker über diese Frage in Wahrheit nachgedacht hat, wenn er die Unwahrheit der Krankheit ins Auge faßte. Er meinte damit: Was verbirgt sich dem Menschen, was wird verdeckt, wenn sein eigenes leibliches Befinden in eine Art Aufstand ausweicht? Haben wir nicht etwas zu lernen, wenn wir krank werden, bis wir wieder in jenes von unwahrscheinlicher und unbegreiflicher Güte zeugende Wohlsein des Lebens zurückkehren?

Das platonische Beispiel kann uns einen Wink geben. Plato sagt oder läßt seinen Sokrates sagen: Vielleicht müßte der Arzt nicht nur auch die Natur der Seele, sondern die ganze Natur des Alls kennen, wenn er den Mangel, das Leiden, die Krankheit des Patienten wirklich behandeln will. Wir haben gehört und wir wissen es aus einer durch die Jahrtausende gehende Erfahrung, wie sehr sich diese Aufgabe, im Gefolge der Notwendigkeiten und Errungenschaften unseres Könnens und Wissens, zu einer Kunst von besonderer Schwierigkeit gestaltet hat. Der Gang unserer Geschichte hat nicht nur den Kranken und den Arzt, sondern unser aller Lebensstil immer mehr unter das Gesetz der Arbeitsteilung gezwungen. Dadurch findet sich unser eigener Beitrag in einem nicht mehr überschaubaren Ganzen zur bloßen Funktion herabgesetzt. Dafür ist der Arzt in gewissem Sinne der symbolische Beruf. Denn seine Aufgabe ist kein „Machen", sondern eine Hilfeleistung, die dem Leidenden die Wiederkehr der Gesundheit und die Rückkehr zu seinem Leben erleichtert. Der Arzt kann niemals die volle Illusion des Könnens und Machens haben. Er weiß, daß er im besten Falle nicht sich selber und seinem Können, sondern der Natur zu ihrem Siege verhilft. Das ist in der Tat die einzigartige Stellung der Medizin im Ganzen der menschlichen Wissenschaft. Zwar sind alle unsere Wissens- und Könnensmöglichkeiten bedingt, und unser „Machen" ist von der Natur stets eingeschränkt. Die ärztliche Wissenschaft ist die eine, die am Ende überhaupt nichts herstellt, sondern ausdrücklich mit der wunderbaren Fähigkeit des Lebens rechnen muß, sich selber wieder herzustellen und sich in sich selbst wieder einzuspielen. Das stellt daher die eigenste Aufgabe für den Arzt, zu dieser Wiederherstellung zu verhelfen. Das meint nicht nur den Gleichklang von Wachen und Schlaf, von Stoffwechsel und Atmung und all den anderen Grundfunktionen des menschlichen Lebendigseins, in die der Kranke sich wieder einzuspielen lernen muß. Es meint auch die Aufgabe für den Kranken, aus seiner sozialen Ausfallsituation herauszufinden und sich in die ihm zum Lebenselement gewordene Arbeit wieder einzuführen. Wir wissen es alle: Die Berufung zur menschlichen Arbeit, von der schon die Genesis, das Alte Testament, weiß, ist in gewissem Sinne eine weise Mitgift der Menschen und nicht nur die Verdammnis zu einer ewigen Plage. Darin erkennen wir unser aller eigenste Aufgabe, die der Arzt uns durch sein Können am Ende vor Augen stellt, zu erkennen, wie wir alle zwischen Natur und Kunst stehen, Naturwesen sind und uns auf unser Können verstehen müssen. Gerade am Arzt und seinen „Erfolgen" kann uns die Grenze allen menschlichen Könnens bewußt werden, und die eigene Aufgabe, Begrenzungen annehmen zu lernen.

Das ist doch wohl das Allererste, das auch hinter der Unwahrheit der Krankheit schließlich wieder die Wahrheit zum Siege zu führen vermag. Es ist die Wahrheit, die sich in der Krankheit und in der Gefährdung des Lebens und des Wohlseins verbergen will und in Wahrheit enthüllt, was für ein unerschütterlicher Lebenswille und was für eine nicht zu brechende Lebens- und Hoffnungskraft in jedem Menschen als seine natürlichste Mitgift lebt. Sie kann uns lehren, das Gegebene, Einschränkende, Schmerzhafte anzunehmen. Die Krankheit annehmen lernen – vielleicht ist das eine der großen Veränderungen in unserer Zivilisationswelt, die durch die Fortschritte der Medizin herbeigeführt wird und neue Aufgaben stellt. Es muß doch etwas bedeuten, daß der Arzt heute so viele Krankheiten scheinbar wegzuzaubern weiß, so daß sie für den Patienten einfach verschwinden, ohne ihn etwas gelehrt zu haben. Es muß doch etwas besagen, daß heute die chronischen Krankheiten weit mehr im Vordergrund des ärztlichen Interesses stehen, weil man sie nicht wegnehmen kann. In der Tat, die chronischste aller Krankheiten ist doch wohl der Weg dem Tod entgegen. Diese unsere weiteste Bestimmung annehmen zu lernen ist die höchste Aufgabe des Menschen.

Wenn ich mich der menschlichen Erscheinung Viktor von Weizsäckers erinnere, wie sie in meinem Gedächtnis steht, dann ist sie gerade mit dieser Aufgabe des Menschseins engstens verknüpft. Seine Erscheinung hatte etwas Rätselhaftes. Einerseits ein versonnener und fast verdüsterter Grübler, und dann wieder das plötzliche Aufleuchten, in dem sich die geniale Beobachtungskraft des großen Arztes mit seiner Menschlichkeit und offenen Bereitschaft für den anderen verband. So steht er mir vor Augen, nicht nur als Arzt, der uns hilft, das Gleichgewicht, das die Natur uns als Gabe gewährt hat, immer wieder herzustellen. Er vermochte auch, wie jeder große Arzt, uns unsere eigenen Grenzen annehmen zu lehren und selbst um die äußerste Aufgabe des Menschseins wissend, seine letzte Grenze anzunehmen. Ich möchte deswegen mit ein paar Zeilen eines Gedichtes schließen. Nicht etwa, um das mögliche Mißverständnis, das in dem von mir gewählten Titel „Kunst und Natur" lag, ein wenig auszugleichen, sondern weil es mir auf gültige Weise Gesagtes zu beglaubigen vermag. Es ist ein Gedicht von Ernst Meister, einem meiner früheren Studenten, der noch kurz vor seinem Tode mit dem bedeutendsten deutschen Dichterpreis, dem Georg-Büchner-Preis ausgezeichnet wurde. Das Gedicht lautet:

Immer noch
laß ich mich glauben,
es gäbe
ein Recht des Gewölbes,
die krumme Wahrheit
des Raumes.

Vom Auge gebogen,
Unendlichkeit,
himmlisch,
sie biegt das Eisen,
den Willen,
sterblich
ein Gott zu sein.

Heidelberger Medizin in Bewegung

Heinrich Schipperges

Einführung

Wenn von einer „Medizin in Bewegung" die Rede sein soll – und sie steht ja heute schon auf der ganzen Welt in ihrer Bewegtheit zur Debatte –, dann denkt man zunächst an Viktor von Weizsäcker, der diesen Begriff Richard Siebeck verdankt, der wiederum mit Ludolf Krehl die Medizin in der Tat in Bewegung brachte, um jenes „Heidelberg-spezifische Erbe" zu begründen, wie Wilhelm Doerr dies genannt hat, ein Erbe, das uns als Vermächtnis zu artikulieren immer noch bevorsteht.

In seinem berühmten Nachkriegsreferat über „Grundfragen medizinischer Anthropologie" (1948) hat von Weizsäcker den um die Mitte unseres Jahrhunderts vor sich gehenden Paradigmawechsel der Medizin sehr genau beschrieben als „eine bis an die Fundamente der Begriffe greifende Wandlung des Weltbildes, der Naturbegriffe, der Idee des Menschen und der Gesellschaft". Wir werden diesen Wandlungen, diesem wahrhaft revolutionären Paradigmawechsel immer wieder begegnen.

Den wesentlichen Ansatz aber, und fast schon einen Sprung, einen Übergang auch aus der rein klinisch orientierten anthropologischen Medizin in eine theoretisch fundierte medizinische Anthropologie, gerade diesen Ansatz und Übergang verdanken wir wiederum Viktor von Weizsäcker. Als ein „Wegweiser in der Zeit-Wende" (1956), so hat sich von Weizsäcker zeitlebens verstanden. „Meines Lebens hauptsächliches Bemühen" –, so der Titel seines Aufsatzes in diesem „Wegweiser", wo er die revolutionierenden Folgen beschreibt, die seit der Einführung der Psychologie in die Wissenschaften auch der modernen Medizin eine neue Wegrichtung gaben.

Es ist dieser „Medizin in Bewegung" niemals nur um die psychische Behandlung seelischer Störungen gegangen. Das haben die Schamanen archaischer Heilkulturen ebenso gekonnt wie unsere psychotechnokratischen Medizinmänner. „Es handelt sich vielmehr um die Frage, ob jede Krankheit, die der Haut, der Lunge, des Herzens, der Leber und der Niere auch von seelischer Natur ist." Mit dieser Frage erst kommt Spannung auf,

Polemik gegen ein ganzes Säkulum falscher Therapie, Auseinandersetzung um die Methode; Streit also, Streit auch um Kompetenzen und Konsequenzen. Geht es hier doch nicht um weitere Fächer, sondern um die Veränderung aller bisherigen.

In seiner Gedächtnisrede auf Ludolf von Krehl hat Viktor von Weizsäkker im Jahre 1937 gerade dieser revolutionären Veränderung klaren Ausdruck gegeben, wenn er bekennt: „Wir glauben, daß eine Wandlung der Grundlagen, eine konservative Revolution im Werden ist; wir wissen, daß Krehl sie kennt und fördert und zügelt; wir erfuhren, daß er die Tür frei gab, wo er konnte und durfte; wir beugten uns der Erkenntnis: der Weg ist nicht durch Forderungen, sondern auch jetzt in der Weise der Forschungen, nicht durch Abschütteln der Wissensbürde, sondern durch neue Erkenntnis zu finden." Soweit von Weizsäcker, und damit wären wir schon mitten im Thema!

Angesichts des nahezu uferlosen, noch längst nicht erschlossenen Werkes möchte ich mich hier auf drei Momente beschränken:
1. auf die Signale zu einer neuen Medizin, wie sie Viktor von Weizsäcker als ein „Wegweiser in der Zeitwende" gesetzt hat;
2. auf den fundamentalen Wandel des Naturbegriffs, des Menschenbildes, der Gesellschaft, Wandel nicht zuletzt des Weltbildes, um dann
3. und abschließend das zu beleuchten, was schon Ludolf von Krehl bezeichnet hat als „das Zeichen einer eigenen Wissenschaft".

Signale in der Zeitwende

Die „Einführung des Subjekts in die Pathologie" war – so scheint mir – das erste große Signal der Heidelberger Schule, der sog. „Medizin in Bewegung". Schon bei von Krehl (1930) können wir lesen: Der Kranke „ist nicht nur Objekt, sondern stets zugleich Subjekt: das ist es, was die nie sich erschöpfende Vielseitigkeit der krankhaften Vorgänge am Menschen erzeugt. Jeder Kranke bietet Erscheinungen, die nie da waren und nie wiederkommen werden in Bedingtheit und Gestaltung".

Zum naturwissenschaftlichen Aspekt ist der psychologische und mehr noch der ökologische getreten: „Der Mensch lebt, wirkt und schafft inmitten einer Umwelt, auf die er tausendfache Einwirkungen ausübt, und von der er tausendfache Einwirkungen erfährt in jeder Sekunde seines Lebens. Die Art, wie sich diese Einwirkungen in seinen Verrichtungen und seinem Zustand äußern, charakterisieren sein Leben" (von Krehl 1931). Aufgabe der Lebenskultur wäre demnach zunächst einmal die Sorge, daß unsere Umwelt unser Zuhause bleibt, daß die Welt um uns zu unserer Heimat wird.

In Konsequenz dieser Einstellung sucht die neue Heilkunde – die dann schon etwas mehr sein sollte als Krankenbehandlung und Sozialversicherung – den Umgang vor allem mit chronisch Kranken, den bleibenden Beistand, eine anhaltende Zuwendung, Begleitung auch des „unheilbar" Kranken. Sie vermittelt Hilfe zur Selbsthilfe und hilft, mit der Krankheit leben zu lernen. Darüber hinaus aber zielt Heilkunde auch auf die Gesundheit, eine „restitutio ad integritatem", und damit auch auf alle nur möglichen Zwischenzustände zwischen „gesund" und „krank".

Gerade hier aber haben wir ein erstes, ein ganz wesentliches Moment im Übergang von der Heiltechnik zur Heilkunde zu sehen: Das alte, heiltechnisch strukturierte System der Medizin will in erster Linie die „restitutio ad integrum", die Wiederherstellung der Leistungsfähigkeit, will eine Gesundheit als „Arbeitsfähigkeit und Genußfreudigkeit". Dieses System der puren Krankenversorgung möchte die Krankheit möglichst ausschalten, vielleicht auch den Tod. Der chronisch Kranke wird abgeschoben als Pflegefall. Er wird von seiner Kasse ausgesteuert. Er wird delegiert an das Sozialamt und sonstige pseudohumanitäre Institutionen.

Welchen Verführungen hier Patienten wie Ärzte erlegen sind und immer wieder von neuem erliegen, das versuchte Viktor von Weizsäcker besonders eindrucksvoll an Beispielen aus dem Arbeitsprozeß zu demonstrieren. Bereits im Jahre 1931 konnte er konstatieren: „Eine Klinik ist heute zu einem Drittel oder zur Hälfte ein Kontrollorgan des Produktionsprozesses." Von Weizsäcker war aufgrund eigener Erfahrungen zu der Überzeugung gekommen, daß der Schaden des Kranken zu sehr nach dem objektiven Defektschema gemessen werde, statt nach der verbleibenden Arbeitsfähigkeit zu fragen. Der Arzt würde dabei nur zu schnell vom Anwalt der Armen zum Vertreter der Versicherung, während er doch hinter der Rechtsforderung gerade jene soziale Not zu zeigen hätte, deren Behebung der erste Schritt wäre zu einer effizienten, und übrigens dann auch rentableren, zu einer gesunden Sozialpolitik. Denn – so Weizsäcker –: „Die Leistung eines Menschen im Leben hängt nicht von den klinischmethodisch bestimmten Funktionen ab, sondern die Funktion und ihre Grenzen hängen ab von der Leistungsfähigkeit eines bestimmt eingestellten Menschen in einer bestimmten Arbeit" –, sie hängen ab von einem qualitativen Lebensentwurf.

Angeregt durch den persönlichen Umgang mit Max Weber und Alfred Weber setzte sich von Weizsäcker daher besonders kritisch mit den Folgen der Bismarckschen Sozialgesetzgebung auseinander, deren Prinzip zunächst das der Solidarität war, deren Auswüchse aber zu einem uferlosen Anspruchsdenken der Versicherten führten, während dem Arzt das alleinige Urteil über Arbeitsfähigkeit oder Arbeitsunfähigkeit zugespielt wurde. „Das Gesetz der Sozialpolitik hat die Macht in die Hand des Arztes gegeben; aber hat (so fragt er) die Medizin ihm auch die Erkenntnis gegeben, kraft derer er diese Macht brauchen kann?" Von Weizsäcker bezweifelt dies mit guten Gründen.

Wogegen er sich aber ganz entschieden wehrt, das ist die in der Sozialversicherung notwendig gewordene „Verbiegung" von biologischen Werten zu reinen Sachwerten. Wie die Arbeit, so bekommt nun auch die Krankheit einen Sach- und Handelswert. „Darin steckt eine Verletzung des Natursinns von Gesundheit und Krankheit."

Viktor von Weizsäcker hält es für völlig aussichtslos, die heute waltende Krise der Medizin zu verstehen, wenn man sich der Erkenntnis verschließt, daß der Arztberuf in erster Linie ein „Modus des Gelderwerbs" geworden ist. „Da Macht, Geld und Wissenschaft aber in einem Konnex stehen, wie die drei Seiten eines Dreiecks, so kann niemand eine der drei Seiten zerschlagen, ohne die beiden andern zu zerschlagen. Die naturwissenschaftliche Medizin ist also ganz präzise diejenige, welche mit der Machtordnung der bürgerlichen Gesellschaft und mit der Geldordnung, die Marx den Kapitalismus nannte, steht und fällt." Hier wird also von Viktor von Weizsäcker – kurz nach dem Ende des Zweiten Weltkrieges bereits – die Krise der Wissenschaft in einen unmittelbaren Zusammenhang gebracht mit den kritischen ökonomischen und sozialpolitischen Zuständen. Wir werden auf die Krise eines Systems stoßen, deren Symptome sich äußern in den Mißständen unseres ganz konkreten Alltags mit folgenschweren Beeinträchtigungen beim Arzt wie auch beim Patienten. Denn die Behauptung, „Zweck der ärztlichen Handlung sei, die Arbeits- und Genußfähigkeit des Kranken herzustellen – diese Behauptung ist nicht eine Wesensbestimmung der Heilhandlung, sondern die Beschreibung eines gesellschaftlichen Zustandes und seiner Ideale".

Das öffentliche Recht auf Sicherung habe somit nicht zuletzt auch „die Selbsterfahrung des Kranken gänzlich umgebildet". Der Kranke erfahre seine Krankheit nur noch im Rahmen einer Rechtsordnung. „Damit wird eine tiefste Erfahrung jedes Kranken verschüttet, eine Erfahrung, die für seine Entwicklung grundlegend sein müßte und wahrscheinlich integral für seine Gesundheit ist: das Gefühl eines Zustandes, der nicht sein sollte."

Bei einer derart mißverstandenen Solidarität aber kann es – bei noch so dramatischen Wandlungen des Krankheitspanoramas – zu keiner wirklichen Wendung kommen, weder in der kleinen Krise des Krankseins, noch in der großen, säkularen, der Weltkrise. Viktor von Weizsäcker hat nämlich – so unglaublich uns das heute klingen mag – mit jeder noch so persönlichen Krise auch das „größere geschichtliche Gericht" heraufbeschworen, und er glaubte (1948), daß unser kleines Kranksein „nur eine mikrokosmisch eingefangene Wiederholung dessen ist, was sich in der ganzen Welt begibt".

Zum Wandel des Weltbildes

„Was sich in der ganzen Welt begibt" –, genau das ist – nach einem Jahrhundert einer ausschließlich auf naturwissenschaftliche Modelle reduzierten Heiltechnik – in der Heidelberger „Medizin in Bewegung" wieder zum Gegenstand der Heilkunst geworden.

Was Viktor von Weizsäcker zunächst einmal und besonders beunruhigend vor Augen schwebt, das ist der so dramatische Wandel des modernen Weltbildes. Im Gegensatz zu den auf das Modell beschränkten Naturwissenschaften wird – so will es ihm scheinen – die Medizin heute wieder mit der konkreten Wirklichkeit konfrontiert, mit der Realität unserer Existenz, und damit auch mit dem Begriff der Wahrheit. Unsere Krankheiten, meint von Weizsäcker, haben letzten Endes immer etwas mit unseren Wahrheiten zu tun. „In unseren Zuwendungen zur Krankheit kann auch Neugier, also ein Spiel mit der Wahrheit, und in unseren Wegwendungen von der Krankheit kann Angst vor der Wahrheit liegen, also in jenem Spiel und in dieser Angst doch immer eine geheime Beziehung auf die Wahrheit."

Zu diesem Wandel des Weltbildes gehört nicht zuletzt ein völlig neues Verhältnis zum Schmerz, zur „Ordnung der Schmerzen", wie von Weizsäcker das nennt, und damit auch ein neuer Umgang mit Schmerz. Es öffnet sich uns hier mit diesem Einblick in die Welt des Kranken zugleich auch ein völlig neuer Blick in das Weltgefüge: „Wo Seiendes schmerzfähig ist, da ist es wirklich gefügt, nicht nur ein mechanisches und räumliches Nebeneinander, sondern ein wirkliches, d. h. lebendiges Miteinander." Alles Leben hängt nun einmal sehr eng mit den „Gelenken einer Schmerzordnung" zusammen, einer Ordnung, die uns ständig auch anleitet zu einer „Schmerzarbeit". Nur wo dies gelingt, kommt es zu einer wirklichen Rehabilitation, zu einer „Wiederherstellung der Einheit des Selbst".

Besonders eng mit dem Weltbild verbunden ist daher der Wandel des Naturbegriffs, wie er seit der Jahrhundertmitte lebhaft diskutiert wird. Von Weizsäcker will beobachtet haben, wie sich in der Biologie gegenüber der Physik immer „ein Vorrang der Anschauung vor dem logischen Denken" behauptet. Dadurch muß es aber auch zu einer ganz anderen „Umgangsweise des Menschen mit der Natur" kommen. Der Mensch will nun einmal „mehr schauen als wissen"; er verhält sich „ästhetischer, hingebender, bewahrender".

Hier nun glaubt Viktor von Weizsäcker endlich jene „historische Einheit" gefunden zu haben, die er dann in seinem „Gestaltkreis" zum Ausdruck brachte, einem Gestaltkreis nämlich als der Einheit von Wahrnehmen und Bewegen, wo in jede motorische Bewegung die sinnliche Wahrnehmung schon eingegangen ist, wo z. B. die Hand „Fühler und

Greifer zugleich" ist. Geht alle „Wahrnehmung" nicht letztlich aus „Bewegung" hervor? Bei jeder Wahrnehmung hilft unsere Phantasie schon mit, dichtet aus, erspart uns „die Anstrengung der vielen Einzelwahrnehmungen". „Wir sind (so Nietzsche) nicht leidend bei den Einwirkungen anderer Dinge auf uns, sondern sofort stellen wir unsere Kraft dagegen." Und dann der souveräne Schluß: „Die Dinge rühren unsere Saiten an, wir aber machen die Melodie daraus."

Für Viktor von Weizsäcker handelt es sich auch bei den Krankheiten nicht um bloße Abweichungen von der Norm, „sondern um eine von einer Lebensordnung abweichende Verschiebung im Lebensvorgang selbst". Kranksein bekommt hier eine anthropologische Bedeutsamkeit und enthält ihren Sinn. Die anthropologische Medizin tritt damit bewußt in eine antithetische Haltung gegenüber einer sich objektiv gebenden Medizin als Naturwissenschaft! Nicht mehr mit der Geschichte einer Krankheit haben die Ärzte es zu tun, sondern mit der Lebensgeschichte des Kranken. Leben, und gesteigert leidendes Leben, aber finden wir immer als Lebende vor: „Es entsteht nicht, sondern ist schon da, es fängt nicht an, denn es hat schon angefangen. Am Anfang jeder Lebenswissenschaft steht nicht der Anfang des Lebens selbst; sondern die Wissenschaft hat mit dem Erwachen des Fragens mitten im Leben angefangen."

Und wie der physiologisch interpretierte Gestaltkreis gleichsam beides umfaßt, die Innenwelt des Organismus und die Umwelt dieses Organismus, so umfaßt auch der therapeutische Gestaltkreis den Arzt und den Patienten. Erst im Umgang mit dem Kranken gestaltet sich die für die Heilung so notwendige Arzt-Patient-Beziehung. Medium des Umgangs mit Kranken ist daher die „biographische Methode". Sie erhellt, daß den meisten Patienten der Sinn des Daseins abhanden gekommen ist, und „daß gerade das es ist, woran sie am meisten leiden". Die Krankheit nun „soll der Schlüssel sein, welcher die Tür aufschließt, hinter der wir alle ein wichtiges Geheimnis vermuten".

Für Viktor von Weizsäcker lautet die Frage nun nicht mehr, „*ob* Naturwissenschaft in der Medizin notwendig ist, sondern *was* sie dafür bedeutet". Es geht letztlich um eine neue Rangordnung, in der neben dem Arzt auch der Kranke eine Rolle spielt, neben der Wissenschaft auch das Persönliche: es geht um eine neue Hierarchie. Hinter unserem Bild vom kranken Menschen steht keineswegs der gesunde Mensch – als Kriterium oder Korrektiv –, sondern eher die Bildung zum gesunden Menschen – ein Habitus eben, höchst wandelbar, daher auch stilisierbar, zu formen und ständig zu kultivieren. Gesundheit und Kranksein erfordern ein höheres Bezugssystem, das in der Frage verborgen liegt: „krank woran" und „gesund wozu"? Man kann, wie Viktor von Weizsäcker dies (1927) formuliert hat, Gesundheit und Krankheit nicht „aus sich selbst" verstehen, sondern nur „von einer Erfahrung des Lebens aus". Beide sind weitaus mehr als physiologische Erregung oder chemische Reaktion. „Gesundheit hat mit Liebe, Werk, Gemeinschaft und Freundschaft die Bejahung gemeinsam, die eindeutige Richtung, die nicht umgekehrt werden kann." Gesundheit ist mit in die Krankheit eingeborgen, wie auch das Kranksein seinen Sinn nur in sich selber austrägt.

Mit der uns allen verbindenden anthropologischen Grundfigur von „Not und Hilfe" haben wir eine verbindliche Ausgangssituation gewonnen für das Selbstverständnis des Patienten, für das Verhältnis von Kranken und Ärzten, für das ärztliche Denken, Wissen und Handeln. Wir glauben in diesem Grundverhältnis das gefunden zu haben, was Martin Buber „Begegnung" genannt hat, eine Begegnung von Du und Ich, und damit das, was Viktor von Weizsäcker in die Form des „Umgangs" brachte und was allein auch die Solidarität zwischen Patient und Arzt stiftet und allem Heilwissen einen Sinn gibt. Hier geht es um ein völlig neues Verhältnis zwischen Arzt und Patient, in der Tat um eine Medizin im Wandel.

Vor einer solchen Wandlung, und mehr noch Wendung, hatte Viktor von Weizsäcker bereits im Jahre 1928 die Medizin seiner Zeit gesehen, als er schrieb: „Eine Situation ist gegeben, eine Tendenz kommt auf, eine Spannung steigt an, eine Krise spitzt sich zu . . . und mit ihr, nach ihr ist die Entscheidung da; eine neue Situation ist geschaffen und kommt zu einer Ruhe, Gewinne und Verluste sind jetzt zu übersehen. Das Ganze ist wie eine historische Einheit: Wendung, kritische Unterbrechung, Wandlung."

„Zeichen einer eigenen Wissenschaft"

Mit dieser geradezu klassischen Definition des Paradigmawechsels sind wir nun schon auf den dritten, den wichtigsten Aspekt gestoßen: wie nämlich sich ein solches „Zeichen einer eigenen Wissenschaft" artikulieren, und nicht nur paraphrasisch, sondern auch architektonisch strukturieren ließe.

Mit dem Wandel des Weltbildes und der Naturbegriffe sind wir nämlich im Grunde schon auf ein völlig neues Verständnis des Menschen gestoßen und damit auch auf den Wandel der modernen Gesellschaft. Alle Aspekte aber wollen zur Einheit gebracht werden, will man das neue Bild vom Menschen auf eine wissenschaftliche Ebene heben, in eine medizinische Anthropologie als die nun einmal notwendige Theorie einer anthropologischen Medizin. Bereits im Jahre 1927 hatte Viktor von Weizsäcker – in der zusammen mit Martin Buber herausgegebenen Zeitschrift „Die Kreatur" – die ersten „Stücke einer medizinischen Anthropologie" vorgelegt, wobei er zugeben muß: „Es ist eine erstaunliche, aber nicht zu leugnende Tatsache, daß die gegenwärtige Medizin eine eigene Lehre vom kranken

Menschen nicht kennt." Was sie, die moderne Medizin, lehrt, das sind Erscheinungen des Krankseins, sind lediglich Unterscheidungen von Ursachen und Folgen, natürlich auch Heilmittel von Krankheiten, aber sie kennt und lehrt nicht „den kranken Menschen"!

Der kranke Mensch aber, das ist letztlich – auch und gerade für von Weizsäcker – ein großes Geheimnis. Und genau das erlaubt uns das „wissenschaftliche Gewissen" nicht, über ein so ungeheures Geheimnis zu sprechen, „und so wäre es unter der Würde oder über der Demut des Gewissens, vom kranken Menschen etwas Wissenschaftliches sagen und lehren zu wollen". Das wirkliche Wesen des Krankseins aber, das ist nun einmal „eine Not", eine Not, die sich äußert als eine „Bitte um Hilfe".

Die eigentliche Krankengeschichte beruht somit auf der „erfahrenden Einsicht in die geistbestimmte Wirklichkeit des Menschen". Kranksein kann und muß hierbei erlebt werden als „die von Fall zu Fall geschehende Anerbietung eines Wissens um die Wahrheit". Krankheit ist ein Examen, aber auch ein Unterricht: „es wird geprüft, aber auch mitgeteilt".

Das allerdings war selbst für von Weizsäcker ein Skandalon, die Idee nämlich: Laboratorium und Krankenvisite, biographische Anamnese und Schulmedizin, psychosomatische Forschung und sogar die Psychoanalyse, Arbeits- und Sozialtherapie, alles das und noch mehr „unter demselben Dach und zu gleicher Stunde" zelebrieren zu wollen. Er glaubte noch, sich die daraus notwendig entspringenden „Reibungen, Kämpfe und produktiven Mißerfolge" ersparen zu können, wenn er zunächst einmal Psyche und Soma, Geist und Materie getrennt halte, getrennt wie Feuer und Wasser.

Er hoffte auf die nächste Generation, auf ihren interdisziplinären Duktus und ihren integrativen Impetus, auf ihre nahezu unentrinnbare Lage, die ihnen nicht mehr die Wahl lasse, „sich entweder einer naturwissenschaftlichen Medizin oder einer psychotherapeutischen zuzuwenden". Dafür stehe ihnen – jenseits von Begabung oder Schicksal – „eine nicht endende Kette von Konflikten mit sich und ihrer Umwelt bevor".

Nun, Viktor von Weizsäcker jedenfalls ist den Konflikten mit seiner Umwelt nicht aus dem Wege gegangen. Er hat auch den Wandel seiner Gesellschaft ganz bewußt erleben wollen am konkreten Umgang mit jedem einzelnen. Immer noch – und immer wieder von neuem – erleben wir ja gerade hier den abenteuerlichen Wechsel von der Krankheit als mechanistischem Organdefekt über die anthropologischen Deutungen der Psychologie und Tiefenpsychologie, eine Art Zwischendeutung und Kompensationsversuch nur, bis hin zur Ausweitung auf den ökologischen Horizont, wo der leibhaftige Mensch im Umgang mit der Natur und mitsamt seiner Welt wieder zur Debatte steht.

„Umgang", das war für Viktor von Weizsäcker zunächst nur eine Metapher von geometrischer Art, gesteigert in ihrer dialektischen Natur zur „Gegenseitigkeit", die dann wieder über die „Solidarität" zu Interaktionen führen soll, zur Kommunikation. Im Wort „Umgang" ist schon der volle Begriff einer zyklomorphen Ordnung festgehalten, so besonders in der Auseinandersetzung zwischen Ich und Umwelt, wo wir bereits sehr konkret jene „Gegenseitigkeit" erfahren, die im Falle des Mitmenschen zur „Solidarität" führt, führen soll!

Daß der so groß und kühn angelegte Versuch, die ganze Medizin in eine anthropologische umzuwandeln, schließlich als „mißlungen" (so von Weizsäcker schon 1948) anzusehen ist, das fällt nur zur Hälfte den Ärzten zur Last. „Die volle andere Hälfte des Mißerfolges" (so wieder von Weizsäcker) tragen die Kranken. „Die Kranken sind es, welche sich ans Es klammern, um dem Ich zu entgehen, und sie verführen den Arzt, diesen Weg des geringeren Widerstandes mit ihnen zu gehen."

Es ist von einer kaum abzuschätzenden Bedeutung, daß Weizsäcker bei – all seiner Skepsis, trotz aller Widerstände – immer wieder den Weg *mit* den Kranken gesucht hat und gegangen ist, und dies wiederum in der gleichen Gesinnung, die von Krehl bereits 1931 gefordert hatte: „Auch der Arzt muß mit dem Kranken seine Krankheit von innen ansehen. Nur dann ist er, menschlich gesprochen, der Arzt des Kranken."

Wir könnten noch einen Schritt weitergehen, wenn wir – mit den Erfahrungen einer anthropologischen Medizin – davon reden, daß der Andere wichtiger wird als das Selbst, das Du älter ist als das Ich, daß es *der* Kranke im Grunde ist, der *die* Medizin erst konstituiert. Im Umgang mit Martin Buber hat vor allem Viktor von Weizsäcker diese „Begegnungsstruktur" des Daseins erkannt und wieder in die Medizin eingeführt. In der Tat ist das Arzt-Patient-Verhältnis konstitutiv für die Medizin und verleiht ihr allein auch ihr humanes Fluidum. Jetzt ist der Kranke kein Gegenstand mehr, sondern ein Gegen-über. Im Interaktionsparadigma von „Arzt und Patient" kommt es zu einer „Begegnung", zu jenem „Umgang", in den dann auch alle sozialen Wechselwirkungen mit eingeflochten sind.

Der Gedanke einer Heilkunde als bewußter Lebensführung tritt nun – im Umgang zwischen Arzt und Patient – mehr und mehr in den Vordergrund: In einer späteren Heilkunde, so glaubte schon von Krehl, werde die Einsicht in die krankmachenden Vorgänge auch deren willkürliche Beeinflussung im Gefolge haben. „Ein Teil zukünftiger Therapie wird sich so entwickeln. Er wird bestehen in einer willkürlichen Führung der Lebensvorgänge genau nach der Art der technischen Leitung eines höchstverwikkelten Werkzeuges."

Es war wiederum Viktor von Weizäcker, der daher bereits 1926 an den Anfang der Medizin die „biographische Szene" gesetzt hatte und damit das „Gespräch". Der Anfang der Medizin ist nicht das Wissen, sondern das Fragen. „Das Erste ist nicht, daß ich das Ich erkennen muß, sondern daß ich mit ihm sprechen muß. Jetzt ist das Ich gar kein Ich mehr: es wird ein Du für mich." Das Ich kann ja niemals Objekt werden, auch nicht für mich. Es kann etwas für mich werden, aber das ist eben kein „Etwas", sondern ein „Du". Die Voraussetzung einer Heilkunde ist danach weder ein wissenschaftliches, noch ein humanitäres noch ein karitatives Motiv; die Medizin hat vielmehr eine eigensachliche, unaustauschbare Voraussetzung. Der Arzt hat seine eigene Wirklichkeit, die aus wissenschaftlicher Instanz nicht erhellt, nicht ursprünglich erkennbar ist. „Sie muß Schritt für Schritt vielmehr sichtbar werden aus den biographischen Szenen der ärztlichen Handlung."

Auf diesem Wege aber wird das Tun des Arztes, was es schon immer war und bleiben sollte, zu einer wahrhaft anthropologischen Aufgabe – um die berühmte Formel von Karl Jaspers zu verwenden: „Das Tun des Arztes ist konkrete Philosophie."

Literatur

Jaspers K (1931) Die geistige Situation der Zeit. Sammlung Göschen, Bd 1000. De Gruyter, Berlin
Krehl L von (1931) Entstehung, Erkennung und Behandlung innerer Krankheiten. Vogel, Leipzig
Schipperges H (1983) Arzt und Patient in der Welt von morgen. Konturen einer modernen Medizin in Bewegung. Dr. Fischer, Heidelberg
Schipperges H (1983) Medizin als konkrete Philosophie. Dtsch Apotheker 35: 464-478
Schipperges H (1983) Homo patiens. Zur Geschichte des kranken Menschen. Piper, München Zürich
Siebeck R (1949) Medizin in Bewegung. Klinische Erkenntnisse und ärztliche Aufgabe. Thieme, Stuttgart
Weizsäcker V von (1926) Der Arzt und der Kranke. Stücke einer medizinischen Anthropologie. Kreatur 1: 69-86
Weizsäcker V von (1927) Über medizinische Anthropologie. Philos Anzeiger 2: 236-254
Weizsäcker V von (1928) Krankengeschichte. Kreatur 2: 455-473
Weizsäcker V von (1931) Soziale Krankheit und soziale Gesundung. Springer, Berlin
Weizsäcker V von (1937) Ludolf von Krehl. Gedächtnisrede. Thieme, Leipzig
Weizsäcker V von (1941) Arzt und Kranker. Koehler & Amelang, Leipzig
Weizsäcker V von (1946) Anonyma. Francke, Bern
Weizsäcker V von (1947) Der Gestaltkreis. Theorie der Einheit von Wahrnehmen und Bewegen. Thieme, Stuttgart
Weizsäcker V von (1948) Grundfragen medizinischer Anthropologie. Furche, Tübingen
Weizsäcker V von (1949) Begegnungen und Entscheidungen. Koehler, Stuttgart
Weizsäcker V von (1951) Der kranke Mensch. Eine Einführung in die medizinische Anthropologie. Stuttgart
Weizsäcker V von (1954) Natur und Geist. Erinnerungen eines Arztes. Vandenhoeck & Ruprecht, Göttingen
Weizsäcker V von (1955) Meines Lebens hauptsächliches Bemühen. In: Kern E (Hrsg) Wegweiser in der Zeitwende. München, Basel
Weizsäcker V von (1956) Pathosophie. Vandenhoeck & Ruprecht, Göttingen

Die Krehl-Schule aus der Sicht des Pathologen

Wilhelm Doerr

Ludolf von Krehl hatte seine wesentliche Ausbildung in Leipzig erhalten, als Physiologe – messend, wägend, mathematisch, unerbittlich – bei dem gestrengen Carl Ludwig, klinisch aber vorwiegend bei H. Curschmann. Die Medizinische Klinik in Leipzig hatte um 1890 einen besonderen Laboratoriumstrakt erhalten, das *„neue klinische Institut der Universität"*, über welches Wilhelm His jun. in dem Sonderband „Arbeiten aus der Medizinischen Klinik zu Leipzig" (1893) berichtet hatte.

His war der Sohn des Anatomen W. His sen., dem die Morphologie viele Tatsachen und Begriffe verdankt. His jun. war der Entdecker der Muskelbrücke im Wirbeltierherzen, die von den Vorhöfen zu den Kammern führt, die für die Ausbreitung der für die Herzaktion entscheidenden Erregungen essentiell ist und deren Störungen auch dem gebildeten Laien als Herzblock bekannt sind.

In diesem klinischen Institut arbeitete von Krehl in einer heute für den Internisten unwahrscheinlichen, darf ich sagen, „anatomischen Beflissenheit" an den Herzen bestimmter Fälle, die er als Arzt betreut, also gut gekannt hatte, die aber trotz aller Bemühungen zu Tode gekommen waren.

Im übrigen hatte von Krehl das Glück, in Leipzig eine ausgezeichnete Pathologie anzutreffen. Julius Cohnheim war 1884, erst 45 Jahre alt, gestorben, sein Schüler Carl Weigert (1845–1904), der später in Frankfurt erfolgreich tätig war, der vorübergehende Institutsleiter. Die zentrale Erscheinung zu der Zeit, als sich von Krehl habilitierte, war Felix Viktor Birch-Hirschfeld (1842–1900).

Das von mir behandelte Thema lautet „Die Krehl-*Schule* aus der Sicht des Pathologen". Hierzu darf wohl gesagt werden, daß nicht nur „Schule" und „Schüler" angesprochen werden sollen, sondern auch geklärt werden muß, was ein „Pathologe" ist. Von Krehl selbst war „Professor der speziellen Pathologie und Therapie", also auch ein „Pathologe". Tatsächlich aber hat sich seit mehr als 100 Jahren der Modus durchgesetzt, als Pathologen die Patho-Anatomen zu bezeichnen. Der „Erzvater Jakob" der Pathologen deutscher Zunge war Rudolf Virchow (1821–1902), seine

Schüler von Recklinghausen (1833–1910) und Cohnheim haben eine „Allgemeine Pathologie" entwickelt. Sie stellt die Abstraktion der Summe aller Erfahrungen einer speziellen pathologischen Anatomie dar. *Diese* Art der Naturbetrachtung gibt es in vergleichbarer Weise außerhalb des deutschen Kulturkreises nicht, jedenfalls nicht in gleicher methodologischer und thematischer Haltung. Ich gehe also davon aus, daß man von mir als dem Anatomo-Pathologen wissen wollte, welche Beziehungen *unser* Fach zu von Krehl und seiner Schule hatte.

Ich kehre noch einmal nach Leipzig zurück. Auf dem 9. Congress für innere Medizin, Wien 1890, trugen drei Privatdozenten der Klinik Curschmann – W. His, L. von Krehl und E. Romberg – über die Ergebnisse ihrer Arbeiten vor: Der Herzmuskel aller Wirbeltiere und des Menschen sei der „automatische Motor der Circulation", er trage die Bedingungen seiner Tätigkeit in sich selbst. Seine nervale Versorgung sei zwar wichtig, aber entwicklungsgeschichtlich gesehen ein sekundärer, also nachträglicher Erwerb. Dies war deshalb eine unerhörte Aussage, glaubte man doch seit Richard Lower (1669) zu wissen, daß das Herz eine überreiche Versorgung durch feinste Nervengeflechte hätte. Es war also naheliegend anzunehmen, daß die rhythmischen, durch regelmäßige Beschleunigungen und Verlangsamungen charakterisierbaren Herzaktionen durch nervale Impulse ausgelöst, d. h. angestoßen *und* auch gesteuert würden. Die Debatte ging über 250 Jahre hin und her; sie ist mehrfach dargestellt worden. Noch Johannes Müller, der große Physiologe und Allgemein-Pathologe in Berlin, hielt es mit der nervalen Steuerung, Wilhelm Engelmann (damals in Utrecht, 1875) zeigte durch den „Zick-Zack-Versuch", d. h. durch die alternierende, subtotale, jeweils von links und rechts angelegte Durchschneidung des embryonalen Herzmuskels, daß sich dieser nahezu normal kontrahiert, selbst wenn alle Nervenfäserchen durchtrennt, aber nur eine einzige schmale Muskelbrücke erhalten ist!

Es war also hinlänglich klar: Die rezidivierte Automatik der Herzaktion liegt beim Herzmuskel selbst, aber Beschleunigungen oder Verzögerungen der Herzschlagfolge werden durch nervale Impulse vermittelt. Etwa um diese Zeit (1891) hatte von Krehl in Band 17 der Abhandlungen der mathematisch-physikalischen Classe der Kgl. Sächs. Akadem. d. Wissenschaften eine Studie veröffentlicht, die sich um die Klärung der biomechanischen Vorgänge bei Füllung und Entleerung des Herzens bemühte. Die Arbeit von Krehls ist prachtvoll illustriert. Er hatte die Herzen „quantitativ aufgearbeitet", d. h. faseranatomisch und mikroskopisch auch in Schnittserien untersucht und einen unvergleichlichen Eindruck von der unglaublichen Formveränderungsarbeit vermittelt, wie man derlei vorher nie gesehen hatte. Mein Berliner Amtsvorgänger, Professor Walter Koch, hat mir 1953 die Krehlsche Abhandlung geschenkt und mich angeregt, mit moderner Technik etwas Ähnliches zu versuchen. Ich verstehe die Krehlschen Befunde aus der Sicht der heutigen Pathologie so, daß gezeigt wird, daß die Muskelfaserlagen, besonders der Kammerwände, die vor allem nach der Herzspitze zu einen Wirbel, den Vortex, bilden, nur dann beständig aneinander vorbeigleiten können, wenn die physikalisch-chemische Beschaffenheit des Interstitiums, also dessen, was zwischen den Muskelzellen liegt, die natürlich-normale Viskosität hat. Wir beschäftigen uns heute immer wieder einmal mit Störungen der Herztätigkeit, etwa bei der sog. idiopathischen Kardiomyopathie, und glauben nachweisen zu können, daß es „dilatative" und „nichtdilatative Formen", daß es „systolische Pumpfehler" und „diastolische Compliancefehler" gibt (Doerr u. Mall 1979). Der Schauplatz der Ereignisse liegt dann im Bereiche der Verschiebeschichten des Herzmuskels.

Ludolf von Krehl untersuchte damals (1893) auch die Veränderungen des Herzmuskels bei Typhus abdominalis, Diphtherie, bei Scharlach und sog. idiopathischen Erkrankungen. Bei letzteren ging es darum zu klären, warum eigentlich hypertrophische Herzen schlußendlich versagen. Diese letztere Frage war ein tragendes Thema und hat von Krehl über Jahrzehnte beschäftigt.

Die beste Frucht der Leipziger Zeit ist das „Handbuch der Allgemeinen Pathologie", das von Krehl zusammen mit dem Pathologen Marchand verfaßte. „Der Krehl-Marchand" wurde leider nie ganz vollendet, repräsentiert aber in 10 Bänden die Summe dessen, was man in den Jahren 1908–1924 über die hauptsächlichen Störungen des menschlichen Lebens wußte. Das Handbuch von Krehl-Marchand vermittelt so etwas wie eine „Verhaltenslehre" des genus homo unter abnormen Bedingungen. Ich habe es immer als eine Vorstufe zu einer medizinischen Anthropologie verstanden.

Ludolf von Krehl kam auf einem weiten akademischen Wanderweg (Leipzig, Jena, Marburg, Greifswald, Tübingen, Straßburg; Einzelheiten bei Schettler 1985) 1907 nach Heidelberg. Gleichzeitig mit ihm traf der Pathologe Paul Ernst (1859–1937) ein. Ernst war Schüler von Julius Arnold (1835–1915), er war Sohn des Zürcher Poliklinikers. Von Krehl wurde Amtsnachfolger von Wilhelm Erb, und dieser war eine überragende geistige Persönlichkeit. Der Kontakt zwischen der Inneren Klinik und dem Pathologischen Institut Heidelberg war ein denkbar guter. Der Hamburger Neurologe Max Nonne beschreibt in seinen Lebenserinnerungen den überaus sorgfältigen Umgang, den Pathologen und Internisten miteinander pflegten, handelte es sich um die diagnostische Klärung schwieriger Fälle per autopsiam. Diese Tradition wurde durch von Krehl und Ernst aus voller Überzeugung fortgesetzt. Von Krehl, der dynamische, geistsprühende Arzt, Ernst, der feinsinnige, kunstverständige Ästhet, beide sehr vielseitig gebildet –, es muß eine große Zeit der Heidelberger Medizin gewesen sein. Der Übergang Wilhelm Erb zu Ludolf von Krehl sowie Julius Arnold zu Paul Ernst erfolgte nahtlos.

Im Archiv des Pathologischen Institutes habe ich gefunden, daß die „klinische Diagnose Herzblock, 2:1-Block" auf dem Begleitschein zur Vornahme einer Obduktion am 27. Mai 1925 erschien. Der Fall (SN 326/25) betraf einen 54jährigen Mann mit Koronarthrombose. Die älteste Diagnose „Herzinfarkt" erreichte uns 1906 (SN 106/06), die Schlüsselarbeit von William Osler war 1903 erschienen. Also auch schon *vor* von Krehls Amtsantritt war man kardiologisch auf der Höhe (Doerr 1975).

Ich soll über die Krehl-*Schule* sprechen. Ich beschränke mich auf drei Persönlichkeiten, auf Richard Siebeck und Helmut Reinwein als interne Mediziner und besonders auf Viktor von Weizsäcker, aus gegebenem Anlaß. Das „morphologische Bedürfnis" war bei allen gegeben, wenngleich aus verschiedenen Gründen. Ich stamme aus der Schule von Alexander Schmincke (1877–1953) und trat 1937 als Doktorand in die hiesige Pathologie ein. Von Krehl war einige Monate zuvor verstorben, Ernst starb noch vor Jahresende. Beide waren Mitglieder der Deutschen Pathologischen Gesellschaft, und Schmincke schrieb je einen tief empfundenen, würdigen, ja was von Krehl anbetraf, zu Herzen gehenden Nachruf. Wie hoch Siebeck die Bemühungen der Schminckeschen Schule einschätzte, die Pathogenese der vor dem letzten Kriege noch unendlich verbreiteten Lungentuberkulose aufzuklären

- die Tuberkulose des erwachsenen Menschen entstünde durch endogenen Re-Infekt,
- die Tuberkulose des älteren Menschen gleiche einem Lied, dessen erster Vers in der Kindheit gesungen worden sei,
- das heißt doch wohl nichts anderes, als daß die „prämorbide Persönlichkeit" im Sinne von Siebeck für die klinische Krankheitsmanifestation entscheidend ist (sic!),

braucht man nur in dem klassischen Buche „Medizin in Bewegung" nachzulesen. Als ich 1945–1947 die Heidelberger Pathologie kommissarisch leiten durfte, bat Siebeck, die wöchentlichen Falldemonstrationen wieder aufzunehmen, was mir damals, offen gestanden, Mühe machte. Er wollte aber das planmäßig vorbereitete Gespräch, seine und unsere Befunde sollten, ja mußten miteinander verglichen werden. Er dankte mir die Mühen und nahm mich gelegentlich mit, wenn er in ärztlichen Kreisvereinen Vorträge hielt. Sprach er über den Morbus Basedow, hatte ich pathologisch-anatomisch zu sekundieren und wenn eben möglich auch ein Diapositiv zu zeigen, ging es um den Myokardschaden, wie man damals sagte, „ging uns der Mund über". Ich lernte unendlich viel von diesem begnadeten Arzt.

In meinen Kieler Jahren war ich Prosektor für Helmuth Reinwein. Auch er war Krehl-Schüler und ein besonderer Mensch. Ein eigentliches morphologisches Verständnis hatte er nicht, aber er wollte wissen, ob er Recht hatte, und er war untröstlich, wenn irgend etwas in der klinischen Konzeption nicht stimmte. In vielen hundert Stunden gemeinsamer Bemühungen waren wir aber darin einig, daß die Pathologie das Tote nie um seiner selbst Willen betrachtet, sondern einzig in der Überzeugung, daß die tote Struktur ein Dokument von Lebensgeschehnissen darstellt, und daß wir vom Toten her den Vorgängen auf die Spur kommen, die in den Grenzen des Physiologischen kräftig genug sind, Gestalt zu bilden, und die auf dem Gebiet des Pathologischen stark genug sind, die erwarteten Strukturen umzuprägen. Auch Reinwein war überzeugt, daß man den morphologischen Befund grundsätzlich ernst zu nehmen hätte – über den Tod hinaus.

Als Viktor von Weizsäcker etwa 50 Jahre alt war, habe ich bei ihm Neurologie gehört. Seine Darstellungen waren ein sachliches Erlebnis und ein ästhetisches Vergnügen. Es war vom ersten Augenblick an klar, daß hier ein Mann hohen Ranges agierte, der in einer wohltuenden Sprache komplizierte Sachverhalte erläuterte, das naturwissenschaftliche Rüstzeug souverän zu führen verstand, aber doch auch immer den Blick für andere Möglichkeiten einer Fallinterpretation freigab. In seinen Fallvorstellungen – damals, also 1936, 1937 – lag so etwas wie eine konditionalistische Betrachtungsweise, an die man sich als Anfänger natürlich zu gewöhnen hatte.

Viktor von Weizsäcker hat sich bei Ludolf von Krehl für das Fach Innere Medizin habilitiert. Seine Arbeit erschien in den Sitzungsberichten der Heidelberger Akademie der Wissenschaften, mathematisch-naturwissenschaftliche Klasse, Reihe B, und zwar im Jahre 1917. Ich habe schon als junger Mann ein Exemplar dieser kostbaren, weil mit Mühe und zahllosen Messungen erstellten Arbeit aus dem Nachlaß des Pathologen Paul Ernst erworben und im „Handbuch der Allgemeinen Pathologie" 1970 ausführlich gewürdigt. Der genaue Titel der Arbeit lautet so: „Über die Energetik der Muskeln und insbesondere des Herzmuskels sowie ihre Beziehung zur Pathologie des Herzens."

Die „Pathologie" ist insofern angesprochen, weil Zustände der Herzschwäche einerseits, solche der Vergrößerung und Vermehrung der Muskelkraft andererseits untersucht wurden. Der Laie sollte vielleicht wissen, bevor ich eine Wiedergabe von Weizsäckerscher Befunde und Aussagen versuche, daß das Herz des gesunden erwachsenen Menschen 4 Promille des Körpergewichtes, des Neugeborenen und des Kleinkindes 5 Promille ausmacht. Veränderungen des Gewichtes hängen in der Regel mit solchen der aktiven Muskelmasse zusammen. Die Bausteineinheiten, d. h. die aus Muskelzellen aufgebauten Muskelfasern, können als solche zu voluminös, also zu groß sein. Man nennt dies Hypertrophie. Es ist aber auch möglich, daß die Anzahl der Muskelzellen zu groß ist. Auch dann ist die funktionierende Masse vermehrt. Wir sprechen dann von Hyperplasie (von „plassein", bilden).

Die Energetik, schrieb von Weizsäcker, ist ein Mittel, den Mechanismus der Muskelmaschine aufzuklären. Die Energetik des Herzmuskels hat zu zeigen, auf welche Weise und in welchem Umfang die dem Organ zugeführten chemischen Energiemengen in mechanische und andere Energieformen übergeführt werden. Von Weizsäcker ging dem Problem nach, zu klären, in welcher Weise es geschieht, daß diese Energieverwandlungen mit einer ganz bestimmten Geschwindigkeit, in einer ganz bestimmten Form des Zu- und Abnehmens, und zwar in einer „bestimmten" Quantität und Qualität erfolgen. Unter den damals gewählten Bedingungen durfte von Weizsäcker davon ausgehen, daß dem Herzen seiner Versuchstiere ein gleichmäßiger Strom potentieller chemischer Energie zufloß. Was die Herzen aber der Versuchstiere abgaben, war eine spezifische, nach Quantität und Qualität, Zeit und Richtung, Intensität und Form bestimmte Leistung. Es sei die Aufgabe einer physiologisch definierten Energetik des Herzmuskels, zwischen diesem Anfang und Ende des Geschehens *die innere Verbindung* herzustellen.

In unendlich vielen Messungen von Wärmebildung isolierter Muskelfasern und Sauerstoffverbrauch wurde festgestellt, daß „Verbrennungen" – nämlich der zugeführten chemischen Energieträger – vorwiegend eine restitutive Bedeutung besitzen, nämlich den Herzmuskel nicht zur Kontraktion, sondern den systolisch kontrahierten Muskel zur Diastole zu bringen vermögen!

Arbeit kann demnach zunächst ohne Oxydation geleistet werden, und Wärmebildung wird bei Zuckung der Muskelfaser sowohl im Sauerstoff- als auch im Stickstoffmilieu „als genau gleich befunden"! Von Weizsäcker schließt daraus, daß die Produktion der elektrischen Energie und der mit einer solchen zusammenhängende Erregungsvorgang von Oxydation unabhängig seien, „und zwar ebenso wie Kontraktion und initiale Wärmebildung"!

Von Weizsäcker schließt weiter, daß die Vorgänge bei der Muskelenergetik am besten durch Annahme einer „Zweimaschinentheorie" veranschaulicht werden könnten. Wenn man bedenkt, daß diese Arbeit zu einer Zeit durchgeführt wurde, zu der der Feinbau der Muskelfasern ungenügend, der Begriff einer Koronarinsuffizienz unbekannt war, zu der sich niemand etwas träumen ließ von „Mangelinsuffizienz", von „Utilisationsinsuffizienz" und von „elektromechanischer Koppelung", kann man den Scharfsinn des etwa 30jährigen Habilitanden nur bewundern. Denn tatsächlich unterscheiden wir heute ja zwischen den Vorgängen der Faserverkürzung, also der systolischen Kontraktion, und denen der Wiederherstellung der diastolischen Ausgangslage, und wir wissen, daß für den „Weichmachereffekt" energiereiche Phosphate verbraucht werden.

Von Weizsäcker erörterte immer wieder den Weg, den die dem Herzen zufließenden potentiellen Energiemengen nehmen, bis sie in der Form der Blutbewegung wieder erscheinen. Hierbei könne man „die Gesamtheit der für die Ausnützung der Energie in Betracht zu ziehenden Momente in drei Gruppen" einteilen,
– in eine thermodynamische,
– eine dynamische und
– eine zirkulatorische.

Über die Störungen dieser Vorgänge, etwa gerade der thermodynamischen Ausnutzung am kranken Herzen, wußte man nichts. Von Krehl unterschied einige Hypertrophieformen
– die „entzündliche Hyperplasie" (Eugen Albrecht),
– die „kompensatorische Arbeitshypertrophie" (Cohnheim) und
– eine Hypertrophie, welche mit dem ihrer Größe entsprechenden Energieverbrauch eine ungenügende äußere Arbeit leistet!

Es war zwar von Weizsäcker damals nicht möglich, diese von Krehlsche Gliederung kardialer Hypertrophieformen mit pathophysiologischen Daten anzureichern. Denn erst etwa 10 Jahre später brachte die französische Kardiologenschule in Paris den Begriff einer „hypertrophie passive par faiblesse du myocarde": also ein übergewichtiges Herz ist aus Gründen einer besonderen Stoffwechselstörung – Hypothyreose (Myxödemherz), B-Avitaminose (Beri-Beri), Myocardie alcoolique – nicht voll funktionsfähig. Aber von Weizsäcker schrieb am Ende seiner Arbeit (1917), daß bei den hypertrophischen Herzen bei Lungenemphysem die CO_2-Anreicherung und bei den Münchener Biertrinkerherzen chemische, intermediäre Störungen wichtig sein müßten. Die im Ansatz experimentelle Habilitationsschrift endet mit der klinisch bedeutsamen Aussage: „Herzen, welche dauernd in der Nähe der Akkomodationsgrenze (ihres Gesamtumsatzes sowohl wie ihrer mechanischen Leistung) tätig sind, hypertrophieren!"

In den „Ergebnissen der Inneren Medizin", Band 19 (1920), berichtete von Weizsäcker noch einmal (auf 44 Druckseiten) über die „Entstehung der Herzhypertrophie". Dabei macht er u. a. die Bemerkung, Hypertrophie sollte nicht nur durch einfache Wägung definiert, vielmehr sollte auch die Trockensubstanz der Muskelfasern bestimmt werden. Wir haben derlei Jahrzehnte später durch H. H. Jansen mittels Flammenphotometrie zu tun versucht und tatsächlich bestimmte Ausbreitungsmuster von Kalium, Kalzium, Eisen gefunden. Von Weizsäcker anerkannte die durch Moritz

(1913) vorgenommene Unterscheidung von *tonogener und myogener Herzdilatation*. Die tonogene findet sich regelmäßig bei Aorteninsuffizienz. Die Schlußunfähigkeit der Aortenklappen bedingt, daß eine große Blutsäule während der Diastole der linken Kammer über dem Herzen steht und die Ausflußbahn belastet. Die initiale Faseranspannung bei nachfolgender Systole ist eine exzessive, der brave linke Ventrikel leistet alles, was verlangt wird, es bleibt kein Restblut! Die myogene Dilatation findet sich bei Mitralinsuffizienz; der Druckgradient bei Kontraktion der linken Kammer ist enorm, denn das Blut weicht nach zwei Seiten aus, einmal in die Aorta, wie dies richtig ist, zum anderen in den linken Vorhof, weil die Klappe nicht schließt. Bei der nun nachfolgenden Diastole des linken Ventrikels erweisen sich die Muskelfasern einen Augenblick „wie überrascht"; sie sind der großen Belastung nicht gewachsen, es bleibt Restblut, und zwar von jetzt ab für immer! Von Weizsäcker argumentierte damals so: Jede Dilatation des Herzens, sei sie myogen oder tonogen, wird stets so wirken, wie eine vermehrte Belastung oder eine Überlastung des Herzens, und sie wird eine Hypertrophie im Gefolge haben, selbst wenn die in den Herzhöhlen vorhandenen Druckwerte die gleichen sind wie in der Norm. Man kann daher – so von Weizsäcker – die theoretische Folgerung ableiten, daß also jede Dilatation per se zur Hypertrophie führen muß, „und es scheint mir, daß die Erfahrung dem nicht widerspricht".

Wir Pathologen können die Arbeiten von Weizsäckers nicht nur bewundern, sondern die Gültigkeit der Aussagen bestätigen. Von Weizsäckers Aussagen sind mit mikromorphometrischen Methoden geprüft und nur um einige Daten allgemeinerer Bedeutung komplettiert worden. Wir kennen ein „kritisches Herzgewicht", es liegt bei etwa 500 g. Jetzt beherrschen die Vorgänge der Hyperplasie das kompensatorische Geschehen. Am Ende aller Regulationen steht die Erschöpfung der Reservekraft des Herzmuskels, wahrscheinlich durch eine Störung der Kernplasmarelationen der Muskelfasern.

Ludolf von Krehl hat bekanntlich ein Leben lang an seinem in vielen Auflagen erschienenen Werk „*Pathologische Physiologie*" gearbeitet. Der Begriff einer „Pathologischen Physiologie" wurde immer wieder von R. Virchow gebraucht. Alles Pathische sei nur entgleiste Norm, die Physiologie des gesunden und kranken Menschen sei nicht verschieden. Klinische Medizin und pathologische Anatomie seien nur die Vorstufen zu einer Medizin als besonderer Lehre vom Menschen. Die pathologische Physiologie aber sei die *wahre Theorie* der Medizin.

Nun schreibt von Weizsäcker (1944), von Krehl habe die berühmte „Allgemeine Pathologie" von Cohnheim ins Physiologische fortführen, ja übertreffen wollen. Es, das Krehlsche Buch, sei nicht ebenso glänzend geschrieben gewesen, aber doch eine Glanzleistung. Auf dem Hintergrund dieser pathologischen Physiologie habe sich die Generation Viktor von Weizsäckers entwickelt, hierdurch sei er – von Weizsäcker – zur inneren Medizin gelangt.

Gibt es ein schöneres Dokument der wechselseitigen Beziehungen zwischen pathologischer Anatomie und Klinik? Die Krehl-Schule steht also der Pathologie ganz nahe, und diese kann ohne das nicht enden wollende Gespräch mit der Klinik nicht betrieben werden. Gehört nicht gerade an diese Stelle das Wort von Kant „Anschauung ohne Begriffe ist blind, Begriffe ohne Anschauung sind leer"?

Was die Pathologen an der Krehlschen Schule mit innerer Anteilnahme sehen, ist der *„Personalismus"*. Wir erkennen hierin nicht nur eine besondere Form sog. Individualpathologie, sondern eine *neue* Form der Anthropologie. Neben die naturwissenschaftlich gebundene innere Medizin, neben Neurologie und Sinnesphysiologie tritt die Psychosomatik, die uns als pathogenetisches Prinzip in vielen Fällen willkommen ist. Die basale Anthropologie möchte, so empfinden wir Pathologen die Gesamtentwicklung, das Geistig-Seelische des Menschen unverkürzt in die Medizin als Wissenschaft einbeziehen. Gerade dieser Punkt hängt mit der Dialektik der modernen Medizin zusammen, daß sie den Menschen in wissenschaftlichen Bezügen begreifen muß, ihn aber in diesen nie erreichen kann. Es wird nicht bestritten, daß der menschliche Körper in seinen morphologischen oder physiologischen Eigenschaften wie ein physikalisches und biochemisches System beschrieben werden kann. Es wird aber festgestellt, daß eine solche Analyse *einen* komplementären Aspekt verbirgt: die thematische Ordnung der leiblichen Phänomene. Ordnung ist weder Kraft noch Energie noch Stoff. Sie bedarf aber dieser, um sich zu manifestieren. Die Strukturanalyse des Körpers (Anatomie) und die Kausalanalyse unserer vitalen Funktionen (Physiologie) lassen nur die Bedingungen einer Leistung, gleichsam die apparativen Voraussetzungen erkennen. Man kann aus der pathologischen Anatomie nicht das menschliche Verhalten in Tagen der Krankheit erklären, aber die Bedingungen seiner Möglichkeiten. Ebensowenig ist es Seele oder Geist, die statt dessen als Erklärungsprinzipien gelten dürfen. Jede Besinnung auf das Menschliche kann dieses immer nur als intentionales Dasein kennenlernen. Die menschliche Lebensform erscheint in ihren Grundlagen wesentlich bestimmt von den ästhetischen Grundfunktionen der geistigen Haltung. Menschliches Selbstverständnis umfaßt des Menschen Möglichkeiten, nicht ihn selbst.

Zum Schluß möchte ich noch zwei *Anekdoten* anfügen. – Ich hatte meine Doktorarbeit bei Alexander Schmincke über die Morphogenese angeborener Herzfehler geschrieben und mich mit Spitzers phylogenetischer Theorie auseinandergesetzt. Spitzer, Anatom und Neurologe in Wien, hatte 1923 zu zeigen versucht, daß bestimmte Formen angeborener Herzfehler, besonders Transpositionen von Aorta und Pulmonalis, als atavistische Reminiszenzen auf Herzformen im Devon bei besonderen Reptilien verstanden werden dürften. Um das zu begreifen, muß man wissen, daß bei der sog. Transposition Aorta und Pulmonalis aus den falschen Herzkammern entspringen, die Aorta aus der rechten, die Pulmonalis aus der linken. Spitzer hatte versucht wahrscheinlich zu machen, daß die transponierte Aorta beim Menschen nichts anderes als die atavistische Reminiszenz auf das Reptilienstadium sei, denn Reptilien hätten ja immer eine „rechtskammrige Aorta" neben der normalen „linksventrikulären". – Es war damals Vorschrift, daß Mediziner neben der Doktorarbeit eine mündliche Prüfung bei drei Prüfern ablegen mußten. Ich kam zu Viktor von Weizsäcker, und ich mußte zu meinem Erstaunen erfahren, daß der Internist und Neurologe die Sache ernst nahm. Von Weizsäcker war durchaus sachverständig, er kannte sich in allen primitiven Herzformen aus, ich war platt, und er mag seine Freude gehabt haben, die Prüfung war bestanden.

Viele Jahre später, es war wohl im Sommer 1949, war ich Obduzent eines Falles, der in der Medizinischen Klinik auf der Abteilung von Weizsäckers zu Tode gekommen war. Ein Rußlandheimkehrer mußte feststellen, daß seine Frau mit einem anderen Manne lebte. Er erkrankte an einer, wie man dachte, psychogenen Magersucht, in den Konsequenzen ähnlich einer Anorexia nervosa. Bei der Autopsie fand ich ein kleines, an der Grenze zwischen Speiseröhre und Magen zirkumferentiell gewachsenes Karzinom, das wie ein Serviettenring begrenzt war und ein mechanisches Hindernis dargestellt hatte. Ich gab mir große Mühe und montierte ein holoptisches Präparat – Ösophagus in ganzer Länge mit Magen und einigen Lymphknoten. Herr Professor von Weizsäcker erschien pünktlich um 10.30 Uhr mit großem Gefolge. Ich war stolz darauf, einen handfesten Befund zeigen zu können, einer Alteration der Tiefenpsyche bedurfte es also nicht, die „Krankheit zum Tode" zu erklären. Aber wie sehr hatte ich mich in dem Meister getäuscht: Von Weizsäcker sah sich alles genau an, mein alter Chef, Professor Schmincke, stand hinter mir; alles wartete gespannt. Da kam das erlösende Wort: Herr von Weizsäcker sagte in vollem Ernst: „Da sieht man doch, was es alles gibt, ja daß selbst ein Karzinom durch die tiefe Depression des Heimgekehrten hatte entstehen können." – Die Pathologen schwiegen betreten. Derlei hatte man bis dahin nie gehört.

Heute würde ich sagen: Das Krebsproblem ist einer zellularen und einer organismischen Betrachtungsweise zugänglich. Ich könnte mir denken, daß ein seelischer Insult geeignet sein könnte, das komplizierte vegetativ-nervale Reflexspiel bei der Öffnung der Kardia zu alterieren. Kommt eine zweite oder dritte Besonderheit – Rauchen, Tabaksaft, Alkohol – dazu, dann mag in der Konvergenz aller Bedingungen ein Karzinom entstehen können. So weit waren wir damals noch nicht. Von Weizsäcker, damals scheinbar unterlegen, hatte uns eine Lehre erteilt, die ich nie mehr vergessen konnte.

Wer das Glück hatte, als Pathologe für ein Mitglied der Krehl-Schule zu arbeiten, wurde reich belohnt. Er konnte sehr vieles lernen. Denn die Medizin war methodisch nie selbständig gewesen. Ihre Daseinsberechtigung als Wissenschaft leitet sich her aus der Würde des ihr anvertrauten Gegenstandes. Gerade dies konnte man von Krehl und seinen Schülern lernen! Ich schließe mit einem Wort von Paul Ernst: „Die unübersehbare Mannigfaltigkeit des Individuellen verwirrt uns, solange sie nicht durch die generalisierende Begriffsbildung überwunden ist. Die Medizin hat einen Januskopf, dessen wissenschaftliches Angesicht zur Generalisation gewendet ist und dessen praktisches Antlitz die Individualisation ins Auge faßt!" – Die Medizin als Wissenschaft ist wirklich gar nicht leicht zu lernen, sie verlangt von uns Ärzten eine absolute Zuwendung.

Literatur

Albrecht E (1903) Der Herzmuskel. Springer, Berlin
Cohnheim J (1877 u. 1880) Vorlesungen über Allgemeine Pathologie, Bd I 1877, Bd II 1880. Hirschwald, Berlin
Curschmann H (1893) Arbeiten aus der Medizinischen Klinik zu Leipzig. Vogel, Leipzig
Doerr W (1975) Morphologische Äquivalente bei Rhythmusstörungen des Herzens. Verh Dtsch Ges Inn Med 81: 36
Jansen H H (1962) Myokardosestudien. Arch Kreislaufforsch 37: 1
Krehl L von (1930) Pathologische Physiologie. Vogel, Leipzig
Krehl L von, Marchand F (1908) Handbuch der allgemeinen Pathologie, Bd I 1908 bis Bd IV 1924. Hirzel, Leipzig
Moritz F, Tabora D von (1913) Die allgemeine Pathologie des Herzens und der Gefäße. In: Krehl L von, Marchand F (Hrsg) Handbuch Allgemeine Pathologie, Bd II, Abt 2. Hirzel, Leipzig, S 1
Schettler G (1985) Ludolf von Krehl. In: Doerr W (Hrsg) Semper apertus, Bd III. Springer, Berlin Heidelberg New York Tokyo, S 114
Schmincke A (1937) Ludolf von Krehl (26. 12. 1861–26. 5. 1937). Verh Dtsch Pathol Ges 30: 535
Schmincke A (1939) Paul Ernst (26. 4. 1859–18. 12. 1937). Verh Dtsch Pathol Ges 31: 432
Siebeck R (1939) Die prämorbide Persönlichkeit. In: Adam C, Curtius F (Hrsg) Individualpathologie. Fischer, Jena, S 16
Weizsäcker V von (1917) Über die Energetik der Muskeln und insbesondere des Herzmuskels sowie ihre Beziehung zur Pathologie des Herzens. Sitzungsbericht Heidelberger Akad. Wissenschaften math. nat. Kl. B, 2. Abh. Winter, Heidelberg
Weizsäcker V von (1920) Die Entstehung der Herzhypertrophie. Ergeb Inn Med Kinderheilkd 19: 377
Weizsäcker V von (1944) Natur und Geist. 2. Aufl. 1954. Vandenhoeck & Ruprecht, Göttingen

Der „Gestaltkreis" von Viktor von Weizsäcker

Paul Christian

Der „Gestaltkreis" nimmt im Gesamtwerk Viktor von Weizsäckers eine zentrale Stellung ein. Unter diesem Titel hat er die implikative *Einheit von Wahrnehmen und Bewegen* erläutert. Sein Anliegen war der Versuch, die *Subjektivität* in eine strukturelle Beziehung zur *Umwelt* zu stellen, um die in der Biologie und Medizin verfestigte *Subjekt-Objekt-Spaltung* in Frage zu stellen und zu überwinden. Die Gestaltkreisidee war vor allem der *Leitfaden* für ein – wie von Weizsäcker es nannte – „*pathisches*" Menschenverständnis. Die Entwicklungsgeschichte dieser Idee reicht in *Stufen* über 20 Jahre hinweg von einer *positivistischen* Färbung bis zu ihrem *anthropologischen* Kern.

Viktor von Weizsäcker hat diese Entwicklung selbst so bewertet, und seine Mitarbeiter haben es auch so erlebt: ich selbst über 20 Jahre von 1937–1941 an der Nervenabteilung der Ludolf-Krehl-Klinik Heidelberg, alsdann von 1941–1945 am Otfried-Foerster-Institut für Neurologie in Breslau, zusammen mit A. Derwort, und nach Kriegsende am Physiologischen Institut in Heidelberg, das von Weizsäcker vorübergehend kommissarisch leitete. Wir fanden dort wieder intakte Laboratorien und hervorragende Mitarbeiter. Ich nenne stellvertretend den Sinnesphysiologen Herbert Hensel, den mit von Weizsäcker die Idee verband, daß der intentionale Charakter der Sinneswahrnehmung sich als „*biologischer Akt*" erweist, in dem zwischen Wahrnehmen und Bewegen eine sich gegenseitig fördernde, aber nicht gleichzeitig präsente, *komplementäre* Beziehung besteht. Dies ist ein Grundprinzip der Gestaltkreisidee. Zum Diskussionskreis gehörte damals auch E. von Holst, der mit H. Mittelstaedt (1950) das „*Reafferenzprinzip*" entwickelte, eine dem Gestaltkreis formal verwandte Vorwegnahme des technischen Regelkreises. 1950 wurde Hans Schaefer an die Physiologie in Heidelberg berufen, von Weizsäcker war inzwischen an die Innere Medizin zurückgekehrt. Schaefer war stets ein engagierter Begleiter der Weizsäckerschen Ideen. Es waren dies die entscheidenden Jahre der experimentellen biologischen und begriffstheoretischen Fundierung der Gestaltkreisidee.

Das *Buch „Der Gestaltkreis"* erschien erstmals 1940; in der 4. Aufl. 1950 hat von Weizsäcker in einem 12seitigen Vorwort die Weiterentwicklung des Gestaltkreises in der Kriegs- und Nachkriegszeit in Kürze geschildert. Dieses Vorwort ist eine wichtige Ergänzung der Monographie.

Ich werde zunächst versuchen den *Gestaltkreis* kurz zu erläutern, alsdann die heutige *Akzeptanz* des Gestaltkreises skizzieren und dabei das Verbindende und Trennende herausstellen.

Was ist der „Gestaltkreis"?

Die Monographie trägt den Untertitel *„Theorie der Einheit von Wahrnehmen und Bewegen"*. Man muß die Bedeutung dieser Worte sehr genau nehmen: es heißt nicht Wahrnehmung, sondern *„Wahrnehmen"*. Im Gegensatz zum klassischen Sensualismus enthält das „Wahr-*nehmen*" die *aktive Auswahl*, nämlich das Herauslesen und Festhalten des *Gegenständlichen* als des jeweils Bedeutungshaften aus der Überfülle des Sinnesflusses. (Carl Friedrich von Weizsäcker betonte richtig: „Wir nehmen etwas stets *als* etwas wahr: z. B. jenes Rote *als* Rose"; und das gilt für jedes gegenständliche Wahrnehmen.) Unter *„Bewegen"* versteht Viktor von Weizsäcker nicht nur die physiologische Motorik, sondern Bewegen enthält als Wesenselement die *Tätigkeit* und das *Handeln des Subjekts*. Von Weizsäcker sagt knapp und präzise: „Bewegung ist *Selbstbewegen"*.

Der im Untertitel der Monographie vorangestellte Begriff „*Einheit*" von Wahrnehmen und Bewegen ist nicht nur als die heute längst akzeptierte Verflochtenheit von Sensomotorik zu verstehen, sondern *„Einheit"* meint die *Kohärenz* von *Ich und Umwelt*, wie sie im Selbstbewegen und Wahrnehmen gestiftet wird. In anderen Worten: Wahrnehmen und Bewegen gehören zusammen, aber nicht nur als sensomotorischer Funktionszusammenhang, sondern als *Zusammenwirken* in übergreifenden *„biologischen Akten"* bzw. *„Leistungen"*. Die von Viktor von Weizsäcker und seinem Arbeitskreis experimentell untersuchten Beispiele waren die Aufrechterhaltung des *Körpergleichgewichtes*, das Gegenstandserkennen im *Tastakt*, die *Konstanz des Sehdings* beim umherschweifenden Sehen, der *handwerkliche Umgang* mit Geräten, sowohl beim einzelnen als auch in *Zusammenarbeit* mit einem Partner. Am Beginn stand die Untersuchung des *Körpergleichgewichtes* durch P. Vogel (1933). Der Versuch bestand darin, daß die Versuchsperson in einer rotierenden optokinetischen Trommel steht und das Gleichgewicht halten soll. Bei allmählicher Beschleunigung des Zylinders folgt man durch leichte Körperdrehung. Erhält die Vp. einen Gegenstand vor die Augen und fixiert diesen, so erscheint der Zylinder plötzlich in Ruhe, der eigene Körper aber im Gegensinn gedreht.

Bei rascherer Drehung und mangelnder Kompensation kommt es zum optokinetischen Schwindel. Von Weizsäcker war oft Vp., hatte im „*Selbstversuch*" Krisen bis zu leichten Verwirrungszuständen erlebt.

Der Versuch brachte folgende Ergebnisse: Es besteht eine systematische Beziehung derart, daß das Gleichgewicht unter dem Einfluß einer Störgröße (Drehrad) dadurch aufrechterhalten wird, daß *entweder* motorische Ausgleichsbewegungen gemacht werden *oder* Scheinbewegungen auftreten. Beides kann wechseln und sich gewissermaßen *stellvertretend* ersetzen. Wie in der Physik die „Komplementarität" ein Grundbegriff ist, so wird hier *erfahrungswissenschaftlich* festgestellt, daß das *Motorische* und *Sensorische*, umfassender ausgedrückt: das *Objektive* und *Subjektive*, also *der Mensch* und seine Welt, in einer gegenseitigen komplementären Beziehung stehen. In der Struktur des Erkennens ist aber das eine oder das andere verborgen. Hierfür hat von Weizsäcker das Stichwort „*Drehtürprinzip*" gewählt. (C. F. von Weizsäcker hat dies in seinem Beitrag sehr anschaulich erläutert.)

Man kann das Grundprinzip des Gestaltkreises *allgemeinverständlich* am Beispiel des *Tastaktes* deutlich machen: Wenn ich ein Ding abtaste und darüber hinaus die Abmachung treffe, daß dies mit geschlossenen Augen zu geschehen habe – also ohne Kenntnis des Gegenstandes –, so entscheidet die Fingerbewegung mit ihrem beweglichen Abfühlen darüber, welche taktilen Reize wirksam werden, und diese veranlassen ihrerseits wieder neue Fingerbewegungen. Es wird also schon vorweg eine *gegenständlich* orientierte *Auswahl* aus einer Vielfalt von Sinnesreizen getroffen. Zudem besteht eine unlösbare *Interaktion* von Bewegen und Wahrnehmen. Es besteht auch keine lineare Zeitreihe, sondern eine Abfolge von *koinzidierenden* Handlungs- und Erlebnismomenten. Die Zeitstruktur ist die der „*gelebten Zeit*". Beim Tastakt ist auch nicht entscheidbar, wer „*angefangen*" hat: die subjektive Bestimmtheit der Wahrnehmung (also das *Psychische*) oder die objektive Bestimmtheit der Bewegung (also etwas Körperliches). Ebensowenig existiert ein Vorrang; eines leitet das andere und umgekehrt: Subjektives drückt sich im Körpergeschehen, und Körperliches im Seelischen aus. Es herrscht hier kein eindimensionales Kausalschema, auch kein psychophysischer Parallelismus, sondern ein fortlaufendes und gegenseitig sich erhellendes, in sich geschlossenes, körperlich-seelisches Hin und Her in kreisartiger Verbundenheit. Hierfür hat Viktor von Weizsäcker den Ausdruck „*Gestaltkreis*" geprägt. Leib und Seele bestehen demnach nicht darin, daß es zwei Dinge sind, die nebeneinander da sind (substanzielle Deutung), noch aufeinander wirken (dynamische Deutung), sondern daß sie sich *wechselseitig darstellen* und *erläutern*. Dieses Prinzip führte von Weizsäcker zu seinem späteren Konzept einer nicht dualistisch strukturierten *psychosomatischen Medizin*.

Zur Akzeptanz des „Gestaltkreises" heute

Der „Situationskreis" von Thure von Uexküll

Mit dem „Gestaltkreis" formal verwandt, aber enger auf die psychosomatische Medizin bezogen, ist der „*Situationskreis*" von Th. von Uexküll (1979). Ausgehend von der Umwelttheorie von J. von Uexküll hat Th. von Uexküll den biologischen „Funktionskreis" zwischen Tier und Umwelt übernommen und auf den Menschen bezogen: Der *Mensch* schafft sich als stellungnehmendes Wesen von der Reifung an im lebenslangen Probehandeln den „*Situationskreis*". Gelingt diese handelnde und kommunikative Anpassung an Situationen nicht, so entstehen entsprechend der *funktionellen Pathologie* (G. von Bergmann) funktionelle und organische Krankheiten (Th. von Uexküll wird in seinem Beitrag darüber berichten).

Neurophysiologie und biokybernetische Interpretationen[1]

Die enge Vermaschung von Sensibilität und Motorik ist heute bestätigt und in ihren Einzelheiten weitgehend aufgeklärt. Bei jedem Verhalten arbeiten afferente Sinnesmeldungen und efferente Regulationen eng zusammen. Dies wird neurophysiologisch heute meist mit den Modellen der *Regelungstheorie* und der *Kybernetik* dargestellt, an der die verschiedenen Strukturen des ZNS beseitigt sind. Die Neurophysiologie geht *heute*, wie schon der Ansatz von Weizsäckers 1931, von der *Zielgerichtetheit* der meisten Bewegungen aus (abgesehen von den automatischen Rhythmen). Die Vorwegnahme des Gegenstandes in der Blickbewegung, im Greifen, die Vorwegnahme eines Zieles im Sprung oder Werfen, die handwerkliche Bewegung, enthalten eine *sensomotorische Antizipation*. Für diese Vorwegnahme haben P. Auersperg und von Weizsäcker den Ausdruck „*Prolepsis*" gewählt. Dies hat sich inzwischen bis ins Detail bewährt. So *Jung* (1967): „Die mehr oder weniger bewußte Antizipation bestimmter Konstellationen der Außenwelt ist für die motorische Intention der Bewegung ein wichtiger regulierender Faktor, bei dem Sensorik und Intention in einem final gerichteten Prozeß zusammenarbeiten."

---

[1] Eine der besten Übersichten über die moderne Neurophysiologie stammt von Richard Jung (In: Psychiatrie der Gegenwart, Band I/A, Grundlagenforschung zur Psychiatrie. Hrsg. von H. W. Gruhle, R. Jung, W. Mayer-Gross, U. Müller. Springer, Berlin Heidelberg New York 1967, S. 325–928). Jung ist auch auf den „Gestaltkreis" eingegangen. Wir entnehmen hieraus einige Hinweise.

Auf die Rolle des *Lernens*, des *Probehandelns* und des *gedächtnismäßigen Behaltens* sind von Weizsäcker und seine Mitarbeiter indes zu wenig eingegangen. Es gibt Bewegungen, die einfach zu schnell sind, als daß sie durch sensorische Efferenzkontrolle beherrscht werden könnten. Dazu gehören z. B. das Schreibmaschinenschreiben, das Spielen eines Schlaginstruments, sog. „ballistische Bewegungen" (z. B. Tennis), schnelles Sprechen und Schreiben. Neuere Untersuchungen über die örtliche Aktivität der Gehirnzellen mittels simultaner Messung der örtlichen Steigerung des Blutkreislaufs („Tracer-Methode") ergaben bei solchen schnellen Bewegungen zunächst keine kortikale Aktivität, weder in der motorischen noch in der angrenzenden sensorischen Rinde, wohl aber in den sog. *supplementären motorischen Arealen*. Eccles u. Robinson (1985) kamen deswegen neuerdings zu der Auffassung, daß dieses Areal (SMA) sozusagen einen „*Katalog*" aller erlernten motorischen Programme enthält. Das immens gespeicherte Repertoire der ein Leben lang gelernten Programme kann zwar selbst nicht in diesem eng begrenzten Gebiet gespeichert werden, aber es ist denkbar, daß das SMA eine Art „*Katalog*" („*Code*") der motorischen Programme enthält, der die *Adressen* der Speicherorgane der motorischen Programme umfaßt.

Kybernetische und subjektive Selbstregulation

(s. hierzu auch Buytendijk u. Christian 1963; Buytendijk 1967)

Das *Verbindende* zwischen Gestaltkreis und technischer Steuerung und Regelung ist zunächst einmal, vorsichtig gesagt, die Orientierung beider Prinzipien an der „*Leistung*". Die Leistung ist allerdings bei technischen Systemen vom Menschen kraft Programm vorgegeben; beim Lebewesen ist sie in der *Selbstbewegung* verwirklicht. Die biologische Leistung ist dann aber kein Ergebnis bloß funktionssicher gewordener Organe, sondern *Inanspruchnahme* funktionierender Organe für etwas, was *mehr* ist als das Bewirken einer Wirkung: Das Wesen der Leistung ist, wie *Heidegger* einmal formuliert hat, das *Vollbringen*: Etwas in die Fülle seines Wesens entfalten, nicht das Bewirken einer Wirkung (s. hierzu Christian 1952). Untersuchungen hierüber entstanden zwischen 1948 und 1960; von Weizsäcker hat sich damals nur noch am Rande beteiligen können, wesentlicher Partner war F. J. J. Buytendijk.

Unsere Argumente *gegen* die oft erfolgte Identifikation von Gestaltkreis und Kybernetik waren folgende: Im beweglichen Umgang mit Umweltkräften kann das motivierende Interesse ebenso dem Tun wie der Wahrnehmung gelten. Was sich dann auf ein spezielles Tun oder Bemerken einengt (regeltheoretisch: was zum „Programm" und zur „Führungsgröße" wird), liegt *vorweg nicht fest*. Bei der *subjektiven Selbstregulation* geschieht die „Programmierung" von Moment zu Moment in einem *intentionellen Verhältnis zur Situation*. Hierbei sind Vergangenheit und Zukunft, das Mögliche und Wahrscheinliche, ebenso wirksam wie das Gegenwärtige. Beim menschlichen Handeln steht also ein Programm im kybernetischen Sinn, etwa wie sie die *Handlungstheorien* mit ihren deterministischen *„Prozeßmodellen"* entwickelt haben, nicht von vornherein fest, sondern es wird in jeder Phase entwickelt. Erst *hinterher* kann dann die Handlung als eine kybernetisch geregelte beschrieben werden (Volpert 1984, 1986). In den Handlungstheorien scheint sich heute ein Wandel zu vollziehen, nämlich die Hinwendung zu den sog. *„offenen Modellen"*, u. a. unter Bezug auf den „Gestaltkreis" (W. Ennenbach, zit. bei Christian 1986).

Vom „Wertbewußtsein im Tun" und die „pathischen Kategorien" im Gestaltkreis

Bei den Untersuchungen über die subjektive Selbstregulation ergab sich, daß eigentlich keine quantitativ faßbaren Eingangsgrößen bestimmend sind, sondern *Intentionen, thematische und thetische Ordnungen*, wobei auch *werthafte* (axiologische) Ordnungskategorien bestimmt sind. Jeder weiß, daß etwas „geglückt", „gekonnt", „schwungvoll" oder „holprig" vollzogen wird. Beim „Lernen" gibt es „innere Bekräftigungen": so „richtig", „gut", „es ist getroffen". Die moderne *qualitative Bewegungsforschung* in den Sportwissenschaften hat sich dieses Themas angenommen (Übersicht bei Petersen 1985). In eindrucksvollen Interviews mit Spitzensportlern wurde die Wichtigkeit der qualitativen Dimensionen („Harmonie, Schönheit, Eleganz, Rhythmus, Virtuosität, fließender Ablauf, Bewegungselegang, geglückt, gekonnt" usw.) als *Wesenselemente* in Gestaltung und Erlebnis verschiedener Sportarten herausgestellt. In diesem Zusammenhang wird *heute* wieder auf den „*Gestaltkreis*" von Weizsäckers Bezug genommen und betont, daß diese Art der Erfahrung eine andere ist als die der in Kategorien, Grenzen und Normen objektivierenden Erkenntnis. Von Weizsäcker äußerte sich damals im Hinblick auf das „*Wertbewußtsein im Tun*" (s. auch Christian 1948) grundsätzlich: „Mit dem Nachweis der Beziehungsfähigkeit der Werte mit der Sphäre der Mechanik am Beispiel der Willkürmotorik scheidet die Relation von Psyche und Physis als einer zwischen zwei Substanzen aus der Beschreibung der Wirklichkeit völlig aus. Es ist derselbe Schritt, der mit der Hinwendung zu den pathischen Kategorien begonnen hat."[2]

---

[2] Viktor von Weizsäcker im „Vorwort" zur 4. Aufl. des Gestaltkreises (1950).

Ich komme zum Schluß: Der *eigentliche Sinn des Gestaltkreises* liegt letzten Endes darin, daß *wir selbst* mit unseren Intentionen, Wünschen, subjektiven Ausrichtungen konstitutiver Teil dessen sind, was uns und mit uns geschieht. Dies wird von Viktor von Weizsäcker mit dem Terminus das „*Pathische*" bezeichnet. Er meint damit, daß Leben nicht nur ein „Vorgang" ist, sondern erlebt und „erlitten" wird.[3] Um Mißverständnisse auszuräumen: Bei Viktor von Weizsäcker ist unter „pathisch" nicht das „Affektive" im psychologischen Sinne von affektiven Leiden und von Passion gemeint (wie bei Plessner u. Straus, ausführlich zit. in Kasanmoentalib). Sondern Modi der Existenz wie *Vorsatz, Erwartung* („können", „dürfen") stoßen auf Begrenzungen, führen u. U. zum Mißerfolg; „*Entscheidungen*" können zur *Krise* werden, „Freiheit" erfährt ihre Begrenzung. Dies wird gelebt, erlebt und auch erlitten. Dieser pathische Charakter macht auch die Indeterminiertheit des Lebens aus und wurzelt wie von Weizsäcker sagt, im *„Grundverhältnis"*, d. h. in einer Abhängigkeit, deren Grund selbst nicht wieder zum Gegenstand werden kann.

In Viktor von Weizsäckers Spätwerk – der „*Pathosophie*" (geschrieben 1950/51; veröffentlicht 1956) – wurde die *pathische Existenz* Mittelpunkt des Buches. Damit war dann gewissermaßen der lange Weg des Gestaltkreises zwischen Naturwissenschaft und Anthropologie in sich geschlossen.

---

[3] Carl Friedrich von Weizsäcker sagte kurz und präzise: „Die Wirklichkeit des Menschen ist *pathisch*, nicht ontisch".

Literatur

Bergmann G von (1936) Funktionelle Pathologie, 2. Aufl. Springer, Berlin
Buytendijk FJJ, Christian P (1963) Kybernetische Modelle und der Gestaltkreis als Erklärungsprinzipien des Verhaltens. Nervenarzt 34: 98-104
Buytendijk FJJ (1967) Prolegomena einer anthropologischen Physiologie. Müller, Salzburg, S 181ff
Christian P (1948) Vom Wertbewußtsein im Tun. Ein Beitrag zur Psychophysik der Willkürbewegung. In: Weizsäcker V von (Hrsg) Beiträge aus der Allgemeinen Medizin, Heft 4. Enke, Stuttgart
Christian P (1952) Das Personverständnis im modernen medizinischen Denken. Mohr, Tübingen, S 102ff
Christian P (1986) Moderne Handlungstheorien und der „Gestaltkreis". Prax Psychother Psychosom 31: 78-86
Eccles JC, Robinson DN (1985) Das Wunder des Menschseins – Gehirn und Geist. Piper, München Zürich, S 204ff
Ennenbach W, zitiert bei Christian P (1986)
Holst E von, Mittelstaedt H (1950) Das Reafferenzprinzip – Wechselwirkungen zwischen Zentralnervensystem und Peripherie. Naturwissenschaften 37: 464-476

Kasanmoentalib S (unveröffentl. Manuskript) Humanistische Wesensanthropologie oder pathische Wissenschaft vom Menschen. Über die Auffassung von Wissenschaft von H. Plessner und V. von Weizsäcker. Philosophisches Institut der Katholischen Universität, Nijmwegen

Petersen T (1985) Qualitative Bewegungsforschung. In: Rieder H (Hrsg) Beiträge zur Bewegungsforschung im Sport. Limpert, Bad Homburg

Uexküll Th von, Wesiack W (1979) Lehrbuch der psychosomatischen Medizin. Urban & Schwarzenberg, München

Vogel P (1933) Studien über den Schwindel. Sitzungsbericht der Heidelberger Akademie der Wissenschaften. Mathematisch-naturwissenschaftliche Klasse. 5. Abhandlung. De Gruyter, Berlin Leipzig

Volpert W (1984) Maschinen – Handlungen und Handlungsmodelle – ein Plädoyer gegen die Normierung des Handelns. Gestalt Theory 6: 70-100

Volpert W (1986) Gestaltbildung im Handeln. Zur psychologischen Kritik des mechanischen Weltbildes. Gestalt Theory 8(1): 43-59

Weizsäcker V von (1950) Der Gestaltkreis. Theorie der Einheit von Wahrnehmen und Bewegen, 4. Aufl. Thieme, Stuttgart

Weizsäcker V von (1956) Pathosophie. Vandenhoeck & Ruprecht, Göttingen

Über ärztliche Anthropologie

Fritz Hartmann

Persönliche Rückschau

Die ehrenvolle Aufgabe, zu Viktor von Weizsäckers 100. Geburtstag über ärztliche Anthropologie vorzutragen, stellt mich vor die Pflicht zu erörtern, ob diese zu von Weizsäckers medizinischer Anthropologie eine *Alternative*, eine *Ergänzung* oder eine *Ausweitung* ist. Was auch immer sie mit oder ohne Absicht im Urteil anderer sein mag, sie ist in der Auseinandersetzung mit von Weizsäckerschen Gedanken entstanden und gedacht. Auf den Spuren meiner Erinnerungen treffe ich auf *drei Begegnungen*: die Fallvorstellungen in *Breslau* im Sommersemester 1944, die Prüfung im Staatsexamen im Dezember 1944 mit dem Hauptgegenstand Bluthochdruck und das Referat auf dem Internistenkongreß 1949 in Wiesbaden, über das ich in „Klinische Wochenschrift" zu berichten hatte. Gelesen habe ich alles, wessen ich habhaft werden konnte; nach der *„Pathosophie"* aber nichts mehr wiedergelesen, bis zur Vorbereitung auf diesen Beitrag.

Ärztliche Anthropologie ist auch eine Auseinandersetzung mit der *Person* Viktor von Weizsäckers. Die *„Einführung des Subjekts"* in die Medizin ist eben nur die Aufforderung an Arzt und Medizin, die Person der Kranken und nicht nur deren Krankheiten wahrzunehmen, das *„Subjekt im Objekt"* – bemerkenswerterweise nicht das Subjekt als Haus des Objekts. Sie war auch *keine Anthropologie des Arztes* als Homo *compatiens* und seiner *Beziehung* zum Kranken. Der *Arzt* blieb – wie der Arzt Viktor von Weizsäcker, der uns seine Kranken vorstellte, sie vor uns befragte – merkwürdig unbeteiligt, unpersönlich, objektiv. Da war ein studentisches Mißtrauen und undeutliches Unbehagen über die Art, wie von Weizsäcker die Kranken vorstellte – eben als Fälle – wie es dann auch im Buch „Fälle und Probleme" heißt. Sie dienten von Weizsäcker als *Beleg* seiner pathogenetischen Theorien. Er selbst hielt sich als Person heraus. Auch in der *Denkfigur* des *Umgangs*, die später auf eine Anthropologie der Beziehung Kranker – Arzt hinweist, ist das *Umgehen* einseitig; der Kranke geht nicht um den Arzt herum, der wird *nicht* zum Subjekt als einem Objekt des Kranken. Vor dem Auge meiner Erinnerung erlebe ich einen vornehmen, empfindsamen, zuhörenden Menschen, dessen Leidenschaftlichkeit dennoch als Ungeduld durchbrechen konnte, wenn das Gespräch mit dem Kranken nicht befriedigend auf das beabsichtigte Ziel zulief und später als Zorn, wenn die Medizin trotz bitterer Erfahrungen einer „Medizin der Unmenschlichkeit" mit ihrer einseitigen Menschenkunde dem Ruf nach Umkehr nicht oder nur zögernd folgen wollte. Und dann war da eine Nichtübereinstimmung: Einerseits die Betonung der Unwiederholbarkeit des Einzelfalls – später beim Referat in Wiesbaden in der Unmöglichkeit von Statistik in der Psychosomatik gipfelnd – und der vorzeitigen und voreiligen *Verallgemeinerung der psychogenen Pathogenese* in den Ansätzen zu einer Systematik medizinischer Anthropologie.

Ärztliche Anthropologie ist auch eine *Kritik am Prinzip der Psychogenie*. Die „psychogene Angina" zog uns Studenten halb an, halb machte uns ihre Verallgemeinerung mißtrauisch. Psychogenie setzt die Trennung eines Körpers von einer Seele voraus, eine Konstruktion, die erfunden wurde, um den Menschen die Mühseligkeit des Verstehens der Verwickeltheit ihrer Natur, der Mehrdeutigkeit menschlichen Verhaltens, zu erleichtern oder gar abzunehmen. Die Folge war in der Medizin eine Verachtung für jenes Seelische, das für nicht wissenschaftswürdig, weil nicht wissenschaftsfähig, erklärt war. Von Weizsäckers Hinweis auf eine Antilogik des Seelischen hat diese Skepsis bei vielen vertieft.

Von Weizsäcker verstand unter *anthropologischer Medizin* die kasuistische Erfahrungsgrundlage für eine *medizinische Anthropologie* als System, als Ordnung nach Gesichtspunkten (Tabelle 1). Entsprechend ist *ärztliche Anthropologie* der Versuch, ärztlich-anthropologische Selbsterfahrungen im Umgang mit Kranken unter Gesichtspunkten zu erörtern und zu ordnen. Eine ihrer empirischen Grundlagen sind z. B. die Erfahrungen, die Ärzte in Balint-Gruppen mit sich selbst und mit Kollegen machen.

Das Denkmodell des *Gestaltkreises* hatte jene Dichotomie Körper – Seele bereits überwunden. Es hatte an die Stelle von aus dem Unendlichen Kommenden und sich im Unendlichen verlierenden Kausalketten die uralte Gestalt des *Uroboros*, der sich selbst in den Schwanz beißenden Schlange der Welt, der Weltzeit, der Erkenntnis gesetzt. Diese Erkenntnis

Tabelle 1. Anthropologische Medizin aus der Sicht Viktor von Weizsäckers

Erfahrungsgrundlage		Systematische Ordnung
Anthropologische Medizin	←←←←←→	Medizinische Anthropologie
Selbstreflexion und Balint-Gruppen-Dialog	←←←←←→	Ärztliche Anthropologie

hält sich im Bann- und Wirkungskreis der Causae proximae, der efficientes wie der finales. Die Erweiterung der Dichotomie auf die Trichotomie Körper – Seele – Geist ändert an dem Widerspruch zur Idee des Gestaltkreises nichts Grundsätzliches.

Wenn ich meinen inneren Dialog mit Viktor von Weizsäcker überprüfe, so muß ich eingestehen, daß ich seine Bücher nicht anders als Selbstdarstellungen lesen und verstehen konnte, genauer, als ständige Suche nach Identität als Arzt, als Versuch einer immer neu ansetzenden Befreiung von Gedanken und Widersprüchen. Wahl der Bilder und Wörter, eigenwillige Grammatik und Syntax der Sätze, Sprunghaftigkeit der Gedankengänge, kurz die doppelsinnige *Anstößigkeit* des Spannungsfeldes Denken – Sprechen, erzeugten in mir ständig die gemischte Stimmung von Zuneigung und Ärgernis. Wichtig für mein Thema aber ist: Obwohl von Weizsäcker sich auf seine Falldarstellungen bezieht, mit ärztlicher Erfahrung seine systematischen Versuche erläutert: die „Fälle" bleiben merkwürdigerweise Un-personen. Und obgleich sich alles, was er geschrieben hat, als eigene Geschichte lesen läßt, bleibt die Person merkwürdig verborgen, verhüllt, undeutlich, unwirklich, entrückt, rätselhaft. Der Grund ist wahrscheinlich der gleiche: eine gewollte oder konstitutionelle Schwebelage, ein Kreisen, sich nicht festlegen wollen und können aus Achtung vor dem ständigen Werden der eigenen und der Lebensgeschichte anderer. Aber da ist auch eine Hemmung, ein Widerstand gegen Preisgabe am Werk. Sie gehört zum Thema: *Scham* als Schutz des innersten Kerns des Wesens eines Menschen. Eine Anekdote hat mir den Blick dafür eröffnet: Während einer Tagung in der evangelischen Akademie Bad Boll soll Viktor von Weizsäcker einem Gesprächspartner, der erstaunt fragend auf ihn eindrang „Aber Sie sind doch Christ?!" geantwortet haben: „Ich? Nein!"

Das Denken und Schreiben, die Anlage der Versuche und ihre Deutung, die Anamnesen der Fälle und Probleme, der Fallvorstellungen sind *dialektisch*. Um so erstaunlicher bleibt die Unausgeführtheit des Gestaltkreises Kranker – Arzt, des *Dialogs*. Diese Grundfigur ist der mitmenschliche Vollzug jener Conditio humana, die wir die anthropologische Grundfigur von Not und Hilfe nennen, die eigentlich das Grundverhältnis der Gegenseitigkeit von Not ist. Das Wechselverhältnis ist das von Homo patients und Homo compatiens. Es geht aller Begegnung von Krankem und Arzt voraus. Es ist unaufhebbar.

Medizinische und ärztliche Anthropologie

Ärztliche Anthropologie kann an von Weizsäckers drei Grundbegriffen anknüpfen: *Umgang – Gegenseitigkeit – Solidarität* oder Gemeinsamkeit.

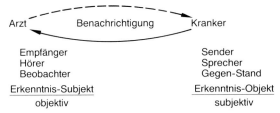

Abb. 1. Medizinische und ärztliche Anthropologie

Es ist unwichtig, ob ärztliche Anthropologie ein Teil medizinischer Anthropologie ist oder umfassender als diese, und auch in welcher Ordnung beide zueinander stehen. Wohl aber ist für mich von Weizsäckers medizinische Anthropologie noch ein Abbild einer Kranker-Arzt-Beziehung, die im Verständnis eines objektiven Arztes, einer Autorität gegenüber einem Subjekt verharrt. Die Einführung des Subjekts ist eben die des Kranken als Subjekt, nicht die des Arztes gewesen (Abb. 1). Von Weizsäckers Umgang mit Kranken – die eben doch Fälle von seinen Problemen blieben – blieb in meiner Erinnerung merkwürdig kühl und vornehm, zugewandt und Abstand haltend, gelassen und ungeduldig, intellektuell und aristokratisch.

Ärztliche Anthropologie untersucht die Begegnung zweier Subjekte unter den Gesichtspunkten deren therapeutischer, prognostischer und diagnostischer Wirksamkeit. Sie wendet sich der Verflechtung, dem Wechselverhältnis, zweier jeweiliger Lebensgeschichten, ja der Geschichte dieser Begegnung, dieses Umgangs, selbst zu. Anlaß zu einer solchen Historisierung des Kranker-Arzt-Verhältnisses ist natürlich die Umgestaltung der ärztlichen Aufgabe und Verantwortung durch das zunehmende Überwiegen der *chronischen Krankheiten*.

Tabelle 2. Fragen des Arztes an sich selbst, zweidimensionale Anamnestik

Warum:	dieser Mensch	zu diesem Zeitpunkt	mit diesen Beschwerden/ dieser Krankheit	zu mir
Ursache	Konstitution	Epidemie Überanstrengung physikalische Einwirkung chemische Einwirkung	Organ System Funktion	sach- kundiger Spezialist
Beweggrund	Bahnung Vorbereitung Lebens- geschichte	kritische Lage eingreifendes Daseins-Ereignis Konflikt	Leitung Instrument Selbstwert- Bedeutung	Vertrauen

Die *vier Fragen* Viktor von Weizsäckers angesichts eines Kranken: Wo, Wann, Was, Warum, sind Fragen, die der Kranke zunächst an sich selbst gestellt hat, bevor er den Arzt aufsuchte; es sind dann Fragen des Arztes an sich selbst; und es sind die Perspektiven, die Durchblickbahnen, die das Gespräch, die Verständigung, das Verhalten, die Erkenntnis, die Ent- scheidungen leiten. *Ich stelle mir die Fragen anders* und in anderer Reihen- folge; es ist die Ordnung, in der auch der Kranke für sich gefragt hat (Tabelle 2). Von Weizsäcker ordnet die Fragen noch in der Denkart des 19. Jahrhunderts. Vielleicht hat er damit eine Brücke der Verständigung schlagen wollen zu seinen Zuhörern und Lesern, die in dieser Art, ärztli- che Erkenntnis zu gewinnen, erzogen waren. Die *Frage „Warum?"* steht in ärztlicher Anthropologie am Anfang. Es ist die Frage nach den möglichen materiellen Ursachen – den begünstigenden und den auslösenden – und nach den Motiven, den Strebungen, Trieben, Empfindsamkeiten. Und es ist die Frage nach dem *Wechselverhältnis*: das *Entgegenkommen der Organe* – sei es wegen deren bisher symptomlosen organischen Verände- rungen, sei es wegen deren anthropologischem oder persönlichem Aus- druckswert (Organ – Sprache) – und das Entgegenkommen der bisher unbewußten Spannungen der Lebensgeschichte in einer spannungsaufgela- denen Lebenslage (life event): die sekundäre Neurotisierung, die Überla- gerung und Überformung einer körperlichen Krankheit, besser deren Umgestaltung zu einem Kranksein. Das schließt das Verhältnis zum Arzt ein, wenn in beiden Fällen aus akutem Anlaß und akuter Krankheit sich ein chronisches Kranksein entwickelt. Ein gutes Beispiel für diese Zusam-

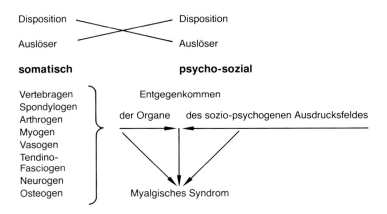

Abb. 2. Myalgische Syndrome psycho-somatisch und somato-psychisch betrachtet

menhänge sind die rheumatischen Beschwerden bei Arthrosen und Spondylosen (Abb. 2). Krankheit und Kranksein, objektiver Befund und subjektives Erleben/Verhalten stehen in Wechselbeziehungen zueinander: das Kranksein durch Krankheit ist allgemein anerkannt; Krankheit durch und im Kranksein hat es damit schwerer. Die Bedingungen des Auftretens eines Rückenschmerzes können sich gegenseitig vertreten.

Die *zweite Frage* ist die nach der *Person* des Kranken. Sie fragt nach seiner persönlichen, leiblichen und charakterlichen Artung, seiner Lebensgeschichte und seiner Lebenslage, aber auch nach den Fähigkeiten, Bewertungen, Lernvorgängen, die seinen Umgang mit der Krankheit prägen (coping). Dazu gehören auch die mittragenden Ordnungen der mitmenschlichen Bezugsfelder, die Mitwelt.

Es schließt sich die *Frage* an: *Warum* gerade zu diesem *Zeitpunkt?* Auch hier sollte methodisch auf körperliche und individual- oder sozialpsychologische Anlässe gehört werden, z. B. bei Arbeitsunfällen, Enttäuschungen, Entwurzelungen.

Erst die *vierte Frage* rückt das vom Arzt als wichtig *Erlernte* in das Gespräch ein. Das „Wo?" ist ja nicht nur eine diagnostische Hilfe, aber eben nur ein Teil zu dieser. Die Symptome der Krankheit sind meist solche der gestörten *Funktion*. Es ist eine ernste Frage, ob man bei Erkrankungen von Geweben wie Bindegeweben, Nervengewebe, endokrinen Geweben überhaupt noch von Lokalisation sprechen darf; die Frage muß auch bei Erkrankungen der Verdauungsorgane, des Herz-Kreislauf-Systems, der Atmung kritisch gestellt werden.

In meiner Fragefolge *fehlt* das „*Was?*" Das hat einen sachlichen und einen pädagogischen Grund. Das ärztliche Denken ist auf eine Diagnose, eine Feststellung fixiert, als ob ohne Diagnose in der Medizin nichts ginge. Die Wirklichkeit ist, daß nur ein Teil der Behandlungen krankheitsspezifisch ist – und aus Gründen unvollständiger wissenschaftlicher Erkenntnisse auch nur sein kann; die meisten sind symptomatisch. Die Intensivmedizin ist das beste Beispiel einer „Medizin ohne Diagnose": lagegerechtes ärztliches Handeln mit dem allgemeinen Ziel von Überlebenshilfen. Diagnose unterscheidet sich von indikationsgeleitetem ärztlichen Handeln durch die Antwort auf die Frage „Was liegt vor?", statt „Was ist notwendig?" Die Antwort auf das Was ist das Ende des ärztlichen Erkenntnisprozesses. Beherrscht diese Frage den Beginn, mangelt es an Problemoffenheit. Man müßte den Begriff Diagnose schon sehr weit dehnen, um alle ärztlichen Erkenntnisse darunter zu fassen. Was von Weizsäcker „Situationstherapie" genannt hat, umfaßt kausale und symptomatische Behandlung. Ihr Urteil gründet sich darauf, „was der Kranke hat" *und* darauf „in welcher Lebenslage er ist".

Viktor von Weizsäcker nutzt die Frage nach dem „Was" kompensatorisch zu Erörterungen über Erklären, Verstehen und Begreifen, über die Unentscheidbarkeit des Anfangs – Körper oder Seele –, also über Grenzen ärztlicher Erkenntnis. Von Weizsäckers Frage nach dem Was ist eigentlich die Frage nach *Wesen* und *Sinn* der Krankheit, also nach dem personalen Kern von Kranksein, nach dem persönlichen Gefüge transzendentaler Beziehungen und Daseinsdeutungen.

Die erste Auslegung des „Was" unterfordert, die zweite überfordert den Arzt. Deswegen habe ich darauf verzichtet.

Kennzeichen ärztlicher Anthropologie ist die von mir *hinzugefügte Frage*: Warum *ich*? Warum gerade zu *mir*? Die Antwort könnte allgemein lauten: Weil der Kranke Vertrauen zu mir hat. Das setzt seine institutionelle Möglichkeit voraus, mich unter anderen Ärzten zu wählen. Der Grund dieser Wahl kann verschieden sein. Es kann sich um Vertrauen in meine Funktion handeln, in meinen speziellen Sachverstand für bestimmte Krankheiten oder Krankheitsgruppen, meine besonderen Fähigkeiten oder Verfügbarkeiten über diagnostische oder therapeutische Methoden, meine Tätigkeit oder Stellung in einem Krankenhaus oder einer Klinik, meinen besonderen Beziehungen zu den Solidargemeinschaften. Das andere Vertrauen ist das Personvertrauen, das der Hausarzt genießt und auch der Facharzt, der jahrelang einen chronisch Kranken betreut.

Die Personen der Fragen zwei und fünf treten in ein bewegtes und nicht in ein stehendes Verhältnis zueinander: *dieser* Mensch – *dieser* Arzt. Dafür ist der von Weizsäckersche Begriff *Umgang* angemessener als der der *Begegnung* von Martin Buber und der der *Partizipation* von Tillich: „Das

Wort ‚Umgang' deutet in einer Metapher von geometrischer Art an, daß das Ich um seine Umwelt herumzugehen habe, daß damit auch die Umwelt um das Ich gleichsam herumgehe." Im Umgang durchschreiten Arzt und Kranker den von ihnen gebildeten Gestaltkreis, der u. a. einer von gegenseitigem Ausdruck und Eindruck ist. Viktor von Weizsäcker hat den Weg wohl gesehen, wenn er zur medizinischen Psychologie anmerkt: „Diese medizinische Psychologie fragte nicht, wer oder was ist der Mensch, sondern sie fragte den Kranken, wer bist *Du?*, und wer so fragte, mußte zugleich fragen, wer bin ich?" Und er fährt fort: „Es war durchaus nicht falsch, zu sagen, daß jede Analyse des Kranken auch zugleich eine Analyse des Arztes ist." Trotz aller weiter auslegbaren Andeutungen tritt mir der von Weizsäcker der Fallvorstellungen und der Systematiker der Problemlagen doch immer als der Arzt entgegen, der als objektiver Betrachter den Gegenstand Kranker beschreibt. Die Einführung des Subjekts in die Medizin war, mehr als die unpersönliche Sache Krankheit, nämlich, den Kranken in seinem Kranksein wahrzunehmen. Der Arzt blieb objektiv. Das ist um so überraschender, als der erste Satz des „Gestaltkreis" lautet: „Um Lebendes zu erforschen, muß man sich am Leben beteiligen." Hätte es nicht nahegelegen diese Einsicht auf den Umgang Arzt – Kranker in die Forderung zu kleiden: „Wer vom Kranksein eines Kranken etwas erkennen, erfahren, verstehen, begreifen, erleben will, der muß daran teilnehmen? Er-Leben heißt ja auf einer vitalen und anthropologischen Ebene Erfahrungen zum Inhalt des eigenen Lebens zu machen mit Hilfe der lebensdienlichen Bedeutungen und Gefühlswerte, die mit jeder Erfahrung verbunden sind. Martin *Buber* hat sich ähnlich wie der von Weizsäcker des Gestaltkreises geäußert: „Die Ganzheit der Person und durch sie die Ganzheit des Menschen erkennen kann er erst dann, wenn er seine Subjektivität nicht draußen läßt und nicht unberührter Betrachter bleibt. Sondern er muß in den Akt der Selbstbesinnung in Wirklichkeit ganz eingehen, um der menschlichen Ganzheit inne werden zu können. Mit anderen Worten: Er muß diesen Akt des Hineingehens in jener einzigartigen Dimension als Lebensakt vollziehen, ohne vorbereitete philosophische Sicherung, er muß sich also alledem aussetzen, was einem widerfahren kann, wenn man wirklich lebt. Hier erkennt man nicht, wenn man am Strande bleibt und den schäumenden Wogen zusieht, man muß sich dranwagen, sich dreinwerfen, man muß schwimmen, wach und mit aller Kraft, und mag da sogar ein Augenblick kommen, wo man fast die Besinnung zu verlieren meint: So und nicht anders wird die anthropologische Besinnung geboren. Solange man sich ‚hat', sich als Objekt hat, erfährt man vom Menschen doch nur als von einem Ding unter Dingen, die zu erfassende Ganzheit ist noch nicht ‚da'; erst wenn man nur noch ist, ist sie da, da wird sie erfaßbar. Man nimmt nur so viel wahr, als einem die

Wirklichkeit des ‚Dabeiseins' wahrzunehmen freigibt, das aber nimmt man wahr, und der Kristallisationskern bildet sich aus." Das ist eine dramatische Beschreibung der Methode, das anthropologische „Grundverhältnis" für die Begegnung Kranker – Arzt zu aktualisieren.

Kranker-Arzt-Beziehungen

Daß eine medizinische zu einer ärztlichen Anthropologie erweitert werden müßte, das hat auch Viktor von Weizsäcker wohl geahnt. Aber das bedeutet eben, auch den Arzt als Subjekt einzuführen: die Konstituierung eines Subjekt-Subjekt-Verhältnisses. Das ist ein Wagnis, in dem es dem Arzt geschehen kann, daß er vom Kranken nicht nur befragt, sondern auch in Frage gestellt wird und er dies zulassen muß. Es bedeutet, daß nicht nur der Kranke auf den Arzt überträgt und Widerstand leistet, sondern daß auch der Arzt sich so verhält. Auch er überträgt primär und leistet Widerstand gegen Gegenübertragung wie Übertragung (Abb. 3): aber er muß beides zugleich zulassen, erkennen und berücksichtigen. Nachfolgend einige Zitate von Weizsäckers: „Umgreifendes Begreifen ermöglicht eine Begegnung mit dem Subjekt im Objekt, ist Umgang mit dem subjekthaltigen Objekt. Während das Erklären, als ‚objektives' den Kranken von mir entfernt, und während Verstehen ihn auf sich beruhen läßt, ohne ihn zu verändern, also ebenfalls in sich zurückwirft, ist allein das Begreifen ein Umgang mit ihm, der umgreifend ihn in mich hineinzieht, um ihn mit mir zu verändern, zu wandeln, zu gestalten." Bleibt hier nicht der Arzt die in

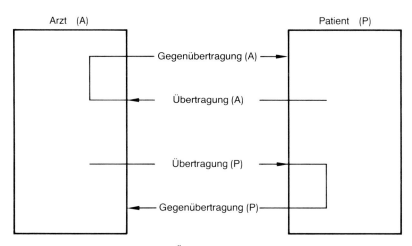

Abb. 3. Gegenübertragung und Übertragung Arzt – Patient

sich ruhende souveräne Autorität, die sich im Griff hat, den Kranken in den Griff bekommt, die ihn in sich hineinzieht, aber sich nicht umgekehrt vom Kranken in diesen hineinziehen läßt, die ihn, aber nicht sich verändert oder verwandeln läßt, die im Gestaltkreis eine andere Stellung als der Kranke hat? Auch im Bild der Ellipse ist nicht ein Brennpunkt vor dem anderen ausgezeichnet. Im Wiesbadener Referat (1949) heißt es: „Therapie, das heißt: ärztliches Handeln, beteiligt sich am Krankheitsvorgang, begleitet ihn, vermischt sich mit ihm, wirkt mit am Verlauf." Nicht der Arzt, ärztliches Handeln wirkt. Aber es ist auch vom „Umgang der Subjekte" die Rede und in einer Würdigung einer Arbeit von Christian von einer Verschmelzung zweier Subjekte zu einem neuen dritten. Der Schritt von einer medizinischen zu einer ärztlichen Anthropologie wäre, daß aus dem *Gegen-Stand* Kranker ein *Gegen-Über* wird. Dessen Eigen-Sinn fordert vom Arzt Beachtung und Achtung. Wenn „die Krankheit den Sinn habe, den Betroffenen zum Sinn seines Lebens zu führen", so ist es immer der Sinn des Kranken, nicht der des Arztes, der kein Sinnstifter ist. Es sind immer wieder gewisse Unschärfen und Zweideutigkeiten der Sprache, die uns bei Viktor von Weizsäcker ratlos lassen, aber auch zum Weiterdenken zwingen: „Unsere Heilkunde ist als ein geistiges Geschehen nichts anderes als dies, daß, was im kranken Menschen geschieht, im Arzt geistig wiederholt und durch ihn *seinem letzten Sinn zugeführt werden muß."* Wer ist hier sein: Der Kranke, das Geschehen, der Arzt?

Dem ersten Satz von „Gestaltkreis" entspricht ein späterer in der „Pathosophie": „Was Umgang ist, läßt sich nur durch Umgang erfahren." Auch Dialektik hat ihre anthropologische Spannung: Wagnis und Zögern.

Ärztliche Anthropologie übernimmt auch eine Unterscheidung von Weizsäckers: „Psychosomatische Medizin fragt: *Was ist* dieser Mensch? Die anthropologische aber: *Was wird* dieser Mensch?" Wieder fehlt hier: Wer ist dieser Mensch – wer bin ich, sein Arzt – wie gestalten wir unsere „zweisame Einheit", die eine „zweisame Einsamkeit" ist?

Umgang

Die Bewegung des Umgangs möchte ich mittels einer Graphik darstellen (Abb. 4). Sie zeigt das Gegen-Über eines durch Krankheit (K') dann aber auch zum Gang zu einem Arzt (K") aktivierten Kranken zu einem auf seine Weise beruflich allgemein (A'), dann aber für diesen Kranken besonders aktivierten Arzt (A"). Die Begegnung ist zunächst eine allgemein-menschliche, eine sympathetische Bewegung des Sich-Kennen-Lernens. Ihr Grund („Grundverhältnis") ist die stammes- und lebensgeschichtliche Sicherheit des „Das Du war vor dem Ich" (F. Nietzsche). Hier

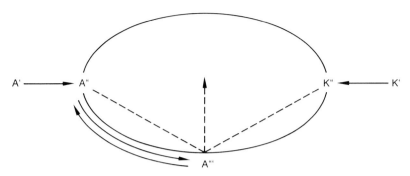

Abb. 4. Bewegung des Umgangs in der Arzt-Patient-Beziehung

geschieht alles, was wir als Übertragung – Gegenübertragung, Offenheit und Verschlossenheit, Widerstand und Hingabe kennen. Die besondere Bewegung des Arztes ist die, daß er ständig zwischen dieser sich mit dem Kranken identifizierenden Einstellung und einer distanzierenden, beobachtenden, objektivierenden pendelt. Das ist die von Weizsäckersche Unterscheidung von pathisch und ontisch. In von Weizsäckerschen Begriffen könnte man sagen: Seine Perspektive wechselt vom Subjekt im Objekt zum Objekt im Subjekt und wieder zum Subjekt des Objekts. Er hat zudem die Aufgabe, genau diesen Vorgang, *seine* Pendelbewegung, die Dynamik der Gestalt des Umgangs Kranker – Arzt, von einem außerhalb liegenden Gesichtspunkt aus zu beobachten und zu beurteilen, seine exzentrische Positionalität (H. Plessner) zu nutzen, die der Kranke mehr oder weniger verloren hat, je nachdem, ob sein Krankheitserleben Ich-ferner oder Ich-näher ist. In der Stufe oder Verfassung einer Subjekt-Subjekt-Beziehung ist der Kranke nicht mehr nur Subjekt im Objekt, sondern umfassend Subjekt, und der Arzt ist nicht mehr objektives Subjekt der Wahrnehmung, sondern erregtes Subjekt des Erlebens und Verstehens. Es scheint mir zulässig, ja geboten, auf diese Art der Veränderung anzuwenden, was von Weizsäcker zum Verhältnis von lebend – unbelebt sagt: „Indem Lebendes mit Unbelebtem umgeht, wird dieses belebt, d. h. indem ein Subjekt mit einem Objekt umgeht, wird dieses subjektiviert."

Er kann nicht alle „Orte der Erkenntnis" gleichzeitig einnehmen. Hier wäre ein Wort über *Komplementarität* angebracht, dem Carl Friedrich von Weizsäcker eine Reflektion zum 70. Geburtstag Viktor von Weizsäckers gewidmet hat. Ich will es anhand von Tabelle 3 erläutern, die ich mir als ein Handwerkszeug ärztlicher Anthropologie aus Argelanders psychoanalytischen Erfahrungen im Erstinterview erarbeitet habe. Komplementär heißt nicht additiv, sondern, einmal mehr – einmal weniger eines sowohl – als auch; also ein Beispiel dessen, was von Weizsäcker „Anti-Logik"

Tabelle 3. „Objektive" und „subjektive" Erkenntnishaltungen des Arztes nach *Argelander* (1970)

Wahrnehmung durch	Wiederholbarkeit (Überprüfbarkeit)	Individuelle Gültigkeit	Information	Erlebbarkeit	Kriterien der Wahrheit
Wissen (Theoriekenntnis/ Praxiserfahrung)		unpersönlich	objektiv		logische Evidenz (Rekonstruierbarkeit)
Gefühl (gekonnter Umgang)		Person des Kranken	subjektiv		erlebnisverarbeitende Einsicht
Erleben (Persönlichkeit des Arztes)		personale Beziehung Arzt – Kranker	unbewußtes Beziehungsfeld		situativ (szenisch)

genannt hat und womit er wohl nur eine im Biologischen und Anthropologischen auffindbare mehrwertige Logik gemeint hat, die die Gleichzeitigkeit von Widersprüchlichem, die Gleichzeitigkeit des Ungleichzeitigen zuläßt und nicht ausschließt.

Die Ergebnisse des mehrfachen gemeinsamen Durchlaufs durch den Gestaltkreis der Erkenntnis im ärztlichen Gespräch gewinnen mehr und mehr Gestalt. Das geschieht nicht durch Zusammenzählen der gewonnenen Auskünfte, Wahrnehmungen, Eindrücke, Stimmungen, wie man auch nicht ein Bild rekonstruieren kann, wenn man die Summe der blauen, roten, grünen Flächen bildet. Vielmehr ist das Bild, das der Arzt sich vom Kranken und von sich als Gegenüber macht, einer Komposition vergleichbar. Auch durchlaufen beide ihren Gestaltkreis nicht zweimal auf die gleiche Weise. So entstehen Bilder von den *Krankheiten* und Lebens- und Leidensbilder der *Kranken*.

In der *Frage, wie all dies überhaupt möglich ist* – Umgang, Begegnen, Teilhaben, Mitleiden, ärztliche Erkenntnis – nimmt von Weizsäcker eine zwiespältige Haltung zu seinem hauptsächlichen philosophischen Lehrmeister Immanuel *Kant* ein. Seine Kritik scheint mir aber mehr die Kant-Rezeption als die Kantsche Erkenntnislehre zu treffen. Zur *Grundlegung einer ärztlichen Anthropologie* gehört die Suche und Vergewisserung der *Bedingungen der Möglichkeit* ärztlicher Erkenntnis. Von Weizsäcker hat dazu wichtige Beiträge geliefert. Zunächst weist er auf die Grenzen der Anschauungsformen Raum und Zeit für mitmenschliche Erkenntnisakte hin. Er sieht die Fülle menschlichen Vermögens in der Idee der *Monade* von Leibniz würdiger dargestellt. Für Leibniz war eine Bedingung der Möglichkeit gegenseitiger zwischenmenschlicher Erkenntnis, daß alle Monaden das gesamte Weltall – als Information – in sich enthalten, nur in unterschiedlichen Graden der Bewußtheit, Vorstellung, Ich-Bildung. Wie aber sind Verbindung, Austausch, Anteilnahme monadisch gedachter Menschen untereinander möglich? Die Erfahrung erweist diese Möglichkeit. Sie wird mit den *drei Grundbegriffen Umgang*, Gegenseitigkeit und Solidarität beschrieben, drei Formen der Beziehung. Sie werden ergänzt durch *fünf Kategorien*, die von Weizsäcker die pathischen nennt – und gelegentlich als *pathisches Pentagramm* magisch überhöht: Wollen – Können – Dürfen – Sollen – Müssen.

Möglichkeiten und Grenzen mitmenschlichen Umgangs und gegenseitigen Verhaltens und Erkennens sind in der Abb. 5 veranschaulicht. Auf der rechten Seite finden sich die stammesgeschichtlich ausgebildeten anthropologischen Radikale und deren genetische Variationen. Links sind die Ergebnisse unserer zweiten Natur, der Kultivierten, zusammengestellt. Die vollen und eingekerbten Kreise oder Ellipsen stellen das Umschließende, Umfassende für den Kernbereich der Dyade Kranker – Arzt dar. Umgang wäre das gemeinsame Durchschreiten dieser geometrischen Figuren. Der Kreis würde die vollständige Gemeinsamkeit anzeigen. Je tiefer die Einschnitte sind, um so größer sind die gegenseitigen Verschlossenheiten. Zwei Inhalte dieser Veranschaulichung der Conditio humana in der Begegnung eines Homo patiens und eines Homo compatiens möchte ich hervorheben: in die Beziehung bringt der Kranke mehr Person ein als der Arzt; die *fünf Leidensformen des Menschseins* sind eine Ausarbeitung der von Weizsäckerschen Gegenseitigkeit des Leidens und der Solidarität des Sterbenmüssens, des Todes.

Die vergangenen Jahre haben eine lebhafte Diskussion über die Art der Kranker-Arzt-Beziehung gebracht (Abb. 6). Die größte Spannung bildete sich zwischen dem soziologischen Modell Experte – Klient (Freidsons) und der ärztlichen Apologie einer Ich-Du-Beziehung. Im Rollen-Modell von Parson verschwanden die Personen, die Rollenträger vollständig. Das Partnerschaftsmodell schien den Ausweg zu weisen. Aber es entbehrt jener Ungleichheit, die zwischen einem Gesunden, dem Arzt und einem Kranken vorgegeben ist. Es ebnet auch die unterschiedlichen Vorerfahrungen beider ein.

Der Kranke hat durch seine Krankheit Übersicht und Richtung seines Lebens verloren, zumindest ist er darüber unsicher geworden. Er überträgt Vertrauen und Verantwortung auf seinen Arzt. Partnerschaft ist das nicht;

—— **Gemeinsames Menschsein:**
Aufrechter Gang
Händigkeit
Sprachlichkeit
Geschichtlichkeit
Ungerichteter Antriebsüberschuß

Grundformen des Leidens:
(Homo patiens)
Niedergeschlagenheit
Angst
Schmerz
Scham
Sterblichkeit

—·— **Individuelle Ausprägung:**
genetisch
sozial

— — **Gemeinsamer/kultureller Rahmen von Arzt und Kranken:**
Sprache
Schulbildung
Wertnormen
Verhaltensnormen

—— **Soziale Unterschiede:**
Stand
Schicht
Alter
Geschlecht

—— **Lage:**
Gesund/Krank

▰▰▰ **Feld der Verständigung und gemeinsamen Handelns:**
A' auf den Kranken eingestellter Arzt
K' dem Arzt sich öffnender Kranker

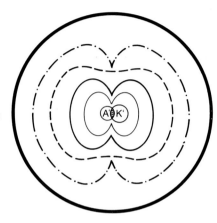

Abb. 5. Bedingungen der Möglichkeit diagnostischer und therapeutischer Beziehungen

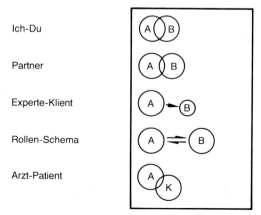

Abb. 6. Modelle von Kranker-Arzt-Beziehungen

es wird nicht zu gleichen Teilen geteilt. Weder Arzt noch Patient können die Vorbehalte jederzeitigen inhaltlichen Widerrufs machen, die der Partnerschaft eigen sind. Eine Ich-Du-Beziehung wäre auf unbegrenzte Inhalte, Ziele und Zeit angelegt. Der Arzt wird erst zum Experten, wenn er vom Kranken das Notwendige gelernt hat. Das Ergebnis ist die letzte Figur, eine Beziehung besonderer Art; in die der Kranke mehr als der Arzt an Leben, Geschichte, Person einträgt.

Wie sehr diese Beziehung dynamisch, ein sich wandelnder Umgang ist, zeigt die Änderung der Verteilung von Vertrauen und Verantwortung zwischen Arzt und Krankem, wenn eine akute Krankheit chronisch wird oder wenn die Krankheit primär chronisch ist (Abb. 7). Die Pflicht des Arztes zu dem beständigen Versuch, dem Kranken soviel Selbstvertrauen und Selbstverantwortung wie jeweils möglich zurückzuübertragen, ist ein bedeutsames Stück Praxis ärztlicher Anthropologie.

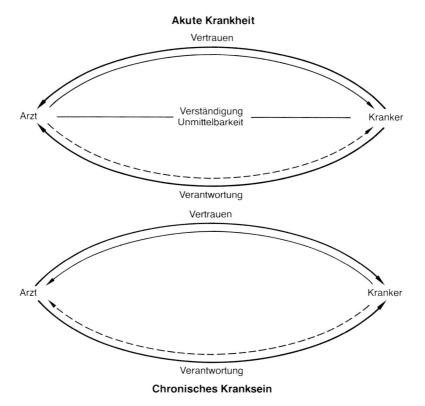

Abb. 7. Akute Krankheit und chronisches Kranksein

Homo patiens, Homo compatiens

Die Erkenntnisquelle ärztlicher Anthropologie ist das ärztliche Gespräch (Abb. 8). Dieses greift über Anamnese weit hinaus, nicht nur, indem es Wahrnehmung und Bewertung nichtsprachlichen Ausdrucks einbezieht. Es ist selbst eine teils fließende, teils sprunghafte Bewegung der sprachlichen Umgangsstile und -formen. Die Eröffnungszüge sind der Versuch, sich an eine gemeinsame sprachliche Ebene der Verständigung heranzutasten. Das angestrebte Gleichgewicht der idealen Gesprächslage ist labil. Deswegen sind in der Abbildung die Gesprächsstile auch so angeordnet, wie in Lehrbüchern der Physik das Prinzip des labilen Gleichgewichts dargestellt zu werden pflegt. Jederzeit kann die Form wechseln bis zum Extrem des Monologs auf der einen, des Verhörs auf der anderen Seite. Jeder der beiden Beteiligten ist in Gefahr in die eine oder andere Richtung abzugleiten. Wenn in dem Schema die Führung durch den Kranken der einen, zum Monolog tendierenden, der Führung durch den Arzt der anderen, zum Interview und Fragebogen neigenden Seite zugeordnet ist, so weist das auf der Erfahrung entnommene Wahrscheinlichkeiten von

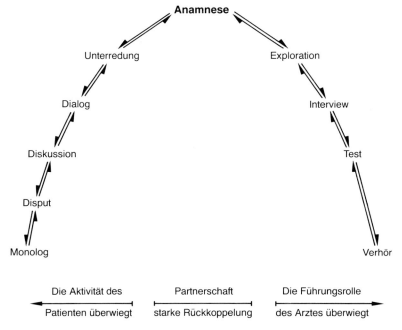

Abb. 8. Formen des ärztlichen Gesprächs

Neigungen und Rollenverhalten hin. Ein längerer, ununterbrochener Selbstbericht eines Kranken, dem der Arzt zuhört, ist kein Monolog.

Fügen wir diese Erkenntnisse in die Beziehung Kranker – Arzt ein, so wird schnell anschaulich, daß von Weizsäckers Umgang nicht auf Information, Kommunikation, Interaktion reduzierbar ist (Abb. 9). Dies zu betonen, ist um so notwendiger, als die Medizin vor lauter Anleihen bei Naturwissenschaften, Informatik, Phsychologie und Soziologie ihre ordnende und eigenständige Mitte vergißt, den Kranken, dessen Entschluß, einen Arzt zu suchen sowohl die Medizin als Wissenschaft begründet und den ärztlichen Eingriff rechtfertigt.

Wenden wir uns nun den *Grundformen menschlichen Leidens* zu, die zugleich die des Mitleiden-Könnens der Mit-Leidenschaft sind (Tabelle 4). Mit Absicht behandele ich sie auf die gleiche Weise wie Kant und in seiner Nachfolge die heutigen Vertreter der *biologischen Erkenntnistheorie* wie Lorenz, Vollmer, Riedl, Campell es für die Wahrnehmung und Beschreibung der physischen Welt mit den Anschauungsformen Raum und Zeit tun. So wie die Biologie der Erkenntnis behauptet, daß in der Evolution nur die Individuen überleben konnten, die über ein ausreichendes Raum-Zeit-Vermögen verfügten, einen „Weltbild-Apparat" (K. Lorenz) so vermute ich, daß die *Menschheit als Ganze* stammesgeschichtlich überlebt hat, weil ihre Individuen über ererbte Fähigkeiten verfügten, mit denen jeder des anderen Leid wahrnehmen und deuten und sich entsprechend hilfreich verhalten konnte. Karl Bühler hat das mit der Fähigkeit zur „Du-Evidenz" angedeutet.

Die *fünf Grundformen* mitmenschlichen Erlebens und Erleidens sind: Niedergeschlagenheit – Schmerz – Angst – Scham – Sterblichkeit. Die Vermutung lautet, daß Menschen über spontane Möglichkeiten gegenseiti-

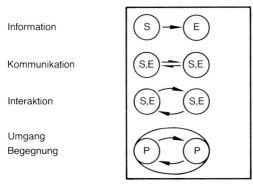

S = Sender; E = Empfänger
P = Person

Abb. 9.
Formen der Verständigung

Tabelle 4. Grundformen menschlichen Leidens

		"Tabula logica" der ärztlichen Erkenntnis		
Pathische Kategorien	Angeborene Formen (Bedingungen) möglicher Erfahrung	Kategorien der verstandesmäßigen Ordnung zum Bewußtsein gelangter innerer und äußerer Erfahrungen		Urteile

äußere (sinnliche) Erfahrung
— Raum
— Zeit

Innere (Erlebnis-) Erfahrung
— Angst
— Schmerz
— Scham
— Niedergeschlagenheit
— Sterblichkeit

Wollen
Können
Dürfen
Sollen
Müssen

Quantität
— Einheit —— allgemeine
— Vielheit —— besondere
— Allheit —— einzelne

Qualität
— Realität —— bejahend
— Negativa —— verneinend
— Einschränkung —— unendlich

Relation
— Substanz —— kategorisch
— Ursache —— hypothetisch
— Gemeinschaft —— disjunktiv

Modalität
— Möglichkeit —— problematisch
— Dasein —— assertorisch
— Notwendigkeit —— apodiktisch

ger Wahrnehmung dieser Formen verfügen, weil sie zugleich jedem als Formen der biologischen Selbstüberwachung, des Selbstschutzes im Dienste des Überlebens von Individuum und Art eingeboren sind. Schon *Kant* hatte erkannt: daß es, „von Natur konstituierte Gebärdungen, durch welche sich Menschen in allen Gattungen und Klimaten einander auch ohne Abrede verstehen" gibt. Und Charles Darwin hat solche, photographisch belegten, Erfahrungen in seine Theorie der Stammesgeschichte eingefügt: „Über den Ausdruck der Gemütsbewegungen bei den Menschen und den Tieren." Ethnologische Untersuchungen von Ekman, Ito, Eibl-Eibesfeld haben weitere Belege dafür erbracht, daß der körperliche Ausdruck von elementaren Stimmungen, Befindlichkeiten, Gemütslagen, Leidensvorgängen in Mimik, Sprechen, Gestik, Haltung als Eindruck von anderen Menschen interethnisch mit hoher Verläßlichkeit – auch schon von Kindern – richtig gedeutet wird.

Daß ich die *Scham* unter diese nozizeptiven und nozidefensiven anthropologischen Merkmale aufgenommen habe, hat zwei Gründe (Tabelle 5). Der Arzt berührt und durchdringt täglich Schamgrenzen, sowohl im Gespräch wie bei der Untersuchung. Der Kranke läßt das zu oder öffnet sie gar. Der Vorgang ist geschützt durch Vertraulichkeit und Vertrauen. Zur Peinlichkeit wird die Verletzung der Schamgrenzen, wenn im Krankenhaus mehrere Kranke in einem Zimmer liegen.

Der andere Grund, die Scham hier besonders zu nennen ist, daß die Grenze der Verschlossenheit an die man kommt, wenn man sich der Person Viktor von Weizsäckers zu nähern versucht, wahrscheinlich seine Schamgrenze ist, die den Kern verhüllt und schützt. Die erwähnte Anekdote aus Bad Boll scheint mir dafür zu sprechen. Der andere Hinweis ist die Art, wie er eine von ihm beobachtete Schamreaktion Max Schelers beschrieben hat, dessen Arbeit über Sympathiegefühle und über Scham Wahlverwandtschaft bewußt gemacht hat.

Unsere Sprache benutzt das Wort *Ent-sprechen* für alle aufeinander bezogenen Erscheinungen. Sie entnimmt diese Metapher der Erfahrung, daß dem Inhalt eines gesprochenen Wortes auch die Art des Sprechens ent-spricht, die gehobene Stimme der Freude, die gedämpfte Stimme der Trauer, der hohe Ansatz der Angst, das Absinken der Stimmlage der Resignation, die gehobene Stimme und das Stottern der Regression. Auch im *ärztlichen Gespräch* gibt es den *Funktionswandel*, wenn in der Selbstdarstellung des Kranken plötzlich bedeutsame „Füllwörter" wie „auch" oder „so" durch ihre Betonung, die immer eine Bedeutungsübermittlung ist, den Arzt aufhorchen lassen müssen.

Es ist der Kranke, der den Arzt in das pathische Pentagramm hineinzieht. Er bestimmt ob und was der Arzt *muß* – Zuhören –, *soll* – Helfen –, *darf* – Schamgrenzen berühren –, *will* – was er kann –, nicht mehr aber

Tabelle 5. Grundleidensformen des Homo patiens

Erinnerung an Sterblichkeit

Niedergeschlagenheit	Scham	Scham – Angst	Angst/ Sorge	Angst – Schmerz	Schmerz	Biologische Zwecke Überleben – Integrität Selbstbewahrung – Identität
Traurigkeit		Angst – Scham		Schmerz – Angst		
Rückzug von Außenbeziehungen; Erholung; Wendung nach innen; Trauerarbeit an der eigenen Identität	Bewahrung des innersten Kerns des Selbstwertgefühls, Identität		Vorwarnung vor drohendem Verlust des Zusammenhangs mit Mitmenschen, Lebensgeschichte, Zukunft, Wertgefügen, Religion		Überwachung des räumlichen Zusammenhangs von Geweben und Organen	
Erschöpfung Entschlußlosigkeit Mutlosigkeit Selbstwertzweifel	Entdeckungs-Angst Mißtrauen		Ich-ferne Körpergefühle Hypochondrie Ich-nahe Körper/ Existenz-Gefühle		Oberflächen- und Tiefenschmerz Eingeweideschmerz	Physiologisch-pathologisches Übergangsfeld
Selbstaufgabe Grübeln Schuldvorwurf Nicht-überleben-Können	Primäre Vereinsamung Autismus Narzißmus Neurosen		Frei flottierende Angst Phobien Panik		Metaphysischer Schmerz Verlust-, Trennungs-, Weltschmerz; Schmerz der verletzten Ehr- und Gerechtigkeitsgefühle	Vom Menschen oder/ und seinen Mitmenschen als krank erlebt und gewertet

Tod

„Zu Tode betrübt und geängstigt sein" – „Vor Schmerz oder Scham vergehen"

auch nicht weniger. Wie sich unter den fünf Grundformen menschlichen Selbsterlebens und Leidens Verbindungen herstellen wie Schmerz – Angst, Angst – Scham, so auch zwischen den pathischen Kategorien: Wollen – Sollen, Können – Müssen, Dürfen – Wollen. Die Inhalte der Erkenntnisse aus den pathischen Erlebnisformen des Mit-Erleidens wären außer nach den Kantschen auch nach den von Weizsäckerschen Kategorien zu ordnen und zu bewerten und vor allem ärztlich in Verhalten und Handlungen umzusetzen.

Statt einer Zusammenfassung schließe ich mit einer Graphik, die der Maler und Zeichner Hans Borchert für mich gemacht hat, um anschaulich werden zu lassen, wie sich mir im Alltag das „Grundverhältnis" Viktor von Weizsäckers darstellt. Was auch immer ich von einem Anderen, einem Gegenüber wahrnehme, erlebe, begreife, verstehe, worauf ich antworte, wozu ich mich verhalte, wonach ich handle: es ist immer schon da als Bedingung der Möglichkeit, Mitmensch und Homo compatiens zu sein. Vor und über alles zergliedernde und zusammensetzende Nachdenken hinaus nehme ich dreierlei wahr: Zunächst den *Zweck* der Bewegungen, an denen die gleichen Muskelgruppen beteiligt sind, das Winken, das Streicheln, die Zuwendung, die Abweisung, die Arbeit, den Zorn; dann die *eine Person*, die sich in den Bewegungen als immer die gleiche mit ihrer Identität ausdrückt; und schließlich *mich*, auf den zu all dieses sich bewegt, beeindruckt, hineinzielt, verändert. Auch ich und jeder Betrachter ist „im Bilde". Es ist ein Gestaltkreis von Wahrnehmen und Erregt-werden, der nicht erlernt ist. Die Anwendung dieses Erlebnis- und Verhaltensmusters auf die anthropologische Grundfigur von Not und Hilfe, von Kranken und Arzt ist Merkmal ärztlicher Anthropologie, als immer nur vorläufiger Versuch, ihre Erfahrungen darzustellen und verständlich zu machen. Dazu ist Viktor von Weizsäcker in doppeltem Sinne anstößig geworden. Zum Schluß merke ich, daß das, was ich ärztliche Anthropologie nenne nichts weiter als ein fortgesetzter Dialog mit Viktor von Weizsäcker ist, geboren aus Widerstand und Werben um Anerkennung, der Versuch ärztliche Identität aus den Antworten eines Gegenübers zu bilden.

Skeptische Nachgedanken zu Viktor von Weizsäckers Nicht-System

Viktor von Weizsäcker als Vater der Psychosomatik zu bezeichnen – wie es neuerdings oft geschieht – ist nur eine halbe historische und systematische Wahrheit. Zwar kann sich Psychosomatik auf das Konzept psycho- und soziogener Pathogenese körperlicher Krankheiten berufen. Aber ihr Denkmodell bleibt dem psycho-physischen Parallelismus, Konditionalismus, den Koinzidenz-, Simultan-Vorstellungen zweier wesensverschiedener Bereiche verhaftet. Viktor von Weizsäcker wollte mit medizinischer Anthropologie mehr als Psychosomatik. Psychosomatik ist nur eine ihrer Erfahrungsquellen und nur eines ihrer ärztlichen Anwendungsfelder. Bei jeder Krankheit soll der Arzt sich und den Kranken nach dem Lebens-,

Sinn-, Bedeutungszusammenhang fragen. Vielleicht hat Viktor von Weizsäcker nicht deutlich genug gemacht, daß auf diese Frage nicht notwendig immer eine Antwort gefunden oder – schon gar nicht krampfhaft und zwanghaft – gesucht werden muß. Deswegen wäre es mir als Arzt und Historiker lieber gewesen, Viktor von Weizsäcker hätte, als Doerr ihm das in vivo nicht diagnostizierte Ösophagus-Karzinom auf dem Sektionstisch vorzeigte, an dem ein Heimkehrer mit Erbrechen nach tiefwirkendem Enttäuschungserlebnis gestorben war, gesagt: „Da habe ich mich geirrt" oder „Daran habe ich nicht gedacht". Für eine Psychogenie dieses Karzinoms – wenn es denn eine solche geben sollte – war die mögliche Entstehungszeit zu kurz. Wohl aber kann das Enttäuschungserlebnis der letzte Anstoß zum Auftreten des Symptoms Erbrechen gewesen sein.

Auch die Bezugspaare Gesundheit – Wahrheit, Krankheit – Unwahrheit sind tiefgründig und nicht einfach zu- und eingängig. Aus dem Zusammenhang der Gefühls- und Wertbesetzungen der Leistungen der inneren Organe ist Wahrheit wahrscheinlich im Sinne Heideggers als enthülltes Verhülltes – *aletheia* – dem Vergessen, dem Verdrängen, dem Verschweigen, dem Verleugnen Entborgenes zu verstehen: erst die Behinderung der Atmung – z. B. im Asthmaanfall – bringt den Zusammenhang von Atmung und Freiheit zum Vorschein; die Zeichen des Herzversagens den Zusammenhang von Herz mit Freude und Trauer; Störungen im Magen-Darm-Kanal, die diesen mit dem Lebensgefühl von Befriedigung und Versagung verbinden; die schmerzhafte Behinderung der Bewegungsorgane offenbaren deren Bedeutung für menschliches Verhältnis zum Lebensraum und als Organ der Selbstdarstellung zur Welt der Mitmenschen. So betrachtet bringt Krankheit Wahrheit und Unwahrheit zugleich an den Tag, Sinn und Unsinn. Diesen Vorgang sollte man besser als Kranksein bezeichnen, als vorübergehende oder im chronisch Kranksein andauernde Daseinsform eines bewegten und bewegenden Geschehens zwischen Wahrheit und Unwahrheit, gesund und krank, schaffen und leiden, aufdecken und verhüllen. Es ist eine beunruhigende Frage, welche Unwahrheit wohl mit der langwierigen und tödlich endenden Krankheit Viktor von Weizsäckers offenbar geworden sein soll. Indem ich mich weigere hier nach einer Lebenslüge zu suchen, entziehe ich mich der Versuchung; die Möglichkeit von Krankheit als Unwahrheit – besser ans Licht der Wahrnehmung tretende Unwahrheit – für alle Krankheiten als gegeben vorauszusetzen. Vielmehr ist das Aufgabe ärztlicher Erkenntnis im Einzelfall; das Ergebnis kann auch lauten: trifft in diesem Fall nicht zu. Wäre das anders, würde der Arzt im Subjekt-Subjekt-Verhältnis sich bald aufreiben.

Mit Begriffen wie Wahrheit und Unwahrheit treten Begriffe der Moral in Pathogenese und Therapie ein. Dürfen ärztliche Urteile moralisch sein?

Ist nicht Enthaltsamkeit geboten? Hier zögert mancher, Viktor von Weizsäcker zu folgen – auch ich.

Die medizinische Anthropologie soll wie die ärztliche den Begriff der Wissenschaft des Arztes erweitern, so daß die anstößige Trennung von Wissenschaft und Kunst aufgehoben wird, das bisher der Kunst Zugewiesene, die Inhalte von Erleben und Verstehen, von Sympathie und Empathie, wissenschaftsfähig machen. Dem dienen die Versuche, Krankheitsgeschichte wieder zu Krankengeschichte, Kranksein zu Pathobiographie, Anamnese zu ärztlichem Gespräch zu erweitern; aber auch die Ansätze, die Leidenschaftsformen möglichen Miterlebens – Niedergeschlagenheit, Schmerz, Scham, Angst, Sterblichkeit (bei Viktor von Weizsäcker Solidarität des Todes) – hinzuzufügen und die so gewonnenen Inhalte in doppelter Weise zu ordnen: nach den üblichen Kategorien und nach den pathischen Kategorien Viktor von Weizsäckers: Müssen – Dürfen – Können – Sollen – Wollen. Daraus wäre dann abzuleiten, was man in einem der medizinischen Wissenschaft als einer Humanwissenschaft und der ärztlichen Tätigkeit angemessenen Weise ärztliche Urteile nennen kann.

An dieser Stelle taucht eine von vielen Unvereinbarkeiten auf. Viktor von Weizsäcker hat seinen Ansatz bis zu der Konsequenz weitergedacht, daß es in einer anthropologischen Medizin eigentlich keine Statistik, d. h. keine Vergleichbarkeit zwischen verschiedenen Kranken geben dürfte und könnte; denn das Wesentliche in ihr ist die Unwiederholbarkeit des personalen Krankseins eines einzigartigen Menschen und auch der Einmaligkeit der Begegnung eines bestimmten Arztes mit diesem Menschen. Die Dramatik dieses Dilemmas habe ich 1949 erfahren, als ich als junger Arzt die Aufgabe hatte, auf dem Wiesbadener Kongreß den streitbaren Dialog zwischen Viktor von Weizsäcker und Paul Martini, dem Methodiker des klinischen Versuchs, zu protokollieren. Auch wenn man als methodische Mindestanforderung an Wissenschaft die stellt, daß sie übereinstimmungs- und verallgemeinerungsfähige Aussagen anstreben soll, bleibt die Unvereinbarkeit der Ansprüche zugleich an Einzelfallgültigkeit und an Verallgemeinerbarkeit bestehen.

Wir haben jetzt Beispiele kennengelernt, die den befremdenden Begriff der Anti-Logik zugänglicher machen: Gleichzeitigkeit und Nebeneinander von gesund und krank, wahr und unwahr, personal gültig und allgemein richtig, objektiv und subjektiv, körperlich und moralisch. Schon Freud hatte gemeint, im Unbewußten gäbe es keine Logik. A-Logik Freuds und Anti-Logik Viktor von Weizsäckers müssen aber auf jene Logik ihrer Zeit bezogen werden, die noch zweiwertig gedacht wurde: ja – nein, richtig – falsch, entweder – oder; tertium non datur. An dieser Logik hat die Medizin sich immer wund gerieben. Sie fügte sich mit dem kartesianischen Dualismus zusammen zu einer Erkenntnis- und Urteilshaltung, die man als

Manichäismus bezeichnen kann: gut – böse, gesund – krank, normal – anormal. Die Begriffe Freuds und Viktor von Weizsäckers zielen auf das, was man heute mehrwertige Logiken nennen würde; sie werden dem ärztlichen Alltag tatsächlich besser gerecht: sowohl als auch; mehr oder weniger, ja – aber/nein – aber. Im ärztlichen Erklären und Urteilen bleiben immer Reste von Mehrdeutigkeiten, Gleichzeitigkeit des Ungleichzeitigen, Nebeneinander des Unvereinbaren bestehen. Der Zustand der Neutralitas, des bedingten Gesundseins, einer gesunden Weise krank zu sein, ist nach manichäistischer Logik unzulässig und unmöglich. Das Leben, zumal das menschliche, ist anders; es lebt mit und aus diesen Spannungen, schöpferisch, rhythmisch. Antilogik ist somit der Widerstand gegen ein Erklären von lebendigen und menschlichen Zusammenhängen, dessen Kunstgriff das Weg-Erklären von Störendem, Widerständigem, Nichtpassendem ist, gegen das reduktionistische Experiment, das Natur zurechtstellt und damit Ganzheit, Gestalt stört und Kreisbewegungen anhält.

Eine Selbsttäuschung wäre es, zu glauben das Menschlich-Allzumenschliche, von dem medizinische und ärztliche Anthropologie sprechen, sei leicht zu verstehen und zu verwirklichen, zu lehren und zu lernen. Enthusiasten und Skeptiker für und gegen psychosomatische und anthropologische Medizin sind sich, ohne es wahrzunehmen, einig in dem Irrtum, das Menschliche und das Moralische verstünden sich von selbst. Die Bedingungen der Möglichkeit von Umgang und Gegenseitigkeit bedeuten ja noch nicht selbsttätig Wirklichkeit. Spontane Sympathie und Antipathie in diagnostischer und therapeutischer Empathie aufzuheben, bedeutet den Schritt von Natur zu Kunst, von Menschenkunde zu Arztkunde.

GESPRÄCH MIT DEN VORTRAGENDEN

MODERATION: C. F. von Weizsäcker

GESPRÄCHS-
TEILNEHMER: W. Doerr, H.-G. Gadamer, F. Hartmann, P. Laín Entralgo, H. Schipperges

Die „Heidelberger Schule" – Tradition oder Zukunft?

VON WEIZSÄCKER: Wir haben gedacht, da jeder von uns sein Sprüchlein schon gesagt hat, daß wir uns zunächst einfach gegenseitig Fragen stellen wollen und dann sehen, was sich daraus entwickelt. Vielleicht darf ich gerade anfangen, und wir gehen dann vielleicht in der Reihe so weiter, wie Sie hier sitzen, weil das auch die Reihenfolge ist, in der wir geredet haben. Ich hätte gerne Herrn Hartmann etwas gefragt zu dem, was er gesagt hat, und zwar, die Beobachtung, daß Viktor von Weizsäcker oft doch in einer gewissen Distanz blieb zu dem Kranken, daß er sich nicht im selben Grade zum Subjekt gemacht hat, wie er den Kranken als Subjekt zu behandeln wünschte, das habe ich öfter auch an ihm gesehen. Nun frage ich mich aber, kann irgendein Arzt es aushalten, von morgens bis abends, sein ganzes Arbeitsleben lang, jeden Tag, sich unablässig zum Subjekt für den Kranken zu machen?

HARTMANN: Natürlich kann er das nicht. Ich habe ja Viktor von Weizsäcker als Student erlebt und nicht eigentlich am Krankenbett, außer daß er mich im Staatsexamen geprüft hat in einem seiner Fälle, am Foerster-Institut. Das habe ich auch nicht so gesagt, sondern ich habe gesagt: Der Arzt muß es zulassen können, Subjekt zu sein. Das bedeutete gleichzeitig, der Arzt muß eine Sensibilität dafür haben, wann so etwas auf ihn zukommt. Deswegen meine ich, wir sollten uns gegenseitig sensibilisieren, nachdem wir sehen, daß das Problem der chronischen Krankheiten zunimmt. Herr Schipperges hat von einem Paradigmawechsel gesprochen. Ein solcher ist eben ein Wechsel von akut zu chronisch. Wir alle haben doch noch gelernt: Wie behandelt man akut Kranke? Das ist heute gar nicht so sehr das Problem – das ärztliche Problem. Die Behandlung akuter Krankheiten ist heute – mit Einschränkung – sehr häufig ein technisches Problem, wenn man an die Intensivmedizin denkt.

VON WEIZSÄCKER: Also, ich mache nur die kleine Rückbemerkung: Wer selbst – ich bin ja nicht Arzt – wer selbst als Lehrer tätig gewesen ist, als Universitätslehrer zum Beispiel, kennt diese Probleme sehr gut. Und genau dasselbe gilt auch für ihn. Herr Laín Entralgo, wollen Sie etwas sagen, eine Frage stellen?

LAÍN ENTRALGO: Vielleicht haben Sie gedacht, daß der Kranke immer ein Subjekt gewesen ist. Warum stand das Subjekt, die Kondition des Kranken nicht immer an erster Stelle? Warum? Welche geschichtlichen, sozialen und wissenschaftlichen Bedingungen haben dazu geführt, daß der Kranke nicht mehr an erster Stelle, sondern nur noch an zweiter Stelle Subjekt ist?

HARTMANN: Die Aufmerksamkeit muß sich darauf richten, als was er sich in diese erste Begegnung, oder bei chronisch Kranken, in eine Begegnung überhaupt, einbringt. Sie haben völlig recht, daß der Regelfall ja doch ist, der Patient präsentiert seine Krankheit. Und ein Arzt, der das nicht merkt und auch nicht weiß, daß es nicht notwendig ist tiefer einzudringen aus therapeutischen oder diagnostischen Gründen, sollte sich hüten, jetzt einen Kranken, der nicht mehr will, als das Objekt seiner Krankheit einzubringen, zum Subjekt zu machen, in ein Subjekt zu verwandeln. Ich würde das für unärztlich halten. Sie werden gemerkt haben, daß ich dieses Problem der Grenze doch an einigen Stellen angedeutet habe. Wir haben es mit dem Begriff Scham belegt, weil das für den Charakter von Viktor von Weizsäcker für meine Beobachtung ein bedeutsames Phänomen, menschliches Phänomen, zu sein schien.

LAÍN ENTRALGO: Ja, ich habe manchmal gedacht, daß die älteren Ärzte, die naturwissenschaftlich geschulten Ärzte, manchmal die subjektive Qualität des Kranken nur mit dem Mitleid behandelt haben. Und sie haben verzichtet auf eine wissenschaftliche Kenntnis; also: Wissenschaft, Naturwissenschaft, Beziehung mit dem Kranken, angewandte Naturwissenschaft und menschlich ein bißchen Mitleid. Ich erinnere mich an das Verhalten eines großen Chirurgen meines Landes, Prof. Schanmartin; er ist einer der Begründer der vaskulären Chirurgie. Er war im Krankensaal und hat ein kleines Mädchen auf dem Bett weinen sehen. Er ist zu ihm gegangen und hat es gefragt: „Warum weinst du? Hast du keine Person, die für dich weinen will?" Das finde ich sehr delikat, sehr menschlich. Aber dieser Mensch betrachtet dieses Mädchen als ein Objekt, das in seine chirurgischen Hände gefallen ist. Also, ich glaube, daß diese Anekdote illustriert, wie der alte Arzt sich mit dem Mitleid begnügt. Das ist gut, aber Mitleid muß auch ein Objekt der Erkenntnis sein. Und ich glaube, daß das

Werk von Viktor von Weizsäcker es uns in großem Maße erlaubt, das Mitleid menschlich, philosophisch, wissenschaftlich anzusehen.

GADAMER: Ich würde gar nicht wagen, als jemand, der nicht Arzt ist, überhaupt etwas dazu zu sagen, wenn nicht die Verhältnisse in anderen Lebenslagen und in anderen Berufslagen so außerordentlich ähnlich wären. Selbstverständlich gehört zu jedem echten Kommunikationsgelingen wesentlich dazu, wann wohl der rechte Augenblick ist, um etwas zu sagen oder nicht zu sagen. Sie wissen, wie sehr ich in diesen Dingen aus der antiken Besinnung heraus lebe, und mir ist es immer wieder eine der wichtigsten Erkenntnisse in der platonischen, überhaupt in der antiken Rhetorik gewesen: die Bedeutung dieses „rechten Augenblicks". Die bloße Anwendung von Regeln, oder gar die Subsumption als Fall unter ein Allgemeines hat immer den geradezu gefährlichen Charakter, daß der andere sich nicht mehr als der, der er ist, als diese Person empfindet. Nun, es ist klar, daß dieser Fall unter Umständen genau umgekehrt wirken kann, wenn einer sagt: Ach ja, das ist ein ganz wohlbekannter Fall von das und das, und das beherrschen wir. Dann geht der Patient vielleicht ganz zufrieden nach Hause. Immerhin hat doch Viktor von Weizsäcker gezeigt, daß schon der Akt, zu einem Arzt zu gehen, wichtig ist, vorausgesetzt, daß es sich nicht um die Auswüchse eines Fürsorgesystems handelt, das, wie alle solchen Systeme, natürlich auch dem Mißbrauch ausgesetzt ist. Wenn es sich darum also nicht handelt, sondern wenn wir hier eine Idealkonstruktion machen und fragen: Wie sieht ein Patient im Grunde in seinen Bedürfnissen aus und wie der Arzt, dann würde ich doch sagen, ganz so unglücklich sieht es nicht aus. Wenn dem Arzt aus der Erfahrungspraxis heraus hin und wieder der richtige Augenblick scheint, einmal individualisierend auf den anderen wirklich einzugehen, dann ist das wahrscheinlich auch ein Gegenseitigkeitsverhältnis. Wer antwortet immer richtig auf ein Bedürfnis des anderen? Und es braucht keineswegs, glaube ich, ein Fulltimejob zu sein, daß man jeden Patienten als diesen sieht. – Aber das gibt mir Anlaß, eine andere Frage zu stellen. Ich war sehr beeindruckt zu sehen, wie die Fachleute, die hier inzwischen 40 Jahre weitergearbeitet haben, gewisse Dinge, wie Weizsäckers Scharfblick und seine Arbeitsresultate positiv einstufen konnten, wie sie andere aufgrund ganz neuer Möglichkeiten der Beobachtung und der Verifizierung von Beobachtung sehr anders sehen müssen und dergleichen mehr. Auf der anderen Seite hat gerade mein Nachbar, Herr Laín Entralgo, doch in einer Weise die Dinge dargestellt, daß man das Gefühl hatte, hier kann eigentlich jeder Arzt und – verzeihen Sie – auch jeder der zum Arzt geht, etwas lernen. Wie nämlich hier sich von vornherein in den Erwartungen zeigt (jemand unter Ihnen hat es ja auch sehr schön geschildert), wie manche Patienten in diesen Arbeitsprozeß und in seine Belastungen und Maßstäbe schon so eingebunden sind, daß sie also nicht als Person betrachtet zu werden wünschen. Das kam ja sehr eindrücklich heraus. Nun ist meine allgemeine Frage: Diese Forscher und Schüler Viktor von Weizsäckers – und auf der anderen Seite auch Persönlichkeiten wie Laín Entralgo, der offenbar eine sehr große Breitenwirkung der Heidelberger Schule in seinem Lande zu entwickeln nicht nur versucht, sondern auch wirklich vollbracht hat – wie sehen sie von den beiden Seiten aus nun eigentlich den Ertrag dieser Lebensarbeit? Wenn Herr Laín Entralgo recht hat, dann sollte jeder Patient und jeder Arzt etwas aus einer solchen Aussprache lernen. Wenn meine Kollegen, die die Forschungen weitergeführt haben, dazu etwas sagen würden, wie weit sie glauben, daß ihre Resultate diesen allgemeinen Anregungseffekt zeigen, sich nicht zu einem bloßen anonymen Wesen in der Beziehung Arzt – Kranker einklassifizieren zu lassen, wie sie von ihren Erlebnissen von heute aus diese Chance ansehen und insbesondere, in welchem Umfang sie glauben, daß die institutionellen Einrichtungen, also unsere Hospitäler, unsere Pflegeanstalten usw. in der Lage sind, so wie der einzelne Arzt und wie der einzelne Patient es kann, etwas aus diesem Vermächtnis zu lernen. Dazu würde ich gerne eine Antwort haben.

SCHIPPERGES: Mir selber ist noch die Frage nachgegangen, was denn wohl dieser berühmte „Umgang" sein könnte und wie weit man ihn treiben kann. Ich meine, wir haben ja im Laufe der letzten 100 Jahre alle Extreme vor Augen. Ende des 19. Jahrhunderts war die Medizin objektiv geworden. Es gibt da ein Buch, eine Monographie von Robert Volz mit dem lapidaren Titel „Der ärztliche Beruf". Da heißt es: Wir wissen genau, was Krankheiten sind. Die Krankheit ist objektiv geworden. Es ist völlig gleichgültig, *wer* am Krankenbett steht. Deswegen verschwinden die Hippokratesse, die jede Stadt sonst noch aufwies. Und jetzt kommt das alte hippokratische Denken wieder zum Zuge, seine verschiedenen Modifikationen; der alte Spruch: Drei Dinge machen die Medizin: der Kranke, die Krankheit und der Arzt; wobei immer wieder vergessen wird, daß es der Kranke ist, der mit dem Arzt seiner Krankheit entgegenzuwirken hat. Das ist der ganz entscheidende Passus dieses berühmten Dictums. Nun stellt sich wirklich die Frage, wie weit kann man diesen Umgang treiben? Weizsäcker scheint, wenn man Herrn Hartmann glauben will, auf dem halben Wege stehen geblieben zu sein. Wäre es möglich, noch weiter zu gehen, und wo ist eine Grenze? Ich darf erinnern an die Philosophie von Karl Jaspers, wo er in den Mittelpunkt seiner Philosophie, wo es um existentielle Kommunikation geht, das Arzt-Patienten-Verhältnis gestellt hat. Und genau an der Stelle sagt er, der Arzt kann es sich nicht leisten, mit jedem seiner Kranken in ein existentielles Verhältnis zu treten, ex officio und professionell. Daß so etwas passiert, daß so etwas angestrebt wird, daß es Bestrebungen dazu gibt, das scheint mir schon möglich zu sein. Aber die Frage ist, ob so etwas professionalisierbar ist. Und das wäre auch wieder die Frage an Herrn Hartmann.

HARTMANN: Ich sehe zwei Schwierigkeiten des Dialogs, wenn man beabsichtigt, das, was wir von Viktor von Weizsäcker gelernt haben, nun weiterzugeben an die nächste Generation. Viktor von Weizsäcker hat ja selbst mehrfach auf Umbesinnung, Metanoia, gedrungen, und das hat Widerstände geschaffen. Ich weiß nicht, ob eine praktische Wissenschaft wie die Medizin geeignet ist, auch angesichts einer vorwiegend konservativen Gesellschaft, die zumindest vom Arzt conservatio erwartet, Systemveränderungen zu betreiben – ob auf der Basis der Theorienbildung oder der Praxis, mag zunächst mal dahingestellt bleiben. Ich kann mir also nur eine geduldige und versuchsweise Erweiterung schrittweise vorstellen. Das ist das eine. Und wenn man das so sagt, das schreckt dann schon junge Studenten ab. Die möchten mehr, die möchten möglichst das Ganze. Und da liegt eine große Schwierigkeit für mich, so etwas weiterzuvermitteln. Die zweite Schwierigkeit liegt in dem Dialog sowohl mit Patienten, aber auch mit Kollegen anderer Fakultäten. Herr Gadamer hat zu recht gesagt, daß der alte Technikbegriff der Antike zwischen Wissenschaft und Können nicht trennte. Das ist erst mit Ars und Sientia gekommen. Und immer wenn der Dialog schwierig wird, sei es mit Patienten, sei es auch mit naturwissenschaftlichen Kollegen, dann wird so ein wenig herablassend gesagt: Na ja, das ist alles wichtig, das Verstehen und das Eingehen und das Mitleiden, aber das ist Kunst. Ich glaube, man verkennt den wissenschaftlichen Ansatz Weizsäckers, wenn man nicht deutlich sagt, er wollte das, was so als Kunst aus dem Bereich Wissenschaft in der Medizin abgeschoben wird, wissenschaftsfähig machen, und das scheint mir ganz wichtig zu sein! Aber Sie alle werden diese Schwierigkeiten kennen; ich bin überzeugt, daß jeder von Ihnen schon mal gesagt hat, ja, das ist alles gut und schön, aber das ist Kunst und keine Wissenschaft. Ich meine wir könnten auch mal überlegen, ob wir nicht unseren Wissenschaftsbegriff ändern sollten, indem darin so etwas Unterschlupf, will ich mal zunächst sagen, finden könnte wie das, was Weizsäcker gewollt hat. Er mußte ja das, was er überzeugend dargetan hat, mit dem Experiment deutlich machen. Nicht mit der Beobachtung am Krankenbett und deren Deutung schaffte er den Durchbruch, sondern seine Anerkennung hat er vor allen Dingen wegen seiner Laborexperimente, durch die in diesen Experimenten „zurechtgestellte Natur" bekommen. Und ich meine, wir sollten unseren Wissenschaftsbegriff so weit erweitern, daß wir das Experiment im alten Sinne, das „experimentum", wie es in der Medizin bis in das

17. Jahrhundert hinein hieß, nämlich die Beobachtung am Krankenbett bei nicht zurechtgestellter Natur in ihm enthalten sein lassen; denn erst die Nachahmung der experimentierenden Physik des 19. Jahrhunderts hat uns dazu verleitet, unter Experiment immer nur die zurechtgestellte, verkürzte, verengte Natur zu begreifen. Darüber wollte er hinaus. Und da müssen wir ihm folgen, finde ich.

VON WEIZSÄCKER: Darf ich vielleicht hierauf noch erwidern, und Herr Doerr, nachher kommen Sie noch zu einer Frage. Ich möchte folgendermaßen reagieren. Der Wunsch bei Viktor von Weizsäcker, aus dem was geübt wird von guten Ärzten, was aber nicht Wissenschaft ist, eine Wissenschaft zu machen, war ja evident, und davon sprechen Sie soeben. Nun wären einige weitere Fragen – die ich wenigstens jetzt in die Debatte werfen will, und dann kann man sehen, wie sie zu beantworten sind – ist das a) ihm geglückt, b) wenn nicht ihm, dann jemand anderem, konnte es c) überhaupt glücken? Ich erinnere an das, was ich heute zitiert habe, wo er etwas resigniert sagt: „Die anthropologische Medizin wartet auf einen Genius und wir alle müssen noch auf ihn warten; die Großmacht der Genialität war mir nicht verliehen." Wo ist jemand, der Kritisches gegen sein Projekt sagen könnte? Nein, es hat nicht an seiner Begabung gefehlt, sondern es war das falsche Programm. Es geht nicht, den somatischen Krankheiten, wie er es verschiedentlich fordert, jeweils psychische Interpretationen unterzulegen, die dann im Umgang zwischen Arzt und Krankem wissenschaftlich zum Tragen kommen können. Diese Frage ist doch wohl eine legitime Frage? Und ich würde sie nur gern einmal stellen.

GADAMER: Diese Frage beschäftigt mich auch sehr, und ich meine, bei der Antwort, die Herr Hartmann ganz in dem Sinne, in dem ich sie erwartet habe und auch wirklich aufgreifen wollte, gegeben hat, bleibt ja doch das Grundfaktum, daß wir in einer so institutionalisierten Welt leben, daß die Initiative des einzelnen, der in diesen Apparat unserer Daseinsfürsorge eingebettet ist, sehr wenig Möglichkeiten hat, diese Tendenz durchzuführen. Wenn Herr Viktor von Weizsäcker eine Art Metanoia, eine Art Umkehr predigte, wenn auch auf dem Wege wissenschaftlicher Forschung und Lehre, so war doch dabei der Grundgedanke, wie mir scheint, und der einzig mögliche Grundgedanke, daß wir innerhalb eines sich so ins Anonyme verbreitenden Wohlfahrts- und Sorgesystems erst recht und gerade alle Möglichkeiten zur Vermenschlichung der Verhältnisse ergreifen müssen. Also ich würde sagen, man sollte daraus nicht so sehr einen Gegensatz als ein echtes Balanceverhältnis machen und ein solches darin erkennen. Dazu gehört nun freilich nach meiner Überzeugung – und ich habe dafür auch in den letzten Jahren ein bißchen Aktivität entfaltet –, daß wir in ganz anderem Grade die Prophylaxe in der Welt stärken, d. h. in ganz anderem Grade versuchen mit diesen Forderungen den Patienten selber zum Umgang mit seiner eigenen Krankheit zu bewegen. Wir haben hier in der Gegend einige Versuche dieser Art, an denen ich mich beteiligt habe. Das ist auch noch eine Erbmasse von Viktor von Weizsäcker, glaube ich, was Herr Nüssel und andere hier versucht haben. Nun würde ich sagen, wahrscheinlich ist das gegenüber dem Großvorgang der Anonymisierung unserer institutionalisierten Gesellschaft der relativ effektvollere Weg. Die Minorität der Ärzte kann gegen die Majorität der Patienten kaum als ein gewichtiger Faktor angesehen werden. Es kommt darauf an, daß der Patient den Arzt und die Krankheit anders sehen lernt.

Laín Entralgo: Eine Frage an Herrn Doerr. Der Mensch kann unter den Augen der Ärzte als dreierlei erscheinen: einmal als gesunder Mensch, zum zweiten als kranker Mensch und drittens als Leiche. Ist es möglich die Einführung des Subjektes in die Medizin auch in Hinsicht auf die Beziehung des Arztes zur Leiche durchzuführen? Ich glaube ja. Es gibt nur ein Mittel: die Anamnese über die Vergangenheit dieser Leiche. Und ich erinnere mich an einen Artikel, an einen Aufsatz über die Bedeutung der Anamnese für den Pathologen. Vielleicht könnte Herr Doerr uns darüber was sagen?

Doerr: Der Artikel, den Herr Laín Entralgo angesprochen hat, stammt von meinem sehr verehrten Fachkollegen Robert Roessle in Berlin. Er hat im Jahre 1932 eine Bollinger-Gedächtnisvorlesung in München gehalten über das Thema „Die Bedeutung der Anamnese für den Pathologen". Man kann das nachlesen in der Münchner Medizinischen Wochenschrift. Ich wollte eigentlich, wenn ich gefragt würde, zunächst etwas anderes sagen, nämlich, daß ich mich in diesem Kreise ein bißchen unwohl fühle. Nicht, weil ich die Kollegen nicht schätzte und verehre, sondern weil ich eben der Arzt der Toten bin. Und Herr Laín Entralgo rührte ja daran. Nun, die Wertigkeit des Krankheitsbegriffes auf dem Hintergrund dessen, was man als Bipersonalismus im Sinne der heutigen Generaldebatte versteht, das ist natürlich dem Pathoanatomen eigentlich nicht zugänglich. Ich muß das offen aussprechen. Dennoch machen sich die Pathologen natürlich seit vielen hundert Jahren Gedanken darüber, was ist krank, was ist nicht krank, und was ist gesund oder was ist beinahe gesund. Und damit nähere ich mich ja Ihrer Frage, denn Sie haben ja gesagt, es gibt gesunde Menschen, es gibt kranke Menschen und es gibt tote Menschen. Ich bin emeritiert, also ein älterer Mann und habe zu meinen Assistenten in vielen Jahren immer etwa folgendes gesagt: „Wenn mich einer fragt, was hast du denn gelernt, dann würde ich antworten, bitte erschrecken Sie nicht, meine Damen und Herren: Geben Sie mir einen toten Menschen und ich werde Ihnen sagen, woran er gestorben ist!" Sie werden sicher bestürzt nach Hause gehen. Es ist gar nicht so leicht, durch die Untersuchung eines Verstorbenen zu sagen, woran er wirklich gestorben ist. Man muß sich also mit aller Innigkeit des Herzens und Verstandes und sein ganzes Leben lang damit beschäftigt haben, um zu einer vernünftigen Aussage kommen zu können. Und das ist gar nicht so einfach, aber es ist sehr reizvoll. Denn wer diese Angelegenheit ernstlich betreibt, kann doch einiges beitragen. Ich wollte aber noch etwas anderes sagen und mich an Herrn Carl Friedrich von Weizsäcker wenden: Es ist für mich ganz ausnahmsweise einmal eine glückhafte Konstellation, einen Physiker und Philosophen dieses Ranges als Gesprächspartner zu haben. Das muß ich ja ausnützen. Ist es nicht so, Herr von Weizsäcker, daß wir, wie alle belebte Strukturen auf diesem Planeten, unter den Gesetzen der Physik zu leben haben, etwa unter dem zweiten Hauptsatz der Thermodynamik; und ist es nicht denkbar, daß man sagen darf, der Fortgang unserer Gesundheit ist nur dadurch garantiert, daß alle regulativen Mechanismen aufgeboten werden die Entropie irgendwie zu kompensieren? Denn immer dann, wenn das nicht gelingt, wird ein Fehler im Ablauf der Ereignisse geschehen, zunächst minimal, nach und nach ein additiver Effekt; und es gibt auch Pathologen, die eine sog. Polypathie rechnerisch nachgewiesen haben. Mein verstorbener Fachkollege Linzbach in Göttingen hatte gesagt: „Warte nur, werde du nur genügend alt. Heute hast du nur eine Krankheit, deretwegen du gelegentlich zum Arzt gehst; wirst du 10 Jahre älter, hast du sechs, und wirst du noch älter, hast du zwanzig, ich weiß nicht wieviel; und dann zum Schluß klappt die Regulation nicht mehr." Also, ich muß einmal fragen, das ist das, was ich von Herrn von Weizsäcker wissen wollte: Ist Gesundheit, d. h. das vollständige Wohlbefinden – ich weiß ja nicht, ob inwendig irgendwo etwas nicht stimmt, das ficht mich aber nicht an, eben darum, weil ich es nicht weiß –, ist Gesundheit eigentlich der Ausnahmefall, ist nicht im Fortgang des Lebensalters eine zunehmende Störung die größere Wahrscheinlichkeit? Das müssen Sie mir einmal erklären.

VON WEIZSÄCKER: Ja, Sie stellen eine schöne Frage. Ich möchte dazu sagen, insofern ich Physiker bin, bin ich nicht hinreichend, die Frage zu beantworten. Ich wage mich in das Feld einer evolutionistischen Spekulation; anders kann ich das nicht tun. Und dann möchte ich nur zunächst auf ein paar Phänomene hinweisen. Es gibt Spezies, die seit Millionen, vielleicht sogar hundert Millionen Jahren praktisch unverändert oder sehr wenig verändert existieren, und es gibt nicht die Spur einer Alterung dieser Spezies. Es gibt Individuen, die darauf angelegt sind, einen Tag zu leben – nämlich Eintagsfliegen –, ihren Hochzeitsflug zu machen und dann zu sterben. Der Mensch wird, wie in der Bibel steht, 70 Jahre alt, wenn es hoch kommt 80 Jahre, und wir, die wir hier sitzen, sind ein Beleg dafür, daß dieses möglich ist. Also, ich habe den Eindruck, daß einfach empirisch das Alter, das ein Individuum erreicht, abhängig ist von der Spezies, der dieses Individuum angehört und daß die Spezies als solche überhaupt nicht altert, d.h. ich habe den Eindruck, daß Altern nicht eine Folge des vielzitierten zweiten Hauptsatzes ist. Ich habe eine andere Hypothese, eine Vermutung. Wenn ich darwinistisch denke, und ich bin in diesen Sachen ein ganz unbefangener Darwinist, dann sage ich, diejenige Spezies hat in der Konkurrenz der Spezies die größte Chance zu überleben, welche in möglichst kurzer Zeit möglichst viele Mutanten ausprobiert. Dazu ist notwendig, daß die Individuen der Spezies so kurz leben, wie es mit der Fortdauer der Spezies überhaupt vereinbar ist. Dann kommen immer neue Individuen, dann werden immer neue Mutanten ausprobiert. Ich nehme also an, daß ein scharfer Selektionsdruck zugunsten der Kurzlebigkeit der Individuen existiert. Und wenn ich seit 30 Jahren eine Brille wegen Weitsichtigkeit brauche und seit einem halben Jahr ein Hörgerät habe, das aber noch nicht sehr gut funktioniert, und wenn ich gegenwärtig jeden Tag drei Pillen fresse, und früher habe ich nie welche genommen, dann erkläre ich mir das dadurch, daß jetzt bei mir das Alter eingetreten ist, in dem ich gefälligst abzugehen habe. Und dafür sorgt die Natur, daß das passiert. Dieses scheint mir ganz vernünftig im Interesse des Lebens; der Tod ist eine Erfindung des Lebens, nicht umgekehrt. Das wäre meine Vermutung über die Sache.

DOERR: Darf ich bitte antworten? Nach Goethe ist es so: „Leben ist die schönste Erfindung der Natur, und der Tod ist ihr Kunstgriff, viel Leben zu haben." So, das letzte haben Sie gesagt, den Anfang verschwiegen, natürlich unbeabsichtigt. Ich glaube, es liegt ein Mißverständnis vor. Ich habe nicht über die Evolutionstheorie sprechen wollen, so interessant das natürlich wäre, sondern es ging mir eigentlich um den Krankheitsbegriff. Ich will auch nicht darüber sprechen, ist Altern eine Krankheit? Darüber könnte man sich auch Gedanken machen – wieder ein Problemkreis besonderer Brillianz –, sondern: Was ist denn eigentlich Krankheit? Und da meine ich halt doch, daß die Summe der Erlebnisse, die man auch somatisch im Ductus einer Reihe von Jahren macht, nach und nach doch geeignet ist, Schäden und Spuren zu hinterlassen, und daß dieser additive Effekt dann irgendeines Tages die Bilanz aufmacht. Nun möge man mir nicht antworten, man habe den Hayflic-Faktor entdeckt und man wisse, daß die Fibroblasten, also die dummen Bindegewebszellen, bei einer Maus vielleicht 50 Teilungen haben, bei anderen Tieren 30 Teilungen und bei Menschen 45 Teilungen; und dann hören sie halt auf. Auch in der

Gewebekultur, da kann man machen was man will, diese Zellpopulation stirbt dann ab, weil das ganze genetisch programmiert ist. Da gibt es wieder viele Thesen, warum dies so ist. Aber so meine ich es ja nicht. Ich wollte auf den konventionellen Krankheitsbegriff eingehen, der einfach nötig ist, wenn ich mich mit den Aussagen von Herrn Laín Entralgo auseinandersetzen will. Er sagt, es gibt Gesunde, es gibt Kranke, es gibt Tote. Also, was tot ist, wollen wir jetzt bitte nicht erörtern. Was gesund ist? François Xavier Bichat – ein großartiger französischer Morphologe an der Wende des 18. zum 19. Jahrhundert – sagte, Gesundheit ist das Schweigen der Organe. Das ist ebenso einfach wie überzeugend. Wenn ich nicht merke, daß ich da ein Herzrumpeln habe, dann bin ich auch nicht herzkrank; und wenn ich keine Hydrantenstühle entleeren muß, dann bin ich halt nicht darmkrank. Das ist das Schweigen der Organe. Gut, aber daneben gibt es ja viele andere Dinge, und die machen, daß man Ärzte konsultieren muß. Und ich will das aufbereiten, indem ich mir die Freiheit nehme, einmal eine Frage an meinen Freund Schipperges zu richten. Denn er hat gesagt, unter vielem anderen, die Bismarcksche Sozialversicherung, die habe eine Umwertung des Krankheitsverständnisses zur Folge gehabt; und das, was zunächst wie eine Tugend erschien, war nachher sozusagen eine Strafe für die Menschheit. Bitte erklären Sie das. Dann kommen wir dem Krankheitsbegriff näher.

SCHIPPERGES: Vielen Dank, Herr Doerr, aber das ist nicht leicht zu beantworten. Es ist zunächst einmal erstaunlich, daß von Weizsäcker schon in den 20er Jahren diesen Zwiespalt und dieses Dilemma, das mit der Sozialversicherungsgesetzgebung nun einmal gegeben ist, aufgegriffen hat. Wir haben noch vor wenigen Jahren die Hundertjahrfeier der Sozialgesetzgebung bejubelt als das große Sozialwerk, das für alle Zeiten und für alle Völker maßgebend sein würde. Wir haben aber die Kehrseite dieser Medaille noch gar nicht erfaßt. Das hat von Weizsäcker gemeint. Ich würde so sagen, es ist m. E. einer der größten Einschnitte in die moderne Wissenschaftsgeschichte, die wir überhaupt konstatieren können. Denn von diesem Zeitpunkt an ist die alte kategoriale Einordnung eliminiert, die Galen uns vorgegeben hat, wonach es die „sanitas" gibt als einen Grenzzustand, den wir vielleicht approximativ erreichen, aber nie ganz, sowie die „aegritudines" als Grenzzustände kritischer Natur; das sind Grenzzustände, in denen wir ständig hin und her leben; und dazwischen das riesige Feld der „neutralitas", wie Galen das genannt hat, „ne utrum", nicht ganz gesund, nicht richtig krank, eine gewisse Schwierigkeit zu existieren mit dem, was man so hat, was einem fehlt. Und genau dieses mittlere Feld, die Kategorie der „neutralitas" ist durch die Bismarcksche Gesetzgebung mit einem Gesetzesstrich eliminiert worden. Jetzt gibt es nur noch die Möglichkeit, daß man sich krankmeldet – dann beginnt die Patientenkarriere, dann steht man bereits im Betroffenenkollektiv – oder man wird wieder gesund geschrieben, dann steht man wieder im Arbeitsprozeß, „tertium non datur". Das war damals nicht schlimm, vor 100 Jahren, als 8–10 % der unterprivilegierten Population, der notleidenden Bevölkerung an diesem Unternehmen teilnahmen. Heute nehmen wir alle daran teil, auf Gedeih und Verderb. Und was verloren gegangen ist, das sind erstens die Entscheidungsspielräume des Patienten und zweitens die Kompetenzbereiche des Arztes. Und das meine ich, hat Weizsäcker mit den kritischen Schriften zur Sozialgesetzgebung in den 20er Jahren schon genau beschrieben. Wir haben das aber nie wahrnehmen wollen. Und ich glaube, wir tun es auch heute noch nicht.

DOERR: Ich wollte nur noch in Erinnerung bringen – leider ist Herr Christian nicht da und deshalb darf ich das sagen –, als Herr Paul Christian Oberarzt bei Herrn von Weizsäcker in Breslau war, hat er sich auf eine lange, gar nicht einfache Debatte mit dem Hauptverband der Berufsgenossenschaft über den Krankheitsbegriff eingelassen, worüber es auch, ich glaube drei Publikationen gibt, die zu lesen ein Vergnügen ist; aber es hängt genau damit zusammen. Man versucht also eine Art neuen Krankheitsbegriff in die Sozialversicherung einzuführen. Das Kriegsende und alle schrecklichen Erlebnisse haben natürlich das Fortspinnen dieser Gedanken zunächst unmöglich gemacht. Also es gibt wirklich Unterlagen für diese Dinge; ich wollte das bitte nur sagen.

SCHIPPERGES: Ich möchte dazu ganz kurz noch sagen: das alles war ja auch damals noch nicht so gefährlich, als es im Grunde nur akute Krankheiten gab. Was war das für eine herrliche Sache: da der Organdefekt, da der Erreger, der gefunden wurde, da das spezifische Medikament; und die restitutio ad integrum, das war eine Sache der Logik. Und genau dieses ätiologische Konzept mit seinen pathologischen Konsequenzen existiert nicht mehr. Wir haben es heute mit chronisch Kranken zu tun, die völlig andere Grundvoraussetzungen haben; und da kommen wieder die Bereiche der „neutralitas". Das alte kategoriale System kommt wieder hoch; da werden die Probleme der Prophylaxe und der Prävention wieder deutlich. Wir werden hier einen ganz neuen Mentalitätswandel erleben müssen, ich glaube, da geht die Richtung weiter, über von Weizsäcker hinaus.

GADAMER: Ich kann das nur bestätigen. Ich hatte selber mit Herrn Viktor von Weizsäcker über dieses Thema mehrere Gespräche, vor allen Dingen in der Breslauer Zeit. Es hat mir damals schon sehr eingeleuchtet. Er hat das damals schon gesehen, was wir heute erst an den Folgen sehen. Daß sich der Bereich unserer Krankheiten so geändert hat, wie Herr Schipperges das eben schilderte, schließt das ja ein, und es liegt im Begriff der chronischen Krankheit selber, daß wir auch eine ganz andere Art des Zeiterlebnisses und der Dauer vor uns haben, und das gilt ebenso, wie Herr Doerr ja schon einschloß, für die Alterungserfahrung. Da sind wir nun völlig, wie mir scheint, von den Möglichkeiten einer Bismarckschen Gesetzgebung entfernt. Wer zu alt ist, oder wer nicht zu alt ist, ich meine, was macht einen dazu? Ich bin jetzt wohl seit 18 Jahren emeritiert und bin noch ganz bei Troste, aber freilich bedeutet das ja in unseren Berufen nicht, was es in manchen anderen Berufen bedeutet. Und nun wollte ich im Ganzen sagen: die Erfahrung des Alterns und die damit verbundenen Abnutzungserscheinungen und die Häufigkeit etwa von Beschwerden und all das, wovon man da so redet, das hängt sehr eng mit der allgemeinen Grundrichtung unseres Lebens auf den Tod hin zusammen. Und da möchte ich die Schelerschen Arbeiten hier erwähnen, die zeigen, wie tatsächlich das Anwachsen der Vergangenheit und das Hinschwinden des Zukunfterwartungshorizontes eine eigentümliche Finalität auf das hinzunehmende und zu erwartende Ende hin zeigen. Das gilt, meine ich, nicht nur für die Alterserfahrung; es gilt auch für das, was ich in meinem kleinen Beitrag das Annehmen der Krankheit nannte. Denn das Annehmen der Krankheit heißt ja zugleich, daß man sozusagen damit leben lernen muß. Diese Möglichkeit, mit den Dingen leben zu lernen, bleibt letzten Endes, entschuldigen Sie, wenn ich das nochmals sage, nicht Aufgabe des Arztes, sondern jedes leidenden Menschen.

HARTMANN: In meiner Antwort auf Herrn Schipperges mit dem Begriff „neutralitas" möchte ich zurückkommen auf mein Diapositiv: Gestaltkreis, Vertrauen und Verantwortung. Der Übergang in das vorwiegend chronische Kranksein gibt uns die Chance, diesen Bereich der „neutralitas" wieder sehr ernst zu nehmen und zur ärztlichen Aufgabe zu machen, nämlich indem wir versuchen, soviel chronisch Kranke wie möglich zu bedingt Gesunden zu machen. In der Regel erklärt sich ja doch der Kranke selbst zunächst mal als krank; und das geschieht nicht anhand eines unserer recht künstlichen Krankheitsbegriffe. Und daß der Arzt in Frage gestellt wird, geschieht ja vorwiegend bei den chronischen Krankheiten. Der Kranke fragt doch, ja warum kannst du nicht mehr, warum weißt du nicht mehr, warum hat die Wissenschaft nicht mehr geleistet? Das ist doch heute unser Problem in den Sprechstunden und in den Krankenhäusern. Die Bedingungen zu schaffen, aus einem chronisch Kranken einen bedingt Gesunden zu machen, heißt eben auch, daß der Arzt Teil der Biographie des Kranken wird und umgekehrt, daß auch die alten Menschen alle 4 Wochen ihren Arzt sehen wollen und wenn es nur 5 Minuten sind. Das gleiche gilt für die chronisch Kranken. Und wenn ich jetzt etwas zur ärztlichen Anthropologie sagen darf: Jeder Arzt wird mir das bestätigen, daß wenn er einen Kranken, der nach 15 oder 20 Jahren bedingten Gesundseins stirbt, verliert, daß dann auch der Arzt einen Teil seiner Identität verliert; denn ein solcher Kranker ist Teil seiner Biographie geworden.

DOERR: Ich wollte bitte erst noch zu Herrn Gadamer etwas sagen: Der Begriff „Man muß eine Krankheit annehmen", den habe ich von Siebeck eigentlich gelernt. Er hat mir das bei den wöchentlichen Demonstrationen immer wieder gesagt. Der chronisch Kranke muß dahin geführt werden, wenn ich ihn schon nicht heilen kann, daß er wenigstens mit seiner Krankheit ein auskömmliches, ein erträgliches, ein gegebenes Verhältnis hat. Und als zweites: Als ich als junger Ordinarius nach Berlin kam, hat sich der eremitierte Professor Roessle in der freundlichsten Weise um mich gekümmert und mir klar gemacht, daß es eine pathologische Anatomie der Familie gibt. Das muß einfach einmal hier anklingen. Sie werden sagen, aha, also Erbpathologie, nein, das meinte er natürlich nicht, sondern er meinte eine Pathologie der Ehegatten, die selbstverständlich nicht miteinander verwandt sind; und er hat also eine Syntropie von konjugalen Krankheiten, wie er es nannte, auch statistisch, soweit ein Pathologe das überhaupt durchführen kann, herausgearbeitet. Arterieller Bluthochdruck, Infektionskrankheiten oder der Cancer à deux, Krebs zu zweien in unterschiedlichen zeitlichen Abständen; durchaus auch nicht an homologen Organen, aber doch eben in diesen Familien ein wenig überzufällig. Darüber kann man also lange Statistiken anfertigen, die sehr erschwert sind, weil wir unter dem Datenschutz stehen; es ist gar nicht so leicht, den Schleier der Anonymität zu lüften. Aber man lernt das ja, als Pathologe, in einer kleinen Stadt wie Heidelberg auch mit einer gewissen Hartnäckigkeit doch Zugang zu finden zu den Standesämtern und schließlich alles zu explorieren, was da wirklich verborgen ist. Ich will nur sagen, bei dem Cancer à deux, bei den konjugalen Krankheiten, bei der Pathologie der Familie müssen doch mit der für diese Dinge gültigen Sicherheit psychogene – ich darf sagen – Insulte, eine Rolle spielen. Sonst ist ein vernünftiges kausales Verständnis gar nicht zu gewinnen. Sie sehen also, wie weit sich die Pathologie heute entwickelt hat, daß sie Dinge zuzugeben geneigt ist, worüber sie früher nur ein mildes Lächeln gehabt hätte.

VON WEIZSÄCKER: Darf ich dazu vielleicht eine Frage stellen? Sie hängt damit zusammen, daß meine Frage nach der Möglichkeit einer psychosomatischen Charakterisierung des Sinnes bestimmter Krankheiten an bestimmten Organen m. E. noch nicht ganz beantwortet ist. Ich darf

Ihnen, Herr Doerr, nur in Erinnerung rufen: die Geschichte, die Sie erzählt haben, von dem Krebs, der eine Magersucht erzeugte oder vortäuschte oder was immer es war und der spontanen Antwort von Viktor. Ich meine, das Interessante an der Geschichte ist ja, daß er das völlig spontan erzählte, ich hatte natürlich gedacht, daß er so antworten würde, als Sie diese Geschichte erzählten, weil ich ihn eben kannte. Aber die Frage, wie weit kommt man da, die würde ich nun gerne koppeln mit einer anderen Frage: Es ist bei uns jetzt immerfort die Rede von Krankheit. Auch das Wort Krankheit ist natürlich etwas mehrdeutig. Die chronischen Krankheiten sind vielleicht etwas anderes als die akuten, aber ich habe mir die Frage gestellt und die habe ich anklingen lassen in meinem Referat heute, wie man überhaupt versuchen will, Gesundheit und Krankheit zu definieren, und zwar im Blick auch darauf, ob, wie ich es heute gesagt habe, das Reden von sozialer Krankheit eine Metapher ist oder ein legitim gebrauchtes Wort. Nun, das ist natürlich gar nicht leicht, wenn man sagt, Gesundheit ist das Schweigen der Organe. Dann würde ich sagen, Gesundheit ist das Schweigen der Organe genau dann, wenn die Spezies, der dieses Wesen angehört, eine gesunde Spezies ist. Genau dann, wenn das Individuum in einem bestimmten Sinne des Wortes gesund ist, dann wird sich seine Gesundheit auch ausdrücken können als das Schweigen der Organe. Die Organe sind eigens so gemacht, daß sie schweigen, wenn das Lebewesen gesund ist. Damit aber wird das Schweigen der Organe nicht mehr zur Definition der Gesundheit, sondern zu einem Kriterium der Gesundheit; und so würde ich es auch selektionistisch sehen. Sie sehen, ich argumentiere wieder ein bißchen darwinistisch. Und nun ist die Frage: Aber wie kann es denn dann erklärt werden? Ich habe mir die folgenden Formeln dafür zurechtgelegt; ich habe mir gesagt, ich operiere jetzt einmal mit rein kybernetischen Begriffen. Die ganzen Schwierigkeiten, wie man das Subjektive und das Kybernetische verbindet, von denen z. B. Herr Christian geredet hat, lasse ich jetzt mal beiseite. Ich mache rein kybernetische Modelle und dann sage ich, ich würde annehmen, alles was man mit einem Begriff beschreiben kann im Verhalten eines Organismus, das ist eingeregelt nach so etwas wie einem System von Sollwerten; das ist so eingeregelt, daß es sich immer wiederholt beim selben Individuum, von Tag zu Tag und von Individuum zu Individuum in derselben Spezies. Deshalb gibt es einen Begriff dafür. Das nennen wir dann mal Normalität oder Gesundheit. Zweitens aber, Krankheiten kann man auch mit Begriffen beschreiben, sonst wäre die ärztliche Zunft gar nicht existenzfähig. Also sind auch Krankheiten Einregelungen auf bestimmte Sollwerte, aber nicht auf solche, die wir für zuträglich halten; also auf sozusagen falsche Sollwerte. Hier kommt eine Kombination zwischen gesund und krank einerseits, wahr und falsch andererseits, gut und böse oder gut und schlecht drittens. Meine Vermutung ist, eine überlebensfähige Spezies ist so beschaffen, daß sie auf eine Einregelung, auf einen inadäquaten Sollwert mit Beschwerden reagiert. Die Beschwerde ist das Glück daran. Ohne die Beschwerde würde man zugrunde gehen. D. h. die Beschwerde ist so wenig die Krankheit wie das Fehlen der Beschwerde die Gesundheit ist. Die Beschwerde ist das Mittel, das der Organismus gerade noch zur Verfügung hat, um gegen die Krankheit etwas zu machen. So habe ich mir das naiv zurechtgelegt. Nun also die Frage an die ärztlichen Kollegen. Können Sie mit dieser Denkweise etwas anfangen? Wenn ja, dann würde ich sagen, das ist in der Gesellschaft genauso und dann ist das Reden von Krankheit der Gesellschaft keine Metapher!

LAÍN ENTRALGO: Ich möchte etwas hinzufügen, was mit der Heidelberger Schule zu tun hat, nämlich mit dem Begriff von Gesundheit. Richard Siebeck hat in seinem Buch „Medizin und Bewegung" geschrieben: „Zur menschlichen Gesundheit gehört immer eine Frage: Gesundheit, wofür?" Das heißt, Gesundheit in diesem Sinne und in einem persönlichen Sinne. Und da hat die Tradition Siebecks und Weizsäckers hier in Deutschland eine alte Tradition, die Tradition von Kant. In seinem berühmten Buch „Der Streit der Fakultäten" schreibt er ein kurzes Traktat, betitelt: „Von der Macht der Vernunft durch den bloßen Vorsatz seiner krankhaften Gefühle Meister zu sein." Ein sehr schöner barocker Titel. Gut. Das gehört auch zur Gesundheit und Krankheit. Denn der Mensch ist dazu gezwungen, immer mit etwas Krankheit sein Leben zu leben – er ist unbedingt dazu gezwungen. Deswegen muß man den Begriff der Gesundheit korrigieren, den uns die Weltgesundheitsorganisation gegeben hat: „völliges physisches, psychisches und soziales Wohlbefinden" – dieser Begriff ist eine absolute Utopie, abgetrennt von jeglicher Realität. Man muß diesen falschen Begriff und auch den Begriff der Krankheit korrigieren. Der Mensch ist immer, immer anormal. Die Normalität ist ein abstrakter Begriff, aber wo ist der normale Mensch? Wo ist er? Jeder von uns hat Verschiebungen von der Normalität bis hin zu Goethe. Wir sind alle, alle in gewissem Sinne anormal! Und die Gesundheit vom persönlichen Standpunkte aus ist die Fähigkeit, mit meiner Anormalität ein kreatives, schaffendes Leben zu führen. Gerade das hat Viktor von Weizsäcker gemacht. Ich erinnere mich an seine Reise nach Madrid, eine Vortragsreise. Folgende Anekdote: Er hielt einen Vortrag und nachher ein Gespräch, ein freies Gespräch wie dieses. Ein sehr gut geschulter, bedeutender Arzt – er war ganz naturwissenschaftlich orientiert – fragte: „Professor von Weizsäcker, was würden Sie bei einem Kranken, der an einer amyotrophischen Lateralsklerose – d. h. einer ganz unheilbaren Krankheit, einer tödlichen Krankheit – leidet, vorschlagen, was man mit ihm machen soll?" Und Viktor von Weizsäcker antwortete nach einer kleinen Pause: „Das hängt davon ab, ob der Kranke glaubt oder nicht glaubt an die Wunder." Das ist ein Beispiel der Einführung des Subjektes in die Krankheit, in die Medizin. Ich werde mit diesem Kranken etwas machen, was etwas zu tun hat mit seiner Persönlichkeit, mit seinem Glauben, mit seinem Leben. Und derselbe Arzt – mit einem bißchen Ironie – sagte in einem privaten Gespräch: „Die Möglichkeiten zu erkranken, sind für jeden Menschen verschieden; was meinen Sie über die Möglichkeit, selber krank zu werden?" Und Viktor von Weizsäcker als Vertreter seiner selbst und mit einem klaren ironischen intellektuellen Stolz hat geantwortet: „Ich kann nicht krank werden. Ich weiß alles." Aber dann kam die Krankheit; und nur mit einer Kenntnis des Weizsäckerschen Lebens könnte man die Art, diese Krankheit zu erleiden, begreifen.

ZUHÖRER: Darf ich drei konkrete Fragen an unser, ich verneige mich, sehr respektables Gremium richten? Sie haben selbst gesagt, daß Sie da sitzen, sei ein Zeichen dafür, daß Sie eben diese Überlebensmöglichkeit haben. Daraus müßte man rückwirkend schließen, daß die Frauen in dieser Gesellschaft eine geringere Überlebensmöglichkeit haben. Die Statistik beweist aber das Gegenteil. Wie erklären Sie diesen Widerspruch? Diese Frage richtet sich an alle. Damit kommen wir vielleicht schon auf den dritten Punkt des Dreiecks von Viktor von Weizsäcker, nämlich Politik und Wirtschaft. Meine zweite Frage richtet sich an Professor Laín Entralgo: In Ihrem Land sind Dinge geschehen, wo die Ärzte nicht mehr helfen konnten, wo aber z. B. Frauen noch helfen konnten, wo Künstler noch helfen konnten. Ich erinnere an die Szene, als Pablo Picasso Guernica ausstellte und zwei SS-Leute kamen und ihn fragten: Haben Sie das gemalt? Da sagte er: Nein, Sie. Meine dritte Frage richtet sich an den Pathologen: Sie haben viel vom menschlichen Herzen gesprochen. Wir haben sehr viele wissenschaftliche Begriffe gehört. Unsere deutsche Sprache hat die wunderbare Wendung „Sich etwas zu Herzen nehmen". Könnten wir anhand dieser Wendung vielleicht aktuell – für heute und für die Zukunft – auch dem Schwerpunkt der heutigen Heidelberger Klinik, den Herz- und Kreislauferkrankungen mit dem, was Viktor von Weizsäcker uns Heutigen beibringen konnte, näher kommen? Aktuelles Beispiel: Unser Altbundeskanzler Helmut Schmidt hat am 10. Oktober 1981, als die erste große Friedensdemonstration in Bonn war, eine Herzrhythmusstörung erlitten. Er mußte nach Ägypten, um Sadat zu beerdigen und seinem Erzfeind Menachem Begin, der ihn beschimpft hatte, die Hand drücken. Das war vielleicht auch für ein starkes Herz zuviel. Vorher hatte er gesagt: Mit dem Herzen bin ich bei der Friedensbewegung.

VON WEIZSÄCKER: Das waren drei Fragen. Die erste war an mich gerichtet, die ist kurz zu beantworten: Dafür, daß diejenigen Personen hier sitzen können, ist eine notwendige, aber nicht hinreichende Bedingung, daß sie so alt geworden sind, wie wir im Durchschnitt sind. Hinreichend ist sie nicht. Das habe ich nie behauptet. Bitte, ich habe nur gesagt, daß wir hier sitzen, wäre nicht möglich, wenn wir schon tot wären.

LAÍN ENTRALGO: Ich weiß nicht, ob ich richtig verstanden habe, was Sie mir gesagt haben. Sie meinen: über die Beziehung zwischen Medizin, Politik, Wirtschaft, Wissenschaft für jetzt und für die Zukunft? Ich glaube, eine der treffendsten Feststellungen von Weizsäckers war die folgende Diagnose: Die Medizin, so dachte man bis zum dritten Dezennium unseres Jahrhunderts, sei reine angewandte Naturwissenschaft; und Naturwissenschaft habe eine objektive, universelle Geltung. Gut. Viktor von Weizsäcker nun hat gedacht und gesagt – vor allem in seinem Vortrag über medizinische Anthropologie –, daß die Medizin von Wirtschaft, Politik und Wissenschaft – letzteres habe ich hinzugefügt – abhänge. Gut, das ist ein zentrales Problem unserer Zeit. Deswegen glaube ich, daß dieses Symposion – ich kann hier lesen „Tradition oder Zukunft" – beides zusammen ist, eine Tradition, die begonnen hat mit der Heidelberger Schule; eine Zukunft, weil unsere Zeit die Forderungen noch nicht eingelöst hat, die Viktor von Weizsäcker gegenüber der Gesellschaft, gegenüber den Menschen geäußert hat. Für die Zukunft: Man muß eine Ordnung der Gesellschaft schaffen, wo die Wissenschaft, die Wirtschaft, die Politik, die Ethik ziemlich gut sind für den Menschen, um diesen Einbruch kontinuierlicher Krisen abzuwenden. Und so sehe ich die Zukunft dieses Symposions: Wie können wir unser Denken und Handeln entwerfen? Wie können wir Viktor von Weizsäckers Forderungen an die Gesellschaft, für die Zukunft der deutschen, der europäischen, der westlichen Gesellschaft aktualisieren? Die Antwort liegt in der Luft. Und ich weiß nicht, ob es das ist, was Sie wissen wollten. Jedenfalls lebe ich als Mensch, ich lebe in der Krise, gerade weil die Gründe, die von Weizsäcker entdeckt hat, in der Struktur dieser Krise lebendig sind.

VON WEIZSÄCKER: Darf ich eine technische Bemerkung machen, darüber, wie wir weiter verfahren können? Ich habe immer einmal ins Publikum geschaut, um zu sehen, ob ein solcher Wunsch nach einer Frage aus dem Kreise kommt, und er ist gekommen; es ist eine zweite Wortmeldung da, und ich glaube, das ist eine richtige Phase für unser Gespräch. Wir wollen nur auch da eine gewisse Ordnung halten. Es war eine dritte Frage gestellt, ich glaube an Herrn Doerr; Herr Doerr sollte sie jetzt beantworten und dann darf ich die nächste Wortmeldung entgegennehmen.

DOERR: Der Kollege von der Psychiatrie, wenn ich ihn recht verstanden habe, hat gefragt, ob denn die sehr schöne Untersuchung von Viktor von Weizsäcker über den Herzmuskel auch eine praktische Bedeutung für heute und die Zukunft hätte. Meine Aufgabe war gewesen, die Bedeutung der Krehl-Schule in der Sicht der Pathologie darzustellen. Und ich meine gesagt zu haben, daß die Entdeckung des sog. Hisschen Bündels – also jener muskulären Brücke zwischen Vorhof und Kammermuskulatur – in die Zeit der Leipziger Klinik fiel, Krehl das mitnahm, dann später sehr sorgfältige Untersuchungen mit herrlicher Illustration gemacht hat, und zwar so schöne, daß ich eigentlich Diapositive hatte mitbringen wollen; aber man hat mir gesagt, die Menschen wollen das so genau doch gar nicht wissen, halte dich mal zurück mit deiner Weisheit. Diese Diapositive würden gezeigt haben, daß zwischen den Muskelfasern ein Interstitium ist, aus lockerem Gewebe, das selbst natürlich einen pathischen Stellenwert hat, und daß wir heute ja wirklich Erkrankungen der sog. Kardiomyopathie kennen und auch zu therapieren versuchen, bei denen etwa ein systolischer Pumpfehler oder ein diastolischer Compliancefehler vorhanden ist; kurz und gut, das alles hat eine Bedeutung. Und nun zu Viktor von Weizsäcker selber; die Kenntnis der normalen morphogenetischen Bedingungen bei riesenhaften Formen der Herzhypertrophie ist ja deshalb wichtig, weil sie hinführt zu einem Verstehen der Erschöpfung der Reservekraft. Wenn das kritische Herzgewicht von 500 g überschritten ist, dann weiß man aus Erfahrung, sehr viel länger wird es nicht gehen, aber warum man dann stirbt, diese Frage ist im Augenblick offen. Ich könnte manches dazu sagen, aber es war doch ein Schritt auf einem Wege, der noch heute außerordentlich wertvoll ist. Es gibt keinen Pathologen, der sich nicht mit diesen Fragen beschäftigt. Und das alles verdanken wir der Krehl-Schule. Das hatte ich gehofft genügend deutlich gesagt zu haben.

HARTMANN: Dazu nur einen Satz. Ich habe von Richard Siebeck gelernt, daß bei 40% aller Herzinsuffizienzen bei chronischer Herzinsuffizienz ein neuer Schub durch seelische Erschütterung zustande komme, und das hat sich in meiner 40jährigen Erfahrung auch so bewahrheitet.

SIIRALA: Ich möchte eine kurze Bemerkung machen zu der Frage, die der Moderator hier gestellt hat in bezug auf das Programm Viktor von Weizsäckers, ob es durchführbar sei oder nicht und ich glaube auch, was die Möglichkeit betrifft schwerste körperliche Erkrankung, etwa ein Karzinom, in einem solchen Licht zu sehen. Ich glaube, daß diese Frage zusammenfällt mit der Frage, ob die soziale Pathologie, ob das ein Gleichnis ist oder ob das etwas ist, was wörtlich stimmt. Wenn man viele Jahre etwa in therapeutischem Umgang mit körperlich Kranken, aber nicht nur körperlich Kranken, eigentlich mit den kranken Menschen überhaupt – aber besonders offensichtlich ist es mit den schwer körperlich Kranken –, wenn man da in einem jahrelangen Umgang mit ihnen drinsteckt, dann wird es einem immer offensichtlicher, daß die Fäden nicht nur aus der familiären Geschichte, sondern aus der sozialen Geschichte und aus dem, was von Weizsäcker die Ubiquität des Wahns nennt, so konkret spürbar werden, daß man eben da am ehesten den Vergleich mit dem – sagen wir – palästinensischen Problem oder so ziehen möchte, wenn man auch da die Frage stellt, ob man das so ansehen kann und ob man da etwas tun kann. Meines Erachtens geht es vor allem um das Teilen dieser anonymisierten Bürden, daß sie allmählich einen Namen, ein Gesicht bekommen. Und dieses Teilen hat dann eventuell den Effekt, daß das letzte Ärgernis oder die letzte Kraft der Verzweiflung oder der Hoffnungslosigkeit überwunden wird. Das muß nicht unbedingt eine Vermehrung der sozialen Gesundung bei diesem Menschen zur Folge haben, aber dennoch ist das, glaube ich, das Heilsame und das Entscheidende.

EIN MEDIZINSTUDENT: Ich wollte etwas zu dieser Sache sagen, denn ich bin eigentlich als Medizinstudent und Lernender hierher gekommen. Beim Lesen des Werkes Viktor von Weizsäckers kam mir ein Gedanke zu der von ihm so oft beklagten mangelhaften Breitenwirkung, und da war mein Eindruck ein bißchen der, daß der bildungsbürgerliche Horizont, dem Weizsäcker nun einmal entstammte, eine gewisse Herablassung gegen technische Medizin in sich birgt, die eben nicht nur darauf zu begründen ist, daß diese Techniker es an Menschlichkeit fehlen lassen, sondern auch darauf, daß sie eben nicht genug Kultur mitbringen; und – so erleben es die Medizinstudenten heute – daß die perfekten Techniker unseres Fachs in Amerika Goethe und Schiller nicht mehr unterscheiden können, sehr wohl aber zwei komplizierte Retroviren. Das ist für Viktor von Weizsäcker natürlich ein Verfall von Kultur, und das sehe ich auch so. Ich glaube aber, daß die Erwartung, daß diese neue technische Generation von Medizinern auf diesen bildungsbürgerlichen Horizont von sich aus zugeht, nicht ganz gerechtfertigt ist, wenn man nicht diesen Leuten auch gleichzeitig zeigt: Was wir euch zu geben haben, ist nicht so unendlich schwer. Und so sehe ich das auch als Medizinstudent. Wenn ich jetzt meinen Kommilitonen etwas erklären wollte – ich habe viele getroffen in diesen Tagen und versucht einzuladen, es ist keiner gekommen – zu der Frage: Was ist so furchtbar schwierig an Viktor von Weizsäcker? So würden die eben denken: „Ich muß das mitbringen, ich muß das mitbringen und von Hegel weiß ich auch nichts und Schelling und Goethe kann ich auch nicht unterscheiden". Das mag wirklich so sein. Ich denke aber, es geht bei Viktor von Weizsäcker um ganz einfache Dinge, und ich glaube auch, daß er die Arroganz, die von ihm ausstrahlen konnte, überhaupt nicht so gelebt hat. Aber sie wirkt so auf Leute, die diesen Zugang nicht haben. Und ich denke, dieses liebevolle Verstehen eines Patienten ist eine so elementar einfache Sache, daß es zu schade wäre, sie bildungspolitisch oder bildungsmäßig so stark aufzuladen, daß sie meine Kommilitonen verschüchtert, sich der Annahme dieser Gegenstände überhaupt anzuvertrauen.

VON WEIZSÄCKER: Im Augenblick keine anderen Wortmeldungen, und die letzte Bemerkung hat, so glaube ich, auch den vollen Beifall des Podiums gefunden. Nein? Gut, wenn nicht, dann sagen Sie warum!

HARTMANN: Ich warne davor, gerade diese Dinge einfach zu nennen und leicht zu nehmen. Sie sind sehr sehr viel schwieriger, als das, was wir an Chemie, Physik, Physiologie usw. für das Arztsein brauchen.

VON WEIZSÄCKER: Darf ich darauf nochmal reagieren?

ZUHÖRER: Erstmal noch eine ganz kurze Beobachtung zu der Frage Pathologie der Gesellschaft. Ein junger Auslandsschweizer erkrankte 1933 an einer, wie es damals hieß, paranoiden Schizophrenie und fühlte sich von der Gestapo verfolgt. Wie Sie wissen, kamen dann die Gesetze über den erbkranken Nachwuchs. Er mußte vor diesen gesellschaftlichen Nachstellungen in sein Heimatland Schweiz gerettet werden. Das nur als Beispiel, wie ein Wahn eine Vorausahnung der wirklichen Wirklichkeit beinhalten kann. Und ich meine, der junge Kommilitone hat eben auf den zentralen Punkt von Viktor von Weizsäcker hingewiesen. Eben der leidenschaftliche Umgang mit dem Kranken. Was aber hier noch zu wenig zur Sprache kam, Herr Gadamer hat das glaube ich angedeutet, und vielleicht auch Herr Schipperges, daß es eine Gratwanderung ist, daß auch Ärzte unterwegs zugrunde gehen können, die diesen leidenschaftlichen Umgang versuchen. Ich darf an einen der Schüler von Viktor von Weizsäcker, Professor Wilhelm Kütemeyer erinnern, der hier leider noch gar nicht genannt wurde. Und das ist auch eine Frage an das Gremium, ob man nicht die Menschen, die jahrzehntelang sich im Sinne von Viktor von Weizsäcker eingesetzt haben, bis praktisch zur Preisgabe ihres Lebens, ob man die nicht auch hier etwas mehr hätte zu Wort kommen lassen sollen.

VON WEIZSÄCKER: Ich würde doch gerne auch noch ein Wort sagen. Übrigens, ich habe den Namen Kütemeyer heute genannt. Und mit Absicht. Ich konnte nicht über alles sprechen, aber ich habe ihn in einer Bemerkung meines Onkels genannt, die ich wörtlich zitiert habe, und das hatte einen gewissen Sinn. Aber zur Frage: Herr Hartmann hat gesagt, das ist kompliziert: und selbstverständlich ist es kompliziert. Das ist genau das, was Viktor von Weizsäcker gewollt hat, nämlich nicht nur eine allgemeine Sympathie zum Ausdruck zu bringen, sondern ein inhaltlich detailliert durchdiskutiertes Verständnis, das ist natürlich mindestens so schwierig wie die ganzen Probleme einer hochmolekularen Chemie, die ihrerseits, wie wir wissen, sehr schwierig ist. Also, dem stimme ich zu. Auf der anderen Seite habe ich vorhin so reagiert, daß ich der Äußerung, die gerade aus dem Kreise gemacht wurde, spontan zugestimmt habe, ich habe nur eine andere Seite davon gemeint. Sicher, das ist vollkommen richtig, wir sind ja alle Geschöpfe unserer eigenen Herkunft, und daß Viktor von Weizsäcker, den ich ja gut gekannt habe, halt einen gymnasialen Unterricht in Stuttgart gehabt hat, wo man Latein und Griechisch lernte – „der Schiller und der Hegel, die sind bei uns die Regel, der Uhland und der Hauff, die fallet gar net auf" –, das war ganz selbstverständlich. Und niemand kann so aus seiner Haut, daß er das, was ihm selbstverständlich ist, denen, denen es nicht selbstverständlich ist, ganz mühelos präsentiert. Da sind gewisse soziale Probleme, Probleme der Bildungssoziologie, wenn man es so nennen soll, die natürlich nicht einfach sind. Aber ich würde da nun doch wirklich zustimmen: Es gibt da etwas in der Grundeinstellung, was in der Tat einfach ist, auch wenn es subtil ist. Und vielleicht darf ich mit einer kleinen Anekdote helfen, die mir mehrmals durch den Kopf gegangen ist, und die jetzt genau etwas im Umgang zwischen Arzt und Krankem oder zwischen Eltern und Kindern zeigt, wovon bei uns doch immer leise die Rede war. Ich erzähle eine Anekdote von einem kleinen Mädchen, das Paula hieß. Und die war etwa 2½ Jahre alt – ich erzähle das in Gegenwart ihrer Mutter, ich glaube sie ist auch hier im Raum. Das Mädchen hat furchtbar geweint. Und die Mutter fragte: „Aber Paula, was ist denn?" Eine ganz vernünftige Frage – ohne Befund keine Diagnose, ohne Diagnose keine Therapie. Um dem Kind zu helfen, muß man erst mal wissen, was denn los ist. Das Kind weint und weint. „Aber Paula, kannst Du nicht sagen, was ist?" „Jetzt mußt Du mich erst trösten, dann kann ich es Dir sagen." Und das ist einfach. Aber man braucht einen klugen Patienten, um dem Arzt das mitzuteilen. – Hier ist noch eine Frage. Ich glaube, das ist die letzte, die ich zulassen darf, weil wir um sieben aufhören sollen.

ZUHÖRERIN: Nach einigen Jahren Tätigkeit in der medizinischen Klinik stellt sich mir eigentlich immer die Frage, was – ich meine – in der Relation jetzt etwas verschwimmt. Warum hat es die Medizin generell nicht geschafft, Viktor von Weizsäcker den Platz zu geben, den wir ihm heute hier geben?

VON WEIZSÄCKER: Herr Schipperges sagt: Morgen wird das beantwortet. Also, wollen wir hoffen, daß das so ist. Herr Hartmann!

HARTMANN: Ich möchte doch eine kurze Antwort darauf geben. Ich halte nichts von der Frage, warum hat die Medizin das nicht geschafft. Eine solche Frage kann man nicht beantworten. Jeder von uns muß sich fragen, was hat er dazu getan, daß sich diese Gedanken nicht nur verbreiten, sondern auch in die Wirklichkeit umsetzen. Und zwar in der Wirklichkeit des Alltags! Ich will nicht polemisch werden, aber möchte Sie bitten, sich zu fragen: „Ich bin in der medizinischen Klinik, was habe ich getan?" Sie haben sicher etwas getan, sonst hätten Sie die Frage nicht gestellt, Sie haben nur den Eindruck, andere haben nicht genug getan. Nur, dieser anonyme Begriff Medizin hilft uns gerade in solchen Dingen überhaupt nicht weiter.

VON WEIZSÄCKER: Ich glaube, ich darf damit, mit vielem Dank für die Geduld auch des Publikums und die Beiträge der Redner, schließen.

Gestaltkreis und Situationskreis

Thure von Uexküll

Worum geht es?

Ich will mein Referat über „Gestaltkreis und Situationskreis" mit der Feststellung einleiten, daß „Gestalt" und „Situation" zwei Begriffe sind, die etwas bezeichnen, das erst in einer Interaktion von Elementen, von Teilnehmern auftritt, bei den isolierten Teilnehmern oder Elementen aber nicht vorhanden ist. Christian von Ehrenfels, der Begründer der Gestaltpsychologie hat das schon vor fast 100 Jahren auf die einfache Formel gebracht:

„Das Ganze ist mehr als die Summe seiner Teile."

Gestalt läßt sich nicht auf die Elemente zurückführen, aus denen sie aufgebaut ist. Sie entsteht aus deren Zusammenspiel als etwas Neues. Ebenso verhält es sich mit der Situation. Weder das Subjekt noch dessen Umgebung schaffen die Situation. Sie entsteht erst in der Interaktion von Subjekt und Umgebung als szenisches Element einer individuellen Wirklichkeit.

Das Entstehen von Neuem in einer Interaktion, die zu dem Zusammenschluß der „Teil-nehmer" zu einer Einheit – einem System – führt, nennt die Systemtheorie „Emergenz". „Gestalt" und „Situation" sind zwei Begriffe, die ein „Mehr" beschreiben, das im Sprung (emergent) als ein Neues bei der Interaktion von Subjekten mit Objekten in Erscheinung tritt. Gestaltkreis und Situationskreis sind zwei Modelle, die eine solche Interaktion beschreiben.

Was mit der Interaktion von unserem Wahrnehmen und unserem Bewegen als Neues entsteht, ist unser Raum. Dies Geschehen nannte Viktor von Weizsäcker „Gestaltkreis". Was bei der Interaktion von uns als Subjekten mit den Objekten unserer Umgebung entsteht, ist – unsere Wirklichkeit. Das nennen wir „Situationskreis". Solche Erfahrungen zwingen uns unsere Vorstellungen von der Wirklichkeit zu verändern. Das Gemeinsame der Modelle „Gestaltkreis" und „Situationskreis" ist der Versuch dieser Notwendigkeit Rechnung zu tragen. Beiden geht es um verschiedene Aspekte des Anteils des Subjekts an der Erzeugung von

Wirklichkeit und um eine Neudefinition des Begriffes „Objektivität", der, wie Viktor von Weizsäcker es formuliert hat, „in eine neue Beleuchtung rückt". Im Vorwort zur 4. Auflage seines Buches „Der Gestaltkreis" schreibt er:

> „Sodann hat die Einführung des Subjektes nicht etwa die Bedeutung, daß die Objektivität damit eingeschränkt würde. Es handelt sich weder um Subjektivität allein noch um Objektivität allein, sondern um die Verbindung beider. Eben darum ist nun hier doch eine Veränderung des Wissenschaftsbegriffes zu bemerken. Wissenschaft gilt nämlich hier nicht als „objektive Erkenntnis" schlechthin, sondern Wissenschaft gilt als eine *redliche Art des Umgangs von Subjekten mit Objekten*. Die Begegnung, der Umgang ist also zum Kernbegriff der Wissenschaft erhoben."

Einige Seiten weiter heißt es:
> „Die nähere Betrachtung des Gedankenganges zeigt dann das Bild einer Krise, die darin besteht, daß eine Stufe der klassischen Naturwissenschaften unter Kritik gestellt werden muß und so die Denkweise des Gestaltkreises entsteht. Diese neue Stufe wird also nur erreicht, indem die klassischen Begriffe sich teils ändern, teils in andere Beleuchtung rücken, teils verlassen werden. An die Stelle jenes naturwissenschaftlichen Weltbildes tritt eben das, was wir Gestaltkreis nennen, und die Realität in ihm kann daher eine ‚cyklomorphe' genannt werden (ein Terminus, der noch nicht benützt wird)."

Um die Wirklichkeit und ihren Raum zu beschreiben, die in der Interaktion – dem Umgang von Subjekten mit Objekten – entstehen, müssen sich die Begriffe der klassischen Naturwissenschaften „teils ändern, teils in andere Beleuchtung rücken, teils verlassen werden". Darüber hinaus – können wir hinzufügen – müssen neue Begriffe geprägt und definiert werden. „Gestalt" und „Situation" sind solche neuen Begriffe. In deren Gefolge ändert sich die Bedeutung, welche die klassischen Naturwissenschaften den Begriffen „Raum" und „Wirklichkeit" beigemessen haben.

Was Viktor von Weizsäcker als „Krise" bezeichnet, würden wir heute „Paradigmawechsel" im Sinne Thomas Kuhns (1973) nennen, und unter einer „zyklomorphen Realität" würden wir eine Wirklichkeit verstehen, die nicht in linearen Ursache-Wirkungs-Modellen, sondern nur in Kreismodellen beschrieben werden kann. Nach dem Zeitpunkt ihres Erscheinens geordnet sind diese Modelle:

1. 1920 der Funktionskreis Jakob von Uexkülls, auf den sich Viktor von Weizsäcker ausdrücklich bezieht. Aus dem Funktionskreis haben wir das Konzept des Situationskreises entwickelt (Th. von Uexküll u. W. Wesiack 1979).
2. 1933 wurde der Gestaltkreis Viktor von Weizsäckers erstmals publiziert;

3. die sensomotorische Zirkulärreaktion Jean Piagets, der sich wieder auf den Gestaltkreis Viktor von Weizsäckers bezieht, 1936; und der Regelkreis Norbert Wieners 1943.

Die Einführung des Subjekts in die Wissenschaft führt aber nicht nur zu einem Zusammenbruch der traditionellen Vorstellungen von Wirklichkeit und zu der Einsicht, daß Wirklichkeit nicht vorgefunden, sondern im Umgang mit Objekten erzeugt werden muß; sie führt auch zu der Einsicht, daß Gesundheit und Erzeugen von Wirklichkeit zusammengehören, und damit auch zur Einführung des Menschen als Subjekt in die Medizin.

Gestaltkreis und Situationskreis variieren ein gemeinsames Thema: Dem Gestaltkreis geht es um die Erzeugung der Wirklichkeit des Raumes, der eben nicht als Raum vorgefunden wird, *in* dem wir wahrnehmen und uns bewegen, sondern als ein Raum, den Wahrnehmen und Bewegen erzeugen. Das kann scheitern. Ein Beispiel ist der Schwindel, in dem die Erzeugung von Gesundheit nicht gelingt. Das Thema des Situationskreises ist die Erzeugung von individueller Wirklichkeit aus den Wahrnehmungen unseres Körpers und unserer Sinnesorgane nach Programmen, die der einzelne in seiner Biographie erworben hat. Auch das kann auf Schwierigkeiten stoßen oder mißlingen. Im ersten Fall sprechen wir von „Streß", im zweiten von Kranksein.

Das naturphilosophische und das medizinische Thema gehören also zusammen. 1955 schrieb Viktor von Weizsäcker:

> „Die Gesundheit eines Menschen ist eben nicht ein Kapital, das man aufzehren kann, sondern sie ist überhaupt nur dort vorhanden, wo sie in jedem Augenblick erzeugt wird. Wird sie nicht erzeugt, ist der Mensch bereits krank. Man kann den sozial Kranken als einen Menschen bezeichnen, bei dem die ständige Erzeugung von Gesundheit nicht mehr erfolgt."

Auch Wirklichkeit ist nur vorhanden, wo sie ständig erzeugt wird, und nur solange sie erzeugt wird, ist der Mensch gesund. Beides: Gesundheit und Wirklichkeit sind aber, wie Viktor von Weizsäcker betont, nicht nur individuelle, sondern auch soziale Phänomene. Sie haben mit einem „redlichen Umgang von Subjekten und Objekten" und anderen Subjekten zu tun.

Situation und Situationsanalyse

Was geschieht in einer Medizin, welche die Begegnung, den Umgang zum Kernbegriff ihrer Wissenschaftlichkeit erhoben hat? Vor allem, was geschieht dort anders als wir es schon immer gemacht haben? Ich will versuchen auf diese Fragen Antworten zu geben, indem ich zunächst die

Rollen genauer beschreibe, die von Subjekten und Objekten in eine Begegnung eingebracht werden müssen, wenn daraus ein Umgang – eine Interaktion – entstehen soll.

Winnicott (1963) hat für die Anteile der beiden Parteien, die Begriffe „Kreativität" und „genügend gute Umgebung" geprägt. Damit eine Interaktion zwischen dem Kind und der Mutter zustande kommen kann, muß, wie er sagt, die „genügend gute Mutter" (die für das Kind die Umgebung darstellt), warten können, bis das Kind in der Lage ist, die mütterliche Brust „für sich zu erschaffen". Der Kreativität auf seiten des Kindes muß das unaufdringliche Bereitsein der Mutter entsprechen. Für das Konzept der „genügend guten Mutter", die später durch eine „genügend gute Umgebung" abgelöst wird, hat die Biologie den Begriff der „ökologischen Nische" geprägt. Er umreißt die Erfahrung, daß in der Natur eine genügende Menge von Ressourcen und eine ausreichende Reduzierung der Gefahren gegeben sein müssen, wenn eine Art überleben soll. Was aber im einzelnen Fall „Ressourcen" und „Gefahren" sind, wird von der betroffenen Art und deren kreativen Potenzen bestimmt, Umgebungsfaktoren zu verwerten bzw. zu bekämpfen. Art und Nische bestimmen sich gegenseitig. Das raffinierte Gleichgewicht zwischen den kreativen Potenzen eines Lebewesens und den fördernden oder hindernden Gegebenheiten der Umgebung beschreibt der Begriff der „Situation". Sie ist weder allein durch die Eigenschaften des Subjekts noch durch die objektiven Gegebenheiten allein definiert, sondern nur dadurch, wie gut oder wie schlecht beide zueinander passen, um sich zu der Einheit einer belebten Bühne zu ergänzen, die Lebens- und Überlebenschancen bietet.

Situationen entsprechen begrenzten Szenarien, die mit einem Problem beginnen und mit der Lösung des Problems – oder einer kleineren oder größeren Katastrophe – enden. Situationen sind immer beides: Chance und Gefahr. Für die Medizin, welche die Begegnung, den Umgang oder die Interaktion zum Kernbegriff erhoben hat, ist es entscheidend, daß der Arzt sich als Teil der Situation des Patienten begreift, als Treuhänder einer „genügend guten Umgebung" oder einer ökologischen Nische, die der Kreativität dieses bestimmten Kranken entspricht. Eine genügend gute Umgebung eröffnet dem Kranken die Möglichkeit, eine individuelle Wirklichkeit aufzubauen, in der – als Vorbedingung für die Gesundung – auch die Krankheit ihren Platz findet.

Jede Umgebung hat für den Menschen eine soziale Dimension. Daran hat auch der Arzt Anteil. Die Frage, ob eine Umgebung die für die Gesundung – oder auch nur für das Überleben – eines Kranken benötigte Nische werden kann, hängt daher auch von der sozialen Unterstützung im Sinne dessen ab, was im Englischen „social support" heißt. Der Arzt hat daran im positiven oder im negativen Sinne Anteil.

In jeder Situation vollzieht sich ein Umgang der biologischen, psychischen und sozialen Kreativität eines Subjekts mit physischen, biologischen, psychischen und sozialen Komponenten einer objektiven Umgebung. Eine Medizin, die, wie Viktor von Weizsäcker fordert, den Umgang zum Kernbegriff erhoben hat, muß sich daher um Situationsbeschreibungen und Situationsanalysen bemühen. Damit kann sie Zusammenhänge klären und therapeutisch zugänglich machen, wie es Selye mit seinem Streßbegriff versucht, aber auf Grund der naiven Vorstellungen, von denen er ausgeht, nicht erreicht.

Begegnung als Austausch von Bedeutung

Zum Schluß möchte ich noch einen Punkt hervorheben, der weiterführt: Begegnung, Umgang, Situation oder Beziehung sind Begriffe für Phänomene, die auf einem Austausch von Bedeutung beruhen. Der Austausch findet zwischen Subjekten und Objekten, oder allgemeiner, zwischen Kreativität und Umgebung statt. Wahrnehmen – oder „Merken", wie es Jakob von Uexküll (1928) allgemeiner als Bezeichnung für jede rezeptorische Funktion (schon der Zelle) eingeführt hat – hat die Aufgabe einer „Bedeutungserteilung". Bewegen oder „Wirken" als allgemeinere Bezeichnung für jede effektorische Funktion ist „Bedeutungsverwertung". Das sind die zwei Aspekte, in denen sich die Aktivität von Subjekten, d. h. von Kreativität manifestiert. Objekten oder Umgebung fällt dabei die Rolle zu, Bedeutung zu erdulden oder zurückzuweisen.

Bedeutungserteilung, Bedeutungsverwertung und Bedeutungserduldung sind Glieder eines Musters, das Phänomene verbindet (Bateson 1982), und zwar anders verbindet, als das Muster von Ursache und Wirkung. Das neue Muster, dem wir in den zyklomorphen Wirklichkeiten lebender Systeme begegnen, ist das Muster von Zeichen und Bezeichneten, von Signifikant und Signifikat oder die „Semiose", wie es die Zeichentheorie nennt.

Die Reaktionen lebender Systeme sind Antworten auf Zeichen und keine Wirkungen von Ursachen. In seiner „Bedeutungslehre" führt Jakob von Uexküll aus, daß jede Komponente eines organischen oder anorganischen Gegenstandes zu einem Bedeutungsträger wird, sobald sie mit einem „Komplement" im Körper eines Subjekts in Verbindung tritt. Er sagt dann:

> „Man erhält den Eindruck, daß die Bedeutungsträger Geheimzeichen oder Symbole darstellen, die nur von den Individuen der gleichen Art verstanden werden, für die Mitglieder fremder Arten aber völlig unverständlich bleiben" (1940).

Das geheimste aller Geheimzeichen ist das Zeichen „Selbst", das jedem Lebewesen, auch dem Menschen, schon in seinem genetischen Code mitgegeben ist. Dieses „Selbst" ist die Basis aller Zeichensysteme der Zellen unseres Körpers und der individuellen Wirklichkeiten, die jeder im Umgang mit seiner menschlichen und außermenschlichen Umgebung aufbauen muß. Eine Medizin, welche im Sinne Viktor von Weizsäckers die Begegnung, den Umgang zum Kernbegriff ihrer Wissenschaftlichkeit erhoben hat, muß davon ausgehen, daß Patient und Arzt in verschiedenen Wirklichkeiten leben und gemeinsam den Code suchen und finden müssen, der Übersetzungen zwischen den Zeichensystemen ihrer verschiedenen individuellen Wirklichkeiten ermöglicht. Dieser Code ist Voraussetzung für eine Begegnung, die zu Kommunikation und für einen Umgang, der zur Interaktion in einer gemeinsamen, einer sozialen Wirklichkeit führt.

Literatur

Bateson G (1982) Geist und Natur. Eine notwendige Einheit. Suhrkamp, Frankfurt/M.
Ehrenfels C von (1960) In: Weinhandl F (Hrsg) Gestalthaftes Sehen. Zitiert in Metzger W (Hrsg) Historisches Wörterbuch der Philosophie, Bd 3. Basel Stuttgart, S 547 (1974)
Kuhn T (1973) Die Struktur wissenschaftlicher Revolutionen. Suhrkamp, Frankfurt/M.
Medawar PB, Medawar IS (1977) The life science. Harper & Row, New York Hagerstown San Francisco London
Piaget J (1969) Das Erwachen der Intelligenz beim Kinde. Klett, Stuttgart
Uexküll J von (1920) Theoretische Biologie, 1. Aufl. Paetel, Berlin
Uexküll J von (1928) Theoretische Biologie, 2. Aufl. Springer, Berlin
Uexküll J von (1940) Bedeutungslehre. Barth, Leipzig. – Neudruck 1970. In: Uexküll J von, Kriszat G (Hrsg) Streifzüge durch die Umwelten von Tieren und Menschen und Bedeutungslehre. Fischer, Frankfurt/M.
Uexküll Th von, Wesiack W (1979) Lehrbuch der psychosomatischen Medizin, 1. Aufl. Urban & Schwarzenberg, München. 3. Aufl. 1985
Weizsäcker V von (1933) Der Gestaltkreis, dargestellt als physiologische Analyse des optischen Drehversuchs, Pflügers Arch 231: 630
Weizsäcker V von (1950) Der Gestaltkreis, Theorie der Einheit von Wahrnehmen und Bewegen, 4. Aufl. Thieme, Stuttgart
Weizsäcker V von (1955) Soziale Krankheit, soziale Gesundung. Vandenhoeck & Ruprecht, Göttingen
Wiener N (1963) Kybernetik. Econ, Düsseldorf Wien

Über den Schwindel bei Viktor von Weizsäcker*

Dieter Janz

„Meine Beschäftigung mit der Neurologie beginnt etwa 1917" – Viktor von Weizsäcker war damals 31 Jahre alt und hatte sich 1 Jahr zuvor als Internist habilitiert – „wo ich als Lazarettarzt in Montmedy in einer kleinen Küche meines Privatquartiers begann, Versuche über die Abhängigkeit des Lokalisierens im Raum von der Kopf- und Augenstellung zu machen", so erinnert er sich später im Kapitel „Neurologie" von „Natur und Geist" (1986, S. 56). Seine erste neurologische Visitenkarte gibt er am 7. 5. 1918 im Naturhistorisch-Medizinischen Verein zu Heidelberg mit der Vorstellung eines Kranken ab, der an Menièreschen Anfällen erkrankt war, an die sich eine dauernde Störung der Raumwahrnehmung angeschlossen hatte (1918). Mit einer systematischen Analyse des optischen Raumsinns am gleichen Fall, die er 1919 in der *Deutschen Zeitschrift für Nervenheilkunde* publiziert, stellt er sich in der Zunft der Neurologen vor, die damals allerdings eine kleine Schar gewesen ist. 1920 übernimmt er die Nervenabteilung der Medizinischen Klinik in Heidelberg. Aus dem gleichen Jahr stammt ein allgemeinverständlicher enzyklopädischer Aufsatz mit dem Thema „Wir und der Raum", der diese Beziehung auf allen Ebenen anatomisch, physiologisch, physikalisch und philosophisch traktiert. Auch in den folgenden Jahren üben Störungen der Raumwahrnehmung in Verbindung mit Störungen der motorischen Koordination eine Faszination auf ihn aus (1924, 1931), wohl, weil er in der Wahrnehmung des Raumes eine grundlegende Sinnesleistung wie in der Erhaltung des Körpergleichgewichts eine grundlegende motorische Leistung gesehen hat, die er im Zuge seiner Studien über den Abbau sensibler Leistungen und seiner Untersuchungen zum Aufbau der Motorik mehr und mehr aufeinander zu beziehen sich gezwungen sah. Bis er in Konsequenz der neurophysiologischen Analysen und zeitgeschichtlich in einem später durchaus reflektierten Zusammenhang „mit den zunehmenden politischen Schwankungen in

---

* Gekürzte Fassung des Vortrags aus 24. DKPM-Arbeitstagung in Schönberg, hrsg. von F. Lamprecht. Springer, Berlin Heidelberg New York Tokyo, 1986.

Deutschland" (1954, S. 73) zu Beginn der 30er Jahre Paul Vogel zu „Untersuchungen über den Schwindel" angeregt hat, deren Ergebnisse gewissermaßen zum Experimentum crucis der Gestaltkreistheorie geworden sind, weil sich mit ihnen das Äquivalenzprinzip, d. h. die Möglichkeit einer Stellvertretung von Wahrnehmen und Bewegen, in gewissem Sinne auch das Drehtürprinzip, d. h. ihrer gegenseitigen Verborgenheit, belegen läßt. Auch ist der Krisenbegriff weitgehend am Beispiel des Schwindels entwickelt – damit eine Erfahrung vorwegnehmend, die von Weizsäcker persönlich gemacht hat. Denn er hat „selbst einmal einen Anfall von Menièreschem Schwindel gehabt", den er in der „Pathosophie" (1956, S. 301) sehr dezidiert beschreibt, worauf noch zurückzukommen ist. So zieht sich der Schwindel als wissenschaftliches, ärztliches und persönliches Thema – man möchte mit seinen eigenen Worten sagen „ontisch und pathisch" – durch seine eigene Biographie. Und wer die leidenschaftlichen Bewegungen seines Denkens und Lebens kennt, wird es auch nicht für Zufall halten, daß sein Denken gegen Ende des Gestaltkreises (1940) um „die Krisen und die Selbsterfahrung der Unstetigkeit" kreist.

Zeugnisse der Selbsterfahrung von Leiden und Krankheit durchflechten den Grund unserer Kultur. Dabei denke ich zunächst an die Erfahrungen von Ärzten, die durch gewissenhafte Eigenbeobachtung und Wahrnehmung der Innenseite ihrer Krankheiten zur Ergänzung medizinischer Kenntnisse beigetragen haben, wie etwa in dem bekannten Fall von Parkinsonismus eines Arztes, den Beringer mitgeteilt hat (1948), oder an den Bericht des Kollegen Z. über seine „dreamy states" und epileptischen Anfälle, den wir Hughlings Jackson (1888) verdanken (s. auch Grotjahn 1929). Jeder kennt Beispiele einer literarischen Verdichtung von Selbsterfahrungen durch Schriftsteller, am bekanntesten im „Idiot" von Fjodor Dostojewskij, oder auch in „Gullivers Reisen" von Jonathan Swift, der wie von Weizsäcker – und übrigens auch Luther – an einem Morbus Menière gelitten hat. Eine – abgesehen von der religiösen, die ich nur erwähne – besondere Art, aus seinem Leiden nicht nur zu lernen, sondern auch lernen zu lassen, ist schließlich die philosophische der Lebens- oder Existenzphilosophie, d. h. die Weise, die Leidenserfahrung zur Wesensbestimmung menschlicher Existenz konstituiert. Beispiele für diese leidend erfahrene Selbst- und Welterkenntnis sind vor allem Kierkegaard, dessen zentrale Erfahrung die Angst war („Furcht und Zittern", „Der Begriff der Angst") oder Heidegger, bei dem der Begriff der Sorge und Sartre, bei dem der Begriff des Ekels („La nausée") eine nur durch Selbsterfahrung erkenntliche zentrale Rolle in ihrem Denken einnimmt. So auch der z. B. zur Krise schlechthin gewordene Schwindel bei von Weizsäcker, der für ihn nichts weniger als die Einordnung des Subjekts in die Welt bedroht.

Davon ist bei Paul Vogel nicht die Rede. Bei seinen „Studien über den Schwindel" hat er recht einfach Versuche, Drehversuche mit sich selbst und mit Versuchspersonen gemacht, dabei die motorischen Reaktionen beobachtet und die Wahrnehmung der Versuchspersonen registriert. Dabei kam es ihm auf eine „einheitliche Lehre vom Schwindel" an. In seinem Überblick über die historische Entwicklung des Schwindelproblems unterscheidet er zwei Abschnitte, deren erster durch Purkinje gekennzeichnet ist und deren zweiter durch die Experimente von Goltz (1879) und von Ewald (1910) und durch die Mach-Breuersche Theorie der Labyrinthfunktion (1975) dokumentiert ist.

Purkinje (1820) war von Selbstversuchen ausgegangen, bei denen er sich in gerader Haltung mit offenen Augen eine Zeitlang schnell um sich selber drehte, um dann plötzlich stehen zu bleiben. Danach hielt er die dann wahrnehmbare Scheinbewegung der Umwelt für das Grundphänomen des Schwindels. Als er kurz darauf (1822) von den Experimenten von Flourens erfuhr, der nach operativer Entfernung des Kleinhirns beobachtet hatte, daß die Versuchstiere „einen schwankenden, unordentlichen, an Betrunkenheit erinnernden Gang bekamen", formulierte er, indem er die psychophysische Einheit des Schwindels zu erfassen suchte: „Im inneren Sinne erscheint der Schwindel als eine Verwirrung der räumlichen Anschauung durch scheinbare, den Objekten nicht entsprechende Bewegung, äußerlich durch unwillkürliche einseitige Muskelaktionen."

Vogel erläutert, daß Purkinje vom Vitalismus von Erasmus Darwin (1975) und von der Goetheschen Farbenlehre beeindruckt war, während die Tradition der Tierversuche von Flourens auf Albrecht von Haller und seine Schüler zurückgehen, „für die die Newtonsche Mechanik das große Erklärungsprinzip organischer Vorgänge" und daher „die Beobachtung von Bewegungserscheinungen der eigentliche Ausgangspunkt wissenschaftlicher Physiologie war". So wird klar, daß Purkinje versucht hat, „seine heautognostischen Daten ... mit der objektiven Beobachtung von motorischen Störungen zu einer das Erlebnis und die Körperbewegung umfassenden Schwindellehre" zu vereinigen. Die innige Verknüpfung aber von Bewegungskräften und räumlicher Anschauung, wie sie im Schwindel sich zeige, sei im Organismus dadurch gegeben, daß beide Phänomene Lebensäußerungen desselben Organes sind. Als Organ stehe für Purkinje und seine Zeitgenossen das Gehirn im Mittelpunkt der Lehre vom Schwindel – Schwindel sei gleichsam das Gemeingefühl, das im Kopfe sitzt, wie die Angst in der Brust.

„An der Schwelle des zweiten Abschnittes der Schwindelforschung", in der das Labyrinth zum eigentlichen Organ des Schwindels wird, steht „die Entwicklung von physiologischen Grundvorstellungen", nach denen „der Reflex und die Empfindung die beiden fundamentalen Begriffe sind ..., auf die nach Möglichkeit alle nervösen Leistungen reduziert werden; sie waren in der zweiten Hälfte des vorigen Jahrhunderts die Elemente geworden, nach denen Wahrnehmen und Handeln konstruiert werden sollten. Reflexphysiologie und Sinnesphysiologie entwickelten die Gesetze und Regeln, nach denen dies geschah" (Vogel 1933).

Schlagwortartig verkürzt kam man konsequenterweise dann auch zu einer dualistischen Vorstellung in Form von zwei nebeneinander existierenden Anschauungen: „Der Schwindel ist wesentlich eine Gleichgewichtsstörung und: Der Schwindel ist wesentlich eine Sinnestäuschung ... Beide Lehren zerlegen den Schwindelkomplex ... in zwei Hälften, eine subjektive und eine objektive. Je eine wird für die wesentliche gehalten, von der aus die andere als hinzutretende Reaktion oder als von ihr völlig unabhängiger zweiter Bestandteil erscheinen" (Vogel 1933). Zwar sei man von der Einheitlichkeit des Schwindelkomplexes überzeugt; doch werde diese vorläufig etwas vage und etwas zu selbstverständlich als Parallelität von Empfindungen und Reflexen gefaßt, ohne diese Beziehung ausdrücklich zum Problem zu machen oder sie gar experimentell anzugehen.

„Während die klassische ... Physiologie im allgemeinen mit zwei Variablen rechnet und daher auf einem zweiachsigen Koordinatensystem dargestellt wird" kam es darauf an, „eine dritte Variable einzuführen" – so erläutert von Weizsäcker (1986, S. 75f.) das Versuchsarrangement, „Reflexphysiologisch bestimmt man die Beziehung zwischen Reiz und Reflexbewegung, sinnesphysiologisch die zwischen Reiz und Empfindung; in den Versuchen von Paul Vogel aber sollte jedes Mal ein Zusammengehören von Reiz, Bewegung und Empfindung beobachtet werden, also drei Bestimmungen" (s. oben). Die Untersuchung beschreibt Vogel (1933) als „Versuche zu Zweien" „nicht nur in dem Sinne, daß der eine Versuchsleiter und der andere Versuchsperson war, sondern vielmehr so, daß das, was der eine erlebte, der andere aber nicht beobachten konnte, und das, was der andere beobachtete, der erste aber nicht erleben konnte, zusammen ausgetauscht und mitgeteilt eine Grunderfahrung ausmachte". So wird die Experimentalsituation identisch mit einer ärztlichen Grundhaltung, denn nur in dieser Weise, sich hin und her bewegend zwischen einer Geschichte des Erlebten und dem Protokoll eines Beobachters, gelinge es, psychophysische Vorgänge zu erfassen.

Vogel hat optokinetische Versuche angestellt, bei denen man sich unter ein optisches Drehrad stellt, dessen Inneres mit schwarzen und weißen Streifen austapeziert ist. Fordert man die Versuchsperson (VP) auf, die Streifen anzusehen, während sich das Rad in einer mittleren Geschwindigkeit dreht (Situation A), spürt sie nach einigen Sekunden ein deutliches Schwindelgefühl, Unbehagen, einen Zug nach der Seite, nach der sich das Rad dreht; sie wird unsicher im Stehen, hat optisch keinen rechten Halt mehr und kann ins Fallen kommen. Dabei sieht man einen ziemlich regelmäßigen Nystagmus und eine Haltungsänderung mit Drehen von Kopf und Rumpf in der Drehrichtung des Rades. Von dieser Veränderung der Körperhaltung merkt die VP „recht wenig"; sie bemerkt auch keine Scheinbewegungen, doch kostet sie die Aufrechterhaltung der räumlichen Orientierung Mühe.

Läßt man die VP nun eine vor die vorüberziehenden Streifen gehaltene kleine Marke fixieren oder durch das Rad hindurch ins Unendliche starren (Situation B), so ändern sich Erlebnis und körperliche Äußerung vollkommen. Die VP sieht, daß die Marke sich entgegen der Drehrichtung des Rades fortbewegt. Mit zunehmender Geschwindigkeit der Bewegung der Marke scheint das Drehrad langsamer zu werden. Alle Gegenstände, die man indirekt sieht, machen meist die Bewegung der Marke mit und oft ist es so, daß man sich selbst mit dem ganzen umgebenden Raum zu drehen scheint (während das Drehrad stillzustehen scheint). Wenn die feste Blickeinstellung gelingt, verschwindet die oben beschriebene Änderung der Körperhaltung, die VP kann gerade stehen; sie hat keinen Nystagmus.

Bei der Deutung der Ergebnisse geht Vogel davon aus, daß sich in den Versuchen gewissermaßen zwei verschiedene Formen des Schwindels darstellen. Das Auffallende der einen Form sind die Scheinbewegungen, die Veränderung der räumlichen Orientierung, während die andere Form durch das Auftreten von Haltungsänderungen systematischer Art, verbunden mit dem Gefühl des Zuges nach einer Seite gekennzeichnet ist. Während er sich in betonter Unvoreingenommenheit fragt: Besteht zwischen dem Erlebnis der Scheinbewegung und den motorischen Haltungsänderungen und Reaktionsbewegungen ein Zusammenhang, und von welcher Art ist er? – schwingt in der in der Frühfassung des „Gestaltkreises" von Viktor von Weizsäcker (1933) geäußerten Frage, ob eine dynamische Relation zwischen der Wahrnehmungsfunktion und der Bewegungsfunktion des Organismus auffindbar sei, die ungeduldige Erwartung eines theoretisch bedeutsamen Ertrages mit. Vogel formuliert nach eingehender Analyse zurückhaltender: „Die beiden Versuche verhalten sich also in bezug auf die in ihnen auftretende psychophysische Relation wie Spiegelbilder zueinander, obwohl der Reiz der gleiche ist."

An der Grenze beider Situationen stehe der Schwindel. Zu ihm führen beide Versuche hin, aber die Bildung der Symptome sei in beiden Versuchen ganz verschieden... Die klinischen Beobachtungen legten es nahe, von Äquivalenten zu sprechen, in dem prägnanten Sinne einer psychophysischen Ablösung. Daß „anstelle einer wahrgenommenen Bewegung eine getätigte auftreten kann, und umgekehrt: darin steckt die Konzeption des Gestaltkreises" erinnert sich von Weizsäcker dann 1944 in „Natur und Geist" (1986, S. 74).

Es war von Weizsäckers Wunsch und ist es leider auch geblieben, wie er bedauernd feststellt (1986, S. 76), „daß noch weitere Untersuchungen nach dem Muster derer über den optokinetischen Schwindel unternommen worden wären... Aber die Hoffnung, daß der methodische Trialismus auch auf anderen Gebieten als fruchtbar erwiesen werden würde, hat sich vorläufig nicht erfüllt". Der Schwindel hat ihn aber als Thema weiter verfolgt und als Ereignis schließlich auch eingeholt.

Am 14. November 1947 hat er in einer seiner Vorlesungen über allgemeine Medizin darüber berichtet. Ich weiß das, weil ich dabei war und meine Notizen darüber kürzlich gefunden habe.

Er sprach von dem elenden Überwältigungserlebnis im Schwindel, das reicher an Bestimmungen zu sein scheint, als eine lustvolle Überwältigung etwa im Schlaf oder im Orgasmus. Denn das Fortwünschen des Zustandes, das Warten auf Besserung, zeige einen deutlichen Gegensatz, eine Polarität. „Ich wünschte, es würde besser, aber ich kann nichts dazu tun, denn es ist stärker als ich." Der polar gebaute Zustand enthalte zwei Duplikationen, eine von Elendigkeit und Überwältigung und eine zweite von „Ich" und „Es". Er versuchte „den originalen Schwindelzustand so zu beschreiben, daß in ihm das Ich mit dem Es verschmelze", indem er das Erlebnis des Aufgehens in einer einheitlichen Zuständlichkeit in die Formel brachte: „Der Schwindel ist der Ort, an dem sich die Füchse in der Nacht begegnen."

Er dachte sich wohl, daß sie dann tanzen, denn in der Vorlesung kam er gleich danach darauf zu sprechen, daß das Gegenbild des Schwindels der Tanz sei, in dem der Schwindel mit der Lust gekoppelt ist, wenn man ebenso wie beim Kahn- und Karussellfahren, Schaukeln, Schwimmen, Reiten, rhythmisch getragen wird und die Objektivität in der Leidenschaft der Bewegung aufgehoben sei.

Ich denke mir, daß von Weizsäcker bei den Füchsen als den Fabeltieren des Schwindels auch an ihre List und Schläue gedacht hat, denn sowohl in der Vorlesung wie in der „Pathosophie" wies er gleich danach auf den Doppelsinn des Wortes hin, das nicht auseinanderhalte, ob es sich um Irrtum oder Lüge, um Verwechslung oder Betrug handele, ob es einen, den es schwindelt, oder einen, der schwindelt, meine. Das sei bisher in der Beschreibung des Krankheitsvorgangs ignoriert worden.

Worum es sich dabei drehen kann, davon kann ich zum Schluß eine längst verjährte Geschichte erzählen, eine Geschichte, an der der Doppelsinn von Schwindel ebenso unmittelbar einleuchtet, wie der Grund, warum man als Arzt so wenig davon erfährt (Hallgrimsson u. Janz 1966): „Ein durch seinen Fleiß und seine Gewissenhaftigkeit bis zum Obersteiger arrivierter Bergmann traf einmal auf einem seiner regelmäßigen Kontrollgänge unter Tage auf drei am Boden hockende Bergleute. Bei seinem

Näherkommen erhoben sich zwei und meldeten ihm, daß ihr Kamerad vor wenigen Minuten an einem Herzschlag gestorben sei. Da er eine große Familie hinterlasse, die mit einer Hinterbliebenenrente nur ein kümmerliches Leben fristen könne, hätten sie gerade beschlossen, ihn in die Tiefe zu werfen, um einen Arbeitsunfall vorzutäuschen. Dann werde durch die Berufsgenossenschaft für die Familie gesorgt; das sei einfach Bergmannspflicht. Er müsse dichthalten, sonst reiße er nicht nur die Familie eines Kameraden, sondern auch sie beide mit herein. Als er dann wenige Wochen später bei einem Kontrollgang wieder an dem Schacht vorbeikam, überfiel ihn der erste Schwindelanfall einer Menièreschen Krankheit. Die auch später sich immer nur in der gleichen Situation wiederholenden Anfälle hörten erst auf, nachdem er sich aus dem Konflikt befreit hatte."

Die Geschichte ist zugleich eine besonders sinnfällige Auslegung für den anthropologischen Kernsatz der Pathosophie, daß Krankheit aus Krisen der Wahrheit hervorgehe. Denn hier war die Wahrheit Schwindel und im Schwindel Wahrheit.

Literatur

Beringer K (1948) Selbstschilderung eines Paralysis agitans-Kranken. Nervenarzt 19: 70-80
Breuer J, zitiert in Mach E
Darwin E (1795) Zoonomie oder Gesetze organischen Lebens. Übers. von Brandis. Hannover. Zit. nach Vogel P
Dostojewskij F (1963) Der Idiot. Übers. von Rahsin. Piper, München
Ewald R (1910) Referat „Über Schwindel". Arch Psychiatr Nervenkr 47: 947-959. Zit. nach Vogel P (1933)
Flourens P (1824) Versuche und Untersuchungen über die Eigenschaften und Verrichtungen des Nervensystems usw. Übers. von Becker, Leipzig. Zit. nach Vogel P (1933)
Goltz F (1879) Arch Ges Physiol 3: 172. Zit. nach Vogel P (1933)
Grotjahn A (1929) Ärzte als Patienten. Subjektive Krankengeschichten in ärztlichen Selbstschilderungen. Thieme, Leipzig
Hallgrimsson O, Janz D (1966) Zum Verlauf der Menièreschen Krankheit. Nervenarzt 37: 285-290
Heidegger M (1972) Sein und Zeit. Niemeyer, Tübingen
Jackson H (1888) On a particular variety of epilepsy („intellectual aura"), one case with symptoms of organic brain disease. Brain 11: 179-207
Kierkegaard S (1960 ff) Der Begriff Angst, Bd 1. Furcht und Zittern, Bd 3. In: Werke (übers. von L. Richter). Rowohlt, Reinbek
Mach E (1875) Grundlinien der Lehre von den Bewegungsempfindungen. Leipzig. Zit. nach Vogel P (1933)
Menière P (1861) Maladie de l'oreille interne offrant les symptôms de la congestion cérébrale apoplectiforme. Gaz Méd Paris 3/16: 88
Purkinje JE (1820, 1825, 1827) Zit. nach Vogel P (1933)
Sartre JP (1949) Der Ekel. Rowohlt, Stuttgart

Vogel P (1931a) Über die Bedingungen des optokinetischen Schwindels. Pflüg Arch Ges Physiol 228: 631-643

Vogel P (1931b) Über optokinetische Reaktionsbewegungen und Scheinbewegungen. Pflüg Arch Ges Physiol 228: 631-643

Vogel P (1931c) Über Regulation des Körpergleichgewichtes. Verh Dtsch Ges Inn Med 43: 51-55

Vogel P (1932) Zur Symptomatologie und Klinik des Schwindels. Nervenarzt 5: 169-179

Vogel P (1933) Studien über Schwindel. Sitzungsberichte der Heidelberger Akademie der Wissenschaften. Math-nat. Kl. 1933, 5. Abh. De Gruyter, Berlin Leipzig

Therapeia

Martti Siirala

> *Es gibt nichts so Böses, Wildes und Grausames in der Natur wie die Normalmenschen.*
> *Ein anständiger Mensch tut keinen Schritt, ohne Feinde zu kriegen.*
> *Kollegen laufen gerne zueinander, vertragen sich aber selten.*
>
> Hermann Hesse

Therapeia heißt ein finnisches Institut für psychoanalytische Therapie. Die Heimstätte dieses Instituts ist Helsinki, wobei das Tätigkeitsfeld ganz Finnland umfaßt. Therapeia ist Mitglied in der IFPS, der Internationalen Föderation psychoanalytischer Gesellschaften neben etwa der deutschen DPG und manchen anderen. Vor 6 Jahren organisierte Therapeia in Haikko, Finnland, eine interdisziplinäre und psychoanalytische Konferenz zum Thema „Gewalt". Es lag uns besonders daran, über „Gewalt" bei unserer Konferenz zu sprechen und nicht etwa über „Aggression", wie es die sonstigen Mitglieder des damaligen Exekutivkomitees von IFPS lieber haben wollten. Übrigens waren einige von den hier jetzt Anwesenden dabei und zwei von ihnen trugen mit Vorträgen und Gesprächsvoten Wesentliches zur Gestaltung jener Konferenz bei, nämlich Wolfgang Jacob und Heinrich Huebschmann.

Ihren konkreten Anfang nahm Therapeia 1958, also vor 28 Jahren. Nach meiner Rückkehr von einem 5jährigen Aufenthalt in Zürich zwecks psychoanalytischer Ausbildung entwuchs der kleinen Gruppe meiner Lehranalysanden eine Art Therapieseminar. Dazu gesellten sich dann ein paar Jahre später die Lehranalysanden meiner Kollegen Allan Johansson und Kauko Kaila, die ebenfalls in der Schweiz ihre psychoanalytische Ausbildung bekommen hatten.

Die Stiftung Therapeia, die später der Schoß für die Entwicklung und Organisierung zu einem psychoanalytischen Ausbildungsseminar war, wurde bereits einige Jahre früher als Idee anvisiert. Dies geschah zwischen meinem älteren Bruder und mir selber. Aarne Siirala, kürzlich emeritierter

Professor der Religion an der Wilfried Laurier Universität in Waterloo, Kanada, war damals Rektor des Gemeindeinstituts der finnischen lutherischen Kirche. Meine eigene geistige Entwicklung war Ende der 40er Jahre durch seine in der Luther-Forschung gewonnenen Einsichten, besonders durch solche wie Luthers Kampfschrift gegen Erasmus von Rotterdam, De Servo Arbitrio (1525) – vom Unfreien Willen – entscheidend beeinflußt worden. Andere geistige Paten der Therapeia-Idee waren dann: Viktor von Weizsäcker, auf dessen Schriften mich mein Lehrer in der Physiologie an der Universität Helsinki, Yrjö Reenpää, bahnbrechender Forscher der Grundlagen der Sinnesphysiologie, aufmerksam gemacht hatte. Selbstverständlich war auch Sigmund Freud einer der Paten, nachdem meine harten Vorurteile gegen Psychoanalyse durch unmittelbare Begegnung mit Geisteskranken unter der weisen Leitung eines älteren Kollegen in der psychiatrischen Universitätsklinik nachgelassen hatten. Der junge Mann, der daran war, Neurologe zu werden und eine neurologische Dissertation geschrieben hatte, machte kehrt und wandte sich leidenschaftlich dem Studium der Therapie zu. Nie war er jedoch spontan identifiziert mit der expliziten Weise Freuds seinen Grunderfahrungen und Ideen theoretische Artikulierung zu geben. Um so mehr sprach ihn die Art von Weizsäckers an.

Kaum hatte aber die Bekanntschaft mit von Weizsäckers Gedanken angefangen, war ich schon in Zürich (1952) und in Berührung mit zwei weiteren wichtigen Quellen der Inspiration: mit der Psychotherapie der Schizophrenie als eigene Erfahrung unter der Leitung von Gaetano Benedetti, meines Studienkameraden im sog. Bally-Boss-Kreis, de facto einem psychoanalytischen Ausbildungskreis, angeschlossen an die Psychiatrische Universitätsklinik, die damals von Manfred Bleuler geleitet wurde. Zwischen Benedetti und mir entstand ein Dialog, in welchem ich die erstaunliche wie selbstverständliche Anwesenheit Benedettis in der Welt des Schizophrenen in einer mir möglichst allgemeinmenschlich vorkommenden Sprache zu artikulieren trachtete. Jene Erfahrung sozusagen preßte aus mir das Manuskript heraus, dessen erste Überschrift hieß: „Was sagt uns die Begegnung mit einem Geisteskranken" und das Wilhelm Kütemeyer, als er die Publikation bei Vandenhoeck & Ruprecht erwirken konnte, in „Die Schizophrenie – des einzelnen und der Allgemeinheit" umbetitelte.

Zu den Paten der Therapeia, Luther, Freud, von Weizsäcker und die Schizophrenietherapie von Benedetti gesellte sich dann noch Martin Heidegger, besonders von Medard Boss als Kontrollanalytiker vermittelt. Durch die Gespräche, bei den Therapien, die ich selber und meine Studienkameraden damals führten, eröffnete sich für mich der Zugang in die Bedeutsamkeiten des Heideggerschen „Approaches". Wie im Falle von Freud, war ich von Anfang an manchen grundlegenden Aspekten der

Denkweise von Heidegger und auch von Boss gegenüber kritisch eingestellt.

In diesem Zusammenhang kommt es mir natürlich vor, zu erzählen, wie es mir beim Zusammentreffen mit Viktor von Weizsäcker – durch Wilhelm Kütemeyer im Jahre 1954 vermittelt – erging.

Von Weizsäcker lag im Bett und starrte die Decke an, kam aber ohne weiteres flüssig ins Gespräch mit mir. Beim Erzählen über meine Zürcher Erfahrungen kam mir unglücklicherweise – das konnte ich nicht ahnen wie unglücklicherweise – der Name Boss von den Lippen. Sofort rief von Weizsäcker nach seiner Frau: „Olympia!" Als sie an der Tür erschien, sagte von Weizsäcker: „Zeig diesem Herrn den Weg hinaus!"

Während den 28 vergangenen Jahren haben sich 57 Personen, darunter Ärzte, Psychologen und Theologen das Psychoanalytikerdiplom, das eine 6jährige Ausbildung voraussetzt, erworben. Das Psychotherapiediplom nach einem 3jährigen Ausbildungsgang ist 88 Personen verliehen worden. In den 6- und 3jährigen Ausbildungsgruppen studieren z. Zt. 55 Personen. Durch die sich nach außen zeigende Solidität der therapeutischen Ausbildungstätigkeit unter der stets wachsenden Anfrage, wie aber auch durch den unnachgiebigen Anspruch auf sinnvolle Eingliederung in die Systeme der offiziellen Gesundheitspflege unter beibehaltener wesentlicher Autonomie, hat Therapeia es erreicht, daß sie schon seit etwa 18 Jahren und immer zunehmend von der finnischen Gesellschaft anerkannt worden ist. Und zwar auch ebenbürtig mit der finnischen Branche der IPV, der Internationalen Psychoanalytischen Vereinigung (Analytikerzahl ungefähr gleich groß wie bei uns). Trotz des psychoanalytischen Monopolanspruches auch der finnischen IPV-Branche sind wichtige Felder der Zusammenarbeit zwischen jener und Therapeia möglich geworden – z. B. in der gruppentherapeutischen Ausbildung und entsprechend bei der Kinder- und Jugendlichentherapie.

Jeden zweiten Freitag bietet Therapeia, nach einem einleitenden Vortrag, dem Publikum die Möglichkeit zum Gespräch über Themata verschiedenster Art – vom therapeutischen Gesichtswinkel her beleuchtet. Für Fachleute der Gesundheitspflege veranstalten wir sog. Thementagungen.

Psychotherapie und Therapie von Menschen mit schwersten körperlichen Erkrankungen wie z. B. Krebs hat von Anfang an Therapeias Gesicht geprägt, sowohl als ambulante Psychotherapie als Supervision etwa des Personals von der Leukämie-Abteilung einer Kinderklinik (bei der Psychologin Pirkko Siltala) als auch einer Arbeitsgruppe, die sich den Rehabilitationsproblemen gehörgeschädigter Kinder und ihrer Familien widmet (bei mir selber). Der eingangs erwähnte Allan Johansson veröffentlichte kürzlich als akademische Abhandlung seine auf jahrzehntelangen eigenen Erfahrungen basierenden Untersuchungen analytischer Psychotherapie bei

Schizophrenie. Ein anderer Psychiater, der gleichfalls die ersten Pionierjahre Therapeias mitgemacht hat, Juhani Rekola, der seine Dissertation über Rheumakrankheit und Familie geschrieben hat, hat die Balint-Gruppentätigkeit in Finnland eingeführt. Er ist auch einer der Herausgeber und Beitragsautor eines demnächst von Therapeia-Leuten herausgegebenen Sammelbandes über körperliche Krankheit in anthropologisch-medizinischer Sicht. An jenem Band bin ich meinerseits mit einem umfassenden Aufsatz „Von der Psychosomatik zur anthropologischen Medizin" beteiligt.

Bei allen unseren praktischen und theoretischen Unternehmen kommt auch zum Ausdruck, daß unser Ansatz nicht von vornherein methodenzentriert ist, sondern sich von der sich jeweils präsentierenden Herausforderung her grundlegend bestimmen lassen will. Unter anderem meine ich hier die Patenschaft von Viktor von Weizsäcker erblicken zu dürfen. Sicher ist auch die Bestrebung, an der Verwandlung der gesamten Medizin zu arbeiten, wesentlich durch von Weizsäcker inspiriert worden. Die Geschichte der Entstehung des freiwillig wählbaren 2jährigen Lehrfaches in der Mitte des Medizinstudiums – der Allgemeinen Arztlehre –, die Durchsetzung in der Fakultät durch den jetzigen Inhaber des pädiatrischen Lehrstuhls in Helsinki, 6 Jahre nach der Veröffentlichung jener Initiative von mir, ist eines der vielen Kapitel der Sozialpathologie und -therapie.

Die Berücksichtigung der Krankheit der Gesellschaft von Anfang an in dem therapeutischen und Forschungsansatz ist explizit sowohl in dem Zweckparagraph der Stiftungsurkunde wie auch in der Broschüre, die den Ausbildungsgang in Therapeia beschreibt. Dasselbe gilt für die anthropologische Dimension der Praxis und Theorie.

Leider hat die nationalsozialistische Phase Deutschlands auch in Finnland nach dem 2. Weltkrieg die bedauernswerte Folge gehabt, daß immer weniger Leute Deutsch können. Aus diesem Grund ist von Weizsäckers direkter Einfluß auch in Therapeia sehr beschränkt. Es ist aber überhaupt – davon bin ich überzeugt – ein massives Zeichen des Widerstandes gegen den wegen der allzu tiefgreifenden und der allzu großen Schlichtheit schwer abwehrbaren Ansatz von Weizsäckers, daß von Weizsäcker bis jetzt ins Japanische und Spanische, nicht aber etwa ins Englische und Französische (mit Ausnahme der schlechten Übersetzung vom Gestaltkreis bei dem jungen Foucault) übersetzt worden ist. Mit einer Ausnahme jedoch: Mein Theologenbruder hat es in den USA erwirkt, daß „Der Gestaltkreis" jetzt auf englisch übersetzt vorliegt und nur noch auf gründliche Kontrolle der Übersetzung und einen Verleger wartet.

Alles in allem sind immer wieder merkwürdige Widerstände, überraschendster Art, am Werk. Einer der Schüler von Weizsäckers, Gotthard Booth, der während der Nazizeit nach Amerika emigrieren mußte, hat

Bedeutsames zur Psychosomatik im Geiste von Weizsäckers wiewohl auch ihm gegenüber selbständig beigetragen – vor allem durch sein Werk „The Cancer Epidemic; Shadow of the Conquest of Nature" (1979). Um die von ihm aus jahrzehntelang gemachten Erfahrungen und seiner Forschung gewonnenen Einsichten gegen eine Unzahl von Widerständen publizieren zu können, bedurfte es der Bemühungen eines Theologen, wieder von Aarne Siirala, um das Werk – posthum – herauszubringen. Traurig genug ist es, daß Booths Arbeit und Einsichten von Deutschen – selbst von den Schülern von Weizsäckers – nicht beachtet und zitiert wurde. Was für eine Art Widerstand liegt hier wohl vor? Solche Fragen stellen sich einem, wenn man bedenkt, wie leidenschaftlich hier in Heidelberg einst das Anliegen von Weizsäckers zu verwirklichen versucht wurde und wie dies immer noch teils hier, teils andernorts im deutschen Sprachraum geschieht.

Natürlich gäbe es noch anderes Relevante über Therapeia zu berichten, etwa über unsere Publikationstätigkeit, unsere für die Allgemeinheit offenen Vortragsabende und ihre Themata, sozialpathologische Analysenversuche bei einigen von uns usw. Ich ziehe es aber vor, hier nun einige von Weizsäckersche Gedanken aufzuzählen, die in Therapeia, durch ihn oder unabhängig von seinem Einfluß im Grunde immer weiter wirksam sind, teils unter uns auch weiterentwickelt worden sind und teils wiederum von Widerständen und von Vergessenheit bedroht brachliegen.

Als die erste derartige Einsicht nenne ich die folgende: Das Wesen der der Freudschen Psychoanalyse innewohnenden Therapiehaltung könnte kaum präziser, kürzer und zugleich allgemeinmenschlich kompetenter ausgedrückt werden als durch von Weizsäckers: „Ja, aber nicht so." Meines Erachtens gilt es überhaupt die aus der Psychoanalyse gewonnenen Einsichten in Richtung zum Allgemeinmenschlichen hin zu artikulieren. Nicht nur, aber in erster Linie. Ich erblicke in der Psychoanalyse Freuds vor allem eine Mauerbresche. Auch die Konfigurationen jener Bresche sind wichtig aber „nur" als relevante Hinweise. Vor allem gilt es durch jene Bresche hindurchzugehen, um so bereit zu werden, sich den Herausforderungen zu stellen, wo und wie sie einem auch entgegenkommen.

Dem allgemeingültig Menschlichen dabei zur Entfaltung zu verhelfen, benötigt eben auch das unaufhörliche Bestreben, die Isomorphien und Wurzeln jener Einsichten in den Schätzen des historisch gegebenen Selbstverständnisses der Menschheit (z. B. in der Bibel, in der Reformation Luthers und etwa im Buddhismus) zu identifizieren. Sonst geschieht unausweichlich das, was uns in der Geschichte der psychoanalytischen Bewegung immer wieder begegnet ist, nämlich eine psychoanalytische Religionsbildung mit Sektierertum und Dogmatismus. In seinem aufschlußreichen Aufsatz „V. v. Weizsäcker und die Psychoanalyse" konstatiert P. Hahn: „An solchen Beispielen (‚Die Zukunft einer Illusion' bei Freud) zeige sich, so interpretiert von Weizsäcker, wie die Psychoanalyse in ihrer Erweiterung unmerklich eine, selber zur ‚Religion' gewordene Ideologie geworden sei." Hahn teilt jene Meinung aber nicht ganz mit von Weizsäcker.

Besonders in der Psychotherapie ist es mir immer häufiger klar geworden, daß wenn die in der Therapie und in der sie voraussetzenden therapeutischen Gemeinschaftsbildung sich artikulierenden Einsichten nicht ständig auf dem Wege bleiben, sich in all den sich jeweils konstellierenden individuellen und kollektiven, körperlichen, psychischen und geistigen Dimensionen weiterzuschreiten und sich in den von jenen Dimensionen erforderten jeweiligen Sprechweisen und Begrifflichkeiten spezifisch zu äußern, verarmen und schrumpfen die Einsichten allmählich zusammen. Bei der körperlichen Krankheit ist die von Viktor von Weizsäcker geforderte Metamorphose der sich als psychoanalytisch verstehenden Haltung wenngleich noch unmittelbarer offenbar, wie es u. a. Wolfgang Jacob in seinem Aufsatz „Viktor von Weizsäcker und die Psychoanalyse", auch an Hand von einem klinischen Beispiel demonstriert.

Jener Forderung kann gelegentlich das aller Einfachste entsprechen, wie in dem Satz von Weizsäckers „Ja, aber nicht so!" In der Einleitung zur „Pathosophie" lauten die zwei ersten Sätze wie folgt: „Das Unternehmen dieses Buches braucht nicht besonders begründet zu werden, denn eine Begründung ist nicht möglich. Es gibt Dinge, die ihr Daseinsrecht nicht von anderen Dingen ableiten können, sondern deren Dasein unmittelbar aus einem Recht, da zu sein, hervorgeht." Dieses epistemologische Grundprinzip teile ich mit von Weizsäcker von ganzem Herzen. Es ist auch gerade hier, wo ich unsere Ära als um 180 Grad verdreht immer weiter im Gang befindlich erblicke. Jenem Umstand habe ich den Namen „primäre Objektivierung" gegeben. Die Zeichnungen des Amerikaners Saul Steinberg zeigen diese Grundart unserer Epoche, die Wirklichkeit wahnhaft zu besitzen, in maximaler Klarheit (s. Abb. 1–10).

In der Haltung von Weizsäckers, die sich etwa in den o. g. zwei Sätzen kundtut, liegt nichts Überhebliches oder gar Hybritisches. Sie ist eher wesensverwandt mit der Haltung Luthers in Worms, die sich dann später leidenschaftlich gedanklich in der bereits erwähnten Kampfschrift Luthers gegen Erasmus artikuliert. Dort erscheint sie als Aufweisen des gegebenen Grundes für die in Regeln oder Formeln unwiedergebbaren Gültigkeit der eigensten Erfahrung des Menschen – Gültigkeit als Ausgangsvoraussetzung für den Dialog des Menschen sowohl mit seinen Mitmenschen als mit der gesamten Existenz.

Carl Friedrich von Weizsäcker wies in seinem Vortrag darauf hin, wie Viktor von Weizsäcker den Verlust der Religion als *die* Katastrophe

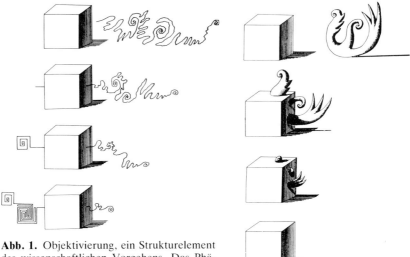

Abb. 1. Objektivierung, ein Strukturelement des wissenschaftlichen Vorgehens. Das Phänomen schleicht von rechts herein und kommt links sauber und zweckmäßig geordnet heraus

Abb. 2. Das sich der Objektivierung ahnungslos aussetzende Phänom wird dabei...

Abb. 3. Wenn man einmal irgendetwas erfolgreich objektiviert hat, ist es Donquijoterie, zu versuchen, den Prozeß rückgängig zu machen

Abb. 4. Selig sind die, die bei der Objektivierung davon selber gänzlich mitbetroffen sind. Nun ja, gewiß sind sie zugleich einer bestimmten Isolierung ihrer Umwelt gegenüber anheimgefallen. Die Freiheit zum Umgang mit sich selber und mit der Welt ist auch etwas begrenzt

Abb. 5. Die quantitative Beherrschung versetzt uns in Ekstase; keinerlei Gefahren drohen uns dabei

Abb. 6. Man kann sich doch von lästigen Problemen befreien!

Abb. 7. Und die gepanzerte primäre Objektivierung erledigt erfolgreich auch die bedrohlichste Empfindsamkeit

Abb. 8. Es ist eine wahre Schande, daß die objektivierend erledigten Fragen einen dann gelegentlich doch hinterrücks verfolgen!

Abb. 9. Und dennoch dürfen wir dessen gewiß sein, daß wir bei unserem reduzierend objektivierenden Verfahren der gültigen Wissenschaft keineswegs von uns selbst und der Welt entfremdet und von irgendetwas außerhalb von uns geführt werden

Abb. 10. Die Monoekstase, die hier waltet, ist sie letzten Endes ein irgendwie unglücklicher Zustand?

unserer Kultur betrachtete. In dem vorausgehenden Abschnitt seiner Ausführungen hatte er gesagt, daß der cartesische Cogito ein Machtprogramm der absoluten Gewißheit darstellt.

Meinerseits sehe ich jene zwei grundlegenden Sachverhalte in unmittelbarem Zusammenhang miteinander. Und gerade hier erblicke ich den Boden, auf welchem sich die denkbar gröbsten sozialpathologischen Erscheinungen, die die westliche Kultur durchdringen, sich sozusagen übereinander auftürmen.

Die Entwicklung jenes kollektiven Wahns von uns allen sehe ich wie folgt: Schon während der ersten Jahrhunderte unserer Zeitrechnung begann die sog. Christenheit Glaube mit Macht zu identifizieren. Dies geschah ja konkret in dem Sieg von Kaiser Konstantin dem Großen: in hoc signo vinces. Später war es mehr und mehr die Macht des Wissens, der gültigen Erkenntnis, diejeniger der absoluten Autorität in der Hand der kirchlichen Hierarchie, die jene Identifikation verkörperte. Theologisch-philosophisch erlangte sie ihre großartige Kulmination in dem (zwischen den Jahren 1265–1272 fertig gewordenen) Großwerk theologisch-philosophischer Synthese „Summa theologica" von Thomas von Aquin. Meine kulturanalytische These – gewissermaßen als Differenzierung des von Weizsäckerschen Gedankens von dem Verlust der Religion und seiner Bedeutung – lautet nun folgendermaßen: Jene „religio", jenen Glauben, kann man als den Empfang der Freudensbotschaft bezeichnen: „Ihr seid vollgültige Erben des göttlichen Menschseins!" Die Gleichsetzung des so verstandenen Glaubens mit beherrschendem Wissen stellt nun im Grunde dieselbe Hybris dar, die im 3. Kapitel Mose mythisch beschrieben worden ist als der Wahn, der Richter von Gut und Böse sein zu müssen. Jene mittelalterliche Identifikation wurde dann in der wissenschaftlichen und politischen Emanzipation der sog. Neuzeit prinzipiell – im Grunde unverändert – übernommen und fortgesetzt.

Jene durchgreifende Gleichsetzung des Glaubens – heute ebensogut als Urvertrauen (Erik H. Erikson) bezeichnet – mit Wissen und Wissen dann noch mit wissenschaftlich, d. h. reduziertem objektivierenden Erkennen, wird uns daran offenbar, wie sehr die neuzeitliche Medizin eine verblüffende Isomorphie mit „Malleus Maleficarum", dem Hexenhammer vom Jahre 1486 aufweist. Dieser Umstand ist unverkennbar sowohl was die Grundhaltung als auch die Art Schlußfolgerungen zu ziehen betrifft. Z. B. heißt es in einem Kapitel des Malleus, das „Heilmittel für diejenigen, welche an der Zeugungskraft behext werden" betitelt ist: „Die bei jeder einzelnen anzuwendenden Mittel sind nach Möglichkeit herzuleiten, und wer an derartiger Kraft geschädigt ist, möge beachten, in welcher Art seine Behexung besteht. Es sind aber fünf Arten im Verlaufe dieser Behexung. Denn der Dämon (heute = Virus, Abweichungen in den Enzymverhältnissen im Gehirn, Kastrationskomplex usw.) hat darum, daß er ein Geist ist, Macht über die körperliche Kreatur mit Gottes Zulassung, und zwar auf Grund der Verfassung seiner Natur; besonders bezüglich der örtlichen Bewegung, so daß er jene hindert oder in Bewegung setzt. Daher können sie vermittelst dieser Macht die Körper des Mannes und der Frau hindern, daß sie sich nähern, und zwar direkt oder indirekt. Direkt wenn (der Dämon) den einen vom andern entfernt oder den andern sich nicht nähern läßt; indirekt, wenn er irgendein Hindernis bereitet oder sich in einem angenommenen Körper dazwischenlegt..."

Der von Viktor von Weizsäcker geforderte Umgang an Stelle des (sich in einem Hexenkreis bewegenden) kausalen Denkens ist hier vollends abhanden gekommen, und die Macht der primären Objektivierung ist unmittelbar spürbar. Jene Macht regiert nun in isomorpher Weise im Malleus und in unserer Medizin, wie überhaupt in der gesamten technologischen Kultur. Aber lassen wir hier die Zeichnungen von Saul Steinberg sprechen (Abb. 1–10).

Wenn Viktor von Weizsäcker in seinem genialen Werk „Pathosophie" (1956, S. 180–181) schreibt: „...daß das Denken einer Kausalität jedesmal ein destruktiver Akt ist", erblicke ich in dem „Kausalismus" einen Grundbestandteil dessen, was ich primäre Objektivierung nenne. Bei von Weizsäcker stehen ja die Erörterungen betreffend die Kausalität unmittelbar mit dem „Verlust der Religion" im Zusammenhang: „Denn Gott ist keine Sache, sondern hier der Schöpfer. Eine Ursache ist also kein Ursprung, und der Schöpfer ist keine Sache." Jene zwei Sätze gingen hier dem von mir oben zitierten in der Pathosophie voraus.

Das „Machtprogramm der absoluten Gewißheit", von welchem Carl Friedrich von Weizsäcker sprach, blockiert dem Neuzeitmenschen den Zugang zu seinem ureigensten Erfahren und läßt uns unversehens das Vertrauen auf ihre Gültigkeit auf die anonymen Autoritätsmächte der Wissenschaft und Politik (mit oder ohne explizite Ideologie) übertragen, etwa so wie es Esau mit seinem Erstlingsrecht dem Jakob gegenüber tat.

Es ist ja die umgekehrte, das Erstlingsrecht nicht preisgebende Haltung der Erfahrung gegenüber, die es mit sich bringt, daß man – wie von Weizsäcker es tat – die bewußten und unbewußten Mitteilungen des Kranken als Erstes ernst nimmt und sich von seiner sowohl wörtlichen als auch Leibsprache in Anspruch nehmen läßt. Hier eingebettet ist dann der Ort der speziellen, verobjektivierend, gewissermaßen naturwissenschaftlich gewonnenen Erkenntnisse und der mit ihnen verbundenen Eingriffe. Ein Beispiel eines Berichtes, wie diese Haltung Fleisch werden kann, findet man in dem Sammelband „integrierte psychosomatische Medizin" und dort ganz besonders in den Ausführungen des Herausgebers, Thure von Uexküll selber und in dem Aufsatz von Mechthilde Kütemeyer. Ob ich wohl die geschichtliche Konfiguration richtig beurteile, wenn ich hierin so etwas wie Wiederauferstehung des in den 60er Jahren in einen Latenztod gedrängten Heidelberger Versuches mit der anthropologischen Medizin erblicke? Das heißt, der „Tod" betraf ja die Weiterführung des Experiments in der inneren Klinik; anthropologische Medizin setzte sich ja fort u. a. in der privaten Praxis mancher Ärzte, die sowohl Fallberichte als auch Theoretisches beizutragen hatten. Am besten bin ich vertraut mit den Arbeiten von Wolfgang Jacob, Heinrich Huebschmann und Walter Bräutigam. Vieles geht auch vor sich, das so oder so veranlaßt ist von dem Lebenswerk von Weizsäckers, ob unter Überschriften, die dies explizit verraten, oder sonst dem Geiste und den Einsichten nach.

Von Weizsäckers Begriffe „die Ubiquität des Wahns" und „Stellvertretung" sind m. E. beide dazu geeignet und notwendig, um Freuds zentralen Begriff der Übertragung im Allgemeinmenschlichen adäquat eingebettet handzuhaben und weiter zu artikulieren. Es ist eben die Wirklichkeit des Sozialpathologischen, deren überzeugende Demonstration wir vor allem Wilhelm Kütemeyer verdanken, die die Handhabung der Übertragung zum Umgang im von Weizsäckerschen Sinne hinüberrettet. Sonst liegt ja die Gefahr nahe, die unverträgliche Tiefe der von den Kranken – ja, eigentlich von allen Menschenkindern überhaupt – erlittenen Entbehrungen und Kränkungen in ihrer Menschlichkeit im Zeichen des psychoanalytisch reduktiven Erklärens verhängnisvoll zu verharmlosen. Dies führt uns besonders eindrucksvoll vor die Augen Terrence Des Pres in seinem bedeutsamen Werk „The Survivor – An Anatomy of Life in the Death Camps" (1976).

Je länger ich als Psychoanalytiker arbeite, um so zentraler wird mir die sozialpathologische Perspektive. Wenn sie von vornherein in der Therapie mitberücksichtigt wird, erlaubt es ein entscheidend realistischeres Bild etwa des von dem Patienten durchgemachten elterlichen Nestempfanges. Dabei gerät auch die Frage der elterlichen Schuld nicht so leicht in den Engpaß der Bedrohung, die die sich meldende Anklage des einstigen Kindes bei ihm sonst bedeuten muß und die es einst wegen der Gefahr des Verlustes der elementarsten Geborgenheit von sich weisen mußte. Solches finden wir ja fast bei allen unseren Patienten mit der Folge der mehr oder weniger unbewußten Selbstentwertung oder ihrer Manifestierung in körperlicher Krankheit.

Die sozialpathologische Perspektive ist auch unerläßlich für die Wiedergabe von „Feedback", nicht nur an die jeweils zuständigen Fachinstanzen des Gesundheitswesens, nicht nur der medizinischen, psychologischen, soziologischen usw. Wissenschaften, sondern der Menschen im allgemeinen. Jene Wiedergabe ist ein untrennbarer Bestandteil des therapeutischen Artikulierungsprozesses selber. Ihre Bedeutung wird am unmittelbarsten spürbar in der Arbeit der therapeutischen Einheiten, die für die Versorgung Schwerkranker und Behinderter verantwortlich zeichnen, die von unserer Gesellschaft, also letztlich von uns selber, dazu delegiert worden sind.

Hier ist der Begriff der Stellvertretung die einfachste und m.E. die grundlegendste Möglichkeit den wahren Umstand wiederzugeben. Auf von Weizsäcker hinweisend, habe ich in meinem Buch „Medicine in Metamorphosis" (1969) dargelegt, wie ein Transfer der Bürden der Transferenz, d. h. der Übertragung im klassisch-psychoanalytischen Sinn, vorausgeht.

Aus unbeantworteten Herausforderungen der Kulturen, Gesellschaften und Generationen resultieren Bürden, die, losgerissen von der Gemeinsamkeit der Verantwortung, immer unwiedererkennbarer, anonymer und traumatisierender werden. Nicht alle sind jedoch für jene Bürden gleich empfänglich, in manchem Falle nicht genügend gesund sensitiv oder sonst geeignet von jenen Bürden mit besonderem strategischen Gewicht getroffen zu werden. Wo dies aber geschieht, gelangt die Bürde eben stellvertretend auf eine Gesellschaftsklasse, einer besonderen Sphäre der Gesellschaft, auf eine gewisse Familie oder einen besonderen Typus der Familien, dort auf eines ihrer Mitglieder und bei ihm zu einem Aspekt, einer Teilstruktur seiner Persönlichkeit, einem seiner Organsysteme, zu seiner mikrobiologischen Verhältniswelt in dieser oder jener Hinsicht.

Sowohl für den Erkrankten als diejenigen um ihn herum als auch für die Pflegeverantwortlichen ist es von entscheidender Bedeutung sich die Grundeinsicht von Weizsäckers zu eigen zu machen. Meinerseits habe ich jene Einsicht in der soeben wiedergegebenen Form artikuliert. Letzten Sommer während des VII. Psychoanalytischen Forums in Zürich versuchte ich die menschlich-unmenschliche Struktur von AIDS im Sinne der Stellvertretung auszulegen. Es scheint mir tatsächlich möglich nahezubringen, wie AIDS den Ausbeutungszwang unserer Kultur bis in ihre Mikrostruktur als Virusinfektion verkörpert. Wenn wir bei AIDS der Wiedereinführung des Subjekts in die Medizin treu bleiben wollen, müssen wir dazu bereit sein, massiven Widerständen zu begegnen. Solidarität im Sinne gemeinschaftlicher Verantwortlichkeit bis ins Letzte und Gegenseitigkeit werden dort sowohl voll beansprucht als auch auf die härteste denkbare Probe gestellt.

Literatur

Booth G (1979) The cancer epidemic; shadow of the conquest of nature. Edwin Mellen Press, Toronto

Des Pres T (1976) The survivor – An anatomy of life in the death camps. Oxford Univ. Press, Oxford
Siirala M (1969) Medicine in metamorphosis. Tavistock, London
Siirala A (1970) Divine humanness; towards an empirical theology in the light of the controversy between Erasmus and Luther. Fortress Press, Philadelphia
Weizsäcker V von (1956) Pathosophie. Vandenhoeck & Ruprecht, Göttingen

Anthropologische Medizin

Wolfgang Jacob

Die *anthropologische Medizin* ist ein Thema, das auch heute noch – rund 40 Jahre nach der Einführung dieses Begriffes durch Viktor von Weizsäcker – unter Klinikern und Psychoanalytikern Befremden auslöst, was m. E. etwas damit zu tun hat, daß – sei es aus Unverständnis, sei es aus Bequemlichkeit – die Konsequenzen einer Theorie der Medizin, welche von Weizsäcker über die Metapsychologie Freuds hinaus entwickelt hat, nicht beachtet und nicht ernstgenommen worden sind; es sind das die Konsequenzen der *Einführung des Subjektes in die Medizin*.

Schon hier zeigt sich ein erster Gegensatz zwischen Freud und von Weizsäcker, zwischen der psychoanalytischen Behandlungsweise und der Therapie organisch Kranker, ein Gegensatz, der bisher durch eine inadäquate psychosomatische Theorie nur sehr notdürftig überbrückt worden ist. Freilich hatte die Psychoanalyse selbst – als Technik und Methode – zunächst ganz andere Sorgen, die Sigmund Freud in einem persönlichen Brief an Viktor von Weizsäcker vor genau 60 Jahren wie folgt beschreibt: „Sie zeigen uns ... den feineren Mechanismus der Störung auf, indem Sie auf entgegengesetzte Innervationen hinweisen, die einander aufheben oder beirren müssen. Von solchen Untersuchungen mußte ich die Analytiker aus erziehlichen Gründen fernhalten, denn Innervationen, Gefäßerweiterung, Nervenbahnen wären zu gefährliche Versuchungen für sie gewesen, sie hatten zu lernen, sich auf psychologische Denkweisen zu beschränken. Dem Internisten können wir für die Erweiterung unserer Einsichten dankbar sein."

Streithafter gegen die Medizin seiner Zeit stellt sich für Weizsäcker die Frage, ob nicht das *Wahrheitsbewußtsein*, das Freud in der Psychoanalyse der Neurosen entwickelt hatte, auf die organischen Erkrankungen zu übertragen sei; ob also auch in der Organmedizin „die Lenkung der seelischen Beziehung zwischen Arzt und Patient ..., die richtige Entwicklung derselben als entscheidend für den Verlauf der Krankheit erkannt" werden könne.

Aus der Bestätigung dieser Frage ergab sich für Weizsäcker die Forderung: Die Medizin *müsse* Tiefenpsychologie sein, oder sie werde nicht sein!

Weizsäcker versprach sich von dieser Forderung „die Einbeziehung des Körpers in das Menschenwesentliche" – ebenso wie er meinte, daß die Psychoanalyse weder eine Spiritualisierung noch eine Psychoanalyse der Medizin ins Auge fasse, sondern vom Leibe ausgehe „als von einer Inkarnation des Geistes". Weizsäcker kritisiert mit dieser Feststellung nicht nur den Materialismus einer allgemeinen Krankheitslehre seiner Zeit, sondern korrigiert zugleich den Irrtum seiner psychoanalytischen Kollegen, die großen und bedeutsamen Erkrankungen des Menschen, die Psychosen und die schweren organischen Erkrankungen gehörten nicht in den Behandlungsbereich des Psychoanalytikers, er habe sich auf den Bereich der sog. klassischen psychosomatischen Erkrankungen und der Neurosen zu beschränken. Noch heute wird weder der Psychoanalytiker noch der Arzt, der sich das berufliche Recht zu einer Psychotherapie erwerben möchte, im psychotherapeutischen Umgang mit Psychosekranken oder Krebskranken ausgebildet, obgleich die Behandlungskontrolle in der heutigen Psychoanalyse strenger und ausgiebiger gehandhabt wird als zu Zeiten Freuds.

De facto haben sich bisher nur einzelne Experten der Psychoanalyse in dieser Richtung fortgebildet, was zur Folge hat, daß es für die Psychoanalytiker immer schwerer wird, ein kaum erobertes Terrain in der Psychiatrie oder neuerdings in der Psychoonkologie zu behaupten oder zu erweitern; eine Entwicklung, vor der sie auch ein vorzeitiger Pakt mit der Verhaltenstherapie nicht schützen wird.

Die Unterscheidung der mit psychoanalytischer Technik behandelbaren Neurosen und der sog. klassischen psychosomatischen Erkrankungen von den Psychosen und schweren organischen Erkrankungen hatte freilich auch ihre Berechtigung, wenn man den Schweregrad der letzteren berücksichtigt. Denn die psychotherapeutische Beeinflussung der Psychosen und Organkrankheiten verlangt ein ungewöhnliches Ausmaß an therapeutischer Erfahrung und Technik, aber auch Einsatzbereitschaft des Therapeuten.

Der Sache nach trennt sich an diesem Punkt die klassische Psychoanalyse von der anthropologischen Medizin, und diese Trennung hatte konkrete Folgen. In den 50er Jahren – noch zu Lebzeiten Weizsäckers – begannen heftige Auseinandersetzungen in dieser Frage, und ich kann nicht behaupten, daß die anthropologische Medizin die Scylla der klassischen Psychoanalyse oder die Charybdis der rein naturwissenschaftlich-technologisch orientierten Organik immer schadlos habe umfahren können. Wie zu allen Zeiten wurden an vielen Stellen Meinungs- und Glaubenskämpfe ausgefochten, die – und das wäre ein typisches sozialpathologisches Phänomen auch in unserer Zeit – sog. Sekundär-, d. h. Eigeninteressen an die Stelle dessen treten lassen, worum es – jedenfalls in der Medizin – eigentlich geht, um die Frage nämlich, wie dem kranken Menschen besser geholfen werden könne als zuvor.

Wer sich nun dem Krankenlager der heutigen Medizin zuwendet, sieht sehr bald, daß durch die unbewußte Verknüpfung von Eigeninteressen mit der sog. Wahrheit, die im Streit der Meinungen von den verschiedenen Schulen vertreten wird, die Wahrhaftigkeit und Zurückhaltung gegenüber dem, was wir noch nicht wissen oder vielleicht auch gar nicht wissen können, Schaden nimmt. Die unkritische Haltung gegenüber dem durch Wissenschaft Verfügbaren gibt heute, nicht nur in der Medizin, sondern auch in anderen Bereichen des menschlichen Zusammenlebens Anlaß zu vielerlei Bedenken und Mißtrauen.

Nun hat gerade Freud durch die Psychoanalyse jenen Weg eröffnet, der uns einen neuen Zugang zum „Menschlichen a-priori" des Krankseins und der Krankheit überhaupt ermöglicht. Um diesen Zugang geht es eigentlich, wenn wir uns mit dem Thema der anthropologischen Medizin auseinanderzusetzen haben. Das Thema wird sich freilich schwieriger gestalten, als es auf den ersten Blick erscheint. Weizsäcker schreibt dazu im „Begriff der Allgemeinen Medizin": „Wenn die Psychoanalyse angegriffen wird, ist damit auch die anthropologische Medizin angegriffen und mit jener vertrete ich auch diese. Genauer gesehen liegt die Sache aber so: Dieser neue Kampf bedient sich des Wortes Psychoanalyse nur, weil dieses ein geläufiger Begriff geworden ist, aber es ist eigentlich nur eine veraltete Ausdrucksweise und eine überholte Charakterisierung dessen, was die Auseinandersetzung jetzt bedeutet. Etwa ebenso, wie man in der vulgären Diskussion die Sexualtheorie immer noch für das Hauptanliegen der Psychoanalyse hielt, obwohl ihr Schwerpunkt längst auf die Probleme der Übertragung und der Ich-Psychologie verlagert war. Ebenso liegt für uns heute und hier das Hauptgewicht etwa auf dem Problem des Leib-Seele-Verhältnisses und der sozialen Frage der Medizin – nicht mehr auf der Psychotherapie der Neurosen."

Daß die Universität der rechte Ort für diese Auseinandersetzung sei, darüber besteht für Weizsäcker kein Zweifel: „Im Institut der Universität in einem objektiven Geist vereinigt würden die vielen gefühlsmäßigen, allzu subjektiv-leidenschaftlichen Gegensätze ausgeglichener, Mißverständnisse sonder Zahl beseitigt, eine sozusagen normale Verkehrsform herbeigeführt, die sachlichen Streitpunkte über die persönlichen erhoben und statt einer Parteinahme die Form des Wettstreites eingeführt." Doch – so fährt von Weizsäcker fort – „weitaus am wichtigsten ist ein innerer Zusammenhang in der Sache der Medizin selbst in einem Bereich, den die Psychoanalyse erschlossen hat: Der Mensch ist seinem Wesen nach nicht teilbar, und die Medizin hat verstanden, daß Krankheit eine Äußerung des

Menschlichen im Menschen ist, nicht nur eine zufällige Störung seines materiellen Apparates."

Was ist nun bei den organischen Erkrankungen so grundsätzlich anders als bei den Neurosen? Diese Frage soll als die eigentliche Grundfrage der anthropologischen Medizin nunmehr betrachtet werden. Der Schritt, der hier getan werden muß, ist ein biographischer, und er führt von der anthropologischen Medizin zur *Pathosophie*.

Von einer medizinischen Anthropologie in der Klinik zu reden, ist heute möglich. Weizsäcker hielt sie für lehrbar und hat sie u. a. für das Medizinstudium konkret gefordert! Doch war er mit seiner Begriffswahl immer unzufrieden, welche doch immer wieder zuließ, Kranksein und Krankheit als eine Sache der Wissenschaft zu *objektivieren*, so, als sei auch die anthropologische Medizin nur eine Sache der Wissenschaft und nicht des Menschen selbst, anstatt, wie es seiner Lehre entsprach, das *Subjekt im Kranken* zu entdecken und es auch in die Klinik einzuführen.

Was aber bedeutet dieses Anliegen in Hinsicht auf das *Kranksein* und den *Tod*? Weizsäcker schreibt am 27. 5. 1939, einige Tage nach Freuds Tod in sein Tagebuch: „Mit Freuds Tode sind nun Mensch und Werk endgültig auseinandergetreten."

Die *Biographie*, nicht nur die des gesunden, sondern die des kranken Menschen bezeichnet diesen Weg von der anthropologischen Medizin zur Pathosophie, auf dem sich noch einmal eine Begegnung zwischen Weizsäcker und Freud ereignet, diesmal in dem Weizsäckerschen „Versuch einer Enzyklopädie", dem letzten großen Abschnitt der *Pathosophie*, der ein Kapitel über den „Tod" und ein abschließendes Kapitel über die „Theorie des Menschen" enthält.

„Wer heute eine Theorie des Menschen aufstellt" – so lautet der Anfang dieses Kapitels – „kann das nicht tun, ohne dabei zu berücksichtigen, daß Erbsünde, Widerspruch, Gespaltenheit und Schizophrenie zum wirklichen Wesen des Menschen gehören ... Die Theorie des Menschen kann also nur bestehen, wenn sie den logischen Widerspruch und die Spaltung in sich aufnimmt. ... Die Grundregel in einer Theorie des Menschen erfließt negativ daraus, daß der Mensch keinen nennbaren Wert hat. Empirisch ließe sich bei jedem einzelnen zeigen, daß Selbsterhaltung mit Selbstvernichtung einhergeht, daß Fremderhaltung mit Fremdzerstörung gekoppelt ist. ... Wer allzusehr leben will, wird leicht zum Mörder ... und wer allzusehr sterben will, erzeugt oft gerade Leben."

Dieser im Menschen selbst liegende Widerspruch ist die Vorerfahrung der Grundregel, *der Mensch sei Vermittlung zwischen Leben und Tod*.

Erst wenn wir begreifen, daß der „Widerspruch zwischen Gleichheit und Fremdheit" sinnvoll ist, daß die Gespaltenheit unseres Daseins uns „auf Notwendigkeit *und* Freiheit" führt, und daß es hier nicht um einen

Zwiespalt geht, der „dialektisch-logisch erledigt" werden kann, sondern etwas wesentlich Menschliches enthält, nicht den logischen Gegensatz von „Ja und Nein", sondern den leibhaftigen Gegensatz von „Leben und Tod", erst dann werden wir verstehen, daß in der Gegenseitigkeit des Menschseins so etwas wie eine „Überwindung der logophan entstandenen Ideologien" möglich ist, auf deren Boden – wie Weizsäcker sagt – „das Interesse, der Vorteil (nicht nur des geldlichen, sondern auch jedes geistigen oder erotischen Besitzes) handelt".

Der Mangel, die Ablehnung, der Widerstand sind Kräfte, die wir in unserem Alltagsleben, aber auch in der Therapie zu überwinden trachten. Es scheint, der Gevatter Tod stecke – wie der Todestrieb Freuds – in uns selbst, wenn es darum geht, „den Menschen als Vermittler zwischen Leben und Tod" zu entdecken, anstatt Lebendes, die Lebendigkeit des Widerspruchs oder die Gegenseitigkeit des Lebens durch Auseinandersetzung mit dem Fremden zu ergänzen.

Den Begriff der *Pathosophie* in eine Allgemeine Krankheitslehre oder in die Klinik einzuführen, würde bedeuten, anzuerkennen, daß das eigentliche Wissen nicht nur – wie in der Philosophie – von der Liebe zur Weisheit abhängt, sondern auch von der Bereitschaft, dieses Wissen bis in den Abgrund des Leidens zu verfolgen und sich ihm auszusetzen.

Hier eröffnet sich noch ein anderes Kapitel der Begegnung und zugleich der Verwandtschaft zwischen Weizsäcker und Freud:

Freud, der 16 Jahre lang die äußerst schmerzhafte und beengende Situation eines Kieferkarzinoms zu ertragen hatte – Weizsäcker, der zweimal von einem schweren Menièreschen Schwindelanfall ergriffen wurde, den er aufgrund der Selbstzeugnisse zu einem festen Bestandteil seiner Krankheitslehre gemacht hat, und bald darauf an einer Krankheit zu leiden begann, deren Diagnose nichts darüber aussagt, auf welche Weise das nun anhebende Krankheitsschicksal mit dem eigentlichen Lebenswerk Weizsäckers und seinem Abschluß, der *Pathosophie* verbunden war.

Von Freud wissen wir, daß die Entdeckung seiner Krankheit mit der zweiten Phase seines Lebenswerkes einhergeht, welche die Lehre vom Todestrieb enthält.

Erst seit wenigen Jahrzehnten wird in der Psychoanalyse begriffen, daß die *biographische Struktur der Krankheit*, das Eingebettet- und Verwurzeltsein des Krankseins in der Lebensgeschichte des Patienten nicht nur den Lebens-, sondern auch den Todestrieb umkreist. Während die Libidotheorie zuvor fast ausschließlich das psychoanalytische Handwerk beherrschte und von einer Behandlung älterer Personen grundsätzlich Abstand nehmen ließ, hat sich in den letzten Jahrzehnten zunehmend eine anthropologische Dimension innerhalb der Psychoanalyse durchgesetzt, welche es ihr leichter macht, auch den psychosomatisch alten Menschen zu behandeln. Ihre soziale Dimension hat sich in der Gruppen- und Familientherapie über Freud hinaus entwickelt. Doch zu einer sozialen Dimension des Widerstandes außerhalb der Familien- und der Gruppentherapie hat man sich noch nicht vorgewagt, und das Spätwerk Freuds über Massenpsychologie und Ich-Analyse ist noch so gut wie unerforscht.

Den *sozialen Widerstand* als eine besondere Form des Widerstandes zu betrachten, hat Weizsäcker vorgeschlagen. Sie ist ein Bestandteil seiner Theorie vom Menschen, Bestandteil freilich einer Betrachtungsweise des Widerstandes, welche nicht viel weiter reicht, als die der Psychoanalyse. Sie greift auch in das psychosomatische Geschehen ein, wenn sie behauptet, daß der materielle Vorgang einer organischen Erkrankung „doch noch etwas anderes" sei, als der psychische und „daß er mit dem, was seelisch darstellbar ist, eigentlich nicht ganz erreichbar" sei.

Anteile des Ich und des Nicht-Ich hier zu unterscheiden, setzt eine „Umordnung der Denkakte" voraus, welche dem wissenschaftlich geschulten Psychosomatiker wiederum Schwierigkeiten bereitet. Wir wissen eigentlich noch nicht so recht, welche spezifischen seelischen Vorgänge einem bestimmten Organprozeß irgendwie zugeordnet sein mögen. Es ist aber auch so, daß die Gedanken des Kranken zu beachten sind, welche „sich nicht aus anderen Gedanken, sondern aus einem bestimmten Zustanderlebnis" – wie Weizsäcker sagt – gebildet haben. Wenn aber das Verfertigen der Gedanken nicht nur bei dem Geisteskranken, sondern auch bei dem organisch Kranken durch den Krankheitsprozeß anders verläuft, dann läßt sich in der Lebensgeschichte eines jeden Menschen danach fragen, in welcher Sprache und in welchem Bedeutungszusammenhang nicht nur die Sprache der eigenen Handlungen und Gedanken, sondern auch das Miteinandersprechen der Zellen und Organe geschieht, und welche Bedeutung dem Leben zukommt, das den Menschen mit der Welt, mit seiner Welt und die Welt mit ihm verbindet.

„Nichts Seelisches hat keinen Leib, nichts Organisches hat keinen Sinn." Dieser Satz eröffnet eine neue Dimension nicht nur der Medizin, sondern der Wissenschaft.

PODIUMSGESPRÄCH: Viktor von Weizsäcker – heute

MODERATION: P. Hahn

GESPRÄCHS-
TEILNEHMER: P. Achilles, W. Bräutigam, H. Huebschmann,
W. Jacob, D. Janz, M. Kütemeyer, M. von Rad,
M. Siirala, Th. von Uexküll, E. Wiesenhütter

HAHN: Meine Damen und Herren! Unser Zeitplan ist etwas in Unordnung geraten. Ich möchte Ihnen deshalb zunächst mitteilen, daß wir dennoch den Wunsch haben, die volle Zeit zur Podiumsdiskussion auszunutzen. Das bedeutet aber: unsere Veranstaltung müßte bis 13.00 Uhr dauern, und anschließend erst würde uns Herr von Weizsäcker seine Zusammenfassung geben. Dadurch bleibt die Möglichkeit bestehen, nach einer bestimmten Zeit – wir werden das sehen – das Gespräch mit dem Auditorium zu eröffnen. Die erste Runde des Podiumsgespräches sollte der Verständigung der Teilnehmer untereinander dienen, und in der zweiten Runde würden wir dann versuchen, einen Teil der offengebliebenen Fragen mit Ihnen zusammen aufzugreifen und zu diskutieren.

Ich darf Ihnen vorstellen, und zwar in alphabetischer Reihenfolge: zunächst Herrn Achilles, der sich als Mitherausgeber der Gesammelten Schriften von Viktor von Weizsäcker ein besonderes Verdienst erworben hat. Von Hause aus ist er Theologe und als solcher mit dem Werke Viktor von Weizsäckers über den Kontakt mit Herrn von Rad bekannt geworden. Später, als Psychotherapeut, hatte er erneuten Zugang zu diesen Fragen. Er hat sich dann, als Assistent von Herrn Schrenk in Homburg, der schwierigen Aufgabe der Redaktion der Werke Viktor von Weizsäckers gewidmet. Wir werden von ihm selber noch mehr darüber hören, vor allem auch über die Bedeutung der Theologie im Werke Viktor von Weizsäckers. Der zweite Redner, Herr Bräutigam, ist Ihnen sicher bekannt. Er ist Direktor der Psychosomatischen Klinik in Heidelberg, die auf Initiative von Viktor von Weizsäcker seinerzeit hier gegründet wurde und eine fast ebensolange Tradition hat wie die Abteilung in der Inneren Klinik, die als „Institut für Allgemeine Klinische Medizin" von Weizsäcker selber geleitet wurde. Herr Bräutigam wird seinen Akzent vorwiegend auf die Eindrücke legen, die sich aus seinem persönlichen Kontakt mit von Weizsäcker ergeben haben und die vielleicht – das wäre unser Wunsch – auch eine Beantwortung der Fragen andeuten könnten, wie die Situation „heute" anzusehen ist, wenn wir die Thesen Viktor von Weizsäckers zur Psychoanalyse mit der Gegenwart vergleichen. Der nächste Redner ist Herr Huebschmann, der sowohl in Heidelberg als Internist gut bekannt ist, als auch im Rahmen des Deutschen Kollegiums für Psychosomatische Medizin. Er ist einer der wenigen niedergelassenen Kollegen, die sich ständig mit psychotherapeutischen und psychosomatischen Fragen auseinandergesetzt haben und in dieser Rolle sowohl ihre provozierenden Anfragen als auch ihre wichtigen persönlichen Erfahrungen einbringen konnten. Frau Kütemeyer, die zu meiner Linken sitzt, hat ebenfalls eine lange Heidelberger Vergangenheit. Diese ist mit dem Namen ihres Vaters verbunden. Sie ist dann mit der Arbeitsgruppe von Herrn Janz nach Berlin gegangen und hat ebenfalls jahrelang an der Herausgabe der Gesammelten Schriften Viktor von Weizsäckers mitgearbeitet. Ich weiß nicht, ob sie diese Erfahrungen hier ebenfalls einbringen will, aber ich denke immer, daß es ganz gut ist – wenn man die stolze Reihe der Gesammelten Schriften vor sich sieht –, dann auch derer zu gedenken, die sich die Mühe gemacht haben, die einzelnen Arbeiten durchzusehen, und das neben ihrer sonstigen beruflichen Tätigkeit. Frau Kütemeyer ist heute Chefärztin in einer Kölner Klinik, des St. Agathen-Krankenhauses, und leitet dort eine Abteilung für psychosomatische Medizin. Herr von Rad, ein Alt-Heidelberger – nicht nur seines Namens wegen, sondern auch aufgrund seiner Herkunft –, hat die wichtigsten Jahre seiner Entwicklung zur Psychosomatik und Psychoanalyse erst in der Neurologischen Klinik bei Herrn Vogel, dann in der Psychosomatischen Klinik bei Herrn Bräutigam verbracht und ist jetzt Chefarzt der Psychosomatischen Abteilung des Krankenhauses Bogenhausen in München, sowie gleichzeitig der Nachfolger von Herrn Görres an der Abteilung für Psychotherapie und Psychosomatik der Technischen Universität München, so daß eine große Ämterverantwortung auf ihm lastet. Er hat viele Anregungen, die aus Heidelberg stammen, so glaube ich, durchaus mit nach München genommen. Herr Janz, Herr Siirala, Herr von Uexküll und Herr Jacob sind Ihnen durch die Vorträge des Vormittags bekannt. Herr Wiesenhütter nun ist, wenn ich das so sagen darf, der „Weizsäcker-Senior" unter uns. Er hat Viktor von Weizsäcker bereits in Breslau kennengelernt und ist dort als Student Mitarbeiter von ihm gewesen. Er hat die gesamte Problematik der Nachkriegszeit und die Krankheitsphase Viktor von Weizsäckers miterlebt und ist dadurch vielleicht besonders berufen, einige weitere persönliche Worte zur Begegnung mit Viktor von Weizsäcker zu sagen.

Wir wollen jetzt in der ersten Runde so vorgehen, daß wir die Kollegen bitten, sich zunächst dazu zu äußern, auf welchen Wegen sie Viktor von Weizsäcker begegnet sind und in welcher Weise sich diese Begegnungen auf ihr heutiges Werk ausgewirkt haben. Danach wollen wir auf die Fragen, die innerhalb des Podiumsgespräches offengeblieben sind, eingehen und dann, im letzten Teil, das Gespräch auf das Auditorium ausweiten. Herr Wiesenhütter, darf ich Sie um Ihren Beitrag bitten?

WIESENHÜTTER: Es geht mir vor allem darum, aber das muß wahrscheinlich in der Diskussion erst erfolgen, vier ganz praktische Methoden vorzustellen, die heute an Patienten durchgeführt und in entsprechenden Instituten gelehrt werden, die auf Viktor von Weizsäcker zurückgehen. Die erste ist die Funktionelle Entspannung von Marianne Fuchs, die in der Klinik von Weizsäcker selbst entstand. Er hat sie auch am eigenen Leibe noch erfahren. Die zweite ist die Konzentrative Bewegungstherapie. Der Name stammt von Stolze, und er hat darauf hingewiesen, daß sie auf dem Gestaltkreis basiert. Man könnte das Lehrbuch von Christine Gräff, zu dem ich ein Vorwort geschrieben habe, fast als „zweiten Band des Gestaltkreises" bezeichnen, nämlich in der Anwendung des Gestaltkreises am Patienten. Die dritte ist die Logotherapie. Sie stammt nicht von Frankl, sondern von Viktor von Weizsäcker. Sie wurde vor genau 60 Jahren in einem Vortrag vorgestellt, und Frankl hat mir zugegeben, daß er ohne Nennung von Weizsäckers diese Methode übernommen hat. Und das vierte – die Wege laufen über Erich Lindemann, einen früheren Mitarbeiter von Weizsäckers –, die heutige Systemtherapie, die noch sehr viel Zukunft hat und gleichsam von Amerika zu uns zurückgekommen ist.

Zu meinem Persönlichen darf ich vielleicht sagen: Ich war nicht Weizsäckers Mitarbeiter in Breslau, sondern ich war Student und stieß 1941 zu ihm. Er nahm mich unter seine Fittiche, als er hörte, daß Josef Wittig mein Ersatzvater geworden war, nachdem mein eigener Vater im Dritten Reich ums Leben gekommen war. Mit Josef Wittig und Martin Buber zusammen hatte er „Die Kreatur" herausgegeben. Ich brachte ihn im Dritten Reich dazu, uns, einer kleinen Zahl von Studenten, in seiner Scheidniger Villa einen Einführungskurs in Psychotherapie zu geben. Es wurde vor allem Freud gelehrt, der natürlich offiziell damals verboten war. Deshalb durfte ich dazu nur „politisch zuverlässige" Leute aussuchen. Und ich brachte ihn sogar zu einer ersten Lehranalyse. Er vermittelte mich dann nach dem Kriege weiter zu von Gebsattel, der mein langjähriger Chef und Meister wurde, und auch Lehranalytiker, sowie zu dem „einzigen Psychiater nach meinem Geschmack", wie er wörtlich sagte, zu Georg Zillich, dem damaligen Chef der Bamberger Nervenklinik, der nur 300 m von Gebsattel entfernt wohnte. Dort übernahm ich vor allem in der Ausbildung zum Nervenarzt ganz im Sinne von Weizsäckers die Hirnversehrten, auch die Hirnversehrtenrehabilitation. Ich blieb ihm dann treu bis zum Sterbebett, und dort legte er großen Wert darauf, daß ich die „Beiträge zur Allgemeinen Medizin" weiterführen sollte. In diesen Beiträgen erschienen eine ganze Reihe von Habilitationsschriften, auch hier Anwesender, und noch vieles mehr.

VON RAD: Da wir hier ja miteinander diskutieren und sprechen wollen, würde ich gerne versuchen, in einem Statement ein bißchen mitaufzugreifen, was vor allem Carl Friedrich von Weizsäcker gestern gesagt hat. Dabei möchte ich mich hier auf einen Gedanken beschränken, der auf einen zentralen Begriff Viktor von Weizsäckers Bezug nimmt, und von dem mir bis heute nicht ganz klar ist, wieweit oder in welcher Weise er seine Wurzeln in der christlichen Anthropologie hat. Ich meine den Begriff der Stellvertretung. Körper und Seele gehen miteinander um, sagt Viktor von Weizsäcker, sie erläutern einander, indem sie sich vertreten können. Und dieses an der Stellvertretung und gegenseitigen Verborgenheit des Wahrnehmens und Bewegens im Gestaltkreis entwickelte Modell wird also zu einem ganz neuen Entwurf von Krankheit weitergeführt. Zitat: „daß die körperlichen Vorgänge die seelischen verstehbar repräsentieren und umgekehrt".

Kurzer Rückgriff auf die Darstellungen von Carl Friedrich von Weizsäcker von gestern: Punkt 1 in seinem Referat war: Stellvertretung und gegenseitige Verborgenheit gehören zusammen. Punkt 2: Krankheit ist geradezu eine Art Beleg für die gegenseitige Verborgenheit von Leib und Seele. Punkt 3: Der Leib erscheint dann als eine Art Sinnträger, der manchmal klüger ist als das Bewußtsein. Punkt 4: Es gibt eine Art gegenseitiger Verborgenheit von Motiv und Wirkung. Nun hat Carl Friedrich von Weizsäcker in der Diskussion gestern eine Frage gestellt, die nicht beantwortet worden ist. Und ich bin mir nicht ganz sicher, ob wir hier nicht in unserem gemeinsamen Bemühen in der Nachfolge Viktor von Weizsäckers ein wenig in eine einseitige Ecke geraten sind. Hat jede körperliche Krankheit einen Sinn? Ich denke, hier sollte man doch mal einen Moment Pause machen. Viktor von Weizsäcker hat darüber vieles in diese Richtung Gehendes gesagt. Er hat in diese Richtung gekämpft. Aber war er vielleicht auch ein bißchen einseitig in dieser Richtung?

Ich denke, man kann wahrscheinlich jeder Krankheit einen Sinn geben. Aber hat die Krankheit selbst, jede Krankheit einen Sinn? Ich war Herrn Laín Entralgo sehr dankbar für den behutsam kritischen Satz über den Deutungsoptimismus bei Viktor von Weizsäcker. Ich denke, es gibt Kranke, Krankheiten und Krankheitssituationen, die mehr Verständnis und Sinn haben können als andere. Auch hier gibt es Übergänge und quantitative Abstufungen. Also ich denke, wir sollten uns vor einem versteckten Panpsychismus hüten. Wir leben so stark vom Außenfeind der naturwissenschaftlichen Medizin – das ist mir gestern und auch heute so deutlich geworden –, von dem Außenfeind der Objektivierungstendenz. Dabei meine ich, und darauf hat Paul Christian einmal hingewiesen, sind es die Kranken selbst und auch wir, die kartesisch denken. Hier müssen wir mehr Überlegenheit und Sicherheit des Wahrnehmens und Bewegens entwickeln.

Wie kann man das also verstehen, wenn man bereit ist, von Weizsäcker folgend, Krankheit auch, und das ist sicher eine gefährliche Definition, als eine Art Herausfallen aus der Wahrheit zu begreifen? Ein wichtiges Zitat: „Der Körper ist nämlich jetzt einer, bei dem das Menschliche, welches die Psychoanalyse darstellt, mitredet, mitspielt, mitlügt und mitlistet. Auch Wahres mitzeigt und Echtes mitfühlt, er handelt mit." Stellvertretung in diesem Sinne kann dann wohl nur heißen, daß der Körper sich sozusagen seinen eigenen Text, seinen Vers macht, wenn das Bewußtsein oder das Ich falsche Wege gehen.

Gemeint ist also etwas Ähnliches wie der Eigensinn des Leibes, der seine Bestimmung auch gegen die Eigenwilligkeit des Ichs bzw. des Bewußtseins durchsetzt. Die Leib-Seele-Einheit erscheint hier also nicht in der einfachen Form des Parallelismus, sondern in einer aufeinander bezogenen Spannung. Wenn der von Weizsäckersche Grundgedanke der Stellvertretung in dem Sinne richtig ist, „daß die körperlichen Vorgänge die seelischen verstehbar repräsentieren und umgekehrt"; wenn es stimmt, daß die organische Krankheit, der „Biographie als historisch bedeutsames, geistig sinnvolles Stück eingefügt ist", als ob sie dazugehöre, genügt es heute nicht mehr, den Körper als einen zu verstehen, der mithandelt und Wahres mitzeigt und Echtes mitfühlt. Dann ist es nämlich entscheidend, für uns als Patienten und Ärzte, herauszufinden, *unter welchen Umständen* und *mit Blick auf welche Lebensentwürfe* und Bestimmungen der Körper sich Gehör verschafft, als ein listig Mitredender oder sogar ein Lügner. Wenn der Körper mitfühlt, listig dreinredet, aber auch lügt, dann ist er selbst nicht unfehlbar im Sinne einer unabhängigen Prüfinstanz. Wann ist meine Schlaflosigkeit, mein Schmerz in diesem Sinne ein Echtes, eine List oder eine Lüge, oder noch einfacher, wann weiß mein Körper mit seiner Symptomsprache es wirklich besser, als ich mit meinem Bewußtsein, und wann mogelt er? Gäbe es eine digitalisierbare Antwort auf diese Frage, hätten wir wenig Grund zu diesem Gespräch. Wenn ich es recht verstehe, würde von Weizsäcker, wohl in Übereinstimmung mit Freud, darauf vielleicht etwa folgendermaßen antworten: Man muß nicht nur den seelischen, sondern auch den körperlichen Vorgängen Gelegenheit geben, in einem Raum der Freiheit zu Wort zu kommen. Dieser Raum der Freiheit ist der Raum der Therapie, dessen Schutzbedürftigkeit und Gesetze vor allem durch die psychoanalytische Forschung untersucht und entwickelt worden sind. Seine Inhalte und Bestimmungen sind auf diese Aufgabe ausgerichtet. Seine Gesetze gelten nicht für die Alltags- und Berufswelt. In diesem Freiheitsraum der Therapie erscheinen Wahrheit und Lüge seelischer und körperlicher Vorgänge und unterliegen der eigenwilligen Beurteilung dieses zwischenmenschlichen Feldes.

HAHN: Selbstwahrnehmung ist ein besonderes Problem, Herr von Rad, das lernen wir auch bei Viktor von Weizsäcker. Jetzt hatte Frau Kütemeyer, die als nächste sprechen sollte, gebeten, zunächst Herrn Huebschmann vorzuziehen. Darf ich Sie, Herr Huebschmann, bitten, über Ihre Begegnung mit Viktor von Weizsäcker und die Bedeutung, die das heute noch für Sie hat, zu sprechen?

HUEBSCHMANN: Der Wiener Anatom Julius Tandler hat einmal gesagt: „Der Mensch hat viele Öffnungen, und vor jeder lauert ein Spezialist." So bin ich erzogen worden. So habe ich Medizin gelernt. Als mir Viktor von Weizsäcker zum ersten Mal begegnete, merkte ich sofort: Das ist bei ihm ganz anders. Das war 1938. Ich lernte ihn dann näher kennen, auch in seiner Wohnung.

Während des Krieges war ich notdienstverpflichteter „Hilfskassenarzt" in Neckargemünd. Das war mein Wehrdienst. Für die Wehrmacht Hitlers war ich untauglich, dank einer Neigung zum Bronchialasthma. Meine Bronchien waren gewissermaßen klüger als mein Kopf, der seine Pflicht als Soldat erfüllen wollte. Während dieser Zeit holte ich von Weizsäcker als Konsiliarius zu Kranken. Ich erlebte, wie einzigartig sein Umgang mit dem Kranken war.

Ich habe von Weizsäcker auch zweimal in Breslau besucht. Von 1945–1952 arbeitete ich als Assistent an der Ludolf-Krehl-Klinik eng mit ihm zusammen, obwohl mein eigentlicher „Chef" Richard Siebeck war. Besonders gekümmert habe ich mich um die Tuberkulosekranken. Gestern stellten Sie, Herr Carl Friedrich von Weizsäcker, zweifelnd die Frage, ob jede Körperkrankheit auch psychogen sei. Ich würde antworten: Es geht hier nicht um Kausalität, sondern darum, als Mensch mit dem Kranken zu sprechen, immer, mit jedem. Dann betreibt man Forschung. Ich machte aber auch die Erfahrung, zu meiner und zur Überraschung anderer, daß das auch heilsam sein kann. Und das ist fundamental. Das bedeutet eine Wende in der Medizin. So lernte ich es auch bei Viktor von Weizsäcker.

Hier muß ich noch etwas sagen, heute. Ich habe in den letzten Jahren einiges erfahren, was ich so genau noch nicht wußte. Und ich las Äußerungen von Weizsäckers im Jahre 1933. Diese zeigen eindeutig, daß von Weizsäcker sich Hoffnungen machte, als die Wende damals einsetzte. Man muß das der Wahrheit zuliebe aussprechen. Aber nicht, um von Weizsäcker zu verurteilen, sondern um sich zu fragen – und ich frage auch mich selbst, Jahrgang 1913 –: Was hast, was hättest du getan in jener Zeit? Man kann und muß sich jene Äußerungen so erklären: von Weizsäcker sah klar, daß die von ihm erstrebte Veränderung der Medizin eine allgemeinere, gesellschaftlich-politische Veränderung zur Voraussetzung hatte. Er wähnte offenbar, daß die „kopernikanische Wende", wie er später formulierte, sich damals hätte anbahnen können. Er hat dann aber bald diese seine Ansicht revidiert. Ein Zeichen dafür war, daß er so entschiedene Regimegegner wie Alexander Mitscherlich und Wilhelm Kütemeyer an seine Klinik in Heidelberg holte.

HAHN: Darüber hoffen wir noch einiges mehr zu hören. Vielleicht in der Weise, in der das Gespräch die Fragen, was das nun wirklich „heute" bedeutet, etwas mehr akzentuiert. Ihre Besonderheit ist es ja, daß Sie in Ihrer Arbeit als Allgemeinarzt und Internist die täglichen Problemstellungen erleben, also solche, die z. B. im akademischen Bereich eher artifiziell wirken könnten. – Jetzt Frau Kütemeyer, bitte.

FRAU KÜTEMEYER: Daß ich hier als einzige Frau zu Wort komme, hat dies eigentlich mit von Weizsäcker selbst etwas zu tun, oder mit der Art, wie wir hier mit ihm umgehen?

Ich möchte auf die gestrige Frage von Herrn Gadamer zurückkommen: Wie sieht die Bilanz heute aus? Was haben wir inzwischen verwirklicht von Viktor von Weizsäckers Ideen, welche Aufgaben stehen vor uns und welche Fragen sind offen? Ich möchte etwas dazu sagen vom Bereich der Neurologie aus. Meine Antwort kann aber leider nicht nur festlich ausfallen. Dafür möchte ich gleich vorweg um Verzeihung bitten. Es kommt kein runder Denker Viktor von Weizsäcker heraus, nicht gezähmt und für eine Gedenkstunde domestiziert, sondern ein von Widersprüchen geschüttelter lebendiger Mensch. Die Bilanz bewegt sich zwischen so gegensätzlichen Polen, daß ich – „drehtürartig" – nur mal das Eine, mal das Andere denken kann.

Ich beginne mit dem Positiven: Was ist in der Neurologie seit Viktor von Weizsäcker anders geworden? Die Schwierigkeit der Neurologie – dem Ausgangspunkt von Weizsäckers und Freuds – besteht darin, daß sie als relativ junges Fach noch um Autonomie und Anerkennung als organische Disziplin gegenüber der Inneren Medizin und vor allem der Psychiatrie zu kämpfen hat, was offenbar nur durch rigorose Abspaltung des Biographischen, des Psychischen möglich ist. Wenn man sich trotzdem auf den Weg begibt, die biographische Bedeutung neurologischer Erkrankungen zu erforschen, dann benötigt man Weizsäcker mindestens ebenso wie Freud, weil Weizsäcker, indem er das Unbewußte ernst nahm, nicht, wie Freud, vor der wissenschaftlichen Beschäftigung mit dem Körper „warnte" (1932), sondern dem Körper als biologischem Akt, als Ausdruck des

Menschlichen, die gleiche Beachtung schenkte wie der Seele. Wenn man sich mit Weizsäcker auf den Weg begibt, dann erweist sich die Neurologie – das können wir nach über 10jähriger Zusammenarbeit unter Herrn Janz sagen – als eine Fundgrube, ich würde sogar sagen, als eine Goldgrube der Psychosomatik. Und ich denke, es ist hier der Ort, Herrn Janz einmal öffentlich zu danken, daß er diese unsere Arbeit immer – kritisch – angeregt und begleitet hat. Oft hat uns Viktor von Weizsäcker geholfen, etwas zu sehen, was wir sonst vermutlich nicht gesehen hätten, was nicht auf dem Wege der naturwissenschaftlichen Selbstverständlichkeit lag. Ich kann jetzt leider wegen der Kürze nur einiges von unseren Ergebnissen schlaglichtartig andeuten.

Das waren erst einmal ganz einfache Dinge. Wir konnten z. B. wahrnehmen und leichter verstehen, daß und warum bei vielen idiopathischen Fazialisparesen die Patienten auf der betroffenen Seite eine Sensibilitätsstörung angeben. Wir haben Stöße von Publikationen über dieses Problem gefunden, die zu keinem Ergebnis kommen, die zu hypothetischen Überlegungen kommen, wie Querinnervationen von N. trigeminus und N. facialis, anstatt die einfache Weizsäckersche Wahrheit der „Einheit von Wahrnehmen und Bewegen" zu realisieren und zu begreifen: für den Patienten ist die rechte Gesichtshälfte krank und deswegen fühlt er sie auch anders. Dann kann man offenbar erst neurologisch gut untersuchen und sehen, daß die Gefühlsstörung an der Haargrenze abschließt und nicht an der Begrenzung des N. trigeminus weiter parietal, oder daß die Mundinnenseite, vom N. trigeminus mitinnerviert, ausgespart ist, und solche Dinge, die diesen „exakten" Forschern nicht aufgefallen waren.

Ein ähnliches Phänomen können wir bei zervikalen Kopfschmerzen beobachten, die mit funktionellen Sensibilitätsstörungen der betreffenden Kopf- oder sogar Gesichtsseite einhergehen: Auch bei vielen anderen Schmerzsyndromen fühlt man sich oft gedrängt, weitere Untersuchungen zu machen, weil die Patienten an der schmerzenden Stelle auch eine Sensibilitätsstörung haben. Die „Einheit von Wahrnehmen und Bewegen" – man müßte hier hinzufügen, die „Einheit von Schmerz- und Berührungsqualität bei der Wahrnehmung" – hilft zu verstehen, daß es sich dabei nicht notwendig um ein symptomatisches, sondern meist, trotz der Sensibilitätsstörung, um ein einfaches Schmerzsyndrom handelt.

Der Morbus Parkinson, neurologisch (wie die idiopathische Fazialisparese) eine rein motorische Störung, geht mit „Störungen der Wahrnehmung und des Leiberlebens" einher, wie Alfred Kraus – in Anlehnung an Viktor von Weizsäcker – in einer Untersuchung hier in Heidelberg gezeigt hat (1964, 1974). Der Parkinson-Kranke erlebt eine Entfremdung des eigenen Leibes, er empfindet seinen Körper wie ein Objekt, das er wie einen Gegenstand hin und her zu bewegen hat; oder er projiziert seine motorische Behinderung in die Außenwelt, nimmt sie als Widerständigkeit der Umgebung wahr. Wenn man solche Wahrnehmungsphänomene miteinbezieht, kann man sich besser in Parkinson-Kranke und ihre Not einfühlen, aber auch paradoxe Blockierungen besser verstehen.

Indem wir die Wahrnehmungen der Patienten stärker beachteten, konnten wir bei MS-Kranken, Patienten mit Schlaganfällen, Myasthenie, epileptischen und nichtepileptischen Anfällen sowie bei Patienten mit Lumbago-Ischias-Syndrom aufregende Erfahrungen machen und neue Therapieansätze entdecken. Bei der Myasthenie konnten wir z. B. exakt herausfinden, daß die Schwäche nicht notwendig mit muskulärer Beanspruchung zunimmt, sondern daß extreme Muskelanstrengungen u. U., wenn sie lustbetont sind, überhaupt nicht zu einer Störung führen.

Leider muß es bei diesen Andeutungen bleiben. Ich möchte auf die dritte Auflage des von Thure von Uexküll herausgegebenen Lehrbuches „Psychosomatische Medizin" verweisen, wo wir dankenswerterweise Gelegenheit hatten, diese – z. T. noch fragmentarischen – Beobachtungen, die ohne Weizsäcker nicht denkbar sind, ausführlicher darzustellen.

Wir wurden aber – trotz Weizsäckers unumstrittener Verdienste – darauf gestoßen, daß jüdische Wissenschaftler und Zeitgenossen, wie z. B. der Neurologe Kurt Goldstein und der Psychoanalytiker Ernst Simmel, beide gesundheitspolitisch engagierte Sozialisten, oder auch Sandor Ferenczi und Felix Deutsch, in Weizsäckers Schriften merkwürdig ausgespart sind, obwohl sie nachweislich diagnostisch und therapeutisch Erkenntnisse Weizsäckers vorweggenommen haben: Goldstein mit der Relativierung der Lokalisationstheorie; Simmel, indem er früh, ab 1927, in der ersten Psychoanalytischen Klinik in Berlin-Tegel organisch Schwerkranke psychosomatisch und psychoanalytisch behandelt hat; Ferenczi, der, ergänzend zur Psychoanalyse, schon 1924 auf das „Biologische Unbewußte" hingewiesen und den Entwurf einer neuen Physiologie, einer „Bioanalytischen Wissenschaft" publiziert hat; Felix Deutsch mit der psychoanalytischen Aufhellung schwerer internistischer Erkrankungen. Diese Forscher werden von Weizsäcker nicht oder kaum erwähnt, obwohl er mit einigen von ihnen gemeinsam in den 20er Jahren auf Kongressen vorgetragen hat. Angesichts seiner häufigen Klagen über universitäre Isolation habe ich das Ignorieren dieser gleichrangigen Bundesgenossen nie verstanden. Wir müssen dies wohl als ein Beispiel nehmen, nicht nur für den Widerstand von seiten der „Schulmedizin", sondern für Selbstbehinderung bei der Entfaltung einer radikalen Psychosomatik.

Bestürzender noch ist die Ihnen z. T. bekannte Verstrickung Weizsäckers in die nationalsozialistische Vernichtungspolitik. Ich würde diese Verstrickung hier nicht erwähnen, wenn sie schon erwähnt worden wäre. Es ist nur zu gut zu verstehen, daß davon hier bisher nicht die Rede war, weil die Fragen dazu vorerst unbeantwortet bleiben. Aber, um unseren Bundespräsidenten Richard von Weizsäcker aus seiner Rede vom 8. Mai 1985 zu zitieren, „eine Frage verschwindet nicht einfach deshalb, weil man sie nicht beantworten kann". Und weiter Richard von Weizsäcker: „Wer aber vor der Vergangenheit die Augen verschließt, wird blind für die Gegenwart. Wer sich der Unmenschlichkeit nicht erinnern will, wird wieder anfällig für neue Ansteckungsgefahren" (ein medizinischer Begriff für einen geistigen Vorgang, den auch Viktor von Weizsäcker geprägt haben könnte). Die Schwierigkeit heute besteht darin, Viktor von Weizsäcker weder zu idealisieren, noch ihn daraufhin zu entwerten.

Im Militärarchiv Kattowitz/Polen wurden über 200 Krankenakten aus dem Jahre 1942 und 1943 gefunden mit ausdrücklichem Begleitschreiben folgenden Inhalts: „Neurologisches Forschungsinstitut, Prof. von Weizsäcker, Breslau, Neudorfer Straße 118–120. In der Anlage übersende ich Ihnen ein nach Ihrem Schreiben vom 25.3.1942 fixiertes Gehirn- und Rückenmark des Kindes ... (Name und Geburtsdatum) mit der Bitte, es hirnpathologisch untersuchen zu wollen. Einen Auszug aus der Krankengeschichte füge ich bei. Der leitende Arzt (Hecker), Prov. Ober. med. Rätin."[1] Es handelt sich um dissoziale und behinderte Kinder und Jugendliche aus der Kinderfachabteilung der Jugendpsychiatrischen Klinik Loben (Lublinic). Aus den Krankenakten geht unmißverständlich hervor, daß diese Gehirne der Kindereuthanasie entstammten.

Diese uns alle erschütternden Dokumente haben sich bis heute für mich nicht in Weizsäckers Konzept und Biographie integrieren lassen, weil – im Unterschied zu bisher bekannt gewordenen Täterbiographien von Ärzten – gerade Viktor von Weizsäcker alles andere als ein fehlendes Unrechtsbewußtsein und ein fataler medizinischer Objektivismus nachgesagt werden kann. Sie alle kennen die vielen selbstbezichtigenden Hinweise über sein Verhalten im Dritten Reich in den autobiographischen Schriften. Die Haltung eines Forschers, der die emotionale Beteiligung als Forschungsprinzip in die Wissenschaft eingeführt hat, und diese fragwürdigen Dokumente, das läßt sich nicht vereinen.

Für heute läßt sich daraus lernen, daß auch und gerade eine grenzüberschreitende psychosomatische Medizin einer fundierten Ethik bedarf; daß keiner, der damals ein wichtiges Amt bekleidete, von der „Ansteckung" verschont war; daß auch keiner von uns und sei oder fühle er sich durch die beste medizinische Ethik auch noch so gewappnet, vor der Gefahr gefeit ist, dem Druck unerlaubter Vernichtung nachzugeben – diesem Druck,

---

[1] *Anmerkung der Herausgeber:* Das Bekanntwerden dieses Dokumentes hat die Tochter V. von Weizsäckers, Frau C. Penselin, veranlaßt, weitere Nachforschungen anzustellen, deren Ergebnisse in Band 2 dieser Schriftenreihe veröffentlicht werden.

dem in unserer Welt jeder Arzt ausgesetzt ist, um so stärker, je mehr Verantwortung und Machtbefugnisse er besitzt.

HAHN: Es lag mir auf der Zunge zu sagen, Frau Kütemeyer, Frauen sind vielleicht doch konkreter und weniger antilogisch, als Viktor von Weizsäcker gemeint hat. Aber wir werden das noch weiter diskutieren. Ich möchte jetzt Herrn Bräutigam bitten, über seine Erfahrungen zu berichten.

BRÄUTIGAM: Als einer, der Viktor von Weizsäcker noch erlebt und ihn verehrt hat, möchte ich zunächst einige persönliche Erinnerungen bringen. Nach dem letzten Krieg bin ich, angezogen von den Schriften von Weizsäckers, nach Heidelberg gekommen. Zwar habe ich nie auf seinen Stationen gearbeitet, sondern auf seinen Spuren in der Neurologie und in der Inneren Medizin und auch in der Psychiatrie. Doch ich habe an vielen Vorlesungen und Seminaren teilgenommen, auch vorgetragen, und durch seine Art des Fragens und seine Gedankengänge für mich bestimmte Anregungen bekommen.

Es ist lange still um ihn gewesen, es bedurfte offenbar einer besonderen Konstellation des 100. Geburtstages und der 600-Jahr-Feier sowie der Initiative einiger seiner Schüler und Nachfolger, daß diese Tagung möglich wurde. Und es ist bezeichnend für von Weizsäcker, daß es eines großen Aufgebotes nicht nur von Medizinern, sondern von Philosophen, Naturwissenschaftlern und Historikern bedarf, um der Fülle seiner kühnen Gedanken und dem Umfang seines Werkes gerecht zu werden. Ich muß an diesem festlichen Tage aber auch daran denken, wie ich ihn zuletzt in seiner Wohnung im Philipp-Wolfrum-Weg an seinem letzten Geburtstage besucht habe. Er lag körperlich gelähmt im Bett, hatte sich immer mehr von allen äußeren Dingen, die in der Welt um ihn vorgingen, zurückgezogen. Dabei war er geistig wach bis zuletzt, fragte und reflektierte Themen der Inneren Medizin, der Psychosomatik, der Psychoanalyse. Vor allem muß ich an seine Beerdigung auf dem Handschuhsheimer Friedhof denken, deren Ablauf er selbst mit seiner Frau vorher genau festgelegt hatte. Es wurden bei der Begräbnisfeier vor der Kapelle und am Grab keine Ansprachen gehalten. Er hatte selbst darauf bestanden, daß an seinem Grab nur biblische Texte, und zwar nur Psalmen, verlesen wurden. Dies drückt seine religiöse Bindung aus, die im Hintergrund seines Denkens und Forschens zu erkennen ist, aber auch seine Neigung, sich selbst als Person gegenüber dem Gegenstand, gerade auch gegenüber den letzten Dingen, zurückzunehmen.

Ich möchte hier nun einen Bereich im Werk von Weizsäckers noch mehr hervorheben, als es bisher geschehen ist. In der Vorlesung auf dem Internistenkongreß 1949 in Wiesbaden sagte er in einem dieser apodiktischen Sätze, zu denen er neigte: „Die psychosomatische Medizin muß eine tiefenpsychologische sein" – er benutzte diesen pathischen Terminus – „oder sie wird nicht sein". In diesem Jahr hat er gegen Karl Jaspers, gegen Kurt Schneider und Gegen K. H. Bauer die Gründung der Psychosomatischen Abteilung, der jetzigen Psychosomatischen Klinik, durchgesetzt und damit das, was dann Alexander Mitscherlich weiterentwickelt hat und was für die deutschen Universitäten vorbildlich wurde. Man kann sich fragen, ist seine Initiative in der Medizin wirksam? Es gibt heute eine Abteilung für Allgemeine Klinische und Psychosomatische Medizin im Rahmen der Internistik, und es gibt die Psychosomatische Klinik, die vor allem die Psychoanalyse pflegt und versucht sie weiterzuentwickeln. Von Weizsäkker bemerkte einmal – und das müssen wir heute ebenso ernstnehmen –, daß es, angesichts des ungeheuren Übergewichts einer modernen naturwissenschaftlich orientierten und technisch geprägten Medizin, undenkbar ist, Psychologie allein auf dem Boden des gesunden Menschenverstandes, oder wie er sagte, von Trivialitäten zu behandeln, sie unkritisch und nicht mit der angemessenen Differenziertheit in die Behandlung einzubeziehen. Von Weizsäcker hat ja nicht nur selbst Sigmund Freud gekannt und selbst Analysen gemacht, sondern er hat, wie ich finde, in einem bestimmten Sinne an der Weiterentwicklung der Psychoanalyse gearbeitet.[2]

Ich möchte ein Wort, das gestern auftauchte, hier noch einmal aufgreifen: Es gebe keine Wissenschaft von der Subjektivität, keine Wissenschaft vom Subjekt des Arztes, wurde gesagt. Ich meine, die Psychoanalyse hat sich in den letzten Jahren mit nichts anderem beschäftigt. Sie hat die Geschichte dieser Subjektivität und die Interaktion, „Subjekt gebraucht Subjekt", das Miteinander und die Begegnung von Arzt und Patient in immer neuen Begriffen, in immer neuen theoretischen Fassungen behandelt. Mit der explosionsartigen Entwicklung des Begriffes von Gegenübertragung in den letzten Jahren wird die Subjektivität des Arztes für die Behandlungssituation zum Gegenstand der Forschung. Sicher ist die Psychoanalyse in Gefahr, auch das wurde hier berührt, unter dem übermächtigen Gewicht ihres Gründers Sigmund Freud so etwas wie ein Traditionsverband zu werden, andere sagen eine Sekte, wieder andere eine Hochkirche. Das ist eine Gefahr, vor allem dann, wenn sie sich allein oder überwiegend außerhalb der Universitäten entwickelt. Die Psychoanalyse bedarf der Herausforderung durch die Medizin, durch ihre verschiedenen Fächer, ebenso aber auch durch andere psychologische Theorien. Sie braucht das Wissen um die Ätiologie psychischer und psychosomatischer Krankheiten, das andere Fächer der Medizin erarbeitet haben, um der

---

[2] Siehe seine Entwicklung einer Situationstherapie. In: Soziale Krankheit und soziale Gesundung 1930.

Wirklichkeit des ganzen kranken Menschen gerecht zu werden. Die anthropologische Medizin von Weizsäckers gibt keine Patentlösungen zur Behandlung von Organkrankheiten oder gar von Psychosen. Aber sie wird sich, wenn sie sich an den Universitäten weiterentwickeln will, der Herausforderung immer neuer Krankheitsformen und Organisationsformen zur Behandlung dieser Krankheiten stellen können und ihren Beitrag leisten.

HAHN: Es ist sicher sehr wichtig, Herr Bräutigam, daß Sie dieses Problem noch einmal so deutlich angesprochen haben. Wir werden dadurch mit den Fragen nach dem „Morgen" und den weiteren Entwicklungslinien konfrontiert. Jetzt wird uns Herr Achilles über seine Arbeit und seine Begegnung mit Viktor von Weizsäcker in den Schriften berichten, sowie über seine gegenwärtige Einschätzung der Bedeutung, die die Theologie im Werke Viktor von Weizsäckers hatte.

ACHILLES: Wenn ich jetzt als Theologe zu Wort komme, dann möchte ich mich nicht in der Lage sehen, nach allen schwierigen Dingen, die angesprochen worden sind, irgend etwas Beruhigendes und Abrundendes zum Besten zu geben. Das, was ich sagen kann, ist sehr eng verknüpft mit den Schwierigkeiten der Verwirklichung von Weizsäckerscher Medizin.

Ich habe Bekanntschaft gemacht mit Viktor von Weizsäcker bzw. seinen Schülern, vor allem in dem Kreis um Wilhelm Kütemeyer. Als ich hier in Heidelberg Theologie studierte, interessierte mich damals die Frage, wieweit denn Wahrheit erfahrbar ist. Wenn es eine Wahrheit gibt, dann sollte sie auch heilsam und erfahrbar sein. Ich hatte gehofft und erwartet, daß ich in diesem Kreise etwas davon höre. So ist die Frage nach dem Zusammenhang von Krankheit und Wahrheit eine Leitfrage für meine Beschäftigung mit Viktor von Weizsäcker geworden. Ich hatte den Eindruck, daß sie in den gestrigen Referaten und auch heute mehr oder weniger deutlich zur Sprache kam. Ich denke, daß dies eine ganz unabsehbare und immer nur vorläufig zu beantwortende Frage ist. Meine Auseinandersetzung mit Viktor von Weizsäcker führte dazu, daß ich mich in meiner psychotherapeutischen Tätigkeit den Methoden der humanistischen Psychologie, besonders der Gestalttherapie, zugewandt habe. Auch ihre Vertreter sind ja wissenschaftliche Außenseiter, die oft nicht anerkannt werden. Ich denke, daß sie vieles tun, worüber Viktor von Weizsäcker gesprochen hat, und was er selber nicht praktizierte und wohl auch nicht praktizieren konnte. Zwar haben diese Therapeuten kaum etwas vom Gestaltkreis gehört, aber es lassen sich da viele vergleichbare Dinge finden.

Ich wollte also etwas sagen zu dem theologischen Thema. Ich denke, daß Viktor von Weizsäckers Arbeit im ganzen eine theologische und eine religiöse Dimension hat. Auch an Stellen, wo es nicht offen ausgesprochen ist. Er hat sich zu vielen Theologien geäußert; das meine ich aber jetzt nicht, sondern ich meine, daß seine Arbeit als ganze eine theologische Qualität hat. Dieses theologische Denken ist oft nur in Aphorismen greifbar, und ich kann daher nur andeuten, was ich verstanden zu haben glaube. In der Zeitschrift „Die Kreatur", die Viktor von Weizsäcker zusammen mit dem Katholiken Josef Wittig und dem jüdischen Denker Martin Buber herausgegeben hat, wird im Vorwort gesagt, es ginge nicht darum, Theologie, sondern in Demut Kosmologie zu betreiben. Das heißt, man wollte die Welt wieder als Schöpfung begreifen. Die Konfessionen erschienen dabei nur als vorläufige Formen, letztlich als Einschränkungen von Wahrheit, über die man hinauskommen wollte. Diese Auffassung könnte heute vielen einen Zugang zu von Weizsäcker ermöglichen. Im Zusammenhang mit der ökologischen Diskussion oder mit der Friedensdiskussion ist es ja weithin zu sehen, daß konfessionelle Grenzen überschritten werden.

Nun, von Weizsäcker schreibt, man kann die Welt nicht denken, ohne zugleich mehr als die Welt zu denken. Wenn das Wort „denken" vorkommt, dann ist es ganz präzise gebraucht; es ging von Weizsäcker auch immer um Denken, und zwar wollte er Glauben und Wissen miteinander wieder versöhnen oder zumindest sie aufeinander beziehen. Er versuchte klarzumachen, daß Wissenschaft nur möglich ist, indem sie sich bezieht auf das, was jenseits aller Wissenschaft liegt. Das wäre dann auch eine Rettung für die Wissenschaft, so daß sie sich nicht als Werkzeug zerstörender Leidenschaften betätigt, wie es bei von Weizsäcker immer wieder dargestellt wird. Das Ergebnis des Versuches, Glauben und Wissen zu versöhnen, ist kurz gesagt dieses, daß der Mensch und die Natur sich zusammen in einer Abhängigkeit befinden, die ganz akausal verstanden werden muß. Diese Abhängigkeit hat er Grundverhältnis genannt. Und auf diesem Hintergrunde sind Erfahrungen mit der Krankheit für ihn eine Möglichkeit, die Wahrheit zu erfahren. Der Mensch bewegt sich in diesem Grundverhältnis. Er verwirklicht Wahrheit oder er verfehlt sie, und genau das ist in der Krankheit und in der Gesundheit erfahrbar. Von Weizsäcker konnte daher sagen, der Sinn des Lebens sei nicht aussprechbar, aber er könne „sonnenklar erlitten" werden. Daraus vermeidet sich dann auch ein Kurzschluß mit der Theologie. Es ist nicht so, daß plötzlich Theologie und anthropologische Medizin dasselbe wären, aber was möglich ist, das – um mit Paul Tillich zu sprechen – ist eine Korrelation, ein Austausch in Kritik und Zustimmung und damit eine wechselseitige Fortbewegung. Zu diesem Ergebnis, das ich gerade vorgetragen habe, gibt es drei Zugänge, einen biographischen, einen theoretischen und einen klinischen.

Ich will es kurz andeuten. Der erste ist der biographische Zugang. Hier geht es vor allem um die Erfahrung der Krise. Man muß auch die

Schwierigkeiten, die von Weizsäcker in seinem Leben, und wie es angedeutet wurde, in seiner Zeit hatte, als Hintergrund seines Krisenbegriffes verstehen. Die Krisenerfahrung ist immer potentiell eine Wahrheitserfahrung. Für ihn selbst waren die beiden Weltkriege religiöse Krisen, und er meinte, daß in den Weltkriegen überhaupt entschieden würde, was Glaube und was Religion sein können. Zunächst hielt er nach dem Ersten Weltkrieg die Vorlesung „Am Anfang schuf Gott Himmel und Erde" (1920). In ihr verstand er Naturphilosophie als „Verantwortung übernehmen", und er hat dort dargestellt, wie die Naturwissenschaft die Welt entgottet, entmenschlicht, entsinnlicht und entgeistigt. Dann hat er begonnen, in der Zeitschrift „Die Kreatur" seine medizinische Anthropologie zu entfalten. Er führte keine Tierversuche mehr durch, und er wandte sich der Gestaltkreisforschung zu, die das Subjekt des Beobachteten und des Beobachters einbezieht. Nach dem Zweiten Weltkrieg versuchte er die Konzeption des Gestaltkreises auf die Weltgeschichte anzuwenden und schrieb, daß der Untergang der Religion und die Heraufkunft des Verbrechens ein Akt seien. Das erinnert an das Drehtürprinzip. Es mag in theoretische Schwierigkeiten führen, mit dem Gestaltkreis Geschichte zu denken, wichtig ist aber zunächst die religiöse Konsequenz, die daraus hervorging. Es war eine Mystik der Inkarnation, d. h.: in konkreter Sinnlichkeit kann Wahrheit erfahren werden, in konkreter körperlich-geschichtlicher Erfahrung.

Der theoretische Zugang führt über den Gestaltkreis; davon ist schon soviel geredet worden. Ich will es jetzt nicht noch einmal tun. Die Folge ist allerdings, daß von Weizsäcker in der Pathosophie sagen kann, alle Gegenseitigkeiten sind Symbole. Sie weisen auf etwas hin, die Welt ist selbst ein Symbol.

Klinisch liegt der Zugang zur Wahrheitserfahrung in der Krankheit, in dem, was ich eben als Mystik der Inkarnation zitiert habe. Hierher gehört, was von Weizsäcker den umstürzenden Charakter der recht verstandenen psychosomatischen Medizin nannte. Er hat nämlich gesagt, diese Mystik, das ist ein Aufbegehren. Wenn in der psychosomatischen Medizin eine Pathie, eine Leidenschaft und der Zustand eines Organs gewissermaßen gleichgesetzt werden, dann ist das Mystik, und das ist ein Aufbegehren. Dieses Aufbegehren bedeutet, daß Unbekanntes, Ungelebtes verwirklicht wird. Damit sind religiöse Konventionen, Denkgewohnheiten und herkömmliche Moralprinzipien in Frage gestellt.

HAHN: Vielen Dank. Ich eröffne die zweite Runde unseres Gespräches. Zunächst werden die Podiumsredner untereinander diskutieren und Fragen zu den Vorträgen sowie zu den einzelnen Beiträgen stellen. Wenn ich es recht sehe, hat Herr Siirala sich gemeldet.

SIIRALA: Es ist schwer sich zu entscheiden, ob wir über das Thema Verlust der Religion, Identifikation von Glauben und Wissen, oder die Frage der Stellvertretung sprechen, oder auch auf die Verwicklung von uns allen in die Sozialpathologie am Beispiel Viktor von Weizsäckers eingehen.

Vielleicht versuche ich das in aphoristischer Weise nach meiner eigenen Erfahrung. Also zunächst zu dieser Frage der Verwicklung von uns allen, von der unvermeidlichen Verwicklung in die Sozialpathologie. Ich denke an die Atomkraftwerkkatastrophe von Tschernobyl (Beifall). Vor genau einer Woche nahm ich teil an dem einzigen Protestmarsch in meinem ganzen Leben. Das war ein Protestmarsch gegen die Anschaffung eines fünften Atomkraftwerkes in Finnland (Beifall). Es besteht offenbar eine erstaunliche Apathie und eine erstaunliche fehlende Sorge um die kommenden Generationen. Und deshalb bin ich der Meinung, daß uns die Möglichkeit der Entstehung einer schrecklichen Kluft zwischen den Generationen bevorsteht, wenn wir z. B. sorglos diese Energiepolitik weiterbetreiben. Aber die Weiterbetreibung einer solchen Energiepolitik hängt auch mit unseren Konsumansprüchen zusammen. Dort machen wir eben alle mit, auch wenn wir gegen die Anwendung der Atomkraft protestieren. Also, das wäre ein Gesichtspunkt aus meiner Erfahrung zu dieser Frage.

JANZ: Ich möchte eine Grenze der Lehre von Viktor von Weizsäcker andeuten. Wir wollen ja feststellen, wo wir uns heute befinden und wo wir das Werk von Viktor von Weizsäcker vielleicht weiterentwickeln sollten. Mir scheint, daß Weizsäckers Werk weitgehend aus einer Individualpathologie entwickelt worden ist, wie sie heute kaum noch der klinischen und allgemeinen medizinischen Wirklichkeit entspricht. Wo kommt sie denn vor, die Beziehung von Krankem und Arzt, wo wird das noch ein vorwiegendes Thema, die Begegnung von Arzt und Krankem als dominierender Form des Umganges mit Krankheit? Die meisten Kranken werden doch in der Praxis wie in der Klinik über einen Arzt einer Reihe von Ärzten vorgestellt. Carl Friedrich von Weizsäcker hat das gestern erwähnt in seinem Vortrag und die Kooperation der Spezialisten als die einzige gesellschaftliche Form der Lösung bezeichnet. Die Aufteilung der Indisziplinen macht doch die Begegnung – und das kann man doch nur noch in Anführungsstrichen so nennen – mit vielen Ärzten notwendig. Wir kennen das, wie das verläuft, besonders von solchen Ärzten, die etwas von psychosomatischer Medizin gehört haben, und die nun ihren Frust, daß sie nur Techniker irgendeiner Methode sind, darin befriedigen, daß sie den Patienten die Diagnose in einer Art von Wahrheitsfanatismus mitteilen zu müssen glauben: „Sie haben eine Multiple Sklerose." „Sie haben einen Hirntumor." Und dann kommen ganz gebrochene Patienten zurück zu dem Arzt, der diesen Kreis in Bewegung gesetzt hat. Das Thema „Kranker und Arzt" müßte also zur Beziehung zwischen dem Kranken und seinen Ärzten und der Ärzte miteinander fortentwickelt werden. Das Zweite ist, daß es sich auch nicht nur um eine Begegnung zwischen einem Kranken und Ärzten handelt, sondern ein Kranker begegnet in der Wirklichkeit der Klinik und auch in der Wirklichkeit des Hausarztes einer Menge anderer medizinischer Personen. In einer Klinik sind das die Schwestern, die Krankengymnastinnen, die Beschäftigungstherapeutinnen und selbst die Küchenfrauen, die ihm die tägliche Nahrung bringen. Und wie sie das tun, ist auch Teil einer Atmosphäre, die zur Heilung oder Nichtheilung beiträgt. Das heißt, wir müssen die Lehre Viktor von Weizsäckers fortentwickeln zu einer Lehre, bei der die Begegnung und die Bewegung des Kranken mit und innerhalb einer therapeutischen Gemeinschaft zu einem wesentlichen Thema wird. In unserer Klinik gehört zur therapeutischen Gemeinschaft nicht nur ein klinischer Psychologe und ein Medizinsoziologe, sondern auch ein klinischer Theologe, und das hat uns besonders in eine solche Situation gebracht. Aber es kommt darin so, daß diese therapeutische Gemeinschaft merkt, daß sie nicht nur mit einem, dem Kranken zu tun hat, sondern daß sie – gestern kam das Wort auf – mehr und mehr wahrnimmt, daß eine Krankheit nicht alleine kommt, sondern daß die Familie krank ist. Manchmal sind es die Partner, die krank werden – wir haben gestern von konjugalen Krankheiten gehört. Seitdem wir darauf achten, haben wir die Bedingung der beiderseitigen Krankheiten, besonders bei älteren Leuten, mehr und mehr in den Blick bekommen. Und daß das Wort konjugal daran erinnert, daß das eben unter dem Joch einer gemeinsamen Partnerschaft entsteht, finde ich dabei nicht ganz sinnlos.

Jetzt möchte ich ganz gerne noch auf die Frage von Herrn von Rad, ob jede Krankheit einen Sinn hat, im Lichte einer solchen Sozialpathologie antworten. Diese Frage kann nur so als unbeantwortbar, als absolut unbeantwortbar gelten, wenn man nur diesen einen Sinn für diesen einen Menschen meint. Aber eine Krankheit hat natürlich auch einen Sinn für den anderen und die anderen, mit denen er zusammen ist. So daß diese Frage schon etwas leichter zu beantworten ist, wenn man den Menschen nicht nur als Individuum sieht.

HUEBSCHMANN: Ich würde gerne noch konkreter werden. Und ich möchte gerne Sie, die Zuhörer im Saal, miteinbeziehen. Für mich war von Weizsäcker ein Meister des Dialogs. Was er in seinen Vorlesungen an Sprache und Dialog mit dem Kranken bot, war mir so noch nie vorgekommen. Ich versuchte besonders in dieser Hinsicht von ihm zu lernen. Ist doch Sprache etwas, was jeder Arzt anwenden kann, was aber, soweit ich sehe, mit dem Fortschritt der chemischen und physikalischen Techniken immer seltener geschieht.

Ein Beispiel aus der Gegenwart: Ein junger Mann kam zu mir wegen eines Bronchialleidens mit Husten und Zuständen von leichter Atemnot. Es war im Frühsommer. Auch schon in früheren Jahren war das Leiden um diese Zeit aufgetreten. Eine Allergie? Auf Blütenpollen? Frühere Ärzte hatten das untersucht, ohne Ergebnis. Ich verordnete ein Kalziumpräparat. Der junge Mann war aber nicht zufrieden. Er war ein kluger Mensch und wollte Näheres über sein Leiden erfahren.

Von Weizsäcker hat mich gelehrt, daß eine Erkrankung eine Art Rebellion ist, gegen sich selbst, gegen andere. Ich frage daher gern den Kranken: Gegen wen sind sie krank geworden? Die Sprache sagt ja auch: Jemandem etwas husten.

Ich fragte nach einer Freundin. Ja, er hatte eine. Aber ihr hustete er nichts. Ich fragte, wann das Leiden zum ersten Mal aufgetreten sei. Antwort: Bei der Bundeswehr. Und er erzählte: Er sei ein sehr ordentlicher Mensch, bis in persönliche Einzelheiten. So halte er den Inhalt seiner Hosentaschen in einer bestimmten Ordnung, damit er gleich findet, was er sucht. Der Spieß, wie es beim Militär heißt, verlangte, daß er in seinen Hosentaschen eine Umordnung nach den Vorschriften der Bundeswehr vorzunehmen habe. Er hat eine empfindliche Haut und verwendet beim Waschen und Rasieren keine Seife, sondern Seifenschaum aus einer Tube. Der Spieß verlangte, daß er gleichwohl an jedem Wochenende bei der Kontrolle ein sauberes Seifenschälchen vorzuzeigen habe.

Er hat darüber nie gesprochen, jetzt war es das erste Mal. Ich sagte wenig, hörte im wesentlichen zu. Ich ließ aber durchblicken, daß mir wenig einsichtig sei, was Hosentaschen und Seifenschälchen mit dem Zweck der Bundeswehr zu tun haben könnten und solidarisierte mich insofern mit meinem Gesprächspartner. Nach acht Tagen kam ein Brief von ihm. Er bedankte sich für meine Hilfe. Das Gespräch wirke in ihm nach. Der Husten sei schlagartig entflogen. Es folgte eine „aufrichtige" Entschuldigung für die verzögerte Übersendung des Krankenscheins. Sie sehen, was für ein ordentlicher Mensch er war.

Was war da nun wirksam geworden? Das Kalzium, das ich verordnet hatte? Oder war es eine „Spontanheilung"? Der junge Mann war innerlich vollgeladen gewesen mit Kritik, an der Gesetzesmacht, die sich anmaßte, in seinen persönlichen Freiraum einzugreifen, und die ihn – jetzt nenne ich ein Wort, das heute schon einmal vorkam – „zu schwindeln" zwang. Als ordentlicher Mensch aber wollte er kein Rebell sein, er fühlte sich schuldig. Bei mir konnte er zum ersten Mal frei darüber sprechen. Und er konnte – nun füge ich das moralische Moment hinzu – sich selbst freisprechen; das halte ich für das Wesentliche.

Es hieß gestern, eine psychosomatische Medizin sei bei chronischen Krankheiten angezeigt, bei akuten nicht. Aber warum werden viele

Krankheiten chronisch? Ich behaupte: Weil man sie erst einmal, zu Beginn, nur chemisch behandelt, nur wegspritzt. Meine Meinung: Die Sprechstunde sollte nicht zur Stechstunde verkümmern.

HAHN: Auf der Rednerliste stehen jetzt noch Herr Bräutigam, Herr von Uexküll, Herr Achilles, Herr von Rad sowie Herr Jacob. Ich schlage vor, daß wir damit zunächst einmal die Rednerliste der Podiumsteilnehmer schließen und uns dann den Fragen aus dem Auditorium zuwenden.

BRÄUTIGAM: Ich will mich nur kurz äußern: Es wurde eben als Zitat von Viktor von Weizsäcker gesagt: „Jedes Organische, jede Krankheit hat ihren Sinn." Das klingt für mich zu rigoristisch und anspruchsvoll als Aussage einer medizinischen Anthropologie. Die Formulierung von Weizsäckers war vorsichtiger. Bei ihm heißt es: „Nichts Organisches hat keinen Sinn." In der doppelten Negation liegt nicht nur Vorsicht, sondern auch Zurücknahme einer zu direkten Aussage. Das Ganze ist kein imperatives Mandat, sondern eine Frage, der nachzugehen ist, eine Herausforderung an uns Ärzte.

Herr Janz fragte eben: Wo ist in dieser modernen Medizin überhaupt noch eine Begegnung möglich? Ich meine, wir sollten uns nicht mit einem überhöhten Anspruch selbst überfordern und auch den Patienten nicht. Dazu gehört, daß eine körperliche Krankheit für viele Patienten als „Es"-Bildung, wie von Weizsäcker gezeigt hat, auch eine Antwort in einer Krise ist, eine Lösung, die allein im Körperlichen ablaufen kann. Für uns liegt die große Herausforderung heute in den körperlichen Erkrankungen, in den somato-psycho-somatischen Entwicklungen von Krankheit. Eine Schwierigkeit dabei liegt vor allem auch in den Organisationsformen. Jede Klinik, jede Disziplin ist ein eigenes kleines Königreich mit seiner Sprache, einem Herrscher und Untergebenen, und es ist schwierig, in diesen fremden Bereich von außen einzudringen. Wir haben mit Hilfe der großzügigen Bosch-Stiftung Erfahrungen gesammelt, wie solche Kooperationsmodelle aussehen können. Entscheidend ist eben, daß diese Begegnung von Somatik und psychologischer Medizin jeweils in der somatischen Fachklinik stattfindet und daß dort für das, was „Begegnung" genannt wurde, eine Atmosphäre der Aufgeschlossenheit herrscht. Daß das Psychologische eben nicht an den Fachmann nur delegiert wird, sondern dort selbst eine Sensibilisierung bei den Ärzten stattfindet! Es ist nicht allein eine große intellektuelle Schwierigkeit, somatisch und psychologisch auf dem neuesten Stand der wissenschaftlichen Forschung zu bleiben, wie Herr von Weizsäcker gestern sicher zutreffend feststellte, sondern es ist eben auch eine große Anforderung, die routinemäßig 8 Stunden am Tag einfach nicht geleistet werden kann, dem Patienten in all diesen Ebenen, sowohl psychologisch verstehend, d. h. menschlich kommunikativ angemessen zu begegnen und dabei zugleich als Arzt für seinen Körper versachlichend diagnostisch und therapeutisch da zu sein.

Die Chance für die Zukunft liegt darin, daß wir weitere Erfahrungen mit Kooperationsmodellen und im Austausch miteinander sammeln, wobei diese verschiedenen Aspekte der Krankheit und des Krankseins verfolgt werden.

HAHN: Die Äußerung von Herrn Bräutigam bringt mich auf eine Assoziation bezüglich dessen, was für von Weizsäcker u. a. die Krehl-Schule bedeutet haben könnte. Eines der Lieblingsworte von Ludolf von Krehl soll bei der Besprechung von Krankengeschichten das Wort „Vorsicht" gewesen sein. Damit ist, so glaube ich, sehr viel ausgesagt. Vielleicht ebensoviel wie mit der Feststellung, daß sich z. B. im Wortschatz von Freud das Wort „Krise" kaum oder gar nicht findet. Wir haben das vor kurzer Zeit einmal nachgeprüft.

VON UEXKÜLL: Ich will nur kurz auf ein Skotom hinweisen, das mir irgendwie charakteristisch für unsere Krisenzeit zu sein scheint. Wir brauchen eine 600-Jahr-Feier der Universität, wir brauchen einen 100. Geburtstag, um zu feiern und uns Gedanken zu machen, was diese damals gewonnene Erkenntnis für die Medizin bedeutet. Wir haben noch kein Wort über die Ausbildung gesprochen und die Weiterbildung, in der sich ja doch letzten Endes niederschlägt, was wir aus dem Erbe gemacht haben, und was wir daraus machen werden. Mich würde interessieren, was Herr Siirala gesagt hat. Offenbar ist man in Finnland etwas weiter als bei uns. Daß man dort einen 2jährigen Kurs während der Ausbildung im „allgemeinen Arzten", wenn ich Sie richtig verstanden habe, eingerichtet hat.

HAHN: Vielleicht kommen wir darauf gleich noch zu sprechen. Ich sehe, daß außer Herr Achilles noch Herr Jacob, Herr von Rad und Frau Kütemeyer etwas sagen möchten. Wenn Sie sich kurz fassen könnten, wäre das auch im Interesse des Auditoriums.

ACHILLES: Ich bin noch beschäftigt mit der Frage nach dem Sinn der Krankheit, und da ist mir gerade eine Fallgeschichte eingefallen. Ich bin einmal durch Zufall an die Psychotherapie einer Erbkrankheit geraten. Das klingt von vornherein wie ein hoffnungsloses Unterfangen; denn Erbkrankheit ist ja per se der sinnloseste Gegenstand für eine Psychotherapie, den es zu geben scheint. Es handelte sich um eine hämophile Erkrankung, ein Willebrand-Jürgens-Syndrom in enger Verknüpfung mit einer neurotischen Entwicklung. Ich habe während dieser Therapiezeit erlebt, daß die Krankheit einen Sinn bekam. Nämlich so, daß die Blutungen, die bei dieser Erkrankung nur einzudämmen, aber nicht zu heilen sind, besonders häufig in Krisensituationen auftraten, so daß also die leibliche Erfahrung dieser Kranken immer einen Kommentar zu ihrer Situation geboten hat. Wenn ich versuche, diese Krisen auf einen Nenner zu bringen, dann ging es meistens um die Befreiung aus konflikthaften und infantilen Bindungen; immer, wenn sich ein solcher Konflikt zeigte, hat „es" geblutet. In diesem Zusammenhang kann man mit Viktor von Weizsäcker sagen, die Dinge sind das, was wir aus ihnen machen. Auch das, was zunächst absolut sinnlos erscheint, kann in einer therapeutischen Beziehung, in einem Umgang, in einer Gegenseitigkeit einen Sinn bekommen. Wenn dieser Sinn erst in einer therapeutischen Beziehung gefunden wurde, so ist er doch nicht nachträglich an das Krankheitsgeschehen herangetragen. Nach der Konzeption des Gestaltkreises ist das Krankheitsgeschehen in sinnhafte Bezüge eingebunden, und man müßte zumindest ihren Geltungsbereich einschränken, wenn man das anzweifelt.

HAHN: Von hier aus wäre eigentlich ein Übergang zur Karzinomtherapie gegeben. Aber ich weiß nicht, ob es das ist, was Herr Jacob sagen möchte.

JACOB: Ich möchte jetzt eigentlich zur Karzinomfrage, zur Psychoonkologie, nichts sagen, sondern ich möchte zuerst auf die Frage von Herrn von Uexküll antworten, wie es mit der Ausbildung steht. Ich hatte selbst gesagt, daß von Weizsäcker der Meinung gewesen sei, die medizinische Anthropologie, seine medizinische Anthropologie sei lehrbar. Er fordert sie für eine Studienreform. Das können Sie in Band I der neu herausgekommenen Werke nachlesen. Ich bin der Meinung, daß man nicht früh genug ansetzen kann mit der Ausbildung. Wir haben in unserem Heidelberger Unterrichtsmodell der medizinischen Soziologie, das zwar nicht Pflichtkurs, aber Pflichtunterricht ist, biographische Analysen erheben lassen und haben ein Seminar, in dem die biographischen Anamnesen im Sinne der von Weizsäckerschen Biographik bearbeitet werden. Wenn alle Kliniker dieses Landes sich entschließen könnten, ihren Studenten in ihrem Fachgebiet fünf biographische Anamnesen abzuverlangen, so stände es um die medizinische Ausbildung sehr viel besser!

So, jetzt möchte ich mich gerne um das Detail, nämlich um die Feinheit des Satzes „Nichts Organisches hat keinen Sinn" noch einmal kümmern. Ich glaube nicht, lieber Herr Bräutigam, daß damit gesagt werden soll „Wir wissen es im übrigen auch gar nicht so genau", das ist nicht die Meinung dieses Satzes. So würde ich ihn nicht verstehen. Ich habe ihn meinem Buch „Krankheit und Kranksein" als Motto vorausgestellt: „Nichts Organisches hat keinen Sinn." *Nichts*, ich betone, nichts Organisches hat *keinen* Sinn. Ich glaube, daß das deutlich genug ist. Und ich würde Herrn von Rad widersprechen mit einer dialektischen Antwort. Ich würde sagen, wenn es nicht stimmt, was Viktor von Weizsäcker immer wieder gesagt hat, und was nicht nur gesagt, sondern auch begründet worden ist, wenn das nicht stimmt, wenn es also organische Krankheiten gibt, die keinen Sinn haben, weil es auch etwas Organisches gibt, was keinen Sinn hat, dann würde ich dialektisch antworten: dann hat die Krankheit Freuds auch keinen Sinn gehabt und die Krankheit Weizsäckers ebenfalls nicht.

Und nun zur sozialen Dimension der Medizin: Die soziale Dimension der Medizin muß sehr genau betrachtet werden. Nicht nur so genau, wie sie die Soziologen oder die Medizinsoziologen betrachten, sondern eben noch genauer. Die Entwicklung der Medizin kommt mir etwa so vor, also auch die Frage, was kann man denn da ändern, wie auf der Zeichnung von Saul Sternberg, wo Don Quichotte gegen die großmächtigen Klötze anrennt. Da muß man sich nun mal wirklich überlegen, was man da tun kann. Ich bin aber der Meinung, daß gerade die Psychoanalyse und die individuelle Betrachtung von der Behandlung des Kranken durch den Arzt in der Psychoanalyse hier ein Modell ergibt, dem wir folgen können. Hier würde ich Herrn Bräutigam völlig zustimmen. Ich bin nicht der Meinung, daß das Massenproblem durch die Gruppentherapie erledigt werden könne, sondern daß wir zu der Einzeltherapie als einem großen Glück der Einzelanalyse zurückkehren sollten und zurückkehren können.

Schließlich noch ein Wort zur sozialen Dimension unserer Situation. Carl Friedrich von Weizsäcker hat in seinem gestrigen Vortrag darauf hingewiesen, daß man eigentlich des Geistesgutes von Viktor von Weizsäcker in dieser Hinsicht gar nicht entbehren kann, und ich möchte diese Meinung ganz nachhaltig unterstreichen.

VON RAD: Ganz kurz noch einmal zu der Sinngebung. Der Gedanke ist in der Tat schwer auszuhalten, Herr Jacob – das geht mir auch so –, daß etwas wirklich sinnlos sein könnte, was in uns geschieht. Ich hatte gesagt, wir geben der Krankheit einen Sinn. Und hier ein Aspekt, den ich wichtig finde: Wer ist eigentlich der Sinngeber? Die Psychoanalyse hält fest: Das ist der Patient. Die Sinngebung geschieht in der Begegnung, im Umgang, in Solidarität und Gegenseitigkeit. Da können wir uns alle schnell einigen. Aber ich meine, es ist doch wichtig, vor einem Punkt zu warnen, den ich eine Art der sinngebenden Bemächtigung des Patienten und seines Umfeldes nennen möchte. Ich denke, das ist gerade für uns als von Viktor von Weizsäcker Herkommende eine Gefahr, vor der man sich selbst sehr sorgfältig immer wieder in acht nehmen muß. Ich meine, das Umgekehrte gilt auch: Der Kranke muß wieder in sein Recht gesetzt werden, *Subjekt seiner eigenen Sinngebung* zu sein.

FRAU KÜTEMEYER: Zu Herrn Bräutigam: Ja, die Behandlung der schweren körperlichen Erkrankung ist unsere große Chance. Die Krankheit sei ein Aufstand, haben Sie gesagt, Herr Laín Entralgo, eine Rebellion, ein Körperstreik, ein leiblicher Protest gegen die untergegangene Wahrheit, gegen Unterdrückung und Entfremdung. Da kommt ein Problem ins Spiel: Wie können wir den Umgang mit solchen Kranken erlernen? Es war im Anschluß an das Votum von Herrn Bräutigam wiederholt von der Frage der Ausbildung die Rede, von den Ordnungen, nach denen wir lehren und lernen können, von den solchen Behandlungen dienenden institutionellen Organisationsformen. Es gibt Hinweise dafür, daß die Gewalt der Wahrheit, die ans Licht will, der Schwere einer Krankheit entspricht. Da muß man die Frage stellen, ob jemand fähig ist, einem Kranken mit einer schweren körperlichen Erkrankung adäquat zu begegnen, ihn zu verstehen – von Behandlung will ich erst einmal gar nicht sprechen –, der nicht selbst Erfahrung im Aufstand hat. Es ist notwendig, daß wir adäquate Organisations- und Ausbildungsformen finden, aber es ist sehr schwer, dieses Element des Aufstandes in Ordnungen und Ausbildungsgänge hineinzupressen. Ich denke, die wichtigsten Erfahrungen in dieser Hinsicht werden anderswo gemacht, als in Ausbildungsgängen. Wir stoßen hier auf eine unvermeidliche, notwendige Spannung, in der sich solche Behandlungen schwerer körperlicher Erkrankungen abspielen. Wir haben in den 50er und 60er Jahren in Heidelberg einen konkreten Begriff davon bekommen, welchen gewaltigen Kräften und Widerständen – bei den Kranken und von seiten der Institution – der Arzt im Laufe solcher Behandlungen begegnet. Daß diese Behandlungsversuche sich, notwendig, aufständig abspielten, hatte, vielleicht unvermeidlich, die institutionelle Restriktion zur Folge, so daß heute kaum mehr Spuren der damaligen Versuche vorhanden sind und entsprechende Versuche in akademischen Institutionen kaum mehr unternommen werden. Diesen notwendigen Gegensatz müssen wir im Auge behalten und aushalten, wenn wir die Behandlung schwer körperlich Kranker ins Auge fassen.

HAHN: Dazu ließe sich manches sagen. Aber jetzt Herr Wiesenhütter, bitte.

WIESENHÜTTER: Ich will nochmals zu dem Praktischen zurückkehren. Ich las in einem der Gedenkaufsätze über von Weizsäcker, es sei schade, daß von Weizsäcker in den USA bzw. in dem übrigen Amerika unbekannt sei. Nichts ist unwahrer als dieser Ausspruch. Der Name von Weizsäckers allerdings wird dort nicht geschrieben. Aber der Name von Erich Lindemann. Dieser wurde als von Weizsäckers Assistent und Schüler in den 20er Jahren von ihm nach Harvard plaziert. Er bekam nachher auch den

Lehrstuhl für Psychiatrie in Harvard. Er hat weit über seinen auch sehr schweren Tod hinaus in Amerika eine ungeheure Bedeutung erhalten, und zwar über alles, was man im weitesten Sinne soziale Therapie nannte. Er blieb zeitlebens mit Heidelberg und Deutschland verbunden. Er ist immer wieder – jedes Jahr, wenn er konnte – zu den Lindauer Psychotherapiewochen und nach Heidelberg zurückgekehrt und wußte ganz genau, wie sich der von Weizsäckersche „Stall" weiterentwickelt hat. Unter anderem hat er auch Herrn Häfner hier in Mannheim beraten. Mich selber hat er nach Harvard als Gastdozenten eingeladen, aufgrund meiner Arbeiten mit Hirnversehrten. Er war also hier genauso zu Hause wie drüben. Aber von ihm gingen z. B. Fäden aus über Caplan, der so etwas wie der amerikanische Stierlin war, zu den Systemtheoretikern Bateson und Haley. Außerdem entstand das große Erich-Lindemann-Center in Boston, das heute noch ausstrahlt über ganz Amerika, über alles, was man soziale Therapie nennen könnte und was von Herrn von Weizsäcker so genannt wurde. In Palo-Alto, seinem Alterssitz, besteht heute noch der Erich-Lindemann-Kreis, zu dem Bruno Bettelmann gehört, den ich erst vor kurzem in München gesprochen habe, und Watzlawick, der große Systemtherapeut von drüben, der augenblicklich hier ist, sowie der Vorsitzende der deutschen Systemiker, Herr Weber, der hier in Heidelberg groß geworden ist und bei Heidelberg wirkt. So kommt wieder einmal etwas, was von hier ausgegangen ist, zu uns zurück, anscheinend amerikanisch. Aber darüber hat Erich Lindemann nie vergessen, daß er ein Schüler von Weizsäckers war.

Vielleicht darf ich noch ein kleines Bonmot zum Abschluß geben. Es entstand ja immer wieder die Frage, wer war nun von Weizsäcker? Er selber hat sich dazu auch einmal geäußert, unmittelbar nach dem Kriege. Nach einer Ansprache in einer Kirche wurde er bestürmt von Journalisten: Was sind Sie nun eigentlich? Und in der für ihn typischen Selbstironie kam es wie aus der Pistole geschossen aus seinem Munde: „Ich bin Gesinnungskommunist, Wahldemokrat und Geistesaristokrat."

HAHN: Herr Huebschmann hat sich jetzt angeboten, das Gespräch mit dem Auditorium zu eröffnen. Ich möchte Ihnen deshalb gerne das Wort geben.

HUEBSCHMANN: Mit Recht ist gefragt worden, wie es denn nun weitergehen soll. Die Frage richtet sich an uns Ärzte, an unsere Aus- und Fortbildung.
Ich möchte den Hartmann-Bund erwähnen, den Verband der Ärzte Deutschlands, wie er sich selber nennt. Er veranstaltet Seminare über den Umgang mit Patienten, mit Problempatienten, Angstpatienten, über Kon-

flikte und deren Bewältigung. Diese Seminare sind für Arzthelferinnen bestimmt. Denn, ich zitiere: „Ermittlungen und Befragungen zeigen sehr deutlich, daß der optimale Umgang der Arzthelferinnen mit Patienten das wichtigste Instrument ist, Patienten zu gewinnen, an die eigene Praxis zu binden und damit die Arzteinnahmen auf die Dauer zu sichern. Erstklassige Arztleistungen können andererseits oft nicht wiedergutmachen, was durch Fehlverhalten der Arzthelferinnen verdorben wurde." Der Befund ist interessant. Freilich wird gar nicht bemerkt, daß die Anerkennung der Seele des Kranken – um mit von Weizsäcker zu reden: die Einführung des Subjektes in die Medizin – als Werbemittel, als Reklame erscheint, und daß der Patient dies als Zynismus empfinden muß. Aber warum wendet man sich nur an die Arzthelferin (früher sagte man: Sprechstundenhilfe)? Gibt es kein Fehlverhalten des Arztes? Was erwarten die Patienten von ihrem *Arzt*? Ich könnte mir vorstellen, daß hier Impulse von Patienten ausgehen können wie: Wir lassen uns nicht mehr so wortlos abfertigen, mit der Dreiminutenmedizin! Wir wollen das anders haben! In diesem Sinne möchte ich gern das Wort in den Saal rufen – und vielleicht sagen Sie etwas dazu: Patienten aller Länder, vereinigt euch!

HAHN: Dankeschön. Ich weiß nicht, ob hier in der Runde irgendjemand ist, der sich nicht auch als „Patient" fühlt.
Aber mit der Reihenfolge der Redner habe ich Schwierigkeiten. Ich kenne Ihre Namen nicht alle; ich muß jetzt also „optisch" vorgehen. Ich glaube, Sie hatten sich zuerst gemeldet. Dann war eine Wortmeldung bei Ihnen, als drittes war hier eine Wortmeldung, als vierte Frau Penselin, als fünfte, ja jetzt stocke ich schon, hinten als sechste, dann siebte Frau Mitscherlich. Ich darf bitten, sich an die von mir bezeichnete Reihenfolge zu halten. Jetzt hier noch eine achte, neunte, dann zehnte, ja Sie noch, elfte Wortmeldung. Vielleicht schließen wir damit erst einmal die Rednerliste und sehen, wie wir zurechtkommen. Ich bitte Sie, sich entsprechend kurz zu fassen und dann auch gleich die Fragen direkt an uns zu richten. Wir haben Zeit bis 13.00 Uhr.

ERSTER SPRECHER: Wegen der Kürze der Zeit möchte ich den dritten Punkt vorziehen, den praktischen Punkt. Nach einer Veröffentlichung des Deutschen Ärzteblattes vom letzten Sommer ist das Verhältnis von sämtlichen ambulanten ärztlichen Leistungen in der Körpermedizin zu denen im seelisch-psychosomatischen Bereich – wohlverstanden nicht nur zu den psychotherapeutischen, sondern den gesamten ambulanten, grob gesagt den Psychobereich umfassenden – 100% zu 0,5%. Also sämtliche ambulanten Leistungen, die sich auf den seelischen, gefühlsmäßigen, psychosomatischen Bereich beziehen, machen lediglich 0,5% der Kosten im ambulanten Gesundheitswesen aus. Der kommentierende Kollege sagte – und das ist jetzt ein „neurologischer" Begriff –, angesichts dieser „Halbseitenlähmung" unseres Gesundheitswesens sei es dringend erforderlich, die psychotherapeutisch-psychosomatische Kompetenz der allgemeinen Ärzte und anderer Fachdisziplinen zu erweitern. Konkret: Warum könnte es nicht möglich sein, daß zum normalen Ausbildungs- und Studiengang der Mediziner auch eine psychotherapeutische, psychosomatische Ausbildung unausweichlich dazugehört? Zur Zeit ist sie noch nicht einmal als Pflichtleistung in der Fachausbildung der Psychiater enthalten.

Dann, ganz kurz, zum Thema Sinn der Krankheit und chronische Krankheit. Wilhelm Kütemeyer hat hier in Heidelberg zuerst mit einer schwer chronisch-polyarthritisch Kranken darüber gearbeitet. Er hat Pionierarbeit geleistet. Das wäre auch noch eine Bemerkung zur Frage von Professor Hartmann gestern. Wenn wir uns mehr in diesen therapeutischen Umgang mit chronisch Kranken hineinbegeben, dann können wir vielleicht vermeiden, daß Krankheit chronisch werden muß.

Und zur Frage der Organwahl: Unsere Sprache drückt es doch aus, wenn sie so wunderbar sagt, „sich etwas zu Herzen nehmen", wie Sie es angedeutet haben, Herr Huebschmann. Dann noch eine kurze Erinnerung, Herr Groddeck hat geschildert, wie ein Mensch immer wieder zu Glaskörperblutungen neigte, weil er als Kind...

HAHN: Darf ich Sie bitten, an dieser Stelle zu schließen. Die anderen Redner möchten auch gerne noch zu Worte kommen. Vielen Dank für Ihr Statement.

ZWEITER SPRECHER: Ich möchte gerne eine Frage an Professor von Uexküll richten, und zwar zu seinem Begriff des Situationskreises. Doch möchte ich zunächst einmal meinen Eindruck vom bisherigen Ergebnis des Symposions zusammenfassen. Es ist erstaunlich, wie wenig Faßbares man Viktor von Weizsäcker entnehmen kann. Ich glaube nicht, daß er uns ein Handlungsmodell geliefert hat. Ich glaube aber, daß er uns eine gewisse Art von Aufmerksamkeit lehren wollte. Das hängt damit zusammen – nach meiner Auffassung jedenfalls –, was in dem Eingangsreferat von Professor Carl Friedrich von Weizsäcker gesagt wurde: Es seien zwei Hauptdeutungen des Gestaltkreises voneinander trennbar. Einmal die gleichsam handhabbare Auffassung des Gestaltkreises, schlicht gesagt als kybernetischer Regelkreis – so würden wir das von unserem heutigen Standpunkt aus bezeichnen – und auf der anderen Seite die Auffassung des Gestaltkreises als einen Hinweis auf die Zeitlichkeit, auf den philosophischen Begriff der Zeitlichkeit. Ich glaube, daß...

HAHN: Haben Sie noch eine konkrete Frage an die Vortragenden, könnten Sie das in einem Satz formulieren?

ZWEITER SPRECHER (Fortsetzung): Ja, das kommt jetzt, das war die Explikation. Jetzt kommt die Frage. Ich habe nicht verstanden, warum Professor von Uexküll den Begriff des Situationskreises über den des Regelkreises hinaus vorschlagen mußte. Was das mehr aussagt, als ein System von Regelkreisen, das verstehe ich nicht.

HAHN: Eine direkte Frage, die vielleicht dann auch von Herrn von Uexküll beantwortet werden kann.

DRITTER SPRECHER: Ich habe eine Frage zum Grundsätzlichen. Sie ist gestern von Herrn Professor Carl Friedrich von Weizsäcker angesprochen worden, und zwar mit der Formulierung: Ist das Programm von Viktor von Weizsäcker durchführbar?
 Ich meine, daß es nicht durchführbar ist. Und das ist der Grund dafür, warum gerade an der Universität so wenig Fortschritte im Sinne Viktor von Weizsäckers erreicht worden sind. Von Weizsäcker hat ganz zentral die individuelle Begegnung und die individuelle Erkrankung, die individuelle Pathologie des Kranken in seinem Werk herausgearbeitet, und Wissenschaft – man kann Wissenschaft nicht anders definieren – hat es immer mit dem Allgemeinen zu tun. Das Problem zwischen dem Allgemeinen und dem Besonderen ist hier auf die Spitze getrieben, weil es nämlich auf das Besondere ganz entscheidend ankommt. Das Besondere ist so entscheidend, daß der Umgang, der konkrete Umgang mit Krankheit dabei nicht aus dem Allgemeinen ableitbar ist. Insofern stellt sich die Frage: Muß nicht Wissenschaft scheitern? Ist nicht gerade das Wissenschaftliche an der Psychoanalyse und der wissenschaftliche Anspruch der anthropologischen Medizin das Fatale? Viktor von Weizsäcker selbst hat in seinem Buch „Natur und Geist" den Höhepunkt des wissenschaftlichen Zeitalters für überschritten gehalten. Er hat darum gerungen, ob er wissenschaftlich vorgehen kann auf seinem Weg, und er hat in diesem Buche darauf hingewiesen, daß er nur darum – so habe ich es verstanden – die Wissenschaft so hoch gehalten habe, weil es die einzige Autorität nach dem Zusammenbruch aller Werte gewesen sei. Ich frage mich, ob diese Autorität heute noch so aufrechterhalten werden kann.

FRAU PENSELIN: Meine Frage richtet sich an Frau Kütemeyer. Soweit ich weiß, sind die Dokumente, auf die Sie sich beziehen, bisher nicht veröffentlicht worden. Mir sind sie jedenfalls nicht bekannt. Auf welchem Wege sind die Informationen, auf die Sie sich beziehen, Frau Kütemeyer, an Sie gelangt? Ich meine, die Informationen über die Weitergabe von Gehirnen aus Kattowitz an das Breslauer Neurologische Institut. Ist bekannt, zu welchem Zweck sie dorthin geschickt worden sind, wer daran gearbeitet hat und in welchem Umfang diese Arbeit stattgefunden hat?

HAHN: Das wäre auch eine Frage zur Dokumentation bislang noch unbekannter Vorgänge, ähnlich, wie wir uns bemüht haben, sie hier für die Ausstellung[3] zusammenzutragen.

FRAU KÜTEMEYER: Die Dokumente sind im Militärarchiv von Kattowitz gefunden worden, im Zusammenhang mit Untersuchungen von Berliner und Hamburger Ärzten, die seit Jahren in diesen Archiven forschen, und die in die DDR und nach Polen reisen, um das Thema Medizin im Nationalsozialismus, Medizin und Sozialpolitik im Nationalsozialismus zu bearbeiten. Per Zufall, bei diesen Archivarbeiten, die sehr umfangreich waren, und auch andere Gebiete betrafen, sind diese Kollegen auf die Krankenakten gestoßen. Die Polen haben sehr viel archiviert, sehr viel gesammelt. Es ist interessant, von den Ärzten, die dorthin gereist sind, zu hören, daß die Polen berichten, es würde kaum jemand kommen und sich für diese Akten interessieren. Ich kenne diese Ärzte. Ich kann nicht sagen, daß ich direkt mit ihnen zusammenarbeite, aber ich kenne Vertreter dieser Gruppe, die dort solche Archivarbeiten machen und bin dadurch auf die Dokumente gestoßen.

HAHN: Eine kurze Gegenfrage noch, Frau Penselin, und dann müssen wir fortfahren.

FRAU PENSELIN: Diese Informationen genügen mir nicht. Insbesondere ist durch Ihre Äußerung nicht klar geworden, in welchem Zusammenhang Sie mit der Arbeit meines Vaters stehen und was er damit zu tun hat.

HAHN: Ich muß an dieser Stelle jetzt leider unterbrechen. Ich glaube, diese Fragen sind so wichtig, daß man sie an anderer Stelle weiterführen und klären müßte. Es ist das Recht der Diskussionsredner, die sich hier gemeldet haben, auch zu Wort zu kommen. Ich darf jetzt denjenigen, den ich vorhin mit Nummer fünf – weil ich ihn leider aus der Entfernung nicht erkennen kann – bezeichnet habe, bitten, Stellung zu nehmen. Vielleicht ist das ja auch zu diesem eben besprochenen Punkte.

---

[3] Henkelmann, Th.: Viktor von Weizsäcker. Materialien zu Leben und Werk. Springer, Heidelberg Berlin New York Tokyo 1986.

ZWISCHENSPRECHER: Die Fragen sollen beantwortet werden!

HAHN: Wir sammeln die Fragen hier und möchten sie gerne zusammen beantworten, wenn das überhaupt möglich ist.

FÜNFTER SPRECHER: Ich glaube, daß es auf jeden Fall wichtig ist, diese Fragen zu beantworten. Allerdings teile ich auch die Ansicht von Herrn Hahn, daß das jetzt nicht unbedingt hier stattfinden kann. Ich meine nur, wir sollten uns von der Zeit – ich werde mich kurzfassen – nicht so unter Druck setzen lassen. Das Publikum kam bislang sehr wenig zu Wort.

ZWISCHENSPRECHER: (unverständlich)

HAHN: Wie bitte? Es ist nicht verständlich, was Sie sagen. Wenn es eine Mitteilung ist, die uns alle betrifft, bitte ich Sie, sich zur Diskussion zu melden oder diese Mitteilung auf einen Zettel zu schreiben und uns zu geben. Wir werden sie dann verlesen. – Jetzt darf ich Sie bitten (an den fünften Sprecher gewandt) fortzufahren.

ZWISCHENSPRECHER: (unverständlich)

HAHN: Ich hatte Sie gebeten, sich zu Wort zu melden oder uns einen Zettel zu geben. Hier gibt es ein Mikrophon. Ich finde, der Kollege sollte nachher noch zu Wort kommen. Man kann ihn so nicht verstehen. – (Wiederum an den fünften Sprecher gewandt) Bitte, reden Sie weiter, Herr Wenzl.

FÜNFTER SPRECHER: Ich fand sehr eindrucksvoll, welche lebendigen Zeichen der anthropologischen Medizin sich doch am heutigen Vormittag gezeigt haben. Man sollte vielleicht noch etwas ergänzen. Es wurde vorhin der Name von Herrn Lindemann genannt. Man könnte auch weitere Namen nennen, etwa von Herrn Bahnson, oder Herrn Lechene, die die Arbeit der anthropologischen Medizin an ganz anderer Stelle, aber sicher nicht unbeeinflußt von Heidelberg, fortgesetzt haben. Auf der anderen Seite sollte man nicht verschweigen, denke ich, in diesen beiden Tagen, welche Grabenkämpfe es hier in Heidelberg gegeben hat; Zerstörungsversuche der anthropologischen Medizin. Ich denke, daß diese Seite der Geschichte – das betrifft z. B. die Fortsetzung, die Wilhelm Kütemeyer gegeben hat – der von Weizsäckerschen Medizin noch geschrieben werden muß und nicht erst beim 200. Geburtstag von Weizsäckers. Ich denke, die Gründe für diese Kämpfe, auch hier in Heidelberg, liegen in dem, was von Weizsäcker den sozialen Widerstand genannt hat. Nachzulesen in seiner

Arbeit „Zwei Arten des Widerstandes". Was da totgeschwiegen werden soll, begegnet uns weiter in den Verbrechen des Weiterbestehens eines „Archipel Gulag" der psychiatrischen Kliniken. Das darf ich als Psychiater wohl sagen. Meine Konsequenz war es jedenfalls gewesen, in die Psychiatrie zu desertieren. Die Aufforderung der Deutschen Gesellschaft für Soziale Psychiatrie, die psychiatrischen Anstalten aufzulösen – was einen Dialog überhaupt erst möglich machen würde –, wäre nicht zu denken ohne die anthropologische Medizin. Andererseits meine ich, daß man das Fortbestehen und den Widerstand gegen diesen „Archipel Gulag" ebenfalls zur Kenntnis nehmen muß. Ich bin froh, daß Herr Siirala Tschernobyl erwähnt hat. Auch die Art und Weise, wie die Behörden in der Bundesrepublik diesen Zwischenfall herunterspielen, verschweigen; Lügen – in bezug auf die Daten der Radioaktivität – gehört ebenfalls in diesen Zusammenhang, in dem vieles zum Schweigen gebracht werden soll.

HAHN: Wir sind jetzt an der Zeitgrenze angelangt und müssen uns fragen, ob wir eine Viertelstunde zugeben wollen (Zustimmung und Beifall). Da dies offenbar der Fall ist, können wir fortfahren. Wenn auch die Antworten auf die Fragen, das muß ich wohl doch prophylaktisch sagen, nur sehr teilweise gegeben werden können oder auch offen bleiben müssen. – Frau Mitscherlich bitte.

FRAU MITSCHERLICH: Ich möchte eine Frage stellen. Glauben Sie wirklich, daß die Einführung des Subjektes – und zum Subjekt gehört das Objekt –, daß das die neue Medizin ist? Oder glauben Sie nicht, daß wir Einstein und die Quantentheorie wenigstens in der Weise begriffen haben müßten, in der wir uns eingestehen, daß die Verschiedenartigkeit unserer Disziplinen der somatischen und der psychosomatischen Medizin auf der Verschiedenartigkeit der Wahrnehmungen beruht? Ich meine, ich könnte den Satz von Ihnen, Herr von Rad, noch einmal aufgreifen. Können Sie ihn bitte noch einmal wiederholen?

VON RAD: Soll ich das gleich machen?

FRAU MITSCHERLICH: Ja, das wäre nett.

VON RAD: Welchen denn?

FRAU MITSCHERLICH: Diesen Satz über das Nichts. Also, wie hieß dieser wunderbare Satz?

VON RAD: Den hat Herr Jacob gebracht, wenn ich mich recht erinnere.

FRAU MITSCHERLICH: Herr Jacob, sagen Sie ihn noch einmal. Ein ganz wichtiger Satz. Ich fürchte, ihn nämlich sonst vielleicht ein bißchen zu verändern.

JACOB: Der Satz lautet: Nichts Organisches hat keinen Sinn...

FRAU MITSCHERLICH: Da möchte ich eingreifen. Sie kennen wahrscheinlich alle Piaget und was er uns dadurch vermittelt hat, daß er den Begriff der Intelligenz neu geprägt hat. Wissen Sie, was Intelligenz ist? Intelligenz ist schon der Reflex. Und jetzt wende ich mich an Sie. Wie glauben Sie, daß wir den Begriff des Sinnes zu begreifen haben in der modernen Medizin, um diesen Satz vielleicht doch aufrechtzuerhalten? Genau wie Piaget durch diesen Satz in der Lage war, die ganze Motorik neu zu bestimmen. Überlegen Sie mal. Ich meine nämlich, daß von Weizsäcker in einer Weise sehr Zukünftiges gedacht hat, aber in anderer Weise, da, wo er das Subjekt einführt, für mich überwunden ist. Denn das ist durch Martin Heidegger geschehen.

HAHN: Das müssen wir jetzt einmal so stehen lassen. Es sind noch drei Redner vorgemerkt.

SECHSTER SPRECHER: Ich wollte eigentlich nur noch einen Gedankengang sagen. Ich bin jetzt am Ende meines Studiums und überlege mir: Was war eigentlich während meines Studiums das Haupthindernis dafür, daß die anthropologische Medizin oder eine solche Medizin sich in unserem Ausbildungsgang niederschlägt? Ich denke, ein Faktor, der für das Nachkriegsdeutschland vielleicht nicht untypisch ist, könnte sein – so hatte ich den Eindruck –, es geht unseren Ausbildern und Professoren, es geht ihnen einfach so hervorragend gut. Die Medizin, die so gesund ist, hat es schwer, uns Krankheiten verständlich zu machen, die mit der Gesellschaft zusammenhängen, die diese Medizin privilegiert. Wogegen ich per se gar nichts habe. Nur – es ist wirklich ... (Unterbrechung, Beifall). Professor von Weizsäcker sprach gestern davon, wieweit der Begriff soziale Krankheit genuin richtig sein kann. Das ist etwas, woran es bei uns in der ganzen Ausbildung stark gemangelt hat. Ich hatte immer wieder den Eindruck, es bereitet den Organmedizinern ungeheure Schwierigkeiten zuzugeben, daß dieselbe Gesellschaft, von der sie so gut leben, so viele Menschen erzeugt, die darin vielleicht materiell ebenso gut leben, aber seelisch und gesundheitlich nicht. Das ist vielleicht überhaupt das Problem einer technischen und konsumistischen Kultur, daß sie sogar verstanden hat, die Werte eines

Berufsstandes wie die des Arztes, der eigentlich kein technischer und kein konsumistischer Beruf ist, zu verfälschen.

HAHN: Noch zwei Redner. Herr Masuhr bitte.

MASUHR: Ja, liebe Kolleginnen und Kollegen. Ich möchte mich gerne bedanken für diese großartige Veranstaltung, die sich nun dem Ende zuneigt, und zwar bei Ihnen allen. Den Veranstaltern möchte ich meinen Dank aussprechen, den Teilnehmern, den Rednern. Ich habe gestern sehr viele große Sterne erlebt am Himmel der Wissenschaft. Ich möchte es aber nicht bei dem Dank belassen. Ich möchte jedenfalls als Teilnehmer dieser Veranstaltung meine Verwunderung zum Ausdruck bringen und, an die Nichtteilnehmer gewandt, fragen, warum sie nicht erschienen sind. Ich meine natürlich die offiziellen Vertreter der herrschenden Psychiatrie, der herrschenden Neurologie und der Heidelberger Universität. Viel wird zwar von dem vergehen und verglühen. Viktor von Weizsäcker überstrahlt wohl alle. Diesem Eindruck kann man sich wirklich nicht entziehen nach diesem Symposion. Wir sind geblendet von dieser Gestalt und verwirrt; ich meine das ernst. Und wir brauchten mehr Schatten. Aber die Schatten geben keine Sterne, wenn man in den Himmel schaut, mit bloßem Auge jedenfalls nicht, und ein Astronom bin ich nicht. Auch kein Astrologe, sondern ein Neurologe, der gerne untersucht und eine Diagnose stellt. Es ist schwer, jetzt eine Diagnose zu stellen. Wir brauchen mehr Schatten. Ein großes Werk wirft seine Schatten voraus auf das nächste Jahrtausend. Ich meine das Werk „Die Melancholie" von Tellenbach. In diesem Schatten können wir die Schuld übernehmen. Die Schuld, die wir als Kinder, als die Enkel – es wäre vermessen zu sagen, als Schüler der Heidelberger Schule – übernehmen müssen, und zwar im Sinne von Richard von Weizsäcker und Mechthilde Kütemeyer. Zu dieser Schuld müssen wir uns bekennen; das ist dann nicht mehr satirisch gemeint. Man könte zwar auch eine Arbeitsgruppe gründen zur Erforschung der satirischen Seiten Viktor von Weizsäckers. Ich glaube, die Satire wird in Deutschland immer falsch verstanden, und hier wäre eine Übungsmöglichkeit. Man könte ein Lehrbuch schreiben, an dem ich mich gerne beteiligen würde. Ein Lehrbuch der Neurologie unter psychosomatischen Aspekten. Herr von Uexküll, das wäre eine Anregung, damit die Studenten mehr von dem verstehen, was wirklich schwer zu verstehen ist. Ein schweres Buch ist nicht leicht zu nehmen. In diesem Sinne empfinde ich so etwas wie eine Renaissance, die einhergeht möglicherweise auch mit der Wiedergeburt der Werke von Wilhelm Kütemeyer und Paul Vogel – tatsächlich eine Wiedergeburt der Werke Viktor von Weizsäckers in dem von ihm selbst gemeinten Sinn.

HAHN: Wer hatte jetzt die letzte Wortmeldung aus dem Auditorium?

SCHAEFFER: Ich möchte darauf hinweisen, daß es mir luxuriös vorkommt, wenn hier von Deutungsoptimismus die Rede ist. Die Zentnerlast an Schuld, die der klinische Alltag uns täglich aufbürdet, durch unterlassene Hilfeleistung, durch Nichtanwendung der grundlegenden und erst einmal sehr schlichten Forderungen Viktor von Weizsäckers an uns Ärzte hat doch bis heute zu einer Situation geführt, die unterstreicht, was Carl Friedrich von Weizsäcker gestern sagte. Die Wissenschaft ist blind für das, was sie anrichtet. Ich muß sagen, daß es mir in 11jähriger klinischer Tätigkeit als Schüler von Wilhelm Kütemeyer und als früher Hörer von Viktor von Weizsäcker nicht gelungen ist, mit einem Patienten in der Inneren Klinik längere Zeit zu sprechen, einschließlich der Betrachtung seiner Träume, ohne in seiner Krankheit auch etwas zu finden, was die Frage: Warum gerade jetzt? beantwortet hätte. Im Gegenteil. Bis zum Knochenbruch, den Wilhelm Kütemeyer sich auf der Heimfahrt von dem ihn beschämend anmutenden Begräbnis Viktor von Weizsäckers durch einen Autounfall zuzog, an dem er selbst Schuld war. Bis dahin hat der Alltag mir nicht nur als Arzt, sondern als aufmerksamer Mensch tagtäglich Belege gegeben für den engen Zusammenhang von Denken, Wahrnehmen und Bewegen und den Körpervorgängen. Ich finde es sehr beschämend, daß für den praktischen Arzt in einer solchen Tagung deswegen sehr leicht zu wenig herauskommt, weil das, womit er täglich umgeht, im Rahmen einer Theorie zu leicht in den Hintergrund gedrängt wird. Ich kann mich noch sehr gut erinnern, an das, was mich seit meinem 15. Lebensjahr, seit 1933 belastet hat, und was auch in der Medizin wieder relevant für mich geworden ist: nämlich eine schreiende Diskrepanz zwischen der differenzierten und geschliffenen Wissenschaft und Kultur einerseits und der Brutalität des Alltages andererseits. So ist es mir oft gegangen. Die Gespräche in den Offizierskasinos standen in schreiendem Kontrast zu dem Sterben an der Front, und die akademischen Sitzungen sind zu dem Elend in den Krankenbetten nur schwer noch in Bezug zu bringen.

HAHN: Das wären weitere Fragen, Herr Schäffer. Ich glaube aber, wir könnten jetzt, weil da doch noch ein Redner ist, der sich schon sehr lange Zeit gemeldet hatte, nicht weiter diskutieren. Sie haben das Problem sehr deutlich benannt. Ich möchte nur zur Richtigstellung für diejenigen, die in dem Rahmen dieses Symposions etwas zu wenig Praxis gefunden haben, auf die Vortagung unseres Kongresses hinweisen, die aus diesem Grunde von unseren Mitarbeitern gestaltet worden ist. Es waren über 300 Teilnehmer an diesem ersten internationalen Kongreß „Brücken von der Psychosomatik zur Allgemeinmedizin", und es ist dort nicht zuletzt unter dem

Zeichen Viktor von Weizsäckers ständig über Einzelheiten des Umganges mit Patienten in Klinik und Praxis gesprochen worden. Und zu der Anfrage von Herrn Masuhr, warum die internistischen und neurologischen Kollegen nicht hier gewesen seien: Also ein sehr großer Teil der Kollegen, gerade der sog. „herrschenden" Fächer, das muß man der Gerechtigkeit halber sagen, sind hier gewesen. Zumindestens habe ich meine internistischen Kollegen und die Kollegen unserer Fakultät hier sehr zahlreich begrüßen können. – Der letzte Sprecher jetzt.

LETZTER SPRECHER: Ich wollte noch einmal kurz Bezug nehmen auf einiges, was gestern auf dem Altherrenpodium gesagt wurde, und zwar zu den meiner Ansicht nach etwas nebulösen Formulierungen von der Krise, die unsere heutige Gesellschaft durchläuft. Da kamen dann die Forderungen oder der Gedanke, daß man hier eine Umkehr auf dem Sozialversicherungswesen vornehmen müsse, und da wurde auch Bezug genommen auf die Schriften Viktor von Weizsäckers zur Rentenneurose und zum Sozialversicherungssystem. Ich möchte sehr davor warnen, daß die Krise des Gesundheitswesens, die Kostenexplosion, die heute immer wieder beschworen wird, dazu benutzt wird, die Sozialversicherung anzutasten. Ich finde das sehr gefährlich, weil das letztendlich doch wieder darauf hinauslaufen würde, daß arme Leute früher sterben oder schlechter versorgt werden. Bei aller Kritik an dem Gesundheitswesen, das wir heute haben, finde ich, darf man an dem Prinzip nicht rühren, daß man bei einer Krankheit nicht dafür zahlen muß, daß man krank ist.

HAHN: Ich schließe damit die Rednerliste aus dem Auditorium und bitte diejenigen, die direkt angesprochen sind, Herrn Bräutigam, Herrn von Uexküll und Herrn Janz kurz Stellung zu nehmen, ehe Herr Carl Friedrich von Weizsäcker uns sein Schlußwort gibt.

BRÄUTIGAM: Es wurden Fragen zur ärztlichen Ausbildung gestellt und die geringe Bewertung der Psychotherapie in dieser Ausbildung. Ich habe auch keine Patentlösung dafür. Es ist immer so, daß die, die sowieso sensibilisiert sind, das Programm, das ihnen angeboten wird, in Vorlesungen, Seminaren und eigenen psychotherapeutischen Lernschritten für sich nutzen. Das verändert die Medizin im ganzen nicht. Es gehen nur die in die Kirche, die sowieso fromm sind, die anderen kommen nicht und lernen auch nichts. Eine Veränderung könnte durch einen Aufstand eintreten, einen Aufstand der Patienten, die mit der einseitig technisch geprägten Medizin unzufrieden sind. Sie müßten nicht nur wie jetzt, massenhaft zu Heilpraktikern gehen, sondern sich da wehren, wo die Medizin Auswüchse zeigt.

Damit zusammenhängend die Frage: Kann das Programm von Weizsäckers überhaupt als Wissenschaft in der Praxis angewendet werden? Ich habe bei Viktor von Weizsäcker gelernt, daß er die Anstrengungen des Begriffes und die Theorie nicht scheute – daß er aber auch die Anwendung im speziellen Fall und Krankheitsbild forderte. Die Einübung im speziellen Krankheitsgeschehen und im Umgang mit Patienten ist keine angewandte Wissenschaft. Es ist etwas, was Sie, wenn Sie offen dafür sind, schon als Medizinstudent, der mit Patienten spricht, erfahren können, was Sie lernen, eine Haltung, in die Sie sich einüben können.

Ein letztes Wort: Ich hatte zuletzt hier „Deja vecu"-Erlebnisse im Hinblick auf die Jahre nach 1968 und die antipsychiatrische Bewegung, die hier noch einmal fröhliche Urstände feierte. Es mutet mich, das muß ich ehrlich sagen, nicht nur anachronistisch, sondern wie eine unbelehrbare Verleugnung der Wirklichkeit an, wenn im Zusammenhang mit psychiatrischen Behandlungen von „Archipel Gulag" gesprochen wird. In der Realität psychiatrischer Versorgung müssen wir sehen und anerkennen, was die moderne Pharmakopsychiatrie geleistet und was sie nicht geleistet hat, was die Sozialpsychiatrie veränderte und was nicht. Auf keinen Fall können wir uns italienische Verhältnisse leisten, das, was in Italien gegenwärtig wieder rückgängig gemacht wird, hier auf einmal wieder zu propagieren.[4] Als Ärzte müssen wir anerkennen, daß es verschiedene Wirklichkeiten gerade bei körperlichen Erkrankungen gibt, eine Abhängigkeit von einem Grunde, wie von Weizsäcker sagte, den wir nicht durchschauen können, daß es gerade in der Krankheit und im Organischen etwas gibt, das *uns* lebt, etwas, das wir anerkennen und dem wir als Ärzte gerecht werden müssen.

HAHN: Herr von Uexküll ist angesprochen worden, bzw. auch Herr Siirala. Wollen Sie beide antworten auf die Frage nach der Ausbildung?

SIIRALA: Herr von Uexküll hat mir die Frage gestellt, was da in diesem Sinne in Finnland und in Helsinki vor sich gegangen ist. Also: vor 15 Jahren startete ich eine Initiative in der medizinischen Fakultät in Helsinki dafür, daß ein Fach durchgehend durch das ganze Studium da sein müßte das im Curriculum sich damit beschäftigt, was es heißt, Arzt zu werden. Dieses Lehrfach hätte dann vor allem in einer Arbeit in kleinen Gruppen bestanden, so daß die Besinnung auf den Prozeß des Studiums, und was in der ärztlichen Tätigkeit bevorsteht, möglich gewesen wäre. Das Fach

---

[4] Siehe dazu: K. u. C. Ernst: Italienische Psychiatrie. Augenschein in der Lombardei. Nervenarzt 57, 494 (1986).

wurde aber nur als ein 2jähriges fakultatives Fach angenommen; auf diese Weise haben wir jetzt während der vergangenen 7 Jahre gearbeitet. Die Arbeit ist sehr befriedigend und sehr nützlich. Es ist aber nur ein zu kleiner Teil des Studiums.

VON UEXKÜLL: Ich wurde noch gefragt, was Situationskreis und Gestaltkreis mehr enthalten als der Regelkreis. Dazu möchte ich folgendes sagen: Wir haben hier einen Popanz als Feind aufgebaut; das ist die „naturwissenschaftliche Medizin". Hier besteht ein Mißverständnis. Die Medizin hat im 19. Jahrhundert „beschlossen", Naturwissenschaft zu sein. Die Naturwissenschaften haben im 20. Jahrhundert in der Physik die Voraussetzungen, die man damals als selbstverständlich für eine Naturwissenschaft nahm, grundlegend geändert. Die Medizin und die Biologie haben bisher daraus keine Konsequenzen gezogen. Wenn wir heute von naturwissenschaftlicher Medizin sprechen, meinen wir eine Medizin, die eine Naturwissenschaft des 19. Jahrhunderts geblieben ist. Und darin steckt auch die Antwort auf die Frage, was Situationskreis und Gestaltkreis mehr sind als Regelkreis.

JANZ: Die von Frau Penselin, der Tochter von Viktor von Weizsäcker, gestellten Fragen sind nicht beantwortet worden. Ich will es versuchen. Die sog. Dokumente sind bisher nirgends publiziert worden. Es gibt einen Teil davon, der im Umlauf ist; das sind Kopien, keine Originaldokumente. Kopien von Dokumenten, die nichts mehr als das belegen, was Frau Kütemeyer gesagt hat, nämlich daß Gehirne an das neuropathologische Laboratorium des von Otfried Foerster gegründeten neurologischen Forschungsinstitutes geschickt worden sind zur histologischen Untersuchung. Was hat das mit dem Werk ihres Vaters zu tun, war die zweite Frage. Nichts. Viktor von Weizsäcker hat nie eine neuropathologische Untersuchung veröffentlicht. Viktor von Weizsäcker hat nie ein Interesse an Neuroanatomie und Neuropathologie gehabt. Es hat mit seinem wissenschaftlichen Werk überhaupt nichts zu tun. Aber vielleicht in einem rätselhaften Sinn mit seiner Person. Einige von Ihnen werden wissen, daß die Frau von Peter Graf York von Wartenburg, der dem Kreisauer Kreis angehörte, kürzlich ihre Memoiren veröffentlicht hat, und in dem Buch von Marion York ist nachzulesen, daß Viktor von Weizsäcker auch auf das Yorksche Gut kam. Ich entnehme auch aus anderen Bekundungen, daß Viktor von Weizsäcker dem Kreisauer Kreis nahegestanden hat. Und das Rätselhafte geht aus der Beantwortung der dritten Frage hervor. Wer hat diese Gehirne bearbeitet? Ich weiß, daß es ein politisch belasteter Arzt aus Belgien war. Mag sein, daß ihn Viktor von Weizsäcker gedeckt hat.

Herr Masuhr, Ihnen möchte ich zum Schluß noch ein Wort von Mao Tse

Tung auf den Weg geben. Das etwa heißt: Wer Schatten braucht, soll sich nicht ins Licht stellen.

HAHN: Liebe Kolleginnen und Kollegen, meine Damen und Herren, ich glaube, mit diesem Wort können wir das zeitlich nun so weit fortgeschrittene Podiumsgespräch schließen. Ich darf Ihnen allen sehr herzlich für Ihre Teilnahme, die überaus aktive Teilnahme, die allerdings auch noch so viele Fragen offen lassen mußte, danken, und jetzt Herrn Carl Friedrich von Weizsäcker um sein Schlußwort bitten.

Schlußwort

Carl Friedrich v. Weizsäcker

Ich habe mich nicht um ein Schlußwort beworben. Ich bin darum gebeten worden. Ich könnte mit Herrn Hartmann fragen, warum gerade ich? Aber ich tue es nun gern. Das Schlußwort kann nicht, was man manchmal am Ende von Tagungen tut, ein Resümee der besprochenen Themen sein. Sie waren zu vielfältig. Sondern ich möchte nur gerne zu drei Themen, die insbesondere auch heute in der Podiumsdiskussion dran kamen, ein paar Worte sagen. Erstens zu der Frage nach dem Sinn organischer Krankheiten, der soeben so viel diskutiert wurde; zweitens zu den politischen Dingen, die aufgekommen sind während der Podiumsdiskussion, und drittens zum Begriff der Einführung des Subjekts. Das deckt aber wohl in einem nicht ganz unwesentlichen Teil das ab, was auf der Tagung behandelt wurde.

Die Frage nach dem Sinn der organischen Krankheiten hat Herr von Rad genauso aufgenommen, wie ich sie gemeint habe. Mein Anliegen war, mitzuteilen, daß ich fand, mein Onkel Viktor von Weizsäcker hat die persönliche Überzeugung, wie mir scheint, unmißverständlich ausgesprochen, daß jeder organischen Krankheit ein Sinn zugeschrieben werden kann. Die Formel mit der doppelten Negation verstehe ich eigentlich nicht als eine Vorsichtsmaßnahme, sondern „Nichts Organisches hat keinen Sinn" macht Gebrauch von einer der Redewendungen, die öfter auch in der Geschichte der Philosophie vorkommen. „Nichts ist ohne Grund." Ein bekannter Satz. Auf der anderen Seite habe ich immer empfunden, daß diese Überzeugung, die er offenbar hatte, weder von ihm selbst zu seiner eigenen Zufriedenheit empirisch eingelöst worden ist, noch daß die Härte der Forderung, sie empirisch einzulösen, in unseren Gesprächen hinreichend deutlich zum Vorschein gekommen ist. Und das hat Herr von Rad genauso verstanden, wie ich es gemeint habe. Also nicht in dem Sinne einer Kritik an Viktor von Weizsäcker, sondern in dem Sinne, ernstzunehmen, was er gewollt hat. Ich habe nicht zufällig in meiner Rede zitiert, daß er sagte: „Diese Sinngebung organischer Krankheiten erwartet einen Genius und muß noch auf ihn warten. Die Großmacht der Genialität war mir nicht verliehen." Er findet, daß er das, was er als notwendig bezeichnet hat, nicht zu leisten vermocht hat. Und ich finde, das Bekenntnis eines solchen Nichtleistens ist ja doch sehr wichtig.

Ich habe gestern die Frage gestellt, ob es vielleicht so sei, daß man sagen soll, seine Forderung war die falsche Forderung, und sie war uneinlösbar. So ist nun heute Mehreres gesagt worden, und ich würde nur gerne auf die Frage, die aus dieser Diskussion gestellt wurde, noch einen Moment quasi wissenschaftstheoretisch eingehen. Ob es richtig ist zu sagen, die Forderung war wissenschaftlich unerfüllbar, denn Wissenschaft meint immer das Allgemeine, und es handelt sich doch in der Forderung einer biographisch orientierten Medizin essentiell um das Einzelne. Nicht nur um das Besondere, sondern um das Einzelne. Nicht nur um den einzelnen Menschen, sondern auch um die einzelnen Stationen auf seinem Lebensweg. Darauf würde ich antworten: Ich glaube nicht, daß das ein zwingender Einwand ist. Es bezeichnet nur eine natürliche Schwierigkeit. Viktor Weizsäcker hat sich gern als den Nachkommen von Juristen und Theologen bezeichnet, die man in unserer etwas grobschlächtigen Einteilung zu den Geisteswissenschaftlern rechnet. Und in der Geisteswissenschaft ist Hermeneutik ein Grundbegriff. Jedenfalls so, wie man heute zu reden pflegt. Und Hermeneutik bedeutet die Übung im Verstehen und Auslegen des Individuellen. Daß nicht zwei Dichter gleich sind, nicht zwei historische Ereignisse gleich sind, auch nicht zwei Krankheitsfälle gleich sind, ist das, was in jeder hermeneutischen Anstrengung als bekannt vorausgesetzt wird. Und nun kommt die große Aufgabe, einerseits den Allgemeinbegriff so gut auszunützen, wie man es vermag, und andererseits die Wahrnehmung, jetzt nicht das begriffliche Denken, sondern die Wahrnehmung des Partners, des Gegenübers, sei es ein Dichter oder Philosoph lang vergangener Jahrhunderte oder der Kranke, der dem Arzt begegnet, diese Wahrnehmung auszubilden und zu pflegen. Und das kann man nicht ohne begriffliches Denken. Deshalb ist die Begrifflichkeit der anthropologischen Medizin unerläßlich, aber es ist kein Einwand gegen sie, daß sie hier etwas zu leisten sucht, was eben traditionell zu den intellektuellen Leistungen des Menschen gehört. Damit habe ich aber noch nicht gesagt, daß es geht. Ich habe nur gesagt, warum ich nicht glaube, daß es nicht geht. Wie es gehen soll, darüber haben wir nun in den Gesprächen sehr viel gelernt. Und vermutlich ist es zu einfach zu meinen, das „Warum gerade hier?" ließe die Antwort zu, jedes Leberleiden hat dieselbe psychische Ursache, oder wie immer sonst. Sondern es sind z. B. die sozialen Voraussetzungen, die Viktor ja gerade immer betont hat. Dies ist hier auch ausdrücklich besprochen worden. Also die hermeneutische Anstrengung muß sich dann auf diese Details wenden.

Damit ist es aber noch nicht getan. Was ist Krankheit – darüber haben wir gestern mal kurz gesprochen – und was ist Sinn? Was heißt es, wenn wir fragen „Nichts Organisches ist ohne Sinn?" Ich will nicht versuchen darauf mit einer selbst begrifflichen Antwort zu antworten, sondern ich erzähle zuerst nur eine Geschichte. Und sage dann ganz wenig noch dazu. Das Wort Sinn wird im Englischen widergegeben mit „meaning". Und „meaning" kann auch Absicht heißen in gewissen Fällen. The „meaning of an action" kann bedeuten, die Absicht, die man damit verfolgt. Ähnlich ist es im Dänischen, Norwegischen. Und ich habe einmal in Oslo, ich glaube im Jahre 1930, also vor mehr als 50 Jahren, ein in Norwegen damals sehr berühmtes, wohl auch heute noch berühmtes Theaterstück auf der Bühne gesehen, von Björnstjerne Björnson „Over aevne" (in Deutsch „Über die Kraft"). Ich erzähle kurz, was das Thema dieses Stücks ist, denn es ist ein Stück über eine bestimmte Seite der Medizin. Ein gesundbetender Pfarrer macht ringsherum die Menschen gesund durch die Kraft der geistigen Heilung, die ihm gegeben ist. Aber seine Frau ist gelähmt, ist im Rollstuhl, und er hilft ihr nicht. Er wird gedrängt, daß er ihr helfen muß, und er entschließt sich zu dem schweren Werk. Er tut, was er zu tun pflegt in solchen Fällen. Sie steht aus dem Rollstuhl auf, geht herum und fällt tot um. Und dann endet das Stück mit dem Satz: „Men det var ikke meningen." „Aber das war nicht die Meinung." Und nun als ich dort war, wurde mir gesagt, der Schauspieler, der diesen Mann zu spielen pflegte, hat diesen Satz schon seit Jahrzehnten immer in dem Sinne gesprochen, des Entsetzens darüber, was er getan hat. In der Aufführung, die ich gesehen habe, hat er es gesagt im Klang einer Hoffnung: „Ach, war das die Lösung?" So komplex ist die Interpretation des Wortes Sinn. Und wenn wir nicht im Stande sind, auch einen Tod als Lösung zu betrachten, dann können wir nicht behaupten „Nichts Organisches hat keinen Sinn". Mehr will ich dazu jetzt nicht sagen. Nur das wenigstens noch als Ergänzung desjenigen, was gesagt worden ist.

Nun ja. Das zweite, das sind die politischen Fragen, die aufgekommen sind. Ich möchte nicht viel sagen, über diese eigentümlichen Dokumente aus Kattowitz oder wo es war, denn es scheint mir, Herr Janz hat die Fragen, wenn ich richtig sehe, ganz präzise beantwortet. Es scheint mir, daß wir erstens davon zu wenig wissen, daß wir aber zweitens jeden Grund haben anzunehmen, daß Viktor Weizsäcker nicht als arbeitender Forscher an der Sache beteiligt war. Es ist nicht auszuschließen, daß er mit der üblichen Verantwortung eines Klinikdirektors an der Sache beteiligt war. Dies kann ich nicht beurteilen. Aber ich möchte, wenn ich ein öfters zitiertes Wort ins Gegenteil umdrehen darf, für mich hier die Gnade der frühen Geburt in Anspruch nehmen. Ich habe, ebenso wie mein Bruder, diese Zeit wirklich selbst als erwachsener Mensch miterlebt. Und ich kenne so genau die unauflösliche Mischung in der man lebte, wenn man seinerseits das, was vorging, entsetzlich fand, wenn man andererseits der

Verführung dadurch sich selbst keineswegs unzugänglich wußte und wenn man drittens überleben und auch andere Menschen schützen konnte.

Wilhelm Kütemeyers Freund Werner v. Trott trat im Jahr 1940 in mein Haus. Ich kannte ihn vorher nicht. Ich kannte Kütemeyer damals auch nicht, und Trott, ich glaube, er hatte sich noch nicht gesetzt, sagte (er war uns durch einen gemeinsamen Freund empfohlen): „Sie stimmen gewiß mit mir darin überein, daß die einzige Rettung unseres Volkes ist, daß es diesen Krieg radikal verliert." Bitte, hätte ich das ausgeplaudert, so wäre es mit seinem Leben zu Ende gewesen. So war es aber, daß man sich so etwas sagen konnte. Auf der anderen Seite muß ich sagen, ich habe Viktor auch erlebt im Jahre 1933. Ich habe ihn damals wie auch sonst nicht kontinuierlich im vollen Zusammenhang gesehen; aber ich kann sagen, ich war im Jahre 1933 sehr in Versuchung, den Nationalsozialismus für die Lösung unseres Problems zu halten. Was mich davor gerettet hat, war die frühe Warnung meines Vaters und war die Freundschaft mit Juden. Ich erinnere mich, daß mein Onkel Viktor in Gesprächen damals auch so etwas sagen konnte. Ich erinnere mich an eine sehr harte Äußerung, die er getan hat, als das Entsetzen über alle die Dinge, die geschahen, im Familienkreis besprochen wurde, in der Art wie man sich es eben leisten kann entsetzt zu sein, und er dann sagte: „Der liebe Gott hat keinen so schwachen Magen." Auch ein solcher Gedanke konnte ihm kommen: „Wenn Ihr mit Geschichte zu tun habt, bitte betrachtet, daß Geschichte eine Abfolge von Entsetzlichkeiten ist." Wahrscheinlich war die Frage gestellt worden, warum läßt Gott das zu? Wenn die Menschen sich zutrauen, ihre Theologie so weit zu treiben, daß sie Gott verantwortlich machen für den Gang der Geschichte, die sie irgendwie ja selber gemacht haben, dann muß man so antworten. Das Empfinden, das ist vorhin in der Diskussion gesagt worden, das Empfinden, daß die Welt einer radikalen Veränderung entgegengeht, die völlig unvermeidlich ist, ist ein Empfinden, das in den 20er Jahren sehr stark war. Dieses Empfinden hatte Viktor auch. Das kann man auch sehr gut aus seinen späteren autobiographischen Schriften sehen. Und jemand der dieses Empfinden auch hatte, war Adolf Hitler. Deshalb gab es eine gewisse Attraktivität von Hitler für die Menschen, die die Krise als Krise wahrnahmen. Das hebt dann nicht auf, daß man darüber belehrt wurde, was Hitler wirklich tat, und dann in das Dilemma kam, daß man nicht in der selbstzufriedenen Weise der Leute, die sowieso fanden, die Welt ist ja in Ordnung, sich dann darüber empören konnte, sondern daß man sich darüber entsetzen mußte, daß die notwendige Veränderung auf solche Weise pervertiert wurde. Das alles muß mitgedacht werden, wenn man sehen will, was damals alles getan worden ist und geschehen ist. Ich erinnere mich nur, daß ich also immer wieder in Versuchung war zu sagen, Hitler habe eben historisch wahrscheinlich doch recht, und daß ich andererseits nicht einen Tag ohne Schuldgefühle gelebt habe.

Die Schwierigkeit heute ist, daß die Verdrängung des Schuldgefühls im Krieg und nach dem Krieg ungeheuer stark gewesen ist. Ich habe diese Verdrängung direkt nach dem Krieg sogar begrüßt, indem ich sagte, nach entsetzlichen Erlebnissen braucht man einen Heilschlaf. Aber der Heilschlaf hat zu lange gedauert, er hört z. T. überhaupt nicht auf, und dann kam begreiflicherweise der Protest. Die Schwierigkeit des Protestes ist, daß gerade die Jungen, die heute sehr gutes Recht haben dagegen zu protestieren, andererseits die Erlebnisse, die man hatte, wenn man durch diese Zeit durchgelebt hat, nicht selbst erfahren haben. Und es scheint, daß keine Phantasie der Welt ausreicht, sich klarzumachen, wie man gelebt hat, wenn man es wirklich durchgelebt hat. Das ist eben so. Und nun müssen wir uns verständigen, denn unser ganzer menschlicher Kontakt beruht darauf, daß wir auch mit den uns Allernächsten immer wieder über Erlebnisse uns auszutauschen haben, die im Grunde unübertragbar sind. Wer weiß denn schon, wie der unmittelbar Nächste, mit dem er lebt, in Wirklichkeit erlebt. Also, hier besteht natürlich wieder eine Schwierigkeit für die Hermeneutik. Aber die Anstrengung soll gemacht werden. Die Anstrengung, doch etwas davon zu merken.

Jetzt möchte ich noch etwas sagen zur Einführung des Subjekts, und dann muß ich aufhören. Das ist jetzt eine theoretische Frage. Ich habe Martin Heidegger kennengelernt in Todtnauberg im Jahre 1935 in einer Zusammenkunft, die Achelis veranlaßt hatte, und zwar hatte Heidegger zwei Einführer des Subjekts in die Naturwissenschaft eingeladen, nämlich Viktor Weizsäcker und Werner Heisenberg, damit die miteinander darüber reden sollten, ob das, was sie eigentlich machen dasselbe sei, oder etwas verschiedenes. Jeder durfte noch einen mitbringen. Viktor Weizsäcker brachte den Prinzen Alfred Auersperg mit, einen hochbedeutenden Schüler, den er hatte, und den ich dort kennengelernt habe. Heidegger brachte den Kunsthistoriker Bauch mit, Achelis war als einzelner da, und Werner Heisenberg brachte mich mit. Ich war 23 Jahre alt. Da wurde also geredet und der äußere Hergang in der kleinen Stube in Todtnauberg war so: Heidegger saß mit einem kleinen Zipfelmützchen auf dem Kopf am einen Ende des ganz engen Tisches und die anderen an beiden Seiten des Tisches, auf der einen Seite zwei Leute, auf der anderen drei. Direkt neben Heidegger, einander gegenüber, die zwei Kontrahenten Heisenberg und Weizsäcker, und ich als jüngster ihm gegenüber und sah das nun also alles mit an. Ich hörte es an. Und der Hergang war, daß die beiden miteinander redeten, etwa eine Stunde, dann hatten sie sich komplett verheddert. Dann sagte Heidegger: „Also, Herr von Weizsäcker, was Sie sagen, scheint doch folgendes zu bedeuten." Drei Sätze. „Ja so habe ich es gemeint." An Heisenberg: „Herr Heisenberg, Sie scheinen mir folgendes zu meinen." „Ja, so stelle ich es mir vor." „Dann scheint es mir" – wieder vier Sätze –, „so könnte es zusammenhängen." Beide sagten: „Ja, so könnte es sein", und es ging weiter. Also dies nur eine kleine Abschweifung über die Art, wie ich Heidegger kennengelernt habe, als einen Menschen, der in vollkommen klar verständlichen Sätzen ausdrücken konnte, daß er verstand, was die beiden streitenden Seiten meinen. Aber sie stritten.

Und sie mußten sich streiten. Der Unterschied war der, das kann man ganz leicht sagen, Heisenberg sprach davon, daß die Begriffe der Quantentheorie, der Quantenmechanik wie er sie 8 Jahre vorher entwickelt hatte, nur einen interpretierbaren Sinn erhalten, wenn man davon spricht, daß sie das Wissen von Menschen, also z. B. Experimentatoren über gewisse Phänomene, beschreiben, daß man diese aber nicht zurückverwandeln kann in die Form von an sich gültigen ontischen Aussagen über Gegenstände. Diese Verwandlung gelingt nicht. Und das war die Aufhebung der Subjekt-Objekt-Trennung, wie man sagte, innerhalb der Quantentheorie. Viktor Weizsäcker sagte sofort: „Ja, gewiß, aber ist das dann wichtig, wer da beobachtet?" „Nein, das Entscheidende ist, daß nicht wichtig ist, wer beobachtet. Der Beobachter wird nur als Beobachter ernstgenommen, aber nicht als die spezielle Person Hänschen Müller oder wie er sonst heißt." Hingegen bei Weizsäcker war das ganze Anliegen das Subjekt in dem Sinne einzuführen, daß derjenige Mensch ernstgenommen wird, der mir in diesem Augenblick gegenübersteht und der mich nötigt, daß ich mich als Mensch ernster nehme, als ich mich vorher genommen habe. Also eine ganz verschiedene Intention. Trotzdem möchte ich glauben, daß die beiden Schritte etwas miteinander zu tun haben. Es ist wahrscheinlich nicht zufällig, daß in zwei sehr verschiedenen Wissenschaften dieselbe Bewegung in einem bestimmten Augenblick historisch möglich wird, daß man so etwas überhaupt denken konnte. Über die Auflösung der Frage, insbesondere des ganzen Leib-Seele-Verhältnisses im Rahmen der Quantentheorie, habe ich in meinem Vortrag schon gesprochen.

Erlauben Sie mir aber nach all diesen etwas gespannten Dingen, mit einer freundlichen Erinnerung zu schließen. Etwa im Jahre 1948, Herr Christian hat gestern davon gesprochen, hat mein Onkel Viktor gearbeitet über Farbwahrnehmung. Und zwar über etwas, was man terminologisch gewöhnlich subjektive Farben nennt, nämlich Farben, die, wie man so sagt, objektiv als Wellenlängen gar nicht vorkommen im Licht, die aber wahrgenommen werden. Zum Beispiel durch einen rotierenden Sektor wird aus einem monochromatischen Licht, sagen wir Natriumlicht, eine einzige Spektrallinie, ein Phänomen erzeugt, das der Beobachter so sieht, daß er nicht nur das Natriumgelb sieht, dies vielleicht sogar gerade nicht, sondern anderes Licht, andere Farbe. Das ist natürlich sehr interessant. Wie entstehen überhaupt Farben, haben wir eigentlich begriffen, was die erlebte Farbe ist? Ich habe selbst den Versuch mitgemacht, aber, das war genau der, von dem ich gestern sagte, daß ich nicht ganz die Phänomene gesehen habe, die ich eigentlich hätte sehen sollen. Und dann sagte mir der Onkel Viktor, als ich mal wieder kam, oder vielleicht an diesem Tage: „Du, ich habe heute nacht geträumt, daß der Goethe gekommen ist und mir einen Kuß gegeben hat." Vielleicht darf ich damit schließen.

Die Rezeption des Werkes
Viktor von Weizsäckers in Japan*

Toshihiko Hamanaka

Ich möchte als japanischer Student und Übersetzer der ebenso aufschlußreichen wie tiefsinnigen Werke von Weizsäckers einen bescheidenen Versuch machen, einige Einblicke zu übermitteln, wie denn seine Werke in Japan bekannt geworden sind, und was für einen weitreichenden und tiefgreifenden Einfluß sie bei uns ausgeübt haben und es heute noch weiter tun.

Als die wahrscheinlich erste, bedeutende Arbeit, die davon Zeuge ist, könnte man einen Beitrag Miuras (1933) zur klinischen Neuropsychologie anführen, der einen der Grundbegriffe von Weizsäckers, den des „Funktionswandels", unter japanische Neurologen und Psychiater eingeführt hat. Obwohl die Arbeit nicht unmittelbar das Thema der Sensibilitätsstörungen mit „Schwellenlabilität" behandelt, an dem ursprünglich von Weizsäcker in Zusammenarbeit mit Stein (1923–1928) das den herkömmlichen Begriff der einfachen Nervenermüdung ablösende Grundkonzept entwickelt hatte, um es dann später auch bei der Erfassung der Fehlleistungen im optischen Bereich (Agnosien als „Gestaltwandel": Stein) anzuwenden, so hat Miura in den veränderlichen Leseleistungen der paralektisch Kranken eine Art Funktionswandel, eine Entdifferenzierung der zerebralen Erregbarkeit wiedergefunden. Damit hat sich Miura ausdrücklich dem dynamisch-holistischen Standpunkt angeschlossen, der damals, gegen die klassisch-lokalisatorische Lehre Wernickes in der Hirnpathologie, u. a. von C. von Monakow, A. Pick und K. Goldstein vertreten war. Diese Betrachtungsweise Miuras wurde später in einem eingehenden Versuch von Ohashi (1956) zur genaueren Erfassung des zeitlichen Aspektes sowohl der aphasischen Sprache wie der agnostischen Störungen wieder aufgegriffen.

Der „Funktionswandel" im eigentlichen Bereich der somato-sensorischen Modalität hatte beinahe 20 Jahre lang seine Zeit abwarten müssen, bis er in einer Reihe der Studien von Fujii (1951), Sobue (1957), Hakusui

---

* Überarbeitete Fassung eines nachträglich in das Programm des Symposiums aufgenommenen Beitrages.

(1957), u. a. über die „Schwellenlabilität", eine weitere Unterstützung fand: unter anderen konnten Fujii et al. (1951) auf Grund eingehender Untersuchungen der Sensibilität bei Schädigung des Zentralnervensystems darlegen, daß die „Schwellenlabilität" der oberflächlichen Druckempfindung, die nach Stein und von Weizsäcker eine wichtige Rolle bei behinderter Bewegungsempfindung der ataktisch Kranken spielen soll, nicht lediglich an allen sensibel-ataktischen Kranken mit Beeinträchtigung der Bewegungs- und Haltungsempfindungen auftritt, sondern darüber hinaus auch als eine einzig nachweisbare Sensibilitätsstörung an einem Ataktiker vom Friedreich-Typus. Damit weisen sie die Annahme Heads über die Entstehung der Ataxie ab, der die bewußte Bewegungs- und Haltungsempfindung als durch das spino-zerebrale System vermittelt auffaßte, die unbewußte jedoch als durch das spino-zerebellare System zustande gebracht.

Das stato-opto-sensible Syndrom, das, wie bekannt, aus verschiedenen Sinnesgebiete und Haltung gleichzeitig betreffenden, systematischen Raumsinnstörungen besteht, wurde erst über 20 Jahre später als die originelle Fallbeschreibung von Weizsäckers (1919) bei uns von Hirose (1943) in seinen kasuistischen Studien über Patienten mit Polyopie erwähnt. Dennoch hat das „Antilogische", das den Inhalt des hochinteressanten Syndroms kennzeichnet und später von Viktor von Weizsäcker zu einem seiner theoretisch wichtigsten Konzepte ausgearbeitet wurde, in einer Arbeit Murakamis (1944) sofort Beachtung gefunden. Murakami (1950) ist außerdem als einer der ersten Psychiater zu betrachten, der die Idee einer medizinischen Anthropologie in Japan eingeführt hat, obwohl zugegeben werden muß, daß ihm die Gedanken von E. Minkowski und L. Binswanger näher standen als diejenigen von Viktor von Weizsäcker und seiner Schule.

In den 50er und 60er Jahren war der Begriff des Funktionswandels sowie des stato-opto-sensiblen Syndroms sozusagen das Gemeingut japanischer Neurologen und Psychiater geworden, die vor allem auf dem Gebiete der Neuropsychologie arbeiteten. Das veranlaßte nicht zuletzt das Erscheinen des Agnosie-Beitrages zum Handbuch der abnormen Psychologie (1956) sowie der ersten umfassenden Monographie der klinischen Hirnpathologie in Japan (1960), beides aus der Feder von Ohashi. In den beiden Arbeiten sind auch eine Reihe der Untersuchungen E. Bays (1950) über Funktionswandel bei Agnosie bis ins einzelne besprochen und einige Fälle des stato-opto-sensiblen Syndroms neu beschrieben. Mit ihm zusammenarbeitend habe ich selber das Syndrom auch bei einem Patienten mit Dienzephalose mit Verkehrtsehen und periodischer Schlafsucht (1968) eingehend studiert und das Antilogische nochmals bestätigt, das mit dem Syndrom der systematischen Raumsinnstörung (dem sensori-motorischen Induktionssyndrom: Halpern 1951), unlösbar verbunden beobachtet wurde.

Im Gegensatz zu diesen neurologischen Arbeiten von Weizsäckers sind seine bedeutenden Beiträge zur Neurosenlehre, die eine der unentbehrlichen Grundlagen seiner medizinischen Anthropologie ausmachen, bisher leider noch kaum zum Gegenstand eingehender Erörterungen gemacht worden, abgesehen davon, daß meine Darstellung seines Lebens und Werkes (1975/1981) sie im Umriß wiedergibt. Eine der wenigen Ausnahmen davon ist die Psychiatrie der Schädelhirnverletzung Ohtas (1971), die die Meinung von Weizsäckers (1929), wenn auch ganz kurz, zustimmend anführt, daß die sog. Rentenneurose besser als „Rechtsneurose" aufzufassen ist, weil der eigentliche Beweggrund dabei das Rechthabenwollen ist. Auch unter psychosomatisch orientierten Medizinern Japans (Ikemi u. a.) sind die Werke von Weizsäckers kaum auf ausdrückliche Weise erwähnt, obwohl seine Arbeiten neben denen von Th. v. Uexküll, A. Jores usw., mindestens teilweise, sicher nicht unbekannt geblieben sind. Meiner persönlichen Meinung nach kommt das hauptsächlich daher, daß die Gedanken von Weizsäckers allzu originell und intuitiv konzipiert sind, um sich ohne weiteres in einen andersartigen Ideenkreis übertragen und weiterbearbeiten zu lassen. Außerdem müßte man auch seinen über die Grenzen einzelner Fachwissenschaften weit hinausreichenden Blick mitberücksichtigen, der nicht nur die Medizin, sondern auch Biologie, Psychologie, Philosophie und auch Theologie, in einem Worte alles Wissen und sogar den Glauben umfaßt, die überhaupt die Natur, den Menschen und Gott betreffen. Dennoch dürfte man nicht mit Recht ausschließen, daß seine durchdringende Einsicht in das Arzt-Patient-Verhältnis als ein Gestaltkreis in der klinischen Praxis vereinzelter anthropologisch orientierter Schulen der Psychiatrie bei uns, bewußt oder unbewußt, weiterlebt.

Das bezeugen zuerst 3 japanische Übertragungen seiner Schriften zur Naturphilosophie und zur medizinischen Anthropologie im eigentlichen Sinne:
1. eine an das Alte Testament (die Genesis) angelehnte Vorlesung über Naturphilosophie aus seiner jungen Tätigkeitsperiode (1919/1920: übersetzt von Ohashi 1971; vgl. auch Ohashi 1975),
2. ein in die Idee einer medizinischen Anthropologie einführender Vortrag, der auf Einladung M. Schelers an der Kölner Gesellschaft der Philosophie gehalten wurde (1927: in meiner Übertragung 1975/1984), und
3. eines seiner Hauptwerke, „Der Gestaltkreis" (1940), den mein Kollege Kimura in unserer kooperativen Übertragung mit einem erläuternden Untertitel „Anthropologie der Wahrnehmung und Bewegung" (1975/1984) ergänzt hat.

Sodann müßte man als eine der bedeutendsten Bearbeitungen des anthropologischen Denkens von Weizsäckers eine Reihe der Beiträge Kimuras (1974–1984) besonders hervorheben, der das epileptische Anfallsphänomen als eine Form der Auseinandersetzung mit einer „Krise" (im Sinne von Weizsäckers 1929) des menschlichen Selbstseins auffaßt und die einem Epileptiker spezifische Art der Seinsstruktur in der ausschließlich gegenwartsbezogenen „Intra-festum"-Zeitlichkeit sieht. Diese zeitliche Daseinsweise, die übrigens auch das – besonders beim Aufwachepileptiker typisch hervortretende – habituelle Verhalten kennzeichne, wird der schizophrenen „Ante-festum"- einerseits und der melancholischen „Post-festum"-Zeitlichkeit andererseits gegenübergestellt. – Nebenbei sei bemerkt, daß auch diejenigen gehaltvollen Begriffe von Weizsäckers wie die „zerreißbare Einheit" (Koshika et al. 1959), das „Leistungsprinzip" (Hamanaka 1986) usw. in vereinzelten Arbeiten eine wichtige Rolle spielen.

Aus meinem Versuch über das „Leben und Werk V. v. Weizsäckers" (1975) zu schreiben, möchte ich mich hier beschränken, auf eine von ihm selber zitierte Episode vom „Trialismus" in seinen Notizblättern aus der Zeit der werdenden Gestaltkreisidee („Natur und Geist" 1954, S. 93) hinzuweisen, anhand derer ich das immer wiederkehrende Bild der ein Dreieck enthaltenden Kreisgestalt in seinem Denken hervorgehoben hatte, und das mich nicht selten an die Dreieinigkeit der christlichen Lehre erinnerte: Reiz – Wahrnehmung – Bewegung, Ich – Du – Vater usw., jedenfalls aber keine sich einfach gegenseitig (reziprok) hin und her bewegende, gewissermaßen geradlinig-zweisame Beziehung von Subjekt und Objekt oder Ich und Du, die nicht von einem, u. U. übergeordneten, Dritten ebenso versichernd wie ergänzend getragen wird.

Zum Schluß möchte ich noch ein paar Worte aus seiner Einleitung (1923) zur Analytik der teleologischen Urteilskraft I. Kants anführen, die mir bei deren Besprechung einen unvergeßlichen Eindruck hinterlassen hat als eine der Äußerungen seiner tiefsinnigen Gedanken: „Seit dem Aufkommen der modernen Wissenschaften führt die ihnen verpflichtete Philosophie ja den Kampf gegen das Allerindividuellste, das Allerpersönlichste, das Unbegreifliche der Passion, des Affektes, der Leidenschaft, ja zuletzt der Liebe. Und so kann es kommen, daß in diesem Buche vom Organismus das Wort Zweck hundertmale, das Leben einmal, das Wort Liebe keinmal zu finden ist. Daß sie – die Größte – hier nicht als Gegenkraft, geschweige denn als Sieger über den Zweck heraufgeführt wurde, diese Tatsache will unsere tiefe Teilnahme an dem Werke zuweilen in ein staunendes Befremden umschlagen machen. Daß hier ungefühlt zu bleiben scheint, daß aus Liebe das Lebendige geboren, daß der Zweck aber der Todfeind der Liebe sei, das läßt uns erschrecken vor der Aushöhlung des kindlich empfangenen und gelebten Daseins durch die Macht des reinen Denkens. Mag dem Leser auch dies zum Gleichnis wieder werden, zum Gleichnis der Gefahr. Zum Gleichnis, daß die Entfremdung dicht bei der Liebe, aber die Liebe doch ebenso dicht bei der Entfremdung wohnt. Wie von hier aus sich die wissenschaftlichen Bewegungen bis zum heutigen Tage entfaltet und wider einander gestritten haben, wäre lehrreich einzeln zu betrachten. Bedeutender, weil es diesem Spiel der Wissenschaft allein den ernsten Sinn, den Ernst des Lebens und menschlicher Bestimmung unterlegt, wäre aber zu begreifen, wie es ein Gleichnis der Geschichte der Liebe ist. Denn die Geschichte ist das Schicksal der Liebe, die Liebe das Auge der Geschichte. Denn worauf kommt es an? Auf Liebe."

Literatur (J.) = in japanischer Sprache

Bay E (1950) Agnosie und Funktionswandel. Springer, Berlin
Doyokai (Hrsg) (1973) Festschrift zum 50jährigen Bestehen vom Doyokai (Sonnabendforschungskreis: geleitet von Sakata T). Doyokai, Kyoto (J.)
Fujii T et al. (1951) Klinische Studien über sensible Störungen. Psychiatr Neurol Jap 53: 339-355 (J.)
Hakusui S (1957) Klinische Studien über Sensibilitätsstörungen (zentrale Dysaesthesien). Psychiatr Neurol Jap 59: 1004-1038 (J.)
Hamanaka T (1981) Viktor von Weizsäcker. Gendaishiso (Z.f. zeitgenöss. Denken) 9: 111-117 (J.)
Hamanaka T (1986) Klinische Neuropsychiatrie – Pathologie des Bewußtseins, der Intelligenz und des Gedächtnisses. Igakushoin, Tokyo (J.)
Hirose M (1943) Analyse der im Zusammenhang mit hirnstammbedingten Bewußtseinsstörungen auftretenden Symptomatik. Kyoto-Igakuzashi (Med Monatsschr Kyoto) 40: 703-770 (J.)
Kimura B (1974) Zur Psychopathologie der Epileptiker – eine anthropologische Betrachtung. In: Hara T et al. (Hrsg) Klinik und Theorie der Epilepsie. Igakushoin, Tokyo (J.)
Kimura B (1984) Epilepsie in anthropologischer Sicht. Daseinsanalyse 1: 192-202
Koshika K et al. (1959) Sehen und Bewegen. Psychiatr Neurol Jap 61: 1742-1746 (J.)
Miura T (1933) Beiträge zur Symptomatologie der reinen Alexie. Neurologia (Tokyo) 36: 326-371 (J.)
Murakami M (1944) Ein Fall von Schiefsehen und anderen Sinnesanomalien, kombiniert mit Haltungsstörung. Psychiatr Neurol Jap 48: 92-115 (J.)
Murakami M (1950) Psychiatrie und Anthropologie. In: Probleme der Anthropologie, hrsg. v. d. Universität Kyoto. Meisoushobo, Tokyo (J.)
Ohashi H (1956) Über Funktionswandel bei Aphasikern – im Zusammenhang mit der Gestaltwandellehre Conrads. Psychiatr Neurol Jap 58: 1-9 (J.)
Ohashi H (1956) Agnosie. In: Imura T et al. (Hrsg) Handbuch der abnormen Psychologie. Misuzushobo, Tokyo (J.)
Ohashi H (1960) Aphasie, Apraxie und Agnosie. Igakushoin, Tokyo (J.)
Ohashi H et al. (1968) Über Verkehrtsehen. Ein Fall in Kombination mit periodischer Schlafsucht, Diencephalose und sensori-motorischem Induktionssyndrom. Seishinigaku (Psychiatrie, Tokyo) 10: 937-945 (J.)

Ohashi H (1975) Leben und Denken von Paracelsus. Shisakusha, Tokyo (J.)
Ohta Y (1971) Psychiatrie der Schädelhirnverletzung. Igakushoin, Tokyo (J.)
Sobue I (1957) Klinische Studien über Sensibilität. Psychiatr Neurol Jap 59: 817-852 (J.)
Stein H, Weizsäcker V von (1928) Pathologie der Sensibilität. Ergebn Physiol 27: 657-708
Weizsäcker V von (1919) Über eine Täuschung in der Raumwahrnehmung bei Erkrankung des Vestibularapparates. Dtsch Z Nervenheilkd 64: 1-25
Weizsäcker V von (1923) Über den Funktionswandel. Pflügers Arch 201: 317-332
Weizsäcker V von (1923) Einleitung zu I. Kants Analytik der teleologischen Urteilskraft („Der Organismus"). Fromann, Stuttgart
Weizsäcker V von (1923) Gesinnungsvitalismus. Klin Wochenschr 2: 30-33
Weizsäcker V von (1927) Über medizinische Anthropologie. Philosoph Anzeiger 2: 236. Übersetzt von Hamanaka T, Seishinigaku (Psychiatrie, Tokyo) 17: 1209-1220, 1975, mit einem „Exkurs über den Ursprung der medizinischen Anthropologie" versehen (J.) – Revidierte Übertragung und Bemerkungen von Hamanaka T. In: Iida M et al. (Hrsg) Die Wissenschaften der Seele. Iwanamishoten, Tokyo 1984 (J.)
Weizsäcker V von (1929) Über Rechtsneurosen. Nervenarzt 2:569-581
Weizsäcker V von (1929) Epileptische Erkrankungen, Organneurosen des Nervensystems und allgemeine Neurosenlehre. In: Mehring (Hrsg) Lehrbuch der inneren Medizin, Bd II. Fischer, Jena
Weizsäcker V von (1950) Der Gestaltkreis (1940), 4. Aufl. Thieme, Stuttgart. – Übersetzt von Kimura B, Hamanaka T, mit „Leben und Werk V. v. Weizsäckers nebst Anmerkungen" (S. 323-388, verfaßt von Hamanaka T). Misuzushobo, Tokyo 1975 (J.), 2. Aufl. 1984
Weizsäcker V von (1954) Am Anfang schuf Gott Himmel und Erde (1919/1920). Vandenhoeck & Ruprecht, Göttingen. Übersetzt von Ohashi H. Misuzushobo, Tokyo 1971 (J.)
Weizsäcker V von (1954) Natur und Geist (1944). Vandenhoeck & Ruprecht, Göttingen

Die medizinische Anthropologie Viktor von Weizsäckers: Ethische Folgen*

Sandro Spinsanti

Es ist äußerst schwierig, den Einfluß von Viktor von Weizsäcker auf die italienische Kultur abzuschätzen. Man kann sicher nicht behaupten, daß sein schöpferisches Denken eine ernsthafte Resonanz in Italien gefunden hat. Bisher sind keine Übersetzungen seines Werkes, auch nicht teilweise, zu erhalten. Dem breiten Publikum unbekannt, nur den wenigen verfügbar, die sie in ihrer Originalfassung lesen können, scheint seine „Anthropologische Medizin" nur einen Wert für Handbücher zu haben. Trotz dieser ersten enttäuschenden Feststellungen sollten wir uns nicht entmutigen lassen. Obwohl sich das Denken V. von Weizsäckers bis jetzt nicht in der Öffentlichkeit verbreitet hat, wissen wir, daß es eine tiefgehende Wirkung gehabt hat.[1] Das Denken V. von Weizsäcker gleicht einem unterirdischen Fluß, der eine üppige Vegetation hervorruft, ohne sich selbst zu zeigen.

Diese diskrete Art des Auftretens harmoniert mit der Rolle des *Outsiders*, die für das ganze Leben von Weizsäckers bezeichnend gewesen ist.[2] Aber die unbequemen Fragen, die er stellte, haben auch außerhalb begrenzter Fachgebiete ein Echo gefunden und auch zu Reflektionen in Bereichen geführt, die weit von dem Themagebiet entfernt lagen, mit dem sich V. von Weizsäcker beschäftigt hatte. Einer dieser Bereiche ist nach unserer Ansicht die Ethik. Können sein Denken, seine Anthropologie, die aus der Praxis der Medizin und aus einer tiefen Reflektion derselben geboren sind, eine Bedeutung für die medizinische Ethik haben? Mit dieser Frage sind die Gedanken V. von Weizsäckers in Italien eingeführt worden.[3]

Programm: „Humanisierung der Medizin"

In der kulturellen Szene unserer Zeit erscheint die medizinische Ethik wie ein altes Pferd, auf das keiner mehr bereit ist zu setzen, und das nun

---

* Als Teilnehmer am Symposium hat uns der Autor den nachfolgenden Beitrag freundlicherweise zur Verfügung gestellt.

plötzlich überrascht mit einem Aufschwung, der es auf den ersten Platz bringt. Besonders in den USA haben die ethischen Probleme der Biologie und der Medizin – zusammengefaßt unter dem Begriff „bioethics" – die Stellung eingenommen, die vor einigen Jahren von Bürgerrechten, Feminismus, Pazifismus und gegenkulturellen Bewegungen besetzt war. Der Bewegung „Human Values in Medicine", unterstützt durch eine enorme finanzielle Hilfe von der „National Endowment for the Humanities", ist es gelungen, die Tendenz in der Medizin, die sich immer weiter entfernte von den Fragen nach Sinn und Werten, umzuwenden. Wir wissen, daß sich tatsächlich innerhalb weniger Jahre Kurse von „Humanities" oder „Bioethics" in fast allen Schulen der Medizin entwickelt haben. Heute bestätigt Edmund Pellegrino, Direktor des Kennedy Institute for Bioethics in Washington, daß in 116 von 125 amerikanischen Fakultäten der Medizin Kurse über medizinische Ethik stattfinden.[4] Gleichzeitig nahmen die Ethics Committees (ethische Beratung) in Krankenhäusern und Gesundheitsinstitutionen zu. Europa beginnt jetzt der Spur Amerikas zu folgen. Von den zahlreichen Initiativen, die verdient haben, genannt zu werden, möchte ich wenigstens eine nennen, die ein größeres Gewicht in der Öffentlichkeit hat: seit einigen Jahren arbeitet der Europarat an dem Manual über „Die Medizin und die Menschenrechte", bestimmt für Ärzte und Medizinstudenten, um sie auszubilden in der Kenntnis und Lösung medizinisch-rechtlicher und moralischer Probleme, die auf dem Gebiet der Biologie und Medizin entstehen. Immer mehr greift man auf die medizinische Ethik zurück, um die Entseelung der medizinischen Praxis zu begrenzen und das „Menschliche" in der Medizin zu schützen.

Als Dozent für medizinische Ethik kann ich mich nur freuen über das Ausmaß des Interesses, das dieser Disziplin entgegengebracht wird, die ich pflege. Aber mein Enthusiasmus geht einher mit einer gewissen Zurückhaltung. Ich habe den Eindruck, daß der jetzige Rückgriff auf die medizinische Ethik sich wie ein Schiff in flachem Wasser bewegt, in der Gefahr, jeden Moment zu stranden. Auch wenn die medizinische Ethik in einer sehr rigorosen und einwandfreien Weise, von formalen Gesichtspunkten her, konzipiert ist – wie z. B. im Gebrauch der Logik, um den Arzt im Prozeß des „decision making" zu helfen[5] –, so ist ihr Beitrag zur Humanisierung der Medizin nur oberflächlich. Sie erreicht nicht die Wurzel der Probleme, die Ursache, warum sich die Medizin gegen den Mensch wendet. Daher habe ich das Bedürfnis mich an von Weizsäcker zu wenden, den Meister der Kunst, unbequeme Fragen zu stellen, in dem Sinne, daß er fähig ist, Schemata innerhalb einer Disziplin zu verwischen, um so Fronten zwischen den Disziplinen zu öffnen. Wie würde die medizinische Ethik heute für von Weizsäcker aussehen?

Zuerst eine Bemerkung: Viktor von Weizsäcker – Physiologe, Arzt, Psychoanalytiker, Philosoph, Theologe – obwohl vielen Interessen gegenüber offen, schenkte er der medizinischen Ethik nur am Rande Aufmerksamkeit. Er weiß selbstverständlich, daß der ärztliche Beruf sich immer bemüht hat, zusammen mit der Förderung der Diagnostik und Therapie auch das medizinische Verhalten durch Normen zu regeln. Wir meinen insbesondere den gewöhnlichen Rückgriff auf die medizinische Ethik in Gestalt des „hippokratischen Ethos". In dem sie sich auf diese Tradition beziehen, in der der hippokratische Eid den Wert einer „magna charta" hat, bestätigen die Ärzte, wie sehr ihr Beruf von Idealismus besetzt ist. Die Einstellung von Weizsäckers dieser medizinischen Ethik gegenüber ist eher nüchtern. Er spricht davon im Zusammenhang mit dem Vertrauensproblem der Arzt-Patient-Beziehung.[6] Die Beziehung ist meistens von Anfang an entstellt. In einer Beziehung, die wie immer zwischen Menschen paritätisch sein sollte, wird durch die Behandlung das Bedürfnis nach Ungleichheit erzeugt: dem Arzt steht die ganze Macht und Autorität zu, während vom Patienten nur Vertrauen verlangt wird. Sobald diese Beziehung auseinanderbricht – in dem Sinne, daß z. B. der Kranke beginnt, sein Vertrauen zu entziehen –, nehmen die Ärzte eine Verteidigungshaltung ein, die darauf basiert, sich hinter der Wissenschaft, einer unpersönlichen Größe, zu verstecken.[7] Ein zweites Element dieser Strategie ist die Berufung auf die medizinische Ethik: dadurch schützt sich der medizinische Stand vor einer Opposition und gibt so der medizinischen Ethik einen Charakter des professionellen Selbstschutzes. Somit hat die medizinische Ethik, nach von Weizsäcker einen „prophylaktischen Charakter".[8]

Dieselbe medizinische Ethik hat noch eine andere Schutzfunktion für die Ärzte: nicht nur in den Beziehungen sozialer oder kollektiver Art, sondern auch in den privaten Beziehungen innerhalb der Sprechstunden- oder Krankenzimmersituationen. Auch in diesem Fall will der Arzt, der sich als Hippokrates' Schüler versteht, einem möglichen oder wirklichen Defizit an Vertrauen abhelfen. Er festigt eine Ordnung, ein „korrektes" Verhalten und richtet sich danach. Das Bedenkliche dieser Auffassung der ärztlichen Ethik, bemerkt von Weizsäcker, liegt darin, daß der Eindruck entsteht, daß bei Einhaltung dieser Regeln des ärztlichen Berufes – d. h. der Arzt diskret ist, kein Liebesverhältnis mit den Patienten anknüpft, keine „Euthanasie" und keine Menschenexperimente macht, kurzum „anständig" bleibt – alles in Ordnung sei. Diese Auffassung der medizinischen Ethik übt eine beruhigende Wirkung aus und hindert uns, eine verborgene Verfehlung zu sehen, die da von beiden, Arzt *und* Krankem ausgehend, nicht notwendigerweise in einer codifizierten ärztlichen Ethik auftauchen muß. Der Arzt wie der Patient bleiben in verhängnisvoller

Weise Gefangene der zeitgenössischen Auffassung von Medizin und Therapie, die wirkungslos geworden ist und ersetzt werden muß.[9]

Die Zurückhaltung Viktor von Weizsäckers der medizinischen Ethik gegenüber hängt von verschiedenen Überlegungen ab: sie hat einen ideologischen Charakter (d. h. sie versteckt und rechtfertigt die Machtverhältnisse, wie sie innerhalb der Medizin und des Berufes herrschen); sie war, historisch gesehen, unwirksam in der Verhütung schwerwiegender Mißbräuche, wie sie im Nationalsozialismus stattgefunden haben[10]; sie führt die Auseinandersetzung über die Humanisierung der Medizin auf einer zu oberflächlichen Ebene, ohne die Wurzeln der Übel der Medizin zu erfassen. Mit anderen Worten: V. von Weizsäcker nimmt Abstand von einem Humanisierungsprojekt, das nicht von einer erkenntnistheoretischen Kritik der Medizin ausgeht. Es genügt eben nicht, der Medizin die Moral hinzuzufügen, solange die Medizin weiterhin in ihrer festgefahrenen naturwissenschaftlichen Grundauffassung verbleibt und in ihrer Theorie und Praxis das spezifisch Menschliche ausschließt. Man kann leicht das Urteil von Weizsäckers über die Projekte der Humanisierung, die von der Moral ausgehen, teilen. Meistens bezieht man sich dabei nicht auf die philosophische Disziplin, die das menschliche Verhalten vom Standpunkt der Werte aus betrachtet, sondern die sog. medizinische Ethik reduziert sich praktisch auf eine moralische Vorhaltung („Gardinenpredigt") gegenüber Ärzten und Pflegepersonal. Sie werden an die humanistischen und philanthropischen Ideale erinnert, die traditionsgemäß dem therapeutischen Beruf innewohnen, indem man sie anklagt sich in mehr oder minder auffälliger Weise davon zu entfernen. Das Resultat solcher Moralisierungskampagnen ist meistens gleich Null, wenn nicht sogar kontraproduktiv: diejenigen die sich angeklagt fühlen, verschließen sich in einer persönlichen oder standesmäßigen Verteidigung, oder sie beantworten die Kritik, die sie als feindliche Aggression empfinden, mit gleicher Feindseligkeit. Auf der Basis eines solchen gegenseitigen Mißverständnisses kann man kein Rehumanisierungsprojekt aufbauen. Man schafft vielmehr einen Graben der Indifferenz, der immer breiter wird, gerade auf einem Gebiet, wo Vertrauen alles ist.

Wohin würde uns hingegen das von Viktor von Weizsäcker gewünschte Rehumanisierungsprojekt führen? Sein Weg geht über die Anthropologie. Was auf den ersten Blick wie ein Umweg erscheinen mag, enthüllt sich bei näherer Betrachtungsweise als der direkte Weg ins Herz der Ethik. Um sein Projekt wiederzugeben, müssen wir auf zwei von ihm bevorzugte Formeln zurückgreifen: „die Psychologie in die Medizin zu bringen" und „das Subjekt in die Medizin einzuführen". Diese beiden Formeln treffen sich im Gesamtprogramm der „anthropologischen Medizin".

Die Psychologie, oder das Subjekt in der Medizin

Die Psychologie, die von Weizsäcker interessierte, war sicher nicht die eines Fechners oder der „Strukturalismus" von Wundt, jene Psychologie, die die Methoden der experimentellen Wissenschaften benutzte, um den Geist zu verstehen. Gegen die hatte von Weizsäcker den gleichen Vorbehalt, der ihn in kritische Position gegenüber der Medizin als Naturwissenschaft brachte. Die Psychologie, die das Interesse des Heidelberger Neurologen weckte, war die Psychoanalyse. Nur dadurch war es ihm erlaubt, dem Subjekt gerecht zu werden, und die „Persönlichkeit" als Variable in die Klinik einzuführen. Gemäß einer seiner ausdrücklichen Erklärungen: „Das Unternehmen, die Psychologie in die Medizin einzuführen, besteht nicht nur darin, daß man die kleinere Gruppe der seelischen Erkrankungen, etwa Hysterie, Zwangsneurosen oder Psychosen als seelische studieren muß. Dies ist immer getan worden. Es handelt sich vielmehr um die Frage, ob jede Krankheit, die der Haut, der Lunge, des Herzens, der Leber und der Niere auch von seelischer Natur ist. Gesetzt dies sei nun der Fall, dann hat die bisher nur naturwissenschaftliche Betrachtung einen Fehler enthalten, einen Fehler, der natürlich auch bestimmte Konsequenzen haben mußte. Wenn nämlich Entstehung und Verlauf der Krankheiten auch seelischer Art sind, dann kann auch bald die Vermutung folgen, der seelische Vorgang sei nicht nur nebenbei vorhanden, sondern er müsse der eigentliche, der führende, der entscheidende sein und der körperliche sei nur ein sekundäres Produkt des seelischen. Wenn aber dies der Fall wäre, dann folgt daraus geradezu eine Revolution unseres Bildes von der Natur des Menschen und seiner Krankheit; denn nun herrschen hier die Gesetze der Psychologie – wenn es hier überhaupt Gesetze gibt."[11]

Diese und ähnliche Bestätigungen haben von Weizsäcker in den Ruf eines Repräsentanten der psychosomatischen Medizin gebracht. Die akademische Welt hat seinen Beitrag zur inneren Medizin darin sehen wollen, daß er den Einfluß der Psyche auf die Krankheit offengelegt habe. Viktor von Weizsäcker war mit dieser Formulierung nicht einverstanden.[12] Die psychosomatische Medizin war noch keine Überwindung der von Descartes in die Medizin gebrachten Dichotomie: V. von Weizsäcker nannte sie „die Medizin *vor* der Krise". Seine anthropologische Medizin verfolgte ein viel radikaleres Programm. Mit dem Programm der Einführung der Psychologie in die innere Medizin wollte er eine allgemeine Pathologie begründen, die nicht mehr auf der Trennung der Krankheiten in psychosomatische und organische beruht, sondern auf ihrer Vereinigung. Er schlug vor, den Dualismus Descartes zu verlassen und mit der Hypothese der Einheit Körper – Psyche zu arbeiten. Dadurch betrachten wir jede Krankheit als ein Produkt des ganzen Menschen: Körper, Psyche, Geist, Geschichte, Gesellschaft.

Die Formel „die Psychologie in die Medizin zu bringen" muß ergänzt werden durch die andere ebenso wichtige: „das Subjekt in die Medizin einzuführen", um global die Bedeutung seines Werkes auszudrücken. Auch in dieser Formel ist ein Protest gegenüber dem typischen Zugang der Naturwissenschaften zum Studium des Menschen als lebendiges Wesen enthalten. Schon als Student hatte von Weizsäcker Zweifel philosophischer Natur am Mechanizismus und Materialismus. Später half ihm die brutale Erfahrung des Krieges, und vor allem die Krise der Werte die ihm folgte, sich der Grenzen bewußt zu werden, die dem Ideal der wissenschaftlichen Objektivität auf medizinischem Gebiet innewohnt. Diese Objektivität wurde durch die Abschaffung des Subjektes realisiert. Die Medizin als Naturwissenschaft mit ihrem ganzen technischen und theoretischen Apparat ist in Frage gestellt, wenn klar wird, daß ihre allgemeinen Voraussetzungen über das Wesen des kranken Menschen, wenn nicht falsch, so doch insuffizient sind.[13] Mit dem Anspruch, das Subjekt in das Feld der biologischen Wissenschaften einzuführen, will er den Zauber der Objektivität brechen und jene Komponenten der Krankheit als Sache des lebendigen Wesens wiederfinden, die sich dem Mikroskop entziehen. In der Klinik folgte von Weizsäcker dem Programm von Ludolf von Krehl: „Krankheiten als solche gibt es nicht, wir kennen nur kranke Menschen... Damit ist schon gesagt, daß für uns nicht der Mensch als solcher (auch den gibt es nicht), sondern der einzelne kranke Mensch, die einzelne Persönlichkeit, in Betracht kommt."[14] Er betrachtete sich als sein Schüler und nahm sich als Lebensaufgabe die Verbindung der Treue zu L. von Krehl und zu Freud vor. Er hatte eine schöpferische Treue. Durch seine anthropologische Medizin öffnete er dem Verständnis der Krankheit ein Feld, das die Medizin als Naturwissenschaft ausgeschlossen hatte. Um das in einer Synthese zusammenzufassen: „Die Krankheit des Menschen ist nicht wie eine reparaturbedürftige Maschine, sondern als Möglichkeit zur Selbstverwirklichung aufzufassen."[15]

Diese Formulierung gliedert sich in zwei Teile: Das Sein und das Sein können/Sein müssen, d. h. die Anthropologie und die Ethik. Einerseits also ist der Kranke seine Krankheit. Das ist eine Behauptung, die von Weizsäcker sehr am Herzen lag und in seinen Schriften oft vorkommt. Sie setzt ein anthropologisches Menschenbild voraus, in dem der Mensch als Ganzheit betrachtet wird. Um diese Totalität wiederzugewinnen, muß man gegen den Strom der zeitgenössischen Medizin schwimmen, die den Weg der Fragmentierung und Spezialisierung genommen hat. Der Therapeut hat die Tatsache aus den Augen verloren, daß hinter dem einzelnen kranken Organ die Totalität des Subjektes steht.

Eine brillante literarische Erfindung in dem Roman „Mitternachtskinder" von Rushdie kann uns helfen, die Situation der Medizin von heute zu illustrieren. In der Geschichte, die sich in Indien abspielt, wird ein junger Arzt zu der Tochter eines reichen Landbesitzers gerufen. Die junge Frau klagt über Bauchschmerzen. Gemäß den einheimischen Sitten, kann der Arzt sie nur über ein Hilfsmittel untersuchen: ein großes Tuch mit einem Loch verdeckt den Körper bis auf den kranken Teil. Nachdem die Bauchschmerzen verschwunden sind, beklagt sie sich nach einigen Tagen über Schmerzen im rechten Knie, danach am linken Knöchel, darauf an der Schulter ... usw. Das Lochtuch, von den Dienstmädchen bewegt, läßt einen Ausschnitt des Körpers nach dem anderen sehen. Erst nach 3 Jahren endlich, erlaubt eine schicksalhafte Störung der Augen des Mädchens dem Lochtuch ihr Gesicht einzurahmen. Beim gegenseitigen Anblick tauschen Arzt und Patientin ein Lächeln von gegenseitigem Verständnis und Liebe aus. Die Folge der Krankheiten entpuppt sich so als besonders schlaue Strategie des Mädchens. Die einzelnen Teile des Körpers gehörten einem begehrenden Subjekt, das sich als solches zu erkennen gab und fähig war, entsprechendes Begehren auszulösen.

Die anthropologische Medizin von Weizsäckers hat mit der Einführung des Subjektes eine doppelte Wirkung: sie gewinnt die Ganzheit wieder und weist auf die Präsenz eines begehrenden Subjektes hinter jeder Krankheit hin. Das Subjekt strukturiert seine Krankheit, macht daraus ein Element seiner Biographie, sagt mit der Sprache des Körpers etwas zu sich selbst und zu seiner Umgebung. Nur wenn man sich das vergegenwärtigt, was die Krankheit ist (Anthropologie) – nämlich Tatsächliches und Bedeutung –, kann man die Krankheit dem möglichen Sein des Kranken öffnen (Ethik); mit den Worten von Weizsäckers, die Krankheit eröffnet dem Kranken „die Möglichkeit, er selbst zu werden".

Eine Ethik der Verantwortlichkeit in der Medizin

Man kann die Besonderheit des anthropologischen und ethischen Vorschlages von Weizsäckers nur sehen, wenn man sein Modell mit dem heute in der Medizin herrschenden vergleicht. Letzteres basiert auf der unausgesprochenen Voraussetzung, daß nur der Spezialist, d. h. der Arzt, die Krankheit erklären kann, während der Kranke im Dunkeln über das bleibt, was in ihm vorgeht. Außerdem hat er weder einen Bezug zur eigenen Krankheit noch zur eigenen Gesundheit. Wenn er krank wird, so darum, weil „Opfer" einer Willkür der Natur geworden ist, eines Virus, eines pathologischen Keimes oder eines falschen genetischen Programmes. Unter diesem Aspekt ist auch die Genesung etwas, was von außen auf die

Person des Kranken einwirkt. Diese wird dem Arzt zugeschrieben, der eine richtige Diagnose gestellt hat, oder ein geeignetes Antibiotikum verschrieben hat, oder dem Chirurgen, der eine notwendige Operation durchgeführt hat. Der einzige Beitrag des Kranken ist, sich an die Verordnungen des Arztes zu halten und das Handeln des Arztes nicht zu behindern. Das Handeln des Arztes zielt ausschließlich auf die Beseitigung der Störung. Wenn das erreicht ist, wird das Individuum gesund. Die Krankheit? „Ein unnötiger Zwischenfall". In dieser Auffassung hat alles eine innere Kohärenz: „Die Medizin wird dabei zu einer Wissenschaft von den Fehlern, die Klinik zu einer Reparaturwerkstatt, die Technik zur Störungsbeseitigung."[16]

Die wahre ethische Frage der ganzen Medizin kommt zum Vorschein, wenn wir die Beziehung zwischen Arzt und Patient, die die Struktur der wissenschaftlichen Medizin aufrecht erhält, betrachten. In dieser Beziehung kommt es zu einer Verschiebung der Verantwortlichkeit auf den Arzt: Wer in sich selbst eine Störung entdeckt, die das Wohlbefinden beeinträchtigt, erwartet vom Arzt, daß er sie beseitigt, und der Arzt erwartet von sich selbst die Fähigkeit dazu. Die Krankheit (das Symptom, die Störung) wird jedes persönlichen Sinnes beraubt.

Viktor von Weizsäcker spricht von einer *Es-Stellung* gegenüber der Krankheit: sie ist ein Nicht-Ich, ein unangenehmes Ereignis, das den Organismus von außen angreift. Dem entgegengesetzt finden wir die Ich-Stellung, die sich realisiert, wenn der Kranke sich als „strukturierendes Subjekt" annimmt, sowohl für seine eigene Krankheit als auch für seine eigene Heilung.[17]

Theorie und Praxis der Medizin bejahen ausschließlich die *Es-Stellung*. Muß man die Verantwortlichkeit dieser Situation nur den Ärzten zuschreiben? Der Widerstand der Ärzte vor der Einführung eines Subjektes in die Medizin – und daher vor der persönlichen Bedeutung der Krankheit – ist nur ein Teil der Wahrheit. Das Versagen des Programmes der „Anthropologisierung" der Krankheit muß auch den Kranken selbst zugeschrieben werden. Diese wollen sich nur von einem Symptom befreien und nicht auf den Grund der Krankheit gehen, wo die eigene Beteiligung am Kranksein angetroffen wird und wo sie zur Eigenverantwortlichkeit aufgerufen sind. Viktor von Weizsäcker, als ein scharfer Beobachter, bemerkt: „Die Kranken klammern sich an das ‚Es', um dem ‚Ich' zu entfliehen. Und sie verführen den Arzt dazu, damit er mit ihnen den Weg des geringsten Widerstandes geht. Die Verführung beruht also auf Gegenseitigkeit." Der Widerstand, die Krankheit psychologisch zu deuten, ist also das Endresultat einer Zusammenarbeit zwischen Arzt und Patient. „Dieser Widerstand ist so stark, daß es schwerfällt, zu glauben, er stamme aus oberflächlichen Bildungen. Man gewinnt den Eindruck, daß der Kranke die natürliche Ich-

Fremdheit seiner Krankheit nicht nur erlebt, sondern braucht."[18] Die Ärzte verhalten sich als Ärzte, weil so viele Patienten auf ihre Verantwortlichkeit für die eigene Gesundheit verzichten wollen.

Die wahre Erneuerung in der Medizin kann nur gelingen, wenn man die Grundbeziehung zwischen Arzt und Patient angreift. Gerade von der Ethik bekommen wir den Hauptanstoß, eine wissenschaftliche Medizin als Wissenschaft des Subjektes zu begründen. Was würde sich ändern, wenn man es zuließe, die praktische Medizin von diesem Gesichtspunkt zu betrachten? Ich bin nicht dazu fähig, dieses neue Gesicht der Medizin vorauszusehen. Ich möchte aber einen Beitrag zu diesem Projekt leisten, indem ich mir die zukünftige Arzt-Patient-Beziehung vorstelle innerhalb einer Auffassung von Krankheit, die inspiriert ist vom anthropologischen Modell von Weizsäckers. Dafür berufe ich mich auf die interpersonelle Beziehung, die vom sog. „Gestaltgebet" ausgeht, das von Fritz Perls, dem Gründer der „Gestalt therapy" stammt.

Sein Gebet lautet wörtlich:
> I do my thing, you do your thing –
> I am I, you are you –
> I am not in this world to live up to your expectations –
> You are not in this world to live up to mine –
> I am I, you are you –
> If we meet, it is beautiful –
> If not, it can't be helped.

Die Utopie dieses Gebetes ist eine Welt, in der jeder bereit ist, seine eigene Verantwortlichkeit zu übernehmen: nur die, die ihm zukommt und nicht mehr als diese. Jeder macht „seine Sache": die Sache des Kranken ist, sich seine Krankheit wieder *zu eigen* zu machen. Nur unter dieser Bedingung kann er die Hauptrolle in *seiner* Heilung übernehmen. Der Zustand der Ignoranz des Arztes gegenüber der biographischen Bedeutung der Krankheit ist kein Handicap. Vom Arzt wird keine Allwissenheit verlangt, die er nicht hat. Sein Nichtwissen auf biographischer Ebene läßt einen Raum, der vielleicht vom Kranken selbst mit seinem Wissenwollen/ können gefüllt werden kann. Die „Sache" des Arztes ist es nicht den Kranken zu heilen: nur der Kranke allein kann das. Der Kranke kann seine Heilung als einfache Beseitigung eines Symptomes verstehen oder tiefer, als eine biographische Krise, die es ihm erlaubt, er selbst zu werden. Der Arzt, der innerhalb der Grenzen der eigenen Verantwortlichkeit handelt, macht nicht seine Ziele zu denen des Kranken: er bleibt weit von jeder Form der Therapie auf jeden Fall entfernt. Wenn Arzt und Patient aufhören sich das Märchen vom Arzt als Gesundheitsbringendem zu erzählen, können sie aufhören jeweils entsprechend den Erwartungen des anderen zu leben. Auch wo das gegenseitige Gefallenwollen aufhört, entsteht ein Raum für Freiheit und Verantwortlichkeit. Der Patient kann seine „Sache" zu Ende führen, indem er die Krankheit zu einer Lernerfahrung macht, die das Leben ändert. Und der Arzt führt seine Sache zu Ende, ohne Großartigkeit vorzugeben, ohne missionarischen oder philanthropischen Anspruch, einfach in der Größe technischer Heilkunst, die sich zwischen zwei Menschen abspielt.

Anmerkungen

[1] Etwas Ähnliches könnte über V. v. Weizsäckers diskrete aber trotzdem nicht deshalb vernachlässigbare Anwesenheit in der französischen Literatur gesagt werden. Dafür ist bezeichnend, daß einem Gelehrten wie Michel Foucault die Wichtigkeit von V. v. Weizsäckers Werk „Der Gestaltkreis" nicht entgangen ist und er sich deshalb der Mühe unterzog, das Werk ins Französische zu übersetzen. In der *„Naissance de la clinique"*, Paris 1963, beschreibt Foucault die medizinische Praxis wie einen Versuch, eine Wissenschaft auf reinem Perzeptionsfeld zu gründen; außerdem bemerkt er, daß „die Krankheit dieser drehbaren Struktur des Sichtbaren, die sie unsichtbar macht und der des Unsichtbaren, die sie sichtbar macht, entwichen ist; damit löst sie sich in die sichtbare Vielfältigkeit der Symptome auf, die den Sinn der Krankheit selbst vollständig ausdrücken". Eindeutig bezieht sich Foucault auf das *Drehtürprinzip* von V. v. Weizsäcker, auch wenn es nicht wörtlich genannt wird.
[2] Der Begriff des *Outsiders*, um V. v. Weizsäckers Einfluß auf die Natur- und die Geisteswissenschaften zu beschreiben, wurde von M. v. Rad in *„Anthropologie als Thema von psychosomatischer Medizin und Theologie"*, Stuttgart 1974, S. 7, geprägt.
[3] Wir haben uns damit während der Vorlesungen über medizinische Ethik am Fachbereich Medizin der Katholischen Universität in Rom mehrmals beschäftigt. Zwei Aufsätze, die in der Zeitschrift des Fachbereiches veröffentlicht wurden, haben unsere Gedanken diesbezüglich zusammengefaßt. S. Spinsanti, „Guarire ‚tutto' l'uomo: la Medicina Antropologica di Viktor von Weizsäcker", in *Medicina e Morale* 1980/2: 186-199; Idem, „L'antropologia medica di Viktor von Weizsäcker: conseguenze etiche", in *Medicina e Morale*, 1985/3: 531-543.
[4] Für ausreichende Information siehe E. Pellegrino – Th. McElhinny, *Teaching ethics, the humanities and human values in medical schools: a ten-year overview*, Washington 1984.
[5] Vgl. R. M. Veatch, „Medical ethics education", *Encyclopedia of Bioethics*, Bd. 2, S. 870-875, New York 1978.
[6] Er spricht ausführlich darüber im Kap. 43 der *Pathosophie*, Göttingen 1967, S. 341-347: „Der Arzt und der Kranke. Die Vertrauensfrage."
[7] Der wissenschaftliche Charakter der Medizin als Selbstverteidigungsstrategie kann, gemäß von Weizsäcker, einen selbstzerstörerischen Ausgang nehmen: „Wenn das so einige Zeit weitergeht, kann es eines Tages dahin kommen, daß ein ganzer ‚Stand', ein Stand der Ärzte oder der Wissenschaftler, ‚*Gegen*stand' einer schweren Aggression wird, und ich würde mich nicht wundern, wenn, so wie etwa die Französische Revolution die Aristokraten und die Priester umgebracht hat, nun eines Tages die Ärzte und Priester umgebracht würden, und zwar nicht obwohl, sondern weil sie sich auf die unpersönliche Wissenschaft versteiften": *Pathosophie*, S. 344.

[8] Der standesgemäße Charakter des hippokratischen Ethos, von dem medizinischen Beruf vertreten, wurde von mehreren Seiten angeklagt. Man siehe unter anderem Paul Lüth, *Die Leiden des Hippokrates*, Darmstadt 1975. Gemäß Guy Caro, *La médecine en question*, Paris 1974, vermehren die Ärzte den eigenen Vorteil, indem sie glauben lassen, daß die medizinische Ethik, auf die sie sich berufen, sich selbst und die Kranken verteidigt: wie die Eigentümer, von denen Emmanuel Mounier spricht, die sich zu „Lehrern der Tugend machen, um den eigenen Vorteil zu schützen".

[9] Viktor von Weizsäcker, *Pathosophie*, S. 346. Dahin gehende Überlegungen hat von Weizsäcker in einem Aufsatz (*Euthanasie und Menschenversuche*, in Psyche 1:68, 1948) gemacht, über das Verhalten der Ärzte, die in KZ-Lagern Menschenexperimente durchführten und den Weg der Euthanasie verfolgten. Sie traten das humanistische Ideal mit Füßen. Trotzdem, bemerkt von Weizsäcker, sei es dieselbe naturwissenschaftliche Orientierung, die dazu erzieht, den Menschen nur als Objekt zu sehen. Diese Tatsache entschuldigt die Angeklagten moralisch nicht, aber bringt uns zu einer anderen Sichtweise. Daraus resultiert schließlich eine Anklage gegen die Medizin, die die Biologie als Naturwissenschaft behandelt.

[10] Gerade unter dem Nationalsozialismus wurde der hippokratische Eid hochgeschätzt und als Instrument der ideologischen Manipulierung benutzt. Im Jahre 1942 wurde neu gedruckt. Im Vorwort behauptet Himmler: „Diese Schrift enthält arisches Gedankengut, das über zwei Jahrtausende hinweg zu uns eine lebendige Sprache redet" (B. J. Gottlieb, *Hippokrates, Gedanken ärztlicher Ethik aus dem Corpus Hippokraticum, Prag 1942*).

[11] V. v. Weizsäcker, *Meines Lebens hauptsächliches Bemühen*, in H. Kern, *Wegweiser in der Zeitwende*, München Basel 1955, S. 245.

[12] V. v. Weizsäcker, *Natur und Geist*, Göttingen 1954, S. 98.

[13] Ebenda, S. 101.

[14] Ludolf von Krehl, *Krankheitsform und Persönlichkeit*, Leipzig 1929, S. 17.

[15] V. v. Weizsäcker, *Wege psychophysischer Forschung*. In *Arzt und Kranker*, Bd. I, S. 198.

[16] V. v. Weizsäcker, *Pathosophie*, S. 346.

[17] Vgl. V. v. Weizsäcker, *Der kranke Mensch*, Stuttgart 1951, S. 352. Die biographischen Bedeutungen der Krankheit tauchen nur dann auf, wenn man ihr gegenüber die Ich-Stellung annimmt: vgl. D. Beck, *Krankheit als Selbstheilung*, Frankfurt/M., 1981. Beck bezieht sich ausdrücklich auf die anthropologische klinische Auffassung Viktor von Weizsäckers.

[18] V. v. Weizsäcker, *Grundfragen medizinischer Anthropologie*, Tübingen 1948, S. 27.

Viktor von Weizsäckers Einfluß in Argentinien*

Luis A. Chiozza

Viktor von Weizsäckers Gedanken waren in einem kulturellen Kontext verwurzelt, aus dem zwei sehr unterschiedliche Männer hervorgingen, deren Werke aber viel Gemeinsames haben: Sigmund Freud und Georg Groddeck.

Freud bewies, daß die hysterischen Symptome, wie bei den Träumen, als Zeichen einer geheimen Sprache *entziffert werden konnten*. Von Weizsäkker und Groddeck begriffen, daß *jede* körperliche Krankheit auf gleiche Weise betrachtet werden konnte, d. h. daß sie als ein linguistisches Symbol gedeutet werden konnte. Sie begriffen auch, daß diese Art des Denkens eine Aufgabe darstellte, deren Größe ihre Kräfte übertraf. In Anbetracht der Schwierigkeiten, die sich anbahnten, suchten beide die Nähe Freuds. Freud bot ihnen wiederholt seine Sympathie, sein Interesse und seine Anregung an, diesen Weg fortzufahren, aber er weigerte sich, sie zu begleiten. Vielleicht wagte er es nicht, die ohnehin schon starken Widerstände, die die Psychoanalyse hervorrief, noch zu verstärken.

An den Grenzen einer neuen Wissenschaft, deren Probleme sich auch auf eine neue Art äußerten, zeigten beide, Groddeck und von Weizsäcker, gleichfalls eine ausdrückliche Abneigung ein System zu entwerfen. Von Groddeck wird gewöhnlich behauptet, daß er keine Theorie aufgestellt habe. Vielleicht wäre es angebrachter zu sagen, seine Theorie ist derart von den gewöhnlichen Maßstäben der „Systembildung" entfernt, daß es scheint, als handele es sich hier nicht um eine Theorie. Bei von Weizsäkker, dessen allgemeine Bildung tief und weitreichend ist, handelt es sich um einen anderen Fall. Sein Bemühen eine Brücke zwischen der gewöhnlichen Denkart und dem angeblich „Undenkbaren" zu schlagen, wobei er sich auf philosophische und wissenschaftliche Grundsätze stützte, die ausdrücklicher festgesetzt waren als bei Groddeck, ließen ein Werk entstehen, gegen das nicht leicht etwas einzuwenden ist.

---

* Als Teilnehmer am Symposium hat uns der Autor den nachfolgenden Beitrag freundlicherweise zur Verfügung gestellt.

Gegenwärtig ist es allgemein bekannt, daß die Naturwissenschaften sich gezwungen sahen, das beobachtende „Subjekt" in den Bereich ihrer Studien der „objektiven" Versuche einzuschließen, und wir sind Teilnehmer einer radikalen Erneuerung der Grundlagen in den unterschiedlichsten Bereichen des Wissens, bei der sich die Grenzen zwischen den verschiedensten Studienbereichen verwischen. Unter diesen Umständen finden von Weizsäckers Ideen leichter einen Platz und ein Geleit in dem kulturellen Aufbau. Wenn wir aber die Epoche in Betracht ziehen, in der von Weizsäcker sein Werk vollbrachte, überrascht uns sowohl seine Geistesgröße, seine sichere Intuition, die eine Veränderung vorhersagte, die noch heute erst am Anfang steht, als auch seine außerordentliche Fähigkeit die Folter seiner Einsamkeit zu ertragen, die in dem unvermeidlichen Unverständnis seiner intellektuellen Umgebung inbegriffen war.

Noch hat das Werk Viktor von Weizsäckers keine große Einwirkung auf die allgemein praktizierte Medizin ausgeübt. In einer Epoche wie der unsrigen, in der die technischen Erfolge uns mit ihren erstaunlichen Beiträgen täglich beeindrucken, gibt es weder Platz noch wirkliche Disposition für so tiefe Gedanken, die angeblich so weit von der vereinfachten Welt der „objektiven Tatsachen" entfernt sind. Die Krise umgibt uns aber überall. Nicht nur im Bereich der Medizin, als konkretem Verfahren in der Diagnostik oder Therapeutik, sondern auch im allgegenwärtigen Gebiet der Ethik, des menschlichen Zusammenlebens, der Solidarität und der Verantwortung. Mit anderen Worten, dort wo die Werte und die Lebensgrundsätze auf dem Spiel stehen.

Die politischen, wirtschaftlichen, sozialen, Ernährungs- oder epidemologischen Probleme scheinen wirklich dringend und unaufschiebbar zu sein. Ähnliches geschieht mit den Problemen, die durch die Gewalt und die Aggression, durch Störung der Ökologie, durch die Inkommunikation oder die Übervölkerung hervorgerufen werden. Versuche, eine Lösung zu finden, scheitern jedoch immer wieder, da unsere heutige Welt keine *allgemein gültigen* Werte und Lebensgrundsätze besitzt, die auf der Höhe unserer heutigen Notwendigkeiten stehen.

Der ärztliche Konsens unserer Zeit, sowohl in der Forschung als auch im Lehrstuhl, in der klinischen Praxis oder bei der Ausfertigung der sanitären Planungen, bevorzugt alles was dazu beiträgt die Macht der Technik, die auf Wirkung und Ursache zielt, zu stärken. Ich weiß nicht aus welchem Grund in Argentinien, vor mehr als 30 Jahren, einige von uns begriffen haben, was heute offensichtlich geworden ist. Nur eine Medizin, wie sie von Viktor von Weizsäcker aufgefaßt wurde, kann wirklich die Bedürfnisse des heutigen kulturellen Kontextes befriedigen, deren dringlichste Anforderung aus dem bedenklichen Mangel an geistiger Substanz und Vernunft hervorgeht.

Die grundsätzliche Bedeutung der Entdeckung Freuds liegt nicht darin, in den ersten Studien über Hysterie die Psychogenese einer körperlichen Störung nachgewiesen zu haben, sondern darin, den *historisch-linguistischen Charakter eines „physischen" Phänomens begriffen zu haben*. Die große Mehrheit derer, die die Wahrheit seiner Entdeckung angenommen hatten, beschloß, sie in den engen Rahmen eines Konzeptes einzuschließen, welches aus anderer Quelle stammte. Auf ähnliche Art und Weise wie man zu dem Ausdruck „dynamische Psychiatrie" kommen könnte, wurde demnach von *„psychischer Ätiologie"* der organischen Krankheiten gesprochen. Der ungeheure Beitrag der Psychoanalyse zum Verständnis der unbewußten Bedeutungen wurde so auf eine mechanistische Konzeption reduziert, die von den Ärzten, die an die Gedankengänge der Physiopathologie gewohnt waren, schneller übernommen wurde, die aber das wirkliche Verständnis ihrer wahren Reichweite verringerte.

Nach Freud trug die Mehrzahl der Psychoanalytiker dazu bei, eine Psychoanalyse zu entwickeln und zu verbreiten, die auf das Kausalprinzip aufgebaut war. Der Akzent lag dabei auf dem Ich, welches entweder den untereinander kämpfenden Kräften oder den Anforderungen der Realität gegenüberstand und aus diesem Grunde „Abwehrmechanismen" in Bewegung setzte. Es war der geeignete Moment für die Entstehung einer „Gegenbewegung", die den primären Charakter der linguistischen Erfahrung neu aufwertete; diese Erfahrung erbrachte eine große Anzahl von Begriffen, wie z. B. das Zeichen, die Bedeutung[1], der Kontext oder die Metapher usw., die ihr eigen waren. Lacans Erfolg ist zum großen Teil dieser „Rückkehr" zu Freud zu verdanken; ein Erfolg der durch diesen Bedarf an einer neuen Aufwertung verstanden werden kann.

Jede Reaktion enthält jedoch die gleichen Mängel wie die Handlung von der sie ausgelöst wurde. Lacans Schüler unterstrichen mit Recht diese „linguistischen" Aspekte der Gedanken Freuds, die verdrängt wurden, da sie, in einem intellektuellen Konsens, der sich nach anderen Modellen richtete, auf starke Widerstände stießen. Ihre Bemühungen gingen aber auch dahin, zu betonen, daß die Behauptungen und Konzepte der Psychoanalyse sich nicht auf den physischen oder „biologischen" Körper beziehen, sondern daß sie mit den *verbalen* Vorstellungen des Körpers „arbeiten". Und daß die gesamten Vorstellungen des Körpers, die von den erotischen Trieben besetzt werden, den einzigen Körper darstellen, der

---

[1] In der spanischen Sprache gibt es ein Wort, welches die Bedeutung, den *Sinn*, eines Objektes ausdrückt, und ein anderes Wort, mit gleicher Wurzel, welches die *Wichtigkeit* dieser Bedeutung unterstreicht. In diesem Satz wird „Bedeutung" im letzteren Sinne angewandt.

zum „Studienobjekt" der Psychoanalyse werden kann, und zwar den „Körper des Wunsches".

Wenn auch niemand wagen würde, zu bestreiten, daß der gesamte Mensch, gesund oder krank, „psychosomatisch" ist, so ist doch von beiden Seiten aus die Forschung der Beziehung zwischen Leib und Seele, innerhalb der heute gültigen psychoanalytischen Theorie, auf diese Weise erschwert worden. Wer einerseits ausschließlich von den kausalen Grundsätzen ausgeht, der behauptet, daß nicht alle Krankheiten psychosomatisch seien, da es, von diesem Standpunkt aus gesehen, verständlicherweise nicht möglich ist, anzunehmen, daß alle Krankheiten von einer „psychischen Ursache" ausgehen. Wer andererseits denkt, daß das Studienobjekt der Psychoanalyse nur im „Körper des Wunsches" zu finden ist, behauptet, daß die meisten Veränderungen des physischen Körpers eine „asymbolische" Realität darstellen, die nicht von der Besetzung eines unbewußten Triebes ausgehen. Die Schlußfolgerung fällt ähnlich aus. Sie behaupten, daß es Veränderungen im physischen Körper gibt, die nicht die Sprache darstellen, die „ein Organ spricht".

Wir können die heute dringlichsten Probleme der Psychosomatik künstlich in drei Themen aufteilen, die im Grunde gleichen Ursprungs sind. Erstens handelt es sich um ein Problem, das „in der Praxis" als Schwierigkeit in der Zusammenarbeit der Ärzte, die Medikamente oder „physische" Verfahren verschreiben und denen, die durch Worte zu heilen versuchen, auftritt. Es handelt sich um eine Sprachenverwirrung in die wir, die Psychoanalytiker, leider auch verfallen. Außer diesem ständigen Mißverständnis zwischen Pathologen und Psychoanalytikern, gibt es auch Schwierigkeiten im Dialog zwischen denjenigen, die sich einer psychoanalytisch orientierten psychosomatischen Medizin widmen, und denen, die, innerhalb einer kulturellen Bewegung, versuchen die Medizin zu „vermenschlichen", und die sich dabei hauptsächlich auf die Psychologie des Bewußtseins stützen. Das zweite Problem befaßt sich mit der Frage, ob nur einige Krankheiten psychosomatisch sind, oder ob – im Gegenteil – alle Krankheiten, wie der gesamte Mensch, „psychosomatisch" sind. Das dritte Problem, dessen „Ursprünge" in Freuds Artikel über die psychogenen Sehstörungen zu finden sind, in welchem er zwischen neurotischen und psychogenen Störungen des Organs unterschied, führt heutzutage zu einer drastischen Diskrepanz zwischen denen, die die somatische Krankheit als Ausdruck eines „Mentalisationsmangels" betrachten, und denen die, wie wir, im Gegenteil behaupten, sie sei der Ausdruck einer unbewußten symbolischen Tätigkeit.

Diejenigen, die die psychoanalytische Ausbildung in den 50er Jahren in Argentinien begonnen hatten, befanden sich in einer außerordentlich bevorzugten Lage, die sich nicht bald wiederholen sollte. Wir genossen die

225

Anwesenheit von Psychoanalytikern wie Angel Garma, Arnaldo Raskovsky, Enrique Pichon-Rivière und Arminda Aberastury, die den Gedanken Freuds in seinem Wesen erfaßt hatten, und die sein Werk in einem Ausmaß begriffen, wie es nur denjenigen möglich ist, die neben einer außerordentlichen Intelligenz auch eine seltene intuitive und affektive Gabe besitzen. Wenn Raskovsky, Pichon-Rivière und Aberastury auch nie ihre Gedanken, im Sinne einer psychosomatischen Medizin, innerhalb einer systematischen allgemeinen Theorie niedergelegt haben, so bewegten sie sich doch mit einer Leichtigkeit im Gebiete der somatischen Symbolik, wie wir es nur bei Freud, Groddeck oder von Weizsäcker beobachten können. Arminda Aberastury besaß außerdem tiefgehende Kenntnisse der Werke von Melanie Klein. Ihre Arbeit in der Kinderpsychoanalyse, durch ihre Fähigkeit die körperlichen Symbole mit Leichtigkeit zu entziffern, vervollständigte einige Aspekte, die Melanie Klein nicht in Betracht gezogen hatte.

Dazu kommt die einzigartige Figur Enrique Rackers, der seltene philosophische und humanistische Kenntnisse besaß, der die Werke von Freud und Melanie Klein gründlich durchgearbeitet hatte, und der uns energisch in die technische Handhabung der Gegenübertragung einführte, wobei die Bedeutung der präverbalen Sprache miteinbegriffen war. Dieser Nährboden wurde außerdem durch Raskovskys Beitrag bereichert, der in jener intellektuellen Atmosphäre eine zu erwartende Entwicklung darstellte; es handelt sich um seine Theorie von der Psyche des Ungeborenen, welche nicht immer gerechtfertigtem Unverständnis und Einwänden gegenüberstand.

Es ist demnach verständlich, daß wir, die die Gelegenheit hatten uns auf derartige Weise auszubilden, nie das Bedürfnis gespürt haben, zu einem Freud „zurückzukehren", den wir nie verschmäht hatten. Auch wenn wir die Fortschritte der Psychologie des Ichs oder der Schule Melanie Kleins kannten, so blieben wir doch nicht innerhalb ihrer Grenzen stecken. Es versteht sich auch, daß wir in der Lage waren, den „psychosomatischen" Gedankenfaden dort wieder aufzunehmen, wo Freud, Groddeck und von Weizsäcker ihn fallengelassen hatten.

Dadurch, daß zwischen 1946 und 1950 der Pubul Verlag in Barcelona zwei Bücher (*Fälle und Probleme* und *Klinische Vorstellungen*), von Viktor von Weizsäcker veröffentlichte, kam ich, ganz zu Beginn meiner medizinischen Ausbildung, als ich noch Student der Medizinischen Fakultät war, mit seinen Ideen in Berührung. Seine Gedanken haben demnach meine berufliche Praxis in der klinischen Medizin von Anfang an durchdrungen. Als ich, einige Jahre später, meine psychoanalytische Ausbildung begann, wurde ich schon von der Überzeugung angetrieben, die Krankheiten, die sich durch eine Störung der Struktur und Funktion des Körpers äußern, seien nicht nur eine Veränderung des Menschen als ein Ganzes, sondern *daß jede von ihnen einer ganz spezifischen und eigenen seelischen Störung entspricht, die von den anderen zu unterscheiden ist.* Der Einfluß den die Gedanken von Weizsäckers sowohl auf meine Arbeit mit den Patienten, als auch auf die Entwicklung meiner Art und Weise die Medizin zu verstehen, ausübten, ist seither ständig und fortdauernd gewesen. Dieser Einfluß verbreitete sich langsam und allmählich unter einer immer größeren Anzahl von Kollegen. Im Jahre 1967 gründeten wir das „*Centro de Investigación en Psicoanálisis y Medicina Psicosomática*" (Forschungszentrum für Psychoanalyse und Psychosomatische Medizin), 1972 ein Beratungszentrum, das wir „*Centro de Consulta Médica Weizsäcker*" (Ärztliches Beratungszentrum Viktor von Weizsäcker) nannten, da wir das Bedürfnis hatten, ihm diese Ehre zu erteilen, und da wir seine Art die Medizin zu verstehen im tiefsten Sinne teilten.

Viele Jahre haben wir uns der Forschung der unbewußten symbolischen Bedeutung der verschiedenen organischen Krankheiten gewidmet, und wir kamen zu der Überzeugung, daß das Verhältnis zwischen Soma und Psyche am besten von derjenigen Theorie erfaßt wird, die von den „vorgeblich somatischen Begleitvorgängen" ausgeht, und durch die wir behaupten können, daß Psyche und Soma Kategorien sind, die vom Bewußtsein aufgestellt werden.

Im Jahre 1938, in seinem Artikel „*Abriß einer Psychoanalyse*", wies Freud darauf hin, daß die *bewußten* psychischen Reihen Lücken aufwiesen, und daß die Psychologie aus diesem Grunde annehmen mußte, diese unterbrochenen Reihen seien miteinander durch die somatischen Begleitvorgänge verbunden. In der *zweiten fundamentalen Annahme der Psychoanalyse behauptet Freud, daß diese „vorgeblich somatischen Begleitvorgänge", die im Sinne einer Bedeutung verstanden werden, die die Lücken in den bewußten Reihen ausfüllt, nichts anderes sei, als das unbewußt Psychische* oder besser gesagt, das eigentlich Psychische, denn das Bewußtsein hat eine ergänzende Eigenschaft und ist nur einigen von ihnen beigefügt. Wenn wir die zweite fundamentale Annahme der Psychoanalyse schematisch darstellen wollten, so müßten wir, meiner Meinung nach, sagen, daß *das psychisch Unbewußte der spezifischen Bedeutung dessen gleichkommt, was von dem Bewußtsein als Körper wahrgenommen wird.*

Ich denke wir können behaupten, daß die Kategorien, die wir „Soma" und „Psyche" nennen, daraus hervorgehen, daß unser Bewußtsein sich innerhalb dieser zwei Begriffsorganisationen aufbaut. Eine „physische", die den Naturwissenschaften zugrunde liegt und die andere, „historische", die denjenigen Wissenschaften zugrunde liegt, die den Geist oder die Kultur zu ihrem Studienobjekt gemacht haben. Es scheint mir nicht möglich zu sein, diese zwei Begriffsorganisationen untereinander aufzuheben, d. h. eine kann nicht in die andere „verwandelt werden" und die einzige Deutung der gesamten vorhandenen Realität darstellen.

Offentsichtlich gibt es viele Bereiche der Realität, die von uns „doppelt" registriert werden, d. h. jede der Begriffsorganisationen verfügt über eines der Register. Wenn das geschieht, können wir manchmal ein Verhältnis zwischen beiden Registern vorfinden, das „Stück für Stück" zueinanderpaßt, so daß das was man einerseits als körperliche Form, Funktion, Störung, Evolution oder Entwicklung wahrnimmt, andererseits als eine bestimmte Fantasie, d. h. als eine spezifische Bedeutung erlebt wird, die dieser partikulären materiellen Existenz eigen ist. Sollte man dann nicht selbstverständlicherweise annehmen, daß Kenntnis und Kraft unseres Bewußtseins erweitert werden können, indem derjenige Realitätsbereich vergrößert wird, der auf eine „doppelte" Art begriffen werden kann? Es handelt sich um den gleichen Weg, den Freud antrat, als er die physischen Störungen der Hysterie wie Hieroglyphen behandelte, ihre unbewußte symbolische Bedeutung deutete, und auf diese Weise die Lücken in den unterbrochenen bewußten psychischen Reihen ausfüllen konnte.

Zu diesem Punkt meinen einige Kollegen, daß die Hysterie und diejenigen somatischen Krankheiten, deren Ursprung in den erogenen Zonen zu finden sind, die ihr stark libidinös besetztes Primat in den Kindesjahren erreicht haben, etwas anderes seien, als ein Tumor in der Gallenblase, der sich innerhalb einer internen Struktur entfaltet, die nie verdrängt gewesen sein konnte, da sie nie an dem bewußten erotischen Leben teilgenommen hat. Wenn ich auch später etwas darüber aussagen werde, so ist es mir hier jedoch unmöglich die Begründungen aufzuzählen, die ich in vielen anderen Arbeiten angegeben habe (Chiozza 1980, 1981, 1983), durch die es verständlich wird, ohne die Unterscheidung zwischen Hysterie und Gallenblasentumor aufzuheben, daß beide Störungsarten als eine unbewußte Sprache gedeutet werden können.

Wenn wir es einmal verstanden haben, daß die wissenschaftlichen Kenntnisse nicht nur einseitig im Besitz der Naturwissenschaften sind, verstehen wir auch wie sehr wir uns irren können, wenn unsere Überlegungen von Konzepten wie dem biologischen „Boden" ausgehen, oder wenn wir uns im Sinne eines physischen „Substrats" einer psychischen Realität ausdrücken. Wir handeln dann als ob die Naturwissenschaften über den Wahrheitsgrad unserer Forschungsergebnisse entscheiden könnten, anstatt einen neuen Arbeitsbereich zu erschaffen, der seine eigenen Fehler und Erfolge aufzeichnen könnte.

Denjenigen Realitätsbereich erweitern, den das Bewußtsein auf eine „doppelte" Art erfassen kann, heißt nicht nur die unbewußte psychische Bedeutung einer somatischen Krankheit zu deuten, sondern auch die theoretischen Fortschritte von beiden Seiten zu bereichern. Als Freud im

Jahre 1895, in seinem Artikel „*Entwurf einer Psychologie*" die Kontaktschranke so beschrieb, wie sie in seinem Arbeitsbereich auftrat, beschrieb er den gleichen Realitätsbereich, den Sherrington, zwei Jahre später, von der Neurologie aus, neuronale Synapse nannte. Im Jahre 1969 brachte uns die Erforschung der tiefliegenden unbewußten Phantasien, die in der Wirkung des Opiums enthalten sind, dazu, zu schreiben (Chiozza 1984) – sechs Jahre vor der Entdeckung der Endorphine –, daß die Wirkung des Morphiums vielleicht als eine Opotherapie aufgefaßt werden könnte, d. h. als eine Therapeutik, die solche Substanzen ersetzt, die normalerweise in dem behandelten Organismus zu finden sind und die diese Wirkung haben.

Die Emotion ist ein intermediärer Vorgang, der sowohl die Eigenschaften des Symbols als auch die des Zeichens besitzt. Daher konnte Freud behaupten, daß der Affekt, dem allgemeinen typischen mitgeborenen hysterischen Anfalle gleich, eine Reminiszenz und zugleich ein „realer" Vorgang sei, ein aktueller Abfuhrvorgang, der das Ich affektiert (Freud 1915). Die psychoanalytische Theorie der Affekte hat den Vorteil uns ein Konzept zu bieten, in dem die traditionelle Alternative zwischen Psyche und Soma verschwindet.

Die psychoanalytische Metapsychologie behauptet, daß die aus der Triebquelle entstandene Erregung durch die adäquate Aktion aufgehoben wird. Wir können demnach behaupten, daß der Affekt in seinem Verlauf vom Impuls bis zur Aktion am Objekt, eine vegetative Abfuhr, eine motorische Aktion, darstellt, deren Ausmaß in einer Ergänzungsreihe zu dem Abfuhrausmaß steht, das durch die spezifische Aktion ermöglicht wird. Die Emotion wird demnach als ein gegenwärtiger physischer Vorgang wahrgenommen, der gleichzeitig als ein psychisches Phänomen gedeutet werden kann, als ein Geschehnis voller historisch verständlicher Bedeutung.

Ganz schematisch ausgedrückt würden wir dann sagen, daß in der Neurose, zur Verminderung des Unlustgefühls, der Affekt von einer Vorstellung auf die andere verschoben wird, und daß in der Psychose das Wichtigste des Abwehrmechanismus darin besteht, das Urteil der Realität zu verändern, so daß die Entwicklung eines unangenehmen Affekts durch die Abfuhr eines anderen ersetzt wird – im Sinne einer Realität, die entstellt worden ist, um so eine optative Phantasie zu befriedigen. Bei beiden Krankheitsarten erlaubt der Abwehrmechanismus, daß die Abfuhr sich nach den normalen Innervationsschlüsseln der Affekte vollzieht.

Wenn wir uns an die Metapsychologie halten, so können wir behaupten, daß in der somatischen Krankheit das Gleichgewicht, mit dem der Affektbetrag die verschiedenen Elemente des Innervationsschlüssels besetzt, durch den Abwehrprozeß gestört worden ist. Die Abfuhr vollzieht sich, indem die Qualität dieses bestimmten Affektes unkenntlich gemacht worden ist. So kommt es, daß *das Bewußtsein diesen Vorgang als ein somatisches Phänomen erlebt, welches keine affektive Bedeutung hat.* Es handelt sich um den Unterschied der zwischen dem Weinen und dem Tränenfluß (Epiphora) zu beobachten ist.

Zusammenfassend: Bei der Neurose vollzieht sich eine Verschiebung von einer Vorstellung auf die andere; bei den Krankheiten, die von unserem Bewußtsein als somatisch registriert werden, geschieht diese Verschiebung innerhalb der unbewußten Vorstellung, die den Innervationsschlüssel bildet, wobei einige Elemente, zuungunsten der anderen, eine überstarke Besetzung erhalten. So wie in jedem normalen Menschen neurotische und psychotische Mechanismen funktionieren, so werden auch im normalen Zustand diese Aspekte oder Mechanismen funktionieren, die wir, da wir keinen besseren Namen fanden, die pathosomatischen nannten.

Bei jedem Patienten, der einen Arzt aufsucht, weil er sich körperlich krank fühlt, kann man zwei Phänomene beobachten: die *physischen* Anzeichen, die der Arzt registriert und der Patient nicht wahrnimmt, und die *„somatischen"* Symptome, die als „physische" Empfindungen, ohne primäre oder ihr eigene Bedeutung, das Bewußtsein des Patienten erreichen. Letztere werden vom Patienten als Symptome oder Empfindungen angesehen, die eine physische Ursache haben. Es besteht keine andere Möglichkeit, denn wenn der Patient im Stande ist die psychologische Bedeutung seines Leidens auf eine Weise zu verstehen, die nicht nur intellektuell ist, *so wird er seine Störung nie als Symptom einer Krankheit auffassen,* sondern als einen schmerzlichen Affekt, den er seiner Bedeutung nach kohärent in die gesamten Erlebnisse seines Lebens einschließen kann.

Wenn wir von der Optik der Psychoanalyse aus die Physiologie betrachten, so werden wir feststellen, daß es sich hier um jenen Wissenschaftsbereich handelt, der sich mit den Anzeichen abgibt, deren psychologische Bedeutung (sei es als Zeichen eines Ausdrucks oder als repräsentatives Symbol) von dem Bewußtsein ausgeschlossen bleibt. Dieses Bewußtsein bleibt auf diese Weise für neue Vorhaben frei. Die Physiopathologie dagegen beschreibt Anzeichen, deren psychische Bedeutung unbewußt bleibt, wobei es sich hier um einen „Abwehrvorgang" handelt, dessen Erzeugnis wir *als Psychoanalytiker* verbessern sollten.

Viktor von Weizsäckers Werk ist auf dem schwierigen Wege zur Möglichkeit die somatischen Krankheiten, durch die „Lektüre" der *spezifischen* Symbole, die jede von ihnen darstellt, beeinflussen zu können. Dieser Einfluß ist noch unbedeutend, im Vergleich zu dem, der täglich von der Therapie erzielt wird, die sich auf die Bedeutungen bezieht, die das Symbol auf sekundäre Weise erhalten hat. Es handelt sich in diesem Fall um sekundäre Bedeutungen, die den infantilen „Traumen" oder dem „klassischen" Ödipuskomplex entsprechen. Der therapeutische Erfolg dieser Deutung der sekundären Bedeutungen wird aber niemals den Wirkungsgrad erreichen, den man von der Deutung der primären und spezifischen Bedeutungen erwarten kann, die den unbewußten Symbolen entsprechen, die in der Konstitution eines jeden Zeichens enthalten sind.

In den letzten 14 Jahren haben wir, zusammen mit einigen Kollegen, 1200 Krankengeschichten studiert. Wenn es mir hier möglich gewesen wäre, so hätte ich die Probleme der heutigen Psychosomatik auf die Weise erwähnt, daß ich in Kürze drei der vielen Krankengeschichten angeführt hätte, mit denen wir die Gelegenheit hatten uns zu befassen. Ich hätte von dem 8jährigen Jungen gesprochen, der zum dritten Mal einen Herpes ocularis recidivans am gleichen Auge hatte, wobei er Gefahr lief, die Sehkraft dieses Auges zu verlieren, von dem metastasierenden Melanom eines jungen Mannes, oder von dem Falle einer jungen Frau, die eine akute lymphoblastische Leukämie hatte. Meine Wahl wäre auf diese drei gefallen, da es sich hier nicht um sog. psychosomatische Krankheiten handelt, sondern um ernste Störungen, wobei zwei Patienten in Todesgefahr waren, und weil alle drei wieder gesund geworden sind. Ich bin mir völlig darüber klar, daß diese drei Fälle nicht ausreichen, um zu beweisen, daß man mit der Hilfe der Psychoanalyse Kranke heilen kann, denen gegenüber die traditionelle Medizin sehr wenig Vertrauen in ihre eigene Hilfsfähigkeiten besitzt, aber ich hätte sie gerne aus anderen Gründen angeführt. Wenn man die Geschichten miteinander vergleicht, so bemerkt man, daß *sie sich nicht nur so offensichtlich voneinander unterscheiden wie die Krankheiten unter denen ihre Protagonisten leiden, sondern daß sie uns auch auf die Möglichkeit hinweisen, die körperlichen Störungen als Zeichen einer unbewußten Sprache zu deuten, die den Sinn der bewußten Biographie vervollständigt.*

Wir betraten den Weg, den von Weizsäcker begonnen hatte, von der Ohnmacht ergriffen, die denjenigen befällt, der zu verstehen beginnt, ohne beeinflussen zu können, und wir spürten die dringende Notwendigkeit eine Sprache zu finden, die eine Wandlung der Krankheit des Körpers hervorrufen könnte. Bald bemerkten wir, daß wir bei der Deutung einer organischen Krankheit, deren übliche Behandlung Schwierigkeiten bereitet, weil ihre Entwicklung kompliziert und chronisch ist, oder weil sie einen tödlichen Ausgang hat, und wenn wir ihren Sinn als Krise und Wendepunkt im vitalen Ablauf eines Menschenlebens aufdecken, vor einer „psychologischen Krankheit" stehen, die genauso ernst und deren Therapeutik ebenso schwierig ist. So standen wir lange Zeit ohnmächtig und waffenlos vor Krankheiten wie Krebs, Diabetes oder multiple Sklerose und konnten die „Statistiken" über den Verlauf der Krankheiten die wir behandelten, nicht ändern. Wir fühlten uns auch dazu verpflichtet in der Überzeugung Zuflucht zu suchen, daß unsere symbolische Deutung eine Wirksamkeit haben müsse, oder daß sie wenigstens eine einigermaßen angebrachte Prophylaxe darstellen sollte.

Unsere Fortschritte im Verständnis der unbewußten symbolischen Bedeutung der Herzleiden haben uns aber, was den lebendigen Inhalt, die verbale Formulierung und die Echtheit der Gegenübertragung anbetrifft, während dem organischen Kranken die Interpretation mitgeteilt wird, neue Anforderungen gestellt. So konnten wir allmählich wahrnehmen, daß sogar unsere Schwerkranken auf unsere Behandlung „reagierten"; ihre somatische Besserung erhält den Anschein der Weiterführung eines symbolisch-unbewußten Dialoges, der – wenn auch anders – dem der gewohnten Psychoanalyse der neurotischen Konflikte ähnelt. Unsere Überzeugung wächst, aber unser „Dialog" ist noch ein ungelenkes Stammeln, und unsere Überzeugung wird noch lange darauf warten müssen, bis sie die Kraft erhält, mit der wir heute an andere Therapien glauben. Das wird aber nur durch eine allgemein geteilte Tätigkeit erreicht werden können. Indem sein Traum verwirklicht wird, werden wir dann Viktor von Weizsäcker einen Teil des hinterlassenen Vermächtnisses vergütet haben.

Literatur

Chiozza L (1980) Trama y figura del psicoanalizar. Paidós, Buenos Aires
Chiozza L (1981) Corpo, affetto e linguaggio. Loescher Editore, Torino
Chiozza L (1983) Psicoanálisis, presente y futuro. Cimp, Buenos Aires
Chiozza L (1984) Psicoanálisis de los trastornos hepáticos. Cimp, Buenos Aires

Viktor von Weizsäcker – Leben und Werk heute*

Peter Hahn

Die Ausgangssituation eines jeden von uns ist verschieden, wenn wir versuchen, uns dem Thema „Viktor von Weizsäcker – heute" zu nähern. Die Besinnung auf die „Situation", das „Hier und Jetzt" (was die Übersetzung von „heute" in seiner räumlichen und zeitlichen Dimension bedeutet), ist bereits ein Akt, dessen Notwendigkeit Viktor von Weizsäcker gemeint hatte, wenn er – allerdings in einer etwas anderen Sprache und vor gut 60 Jahren – die „Einführung des Subjektes" in die Medizin gefordert hatte.

Diese Einführung ist uns heute – „hier und jetzt" – in einer gewissen Weise selbstverständlich und vertraut; sie hat fast etwas Professionelles bekommen. Aber wie sieht es tatsächlich aus, wenn wir uns einem einfachen Gegenstand, einer Person, einem Thema unserer Umwelt, einer Fragestellung gegenübersehen?

Der eine geht am Büchertisch vorüber, der andere hört einen Namen, sieht einen Bekannten, blickt auf ein Plakat oder sucht Erinnerungen zusammen.

Für uns Heidelberger klingt wiederum etwas anderes an, wenn wir „Weizsäcker" hören. Etwas, das mit „Solidarität" zu tun hat, mit alten Bänden und handschriftlichen Eintragungen in der Klinikbibliothek, Erzählungen von älteren Kollegen und Lehrern. Eine Station trägt seinen Namen.

Die „dritte Generation" der anthropologischen Mediziner existiert also.

Zahlreicher, vielleicht sogar aktiver als je zuvor, aber mit anderen Gedanken und anderen Aufgaben.

Das Gesicht hat sich verändert – was hat der Ahnherr noch dazu zu sagen?

Das Problem der Väter, der Großväter taucht auf.

---

* Festvortrag anläßlich der Lindauer Psychotherapiewochen am 19. 4. 1986.
 Die anschließende Podiumsdiskussion wird in einem Sonderheft (Springer-Verlag) ebenfalls veröffentlicht.

„Vater sein" ist – das wissen wir alle – im allgemeinen „schwer".
„Großvater sein..." – ich werde es offen lassen.

Alexander Mitscherlich jedenfalls meinte, die „Väter" entthront zu haben (auch Viktor von Weizsäcker). Wir nannten ihn, den Entthroner (oder „Thronveränderer"?), den „Vater der vaterlosen Gesellschaft".

Großväter nun hat man, wenigstens in der Regel, mindestens zwei: Eine Ahnung der Freiheit, auch der Wahl, deutet sich an.

Großväter sind weniger nahe, weniger vertraut. Ihre Spuren kann man, muß man gelegentlich suchen. Sie drängen sich nicht auf und – man kann ihnen eher Mythen verleihen.

Das Jahr 1986 ist an Anlässen für solche Gedanken nicht arm. Auch Gedenktage gehören dazu.

Wenn wir also zunächst einen Sprung in die Nachbarschaft unseres Faches tun: Vor kurzem waren es für die Architektur und Malerei Männer wie Mies van der Rohe und Oskar Kokoschka, deren Jahrhundertgeburtstag gedacht werden konnte. Für die Musik steht Wilhelm Furtwängler, für die Literaturwissenschaften Ernst Robert Curtius und für die Dichtung Gottfried Benn.

In der Psychotherapie wären es, neben Paul Schilder, vor allem Artur Kronfeld und Hans Prinzhorn, die ein Recht auf Würdigung als Hundertjährige hätten.

Vor 3 Jahren – aber das ist fast schon wieder vergessen – stand das Werk von Karl Jaspers, dem Hausnachbar und Antipoden Viktor von Weizsäckers, im Mittelpunkt, und vor 2 Jahren gedachten wir – hier in Lindau – eines der „Altmeister" der Psychotherapie, J. H. Schultz.

Viktor von Weizsäcker nun ist weder vergessen, noch scheint sein Werk in den Jahren nach seinem Tode (1957) eine besondere Aktualität gehabt zu haben. Auch seine Beziehung zu Lindau ist mehr geographischer Natur. Sein Name und sein Werk lassen sich eher mit der Entwicklung der deutschen Nachkriegspsychosomatik in Verbindung bringen oder mit der Errichtung des Heidelberger „Institutes für Psychotherapie" bzw. – wie es unter dem Druck seines psychiatrischen Kollegen Kurt Schneider umbenannt werden mußte (Henkelmann 1986) – der ersten deutschen „Psychosomatischen Klinik". In den letzten beiden Jahrzehnten hat er das Schicksal anderer bedeutender Männer geteilt, deren Werk – „viel zitiert und nicht gelesen" – zu einem gewissen Mythos wurde und in der Interpretation, um nicht zu sagen der „In-Besitznahme" der Anhänger und Schüler, die verschiedenartigsten und eigenartigsten Ausprägungen bekam.

So stellt sich für uns „Heutige" die Frage, ob es gelingen kann, nicht nur in eine neue Auseinandersetzung mit seinem Werk und seinen Gedanken einzutreten (was durch die jetzt realisierte Herausgabe seiner Gesammelten Schriften im Suhrkamp-Verlag erleichtert wird), sondern auch die eigenartige Wirkung, die von seiner Person ausgegangen ist – einerseits bewundert und fast verehrt zu sein, andererseits als eine in spekulative Tiefen abgeirrte deutsche Arztgestalt abqualifiziert zu werden –, in einem veränderten Zusammenhang besser verstehen zu können.

„Meine Biographie ist sehr einfach" – so schreibt von Weizsäcker (1955), 1½ Jahre vor seinem Tode, unter der Überschrift „Meines Lebens hauptsächlichstes Bemühen" – „Ich bin am 21. April 1886 als dritter Sohn des damaligen Ministerialrates (und späteren Ministerpräsidenten von Baden-Württemberg) Karl Weizsäcker geboren. Auf den Rat meines Vaters, ein Brotstudium zu wählen, wählte ich die Medizin und glaube den Vorschlag Windelbands, an dessen Seminar über Kant ich dreimal aktiv teilgenommen hatte, zur Philosophie überzugehen, abgelehnt zu haben. Ich wurde dann Schüler von Johannes von Kries, Assistent von Krehl, und habe erst verspätet das gemacht, was man eine akademische Karriere nennt...", und – nach der Schilderung einiger weiterer Stationen seines Lebens: „Mein Leben ist also zum großen Teil an der Universität erfolglos verlaufen."... „Mein Verhältnis zur Medizin hat die Welt am genauesten zu kennen, und dieses wird sich nun im Nachstehenden als meines Lebens hauptsächliches Bemühen ausweisen."

Unter dieser Überschrift faßte von Weizsäcker also seine Bemühungen um eine „Neue Medizin" zusammen.

Der Versuch, die methodischen Grundlagen der Medizin neu und radikal zu durchdenken, die Formulierung eines „anthropologischen Zuganges" für die Realität des klinischen Alltags, die sog. „Einführung des Subjektes" in die Medizin und damit die Einführung der in diesem Sinne verstandenen wissenschaftlichen Psychologie und Soziologie in die medizinische Forschung, soll nicht allein dazu bestimmt sein, „eine kleinere Gruppe seelischer Erkrankungen" genauer erkennen und besser behandeln zu lernen, sondern es sollten neue Möglichkeiten erschlossen werden zur Beantwortung der Fragen, in welcher Weise „jede Krankheit, die der Haut, die der Lunge, des Herzens, der Leber und der Niere auch von seelischer Natur" sein könnte. Damit sei für die medizinische Aus- und Weiterbildung „keine zusätzliche Vermehrung der Fächer... gemeint, sondern eine Veränderung der bisherigen Fächer selbst, und zwar auf Grund der Erkenntnis, die materielle Substanz des organischen menschlichen Körpers sei etwas anderes als das, was die Physiologie bisher gelehrt hatte".

Diese letzte Darstellung aus seiner Feder (er mußte sie diktieren, weil er wegen seiner Erkrankung selber nicht mehr schreiben konnte) klingt kürzer, härter, unbedingter, aber in gewisser Weise auch erfahrungsferner, als die gleichen Inhalte der vielen Einzelarbeiten, aus denen sich sein Lebenswerk zusammensetzt. Aus den Zeilen spricht auch die Erfahrung des eigenen Leidens, die jahrelange Krankheit (eine akinetische Form des Parkinsonismus), die ihn zur Sprachlosigkeit verurteilte, und um deren Schwere und Verlauf, aber auch die Behandlung Marianne Fuchs hier in unserem Kreise ein besonderes Wissen hat. Das Gefühl von zunehmendem Verlassensein und Verkennung muß sich ihm in den letzten Jahren ebenfalls bitter aufgedrängt haben.

Wenn es jetzt – für uns „heute" – darum geht, nicht nur einen Überblick über das vielfältige und umfangreiche Werk Viktor von Weizsäckers zu gewinnen, sondern auch die Frage nach der Bedeutung dieses Werkes für unsere Gegenwart zu stellen, so lassen sich hier nur einige wenige Schwerpunkte hervorheben. Ich werde versuchen, neben einer gerafften zeitlichen Übersicht, vor allem auf die Bedeutung des „Gestaltkreises" und die klinisch-psychotherapeutische Thematik einzugehen.

Auf der linken Seite der Abb. 1 sind die großen *zeitlichen* Abschnitte aufgeführt, die sich – mit einigen Vergröberungen und Verzerrungen – herausarbeiten lassen, und damit die Schwerpunkte der *Entwicklungsphasen*, wie sie Henkelmann (1986) aus Anlaß der Heidelberger Ausstellung zum Leben und Werk Viktor von Weizsäckers als die „Lehrjahre" (1906–1920), als die Phase der „Entwicklung der produktiven Ideen" (1920–1932), als die Phase der „Krisen und Resignation" (1932–1945) und als „Spätphase" (1945–1953) gekennzeichnet hat.

Bei einem *ersten „horizontalen" Durchgang* finden wir also Viktor von Weizsäcker nach Studienjahren in Tübingen, Freiburg, Berlin und Heidelberg seit 1906 als experimentierenden Herzphysiologen bei Johannes von

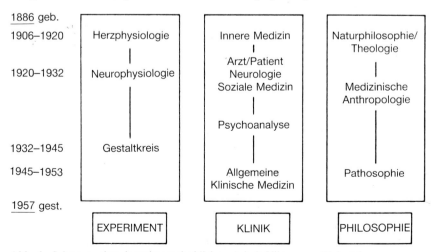

Abb. 1. Schwerpunkte der wissenschaftlichen Arbeit Viktor von Weizsäckers

Kries in Freiburg und seit 1910 als internistischen Kliniker bei Ludolf von Krehl in Heidelberg. Parallel dazu beschäftigte er sich intensiv mit der Kantschen Philosophie und der Südwestdeutschen Schule von Windelband und Rickert. Inhaltlich und thematisch verhältnismäßig ungebunden, nur geeint durch die bohrende Fragelust des Wissenschaftlers, standen in dieser Phase für ihn die Beschäftigung mit dem *Experiment* im Labor, die *klinische Erfahrung* am Krankenbett und die theoretische Beschäftigung mit der *Philosophie* im Vordergrund.

In den Jahren des Ersten Weltkrieges befindet sich von Weizsäcker, z. T. mit seinem Chef Ludolf von Krehl, kurzfristig an der Ostfront und dann später in Feldlazaretten der Westfront. 1917 erreicht er – trotz widriger Umstände – seine Habilitation mit einer Schrift über den „Energiestoffwechsel des Herzens", für die im übrigen der Nobelpreisträger A. Kossel die Würdigung schrieb. Erlebnisse dieser Kriegszeit bestimmten dann den grundlegenden Wandel des gebildeten Akademikers zu dem rückhaltlos-skeptisch fragenden Arzt.

Die *nächste Phase der „Entwicklung der produktiven Ideen"* (1920–1932) beginnt nach dem Ende des Ersten Weltkrieges mit einer Neubesinnung über den „Begriff der Krankheit" (1919) und gleichzeitig (WS 1919/20) mit einer Vorlesung über Naturphilosophie, die ihn in die Nähe des theologischen Erbes seiner Großväter führt. 1920 überträgt ihm von Krehl die Leitung der Neurologischen Abteilung der Medizinischen Klinik und damit ein Arbeitsgebiet, dessen Schwerpunkt sich experimentell auf neurophysiologische Problemstellungen erstreckt, dessen klinische Problematik aber zur Beschäftigung mit der Psychoanalyse und sozialen Problemstellung führte. Die sich immer stärker gegenseitig durchdringenden philosophischen, theologischen und medizinischen Fragestellungen begründeten dann, in ständigem Austausch mit Freunden und Mitarbeitern, die Anfänge der „anthropologischen Medizin" (1927).

Zu Beginn der *3. Phase (1932)* sind die Grundgedanken des „Gestaltkreises" so vorformuliert, daß die weiteren Arbeiten bis zur endgültigen Veröffentlichung (1940) als Ausgestaltung und Durcharbeitung angesehen werden können. Unter dem Eindruck der Zurückweisung durch das nationalsozialistische Regime und der Unterdrückung der Psychoanalyse lassen sich diese Jahre am ehesten als die Jahre der „Krisen und Resignation" beschreiben. Neue Gedanken wurden nur wenige veröffentlicht. 1941 ergab die Übernahme des Neurologischen Lehrstuhles und des Otfried-Foerster-Institutes der Universität Breslau, mit denen die Leitung eines großen Hirnverletzten-Krankenhauses verbunden war, neue Aufgaben. Sie bedeuteten für von Weizsäcker eine Art Doppelleben: einerseits die Pflichten des vielbeschäftigten Klinikers und akademischen Lehrers, andererseits ein – fast verborgenes – Schriftstellerdasein, dessen Früchte in

Abb. 2. Viktor von Weizsäcker (1920)

„Natur und Geist" (1944) erst nach dem Kriege und in eindrucksvoller Weise als Rückschau und Besinnung ein besonderes Vermächtnis vor dem ungewissen Schicksal der letzten Kriegsmonate darstellen.

Nach dem Ende des Krieges und der Rückkehr nach Heidelberg (1945) begann unter dem Eindruck einer allgemeinen Umbesinnung für von Weizsäcker die *4. Phase, die „Spätphase"*, mit einer neuen Gewichtung der anthropologischen und psychosomatischen Medizin. Viktor von Weizsäcker bekam, nach kurzer Vertretung des Physiologischen Lehrstuhles, das neu errichtete Ordinariat für „Allgemeine Klinische Medizin" (1946) übertragen, das mit Bettenstationen in der Medizinischen Klinik seines Freundes R. Siebeck verbunden wurde. Er beteiligte sich an vielen Vorträgen und Kongressen (z. B. Wiesbaden 1949), betrieb die Errichtung einer zusätzlichen psychosomatischen Abteilung („Institut für Psychotherapie") und entfaltete eine rege und berühmt gewordene Vorlesungstätigkeit. Mit den Vorarbeiten zur „Pathosophie" (1951) und der Ausarbeitung des Buches in den folgenden Jahren schließt dann die öffentliche Tätigkeit Viktor von Weizsäckers.

So lassen sich einige der äußeren Daten der Lebensgeschichte von Weizsäckers ergänzen, von der er meinte, sie sei „sehr einfach" gewesen. Aus den nüchternen Daten geht wenig über das unmittelbare Erleben des Studenten, des Assistenten Ludolf von Krehls und späteren Hochschullehrers hervor – es läßt sich erst in den erwähnten beiden Schriften „Natur und Geist" (1944) und „Begegnungen und Entscheidungen" (1945) offener nachverfolgen. Aber zum Teil liegt es nach wie vor verborgen. Was zum

Beispiel die Zurückweisung in der Nachfolge von Krehls für ihn bedeutete, die Tatsache, daß einer seiner engsten Mitarbeiter und Oberärzte ihm aus politischen Gründen vorgezogen wurde, welche Umstände mit der Umsiedlung nach Breslau, der Ausschlag einer Philosophischen Professur nach Leipzig (Gadamer 1986), der Rückzug und die Flucht aus Breslau, der miterlebte Bombenangriff auf Dresden und schließlich der Verlust seiner beiden Söhne im Kriege und einer Tochter nach dem Kriege, später dann die Aufnahme seines Werkes in der Nachkriegsöffentlichkeit, die Entwicklung seiner ehemaligen Mitarbeiter – was dies alles für ihn am Ende seines Lebens, während der jahrelangen schweren Krankheit bedeutet hat, läßt sich nur indirekt erschließen und nur schwer in Worte fassen.

Abb. 3. Viktor von Weizsäcker 1920 mit seiner Verlobten Olympia Curtius. Die Tochter des Archäologen und Schwester des späteren Internisten und Psychotherapeuten Friedrich Curtius lernte Viktor von Weizsäcker anläßlich einer Teegesellschaft bei Hans Driesch kennen

Abb. 4. Auf dieser Abbildung aus dem Jahre 1926 sieht man Viktor von Weizsäcker am Schreibtisch seines Arbeitszimmers in der Neurologischen Abteilung der Ludolf-Krehl-Klinik in Heidelberg

Abb. 5

Um dennoch einen gewissen persönlichen Eindruck von Viktor von Weizsäcker zu vermitteln, seien hier einige Photographien, die wir der Heidelberger Ausstellung zum Leben und Werk Viktor von Weizsäckers (Henkelmann 1986) entnommen haben, gezeigt (Abb. 2–10).

Die Abbildungen 5 und 6 stellen zur Veröffentlichung bestimmte Aufnahmen dar, sie sind Mitte der 30er Jahre entstanden und mehrfach benutzt worden.

Abb. 6

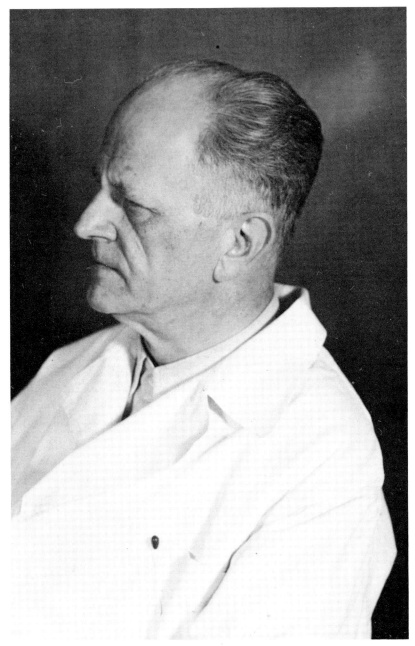

Abb. 7. 1944 in Breslau

Abb. 8

Abb. 9

Abb. 8–10. Um 1950, nach dem Kriege wieder in Heidelberg, Viktor von Weizsäcker im Hörsaal der Ludolf-Krehl-Klinik bei der Donnerstags-Vorlesung „Fälle und Probleme". Einige typische Haltungen und Gesten mögen manchen seiner ehemaligen Hörer in Erinnerung geblieben sein

Abb. 10

Für die Frage nach der heute möglichen Bedeutung des Werkes und dem Nachwirken seiner Person, für die Frage, wieviel Vergangenheit damit geschildert wird oder wieviel Zukunftsorientierung in seinen Gedanken liegen könnte, bietet sich ein *zweiter Durchgang* an.

Die methodischen und inhaltlichen Schwerpunkte sind in unserer Übersicht (s. Abb. 1) senkrecht angeordnet. Sie müssen vom Umfang und Gewicht, das ihnen von Weizsäcker selber zugemessen hätte, sicherlich verschieden beurteilt werden. Aber sie durchdringen sich gegenseitig in solcher Dichte, daß der ordnende Eingriff in die „Kohärenz" dieses Denkens fast unangemessen scheint. Wenn wir also dennoch die drei Bereiche des *Experimentes*, der *Klinik* und der *Philosophie* unterscheiden, so erleichtert dieses vielleicht die Annäherung.

Die wissenschaftliche Entwicklungslinie von Weizsäckers im ersten Bereich läßt sich vom naturwissenschaftlich-experimentierenden Forscher der Herzmuskelphysiologie und Neurophysiologie bis zum Gestaltkreis-

Denker verfolgen. Die Begründung dieses Weges war schon in der Schilderung der einzelnen Stufen seines Lebensweges angeklungen. Wir wollen sie nicht im einzelnen weiterverfolgen, sondern uns gleich dem Problem des „Gestaltkreises" zuwenden.

Was ist das also, der *Gestaltkreis*?
– Eine Methode, ein Modell, eine Lehre? –

Wie sollen wir das heute verstehen, die wir mit „Gestalt" sofort etwas wie „Therapie" verbinden, bei „Kreis" an kreisförmige und kybernetische Prozesse denken und durch das „Systemische" täglich an biologische, soziologische oder gedankliche „Einheiten" erinnert werden?

In seiner Auseinandersetzung mit der Gestaltpsychologie und -philosophie der 20er Jahre (Köhler, Metzger u. a.) auf der einen Seite und der mechanistischen Neurophysiologie auf der anderen Seite hat von Weizsäcker deutlich gemacht, daß er unter *Gestalt* vor allem den lebendigen Kreisprozeß verstanden wissen wollte, der die *Einheit des biologischen Aktes* – wie er es nannte – beschreibt, ein *Geschehen* also, eine *Leistung des Lebendigen*. Dieser Akt ist in seiner *Kohärenz* von *Subjekt* und *Objekt* vorgegeben. Er kann erst erkannt oder erforscht werden, wenn eine Kohärenz sich im Werden und Vergehen verändert („zerreißt"), *Unstetigkeit* durch „Krisen" erlebt oder – wie im Experiment – durch den künstlichen Eingriff verändert wird. Die Theorie der *Einheit von Wahrnehmen und Bewegen* – so lautet der Untertitel des „Gestaltkreises" – schließt im Erkenntnisprozeß notwendig das erkennende *Subjekt* ein: es muß in der *Bewegung* die *Wahrnehmung* verwirklichen und umgekehrt: „Um Lebendes zu erforschen, muß man sich am Leben beteiligen." Das *Subjekt*, das damit „auch in der Medizin wiederanerkannt" werden muß, befindet sich zu seinem Erkenntnisgegenstand in einem *Grundverhältnis*, „in einer Abhängigkeit, deren Grund selbst nicht Gegenstand werden kann". Die Gestaltkreislehre will also kein objektivierendes Modell oder eine Abbildungsfigur des Lebendigen entwerfen, sondern als Erkenntnislehre eine „Anweisung zur Erfahrung des Lebendigen" geben. So, wie man die Physik als die Lehre zur Erkenntnis der Gesetze der Materie bezeichnen kann (C. F. von Weizsäcker), so könnte die Gestaltkreislehre als Grundlage zur Erfahrung des gelebten Lebens angesehen werden.

Aus vielen Einzelbeobachtungen, einfachen und komplizierten Wahrnehmungsvorgängen an klinischen Beispielen und mit Hilfe experimenteller Anordnungen (Tast- und Druckversuche, optokinetische „Trommel", „Drehstuhl") hat von Weizsäcker diese Grundgedanken ausgeführt und weiterverfolgt. Zusammen mit seinen Mitarbeitern A. Prinz Auersperg, P. Christian, A. Derwort, P. Vogel und J. Stein entwickelte er daraus die Beobachtungen zum *Funktionswandel*, die Unterscheidung des *Leistungs-*

prinzips vom *Leitungsprinzip*, das *Äquivalenzprinzip*, Analysen *räumlicher* und *zeitlicher Strukturen*, die Bedeutung des *Prolepsis* bis zur ersten Formulierung des „Gestaltkreises" und der *pathischen Kategorien*.

Das sind Worte und Begriffe, die uns weitgehend fremd geworden sind. Ihre Inhalte aber lassen fast immer etwas Vertrautes anklingen, wenn wir die „Übersetzungsarbeit" leisten und z. B. statt *Prolepsis* den psychophysiologischen Terminus „Antizipation" oder den psychoanalytischen Begriff der „Leitphantasie" einsetzen. Dennoch bestehen Unterschiede.

Diese hat P. Christian in jüngster Zeit in einer kritischen Würdigung zusammengestellt (1986, s. dieser Band). Er hebt in seiner Übersicht hervor, in welcher Weise die Grundzüge dieser Ansätze zwar sowohl in die moderne Neurophysiologie (R. Jung), in die Sinnesphysiologie (H. Schaefer, H. Hensel), in kybernetische und biokybernetische Modellbildungen (Hassenstein, von Holst, Mittelstaedt), in arbeitsmedizinische Prozeßanalysen (W. Hacker u. a.), in Handlungstheorien (Volpert, Graumann) und sogar in moderne Sporttheorien (Rieder, Ungerer, Petersen) eingegangen sind – allerdings oft ohne Namensnennung und in vielleicht parallelen Erkenntnisprozessen. Die gewichtigste Unterscheidung dieser Theoriebildungen von den von Weizsäckerschen Gedanken scheint ihm aber darin zu liegen, daß die Weizsäckersche Radikalität in der Forderung nach *Anerkennung des Subjektes* in der Biologie nur selten nachvollzogen wird, und moderne Anschauungsformen, wie z. B. auch kybernetische Modelle, eher von einer unreflektierten quasi-objektivierenden, oder wie er es nennt „quasi-technischen Mimikry" des Lebendigen ausgehen. Diese erweitern zwar die Erklärungsmöglichkeiten, verfehlen aber die Vertiefung des Erkenntnisaktes, der nach dem Prinzip der *gegenseitigen Verborgenheit* der Erkenntnisaspekte oder dem Drehtürprinzip (zwischen „innen" und „außen") verstanden werden muß.

Der „Gestaltkreis" stellt also die eine Seite der Theorie für die Klinik und den *Umgang mit dem kranken Menschen* dar. Die andere Seite läßt sich in den Arbeiten von Weizsäckers zur *Philosophie, Theologie* und *medizinischen Anthropologie* finden. Wir gehen über zur „dritten Säule" unserer Aufstellung.

Ein Werk wie der „Gestaltkreis" ist nicht ohne die gedankliche und methodische Vorarbeit aus der *philosophischen Tradition* denkbar. Die früheren Arbeiten von Weizsäckers zum *Vitalismus* (1910), seine erkenntnistheoretische Auseinandersetzung mit Kant und dem *Neukantianismus* (1916), seine Erfahrungen mit der Südwestdeutschen Schule von Windelband und Rickert, gehen in die späteren Gedanken zur *Naturphilosophie* (1919/20) ein, die dann auch die Beziehung zur *Theologie* herstellen. Durch seine Bekanntschaft und Freundschaft mit F. Rosenzweig, H. Ehrenberg, M. Buber, J. Wittig und M. Scheler formen sich die Ansätze zu einer eigenen *medizinischen Anthropologie* (1927), die gedanklich und inhaltlich weit über den Rahmen des späteren „Gestaltkreises" hinausgeht und den phänomenologisch-hermeneutischen Zirkel zum Verstehen des Kranken begründen hilft. In seinem Alterswerk, der „Pathosophie" (1951/1956) laufen diese Grundlinien zusammen und gewinnen in der Fundierung durch die *pathischen Kategorien* ein die Darstellung fast aller Lebensbereiche bestimmendes Gewicht. Sie durchdringen die biologischen wie die psychologischen, die sozialen wie die philosophisch-theologischen Gedankengänge über die „Allgemeine Krankheitslehre" und „Spezielle Krankheitslehre" bis zum „Versuch einer Enzyklopädie" und formen diesen weitgespannten Entwurf einer *medizinischen Anthropologie* (1951), den er selber nicht mehr zu Ende bringen konnte (Beele 1956).

Die Rezeption dieses Werkes steht ebenfalls noch aus, obgleich sich eine Reihe von Autoren und ehemaligen Schülern kontinuierlich mit seinem Gedankengut beschäftigt haben (D. Wyss 1956 und später, W. Kütemeyer 1960, F. J. J. Buytendijk, W. Jacob 1978, 1986 u. a. m.). Die Schwierigkeit der Lektüre ist auch hier ein Hindernis. Den Lesern befremden Wortbildungen, Querverbindungen zu Ungewohntem, die Mischung von Allgemeinbegriffen und Spekulativem. Oftmals erkennt man nicht mehr den Zusammenhang mit der „Wirklichkeit", ahnt nur die Zusammenhänge und findet dann Leitlinien aus vorausgegangenen Werken. Wenn man sich aber mehrfach müht und die „Sätze" nicht nur als „Sätze" nimmt, sondern als Durchblicke, Anlaß zu Verdichtungen von Gedanken, die vor- und nachgedacht werden können, die die Gegenwartsicht verändern – wenn es also gelingt, unvertraute Wortbildungen durch vertrautere zu ersetzen und den Zusammenhang mit dem eigenen Denken herzustellen, dann entsteht plötzlich das Bild eines „Umgreifenden" (Jaspers 1958), das den Grund des Menschseins anrührt, und eine Ahnung davon, in welcher Weise auch in dem philosophischen Gedanken so etwas wie eine ur-ärztliche Lehre verborgen sein könne.

Dieses „Ur-ärztliche", „Eigentliche" des Arzt-seins meint nun das Thema unseres letzten Teiles, der vor allem dem *Kliniker* und *Psychotherapeuten* von Weizsäcker gewidmet ist. Viktor von Weizsäcker hat sich niemals primär als Psychotherapeut oder Psychosomatiker gefühlt – er war, in seinem Selbstverständnis, vor allem *Arzt*, als Internist, Neurologe und später als Allgemeinkliniker. Die Psychotherapie bedeutete für ihn die Möglichkeit zur Korrektur eines falschen Kurses der Medizin; die Einführung einer anthropo-logisch verstandenen Psychologie in die Medizin war sein klinisches Vermächtnis.

Die Bestimmung des *Umganges*, die von Weizsäcker bereits in den 20er Jahren für die Fundierung der Arzt-Patienten-Beziehung formuliert hatte, enthält die Anleitung zur Reflexion der *Gegenseitigkeit*, die von Weizsäkker zunächst auch als „Übertragung" und den „im Arzt korrespondierenden Vorgang" (1928) – er nannte ihn allerdings noch nicht „Gegenübertragung" – erfaßt hatte. Später entwickelte er daraus den Begriff der *Bipersonalität*, den P. Christian im Zusammenhang mit Gedankengängen von K. Löwith aufnahm und 1949 experimentell untersuchte.

Der Bedeutungsbereich des *Umganges* schließt die Beziehung des Arztes zum Patienten in der gemeinsamen Bemühung um das *Krankheitsverständnis* (Symptomwahrnehmung, Vorgeschichte, Krankheitserleben) und um die *Heilungsmöglichkeiten* (Ansätze zur Selbstheilung, Widerstände gegen die Selbstheilung, therapeutische Hilfsmaßnahmen) ein. In ihnen finden sich die Leitlinien der *Biographie*, die Entwicklungslinien des *gelebten* und *ungelebten* Lebens und die Kulminierung des „Dramas", das zur *Krise* und *Krankheit* führen kann.

Die Bestimmung des *Umganges* begründet aber auch verschiedene Formen der ärztlichen Zuwendung: *vom handelnden Eingriff* bis zur *psychoanalytischen Abstinenz*. Nicht die Methode des Fachgebietes, nicht das schulgerechte Verhalten hat den Vorrang, sondern die Bemühung um die möglichst *adäquate* Erkenntnis der *Situation des Kranken*. Der Hilfe-Appell kann angenommen, modifiziert oder zurückgewiesen werden: aber er muß zuvor *verstanden* worden sein. Das ist die einfache, eigentlich so selbstverständliche Wahrheit, die von Weizsäcker in allen seinen Beispielen zur Arzt-Patienten-Beziehung zum Ausdruck bringt, in den Schilderungen der einfachen Krankheitsgeschichten, in den komplexeren „Studien zur Pathogenese" (1935), „Körpergeschehen und Neurose" (1933), den späteren „Klinischen Vorstellungen" (1941) und „Fällen und Probleme" (1947). Die Nähe zu Balint (ab 1953) wird hier deutlich.

Der Vergleich dieser beiden Männer würde ein eigenes Thema ausmachen. Beiden ging es um ein vertieftes Verstehen des Kranken, beide wollten die Einstellung ihrer ärztlichen Kollegen verändern. Vielleicht macht es den Unterschied aus, daß der eine, von Weizsäcker, im wesentlichen im akademischen Rahmen tätig war, während der andere, Balint, als Pragmatiker die *Psychoanalyse* anwendete.

Die Beziehung von Weizsäckers zur Psychoanalyse allerdings geht weit in die 20er Jahre zurück. Auch aus pathogenetischer und nosologischer Sicht hatte er den Kontakt gesucht. In der Psychoanalyse erkannte er die differenzierteste Möglichkeit, menschliches Kranksein zu verstehen.

Von hier aus suchte er als forschender Arzt die Verbindung zu „Freud und den Psychotherapeuten". In seiner bewegenden Schilderung dieser Jahre von den ersten Vorträgen in Kassel (1924), Referaten in Wiesbaden (1925) und Baden-Baden (1926) bis zu seiner Begegnung mit Freud im November 1926 in Wien wird es deutlich, wie sehr ihn die Suche nach einer „neuen Medizin" über den medizinischen Personalismus seines Lehrers von Krehl hinausgetragen hatte und die Grundlagen seiner *anthropologischen Medizin* vorbereiten half.

Allerdings kommt in diesen Schilderungen – mehr zwischen den Zeilen als expressis verbis – auch zum Ausdruck, daß er die „Psychotherapeuten" doch stets als eine etwas andere „Rasse" empfand. Anders als die internistischen Kollegen, die sich zunehmend von ihm absetzten, und die Psychiater, die ihn nicht und die er nicht schätzte, fand er Bundesgenossen und Freunde in ihnen, aber auch Befremdendes. Wenn man aufmerksam seine Erinnerungen liest, mit der Darstellung der vielen Persönlichkeiten, denen er begegnet ist, spürt man diese Mischung aus Faszination und Skepsis.

Am deutlichsten wird dies in seiner Begegnung mit Freud, die er ausführlich in „Natur und Geist" (1944) schildert, und die zu einem anschließenden Briefwechsel und Gedankenaustausch führte. Aber auch in Beschreibungen von C. G. Jung, den er erst schätzte, später ablehnte, von J. H. Schultz, den er bei aller Bewunderung doch „ein wenig den Till Eulenspiegel der Psychotherapie" nannte.

Es scheint, als ob sich darin nicht nur das Fremdheitsgefühl des Nicht-Analysierten gegenüber dem Analysierten äußert, sondern auch das Mißbehagen an der Fülle von Einseitigkeiten und Verkennungen, die mit dem Anspruch der neuen und ungewohnten Sichtweisen verbunden waren. Die „wägende" Vorsicht, die von Weizsäcker auch der von ihm tief verehrten Psychoanalyse Sigmund Freuds entgegenbrachte, läßt bereits etwas von dem methodischen Grundzug der späteren Gestaltkreislehre erkennen: Jede Übertreibung, jede Isolierung, jeder ungebrochene Wahrheitsausspruch war ihm verdächtig: der erkannte „Teil" läßt sich nicht für das „Ganze" setzen. Die Unbefangenheit des Forschers und Arztes, der gerade die Rolle des „Subjektes" in der Medizin zu analysieren begonnen hatte, konnte auch die Gruppenrechthaberei, wie sie in der „Orthodoxie" und den „Abfallsbewegungen" zum Ausdruck kamen, weder verstehen noch billigen.

Wenn man darüber hinaus aus den vielen Äußerungen von Weizsäckers zur Neurosentheorie, Psychotherapie, Psychoanalyse und psychosomatischen Medizin die Kernsätze seiner theoretischen Orientierung und seiner klinischen Erfahrungen zusammenträgt, so ergibt sich für uns heutige „Nachfahren" ein wahrhaft überraschendes Bild:

Es lassen sich nicht nur die meisten Ansätze, Bedenken und Korrekturvorschläge, die innerhalb der Psychotherapie und Psychoanalyse für die Ich-Psychologie, Erweiterung der Abwehrlehre und Modifizierung der Behandlungstechniken während der letzten 30 Jahre gemacht worden sind, in Hinweisen und kritischen Äußerungen bereits vorfinden, sondern es ist auch die Forderung nach einer Vertiefung der Psychotherapie in Richtung auf eine adäquatere Wahrnehmung und Behandlung körperlicher Störungen bei ihm vorgegeben, wie sie einerseits in der Deutung körperlicher Erkrankungen (z. B. Angina tonsillaris) zum Ausdruck kam und andererseits in der psychosomatischen Behandlung der heute sog. „Körpertherapien" entwickelt worden sind.

Es bleibt das (vielleicht unausgesprochene) Geheimnis von Lindau, wie weit sich dieser Anteil des von Weizsäckerschen Erbes offen oder latent, z. B. in der „Konzentrativen Bewegungstherapie" von H. Stolze fortgesetzt hat – die Tatsache, daß in diesem Jahre von ihm, unserem „sanften Mentor", ein Kurs in „ärztlichem Wahrnehmungstraining" angeboten worden ist, läßt zumindest auch diese Verbindung ahnen. Für die „Funktionelle Entspannung" von M. Fuchs wissen wir es sehr genau.

Wenn mir bei dieser Gelegenheit noch ein weiteres persönliches Wort vergönnt ist, so möchte ich sagen, daß – obwohl Viktor von Weizsäcker niemals selber an einer Lindauer Psychotherapiewoche teilgenommen hat – dennoch seine ehemaligen Mitarbeiter und Schüler diesen Kurs sicher und beharrlich verfolgten: Für mich war es K. Fink-Eitel, einer seiner langjährigen Mitarbeiter, der mich „in kämpferischer Manier" in seinen DKW – ich glaube, es war 1959 – verfrachtete und sagte: „Da müssen Sie hin, nach Lindau. Da kann man wenigstens unter Gleichgesinnten reden."

Das ist eine Reminiszenz. Sie macht aber vielleicht deutlich, wie umstritten und problematisch das von Weizsäckersche Erbe in diesen Jahren auch in Heidelberg war; insbesondere, seitdem sich die Psychosomatische Klinik (A. Mitscherlich) unter dem Druck der Rückgewinnung internationalen Prestiges, zunehmend von der klinischen Psychosomatik entfernt hatte.

Jetzt, 1986, scheint die Entwicklung umgekehrt zu laufen: In dem letzten Werk von Thomä u. Kächele (1985) kommt – allerdings auf dem Umweg über die USA – so etwas wie „Ärztlichkeit" in die Psychoanalyse zurück. Es ist wirklich erstaunlich, wenn man die alten Gedanken von Weizsäckers mit den neu formulierten, natürlich wesentlich differenzierter ausgeführten Überlegungen vergleicht, in welcher Weise sich zwischen den alten theoretischen Positionen von Weizsäckers und der sog. „modernen Psychoanalyse" kaum noch Unterschiede finden lassen.

Den genaueren Vergleich habe ich an anderer Stelle unternommen (Hahn 1986) und möchte hier zum Abschluß nur die Hauptpunkte des Ergebnisses nennen:
1. Die „Theoriekrise" der Psychoanalyse macht es möglich, *metapsychologische* und *triebtheoretische* Konstrukte in ihrem theoretischen und verpflichtenden Anspruch relativiert zu sehen und damit in einen anthropologischen Kontext zu bringen, wie er von Weizsäcker immer vorgeschwebt hatte.
2. Die *Instanzenlehre* und die Lehre von *Abwehr und Widerstand* sind

heuristisch akzeptiert, aber auch modifiziert worden; die adaptiven und Ich-psychologischen Anteile werden ausdrücklich betont (Hartmann, Parin). Viktor von Weizsäcker hatte dies am Beispiel der Verdrängung deutlich gemacht.
3. Die *Übertragungs- und Gegenübertragungslehre*, deren „unendlich wichtige Tatsache" (von Weizsäcker) für die Arzt-Patienten-Beziehung „gar nicht hoch genug eingeschätzt" werden könne, ist klinisch akzeptiert und wird im Rahmen einer „dyadischen" Beziehung (s. *Bipersonalität*) variabel und modifizierbar gesehen.
4. Und schließlich sind die *kulturhistorischen Interpretationen*, denen gegenüber von Weizsäcker die größten Vorbehalte hatte, aus ihren ideologischen Bindungen (z. B. des Atheismus) gelöst und können im Zusammenhang mit anthropologischen und ethnopsychologischen Erkenntnissen zu geistesgeschichtlichen Perspektiven entwickelt werden, die auch die Zustimmung von Weizsäckers gefunden hätten.

Thomä u. Kächele sprechen von „Konvergenzen" innerhalb der verschiedenen Psychotherapierichtungen, die ihnen zukunftsträchtig scheinen: aber – das ist eine gruppendynamische Realität – eine „unio sancta" wird es in der Psychotherapie sicherlich nicht geben. Es sei denn – und das ist wieder eine Utopie – die verschiedenen Richtungen könnten sich zu einer klärenden Wissenschaftlichkeit bekennen.

Warum waren und sind so viele Umwege nötig?

Das könnte ein eigenes, vielleicht psychotherapeutisches Rätsel sein. Möglicherweise aber auch, etwas nüchterner betrachtet, nur ein Stück der von uns zu leistenden und bislang nicht geglückten Über-Ich-Analyse. So ist es heute leichter, in Viktor von Weizsäcker nicht nur einen Vor-läufer und Vor-denker für viele Gegenwartsfragen zu sehen, sondern vor allem auch den unmittelbaren und produktiven Geist, der aus dem religiösen Kern seiner widerspruchsvollen Natur das Arzt-sein als ein Stück alter und neuer Menschlichkeit gelebt hat, wie es uns seit Hippokrates begleitet.

Für manche – auch der hier Anwesenden – ist Viktor von Weizsäcker damit ein Lehrer, ein verehrtes Vorbild gewesen. Für andere könnte sein hinterlassenes Werk zu einem Kristallisationspunkt werden, zu einer Art „Skandalon" – einem „Skandalon", dem zu begegnen oft ärgerlich ist, aber immer Gewinn bringt.

Literatur

Buytendijk F J J (1956) Anthropologische Physiologie. Müller, Salzburg
Christian P (1949) Wesen und Formen der Bipersonalität. Enke, Stuttgart

Christian P (1986) Der Gestaltkreis. Symposium 100. Geburtstag V. v. Weizsäcker, Heidelberg 1986 (in diesem Band)

Fink-Eitel K (1952) Historisch vergleichender Beitrag zur Frage der Bedeutung von Entwicklung und Denkeinstellung der anthropologischen Medizin. Inaug.-Diss., Heidelberg

Fuchs M (1984) Funktionelle Entspannung. Hippokrates, Stuttgart

Gadamer H G (1986) Zwischen Natur und Kunst. Symposium 100. Geburtstag V. v. Weizsäcker. Heidelberg 1986 (in diesem Band)

Hacker W (1978) Allgemeine Arbeits- und Ingenieurspsychologie. Huber, Bern Stuttgart

Hahn P (1980) Allgemeine klinische und psychosomatische Medizin. In: Heidelberger Jahrbücher, Bd 24. Springer, Berlin Heidelberg New York Tokyo

Hahn P (1986) Viktor v. Weizsäcker und die Psychoanalyse. Forum Psychoanal 2: 162-166 (s. auch Sonderheft, Springer-Verlag 1987)

Henkelmann Th (1986) Viktor v. Weizsäcker. Materialien zu Leben und Werk. Springer, Berlin Heidelberg New York Tokyo

Jacob W (1978) Kranksein und Krankheit. Hüthig, Heidelberg

Kütemeyer W (1963) Die Krankheit in ihrer Menschlichkeit. Vandenhoeck & Ruprecht, Göttingen

Löwith K (1981) Das Individuum in der Rolle des Mitmenschen. In: Ges. Schriften, Bd I: Mensch und Menschenwelt. Metzlersche Verlagsbuchhandlung, Stuttgart

Minkowski E (1971) Die gelebte Zeit. Müller, Salzburg

Östmann R (1986) Viktor v. Weizsäcker und Alexander Mitscherlich. Vortrag in Heidelberg, März 1986

Petersen T (1985) Qualitative Bewegungsforschung. In: Rieder H (Hrsg) Beiträge zur Bewegungsforschung im Sport. Limpert, Bad Homburg

Stolze H (1984) Konzentrative Bewegungstherapie. Verlag Mensch und Leben, Berlin

Thomä H, Kaechele H (1985) Lehrbuch der psychoanalytischen Therapie. Springer, Berlin Heidelberg New York Tokyo

Vogel P (1932) Zur Symptomatologie und Klinik des Schwindels. Nervenarzt 5: 169-179

Weizsäcker V von (1947) Der Gestaltkreis, 3. Aufl. Thieme, Stuttgart

Weizsäcker V von (1955) Meines Lebens hauptsächliches Bemühen. In: Kern E (Hrsg) Wegweiser in der Zeitwende. Reinhardt, München

Weizsäcker V von (1956) Pathosophie. Vandenhoeck & Ruprecht, Göttingen

Weizsäcker V von (1960) Gestalt und Zeit. Vandenhoeck & Ruprecht, Göttingen

Weizsäcker V von (1986) Gesammelte Schriften, Bd I und Bd VI. Achilles P, Janz D, Schrenk M, Weizsäcker C F von (Hrsg). Suhrkamp, Frankfurt

Wyss D (1957) V. v. Weizsäcker. Zwischen Medizin und Philosophie. Vandenhoeck & Ruprecht, Göttingen

Wyss D (1961) Die tiefenpsychologischen Schulen. Vandenhoeck & Ruprecht, Göttingen

Erinnerung an Viktor von Weizsäcker*

Dolf Sternberger

Viktor von Weizsäcker lebte von 1886 bis 1957. Am 21. April 1986 gedachte man der hundertsten Wiederkehr seines Geburtstages, doch ist auch ohne solchen chronologischen Anlaß Grund genug vorhanden, seine Gestalt, seine geistige Leistung, seine Bedeutung in der Wissenschaftsgeschichte ins Gedächtnis zu rufen. Es scheint, er ist weithin vergessen, und wo nicht geradezu vergessen, so doch nur unbestimmt erinnert, mit einer Aura scheuer Achtung, die wenig Folgen zeitigt. Er steht gleichsam in einer abgelegenen Nische. Eine feste Schule hat er nicht gebildet, seine Nachfolge stellte sich in wenigen einzelnen dar, scheint sich bald zu verlieren.

Er war Arzt, Mediziner, Naturphilosoph, ein durchaus eigentümlicher, eigenwüchsiger Denker. Wenn von irgendeinem Geist der Epoche der ersten Jahrhunderthälfte ohne Rückhalt gesagt werden kann, daß er durch Tiefsinn ausgezeichnet sei, so gewiß von ihm. Die meiste Zeit war er Professor in Heidelberg, einige Jahre während des Krieges in Breslau, dann wieder in Heidelberg. Erst in diesen letzten Jahren seiner akademischen Wirksamkeit wurde ihm ein angemessen bezeichneter Lehrstuhl zuteil – für Allgemeine Klinische Medizin –, bis dahin war er auf das Fach der Neurologie eingeschränkt geblieben. Wenngleich seine „klinischen Vorstellungen" im großen Hörsaal der Heidelberger Ludolf-Krehl-Klinik einen einzigartigen Zauber ausübten und vielen Hörern unvergeßlich geblieben sind, so war es für ihn doch ein später Lebensaugenblick, seine Attitüde hatte etwas Schmerzliches. Immerhin liest man heute im Brockhaus, er habe eine „allgemeine anthropologische Medizin begründet". Der Name ist gewiß zutreffend, er hat eine solche Lehre, eine solche Leib und Seele umgreifende Wissenschaft entworfen, erdacht, erprobt, umkreist: Aber wo ist sie seither geblieben? Zuletzt war es doch eine recht einsame Bemühung, und ein Element von Melancholie ist ihr auch aus diesem Grunde eigen. Oder täuscht uns nur der vergleichende Blick? Ist am Ende

---

* Aus: Prax Psychother Psychosom 31: 62-68 (1986)

inmitten der rastlos und unwiderstehlich fortschreitenden naturwissenschaftlichen Medizin mit ihren erdrückenden Erfolgen, mit ihren Apparaten und Medikamenten, ihrer übermächtigen diagnostischen und therapeutischen Technik der Mann, der die „Einführung des Subjekts" gelehrt, die biographische Bedeutung der Krankheit ergründet, das Geheimnis der Dialektik von Leib und Seele in immer neuen Versuchen, Untersuchungen, Deutungen, Versenkungen berührt hat, ist sein Genie am Ende notwendig einsam geblieben?

Erste Bekanntschaft

Man wird nach meiner Legitimation fragen, ein Porträt Viktor von Weizsäckers zu zeichnen. Ich habe nicht Medizin studiert, sondern Philosophie. Dennoch rechne ich ihn zu meinen Lehrern, sogar zu den geliebten. Die erste Bekanntschaft war eigentlich literarischer Art: Im studentischen Zeitungslesesaal in der Augustinergasse fand man die wunderbare Zeitschrift, die Viktor von Weizsäcker zusammen mit Martin Buber und Joseph Wittig herausgab, und die Lambert Schneider in Berlin mit opulenter Einfachheit herstellte, „Die Kreatur". Sie hat nur drei Jahrgänge erlebt, 1927–1929. Es war eine ungewöhnliche Unternehmung, ein Protestant, ein Jude und ein Katholik hatten sich zusammengetan. „Das Gemeinsame war", schrieb Weizsäcker später (1945) im Rückblick, „daß wir die Gemeinschaft in unserer religiösen oder kirchlichen Gemeinde alle verloren hatten: die Gemeinschaft der Gemeinschaftslosen und darum Wissenden." Gleichwohl war ein religiöser Grundton in den Beiträgen zu vernehmen, die in mehrere, auch entlegene Disziplinen reichten, ohne je spezialistisch zu werden oder die wissenschaftliche Zugehörigkeit und Kompetenz auch nur kenntlich zu machen.

Als ich meinen ersten größeren Essay geschrieben hatte, brachte ich das Manuskript kurzerhand zu Professor von Weizsäcker, er wohnte in der Plöck, schräg gegenüber der Bibliothek und dicht neben Karl Jaspers, der indessen in gewisser Weise sein Antipode gewesen ist. Jaspers' philosophische Grundformel von der „Existenz" war entschieden ethischer Natur, das Reich der Kreatur, der Geschöpflichkeit, zumal das Dunkel des Leibes und der Krankheit war ihm mehr ein Gegenstand des ordnenden Verstandes als ein Mysterium, mehr ein Stoff der Disziplinierung als ein Strudel der Versenkung.

Mein Aufsatz wurde in der „Kreatur" veröffentlicht. Wichtiger wurde die vertrauensvolle Freundschaft, deren Weizsäcker den jungen Mann in der Folge gewürdigt hat. Vier Jahre später, nach meiner Promotion, zog er mich mit einigen anderen heran, sein Projekt einer Analyse des Systems der Sozialversicherung mit dem Ziel ihrer Reform auszuführen. Diese Arbeitsgemeinschaft bestand unter seiner Leitung von 1932–1934. Ihr Schicksal läßt sich aus diesen Daten erahnen. Sie ist gescheitert, die Gruppe wie das Vorhaben wurden durch die nationalsozialistische Machtergreifung zerschlagen. Viktor von Weizsäcker hat von diesen Bemühungen und von seinen sozialpolitischen Intentionen in dem Buch Rechenschaft gegeben, das er in den Monaten seiner Kriegsgefangenschaft, nach der Flucht aus Breslau, im Frühjahr und Sommer 1945, geschrieben hat; es heißt „Begegnungen und Entscheidungen" und hat teils autobiographischen, teils meditativen Charakter. Es ist ein sehr schönes Buch.

Soziale Medizin

Ihren Ausgang nahmen diese sozialpolitischen Interessen Weizsäckers von der Beobachtung gewisser Neurosen. Diese Erscheinungen, sagte er, hätten in den ersten Jahrzehnten des Jahrhunderts und zumal in den 20er Jahren geradezu „den Eindruck einer neuen Volksseuche" gemacht, und „die von der Schulmedizin erzogenen Ärzte" hätten dem Phänomen einigermaßen ratlos gegenübergestanden. Er fand, daß die kausal denkende Medizin das Übel verschlimmere, indem sie die Patienten in ihrer Krankheit festzuhalten tendiere. Namentlich war es die sog. Rentenneurose bei Arbeitern und Angestellten, die Weizsäckers Denken und Forschen in Anspruch nahm; er wehrte sich gegen den vorgeschriebenen Schematismus, an den der akademische Kliniker als Gutachter und Obergutachter gefesselt war. Er prägte den Begriff der Rechtsneurose, denn er fand, daß nicht so sehr das „Begehren" der Rente als das Beharren auf dem Rechtsanspruch die Krankheit förderte, die dessen Grundlage bildete. In einer besonderen Baracke mit 20 Betten untersuchte er mit Assistenten solche Kranken. Trotz seines Mißtrauens gegen den Rechtscharakter des Versicherungssystems – das er später übrigens korrigiert hat – formulierte er seine Grundforderung wiederum in rechtsförmiger Weise: an die Stelle des Rechts auf Rente solle ein Recht auf Behandlung treten. Diese Behandlung wich von der konventionellen Klinik dadurch entscheidend ab, daß das ärztliche Gespräch, die Gemeinschaft unter den Patienten, Therapie durch Bewegung und Arbeit in den Vordergrund rückten. Auch erkannte er das merkwürdig archaische Moment des Versicherungssystems, die „Beschränkung der Erwerbsfähigkeit" in Prozenten auszudrücken, obgleich doch solcher Aufrechnung physischer Mängel nach Art des Talionsprinzips der Vorzeit – da man abgehauene Gliedmaßen, um den Verletzten zu „entschädigen", mit Münzen oder Barren aufwog – im Berufs- und Arbeitsleben keinerlei qualitative Wirklichkeit entspricht.

Überhaupt, meinte er, solle es nicht auf Versicherung, sondern auf Sicherung ankommen, vor allem und zunächst der Gesundheit. In der Baracke gab es eindrucksvolle Heilerfolge. Die maßgebliche Publikation war seine Schrift „Soziale Krankheit und soziale Gesundung", die 1930 erschien. Sie stellt wohl den Anfang und ein Grundbuch dessen dar, was nachmals Sozialmedizin genannt wurde, und diese Pionierleistung sollte jeder kennen und anerkennen, der sich in diesem Felde betätigt oder an der Ausbildung des Faches ein Verdienst in Anspruch nimmt. In dieser Schrift steht der Satz, daß die Neurose ein Verhalten nicht nur der Person, sondern auch der Gesellschaft ausdrücke, und eben aus dieser Einsicht sind jene Bestrebungen zum Umbau des Systems der Sozialversicherung erwachsen, denn diese Einrichtung war es, auf welche der Satz vom Verhalten der Gesellschaft zielte.

Die Einführung des Subjekts

Aber schon hier griff der Gedanke tiefer ein. Es ist nicht nur die Entdeckung der sozialen und institutionellen, sondern auch die der intimeren Krankheitsbedingungen von Ehe, Familie, Beruf, Arbeitsplatz oder Mangel eines Arbeitsplatzes, was diese Schrift auszeichnet. Überhaupt erschöpft sich Weizsäckers Bedeutung bei weitem nicht an diesem seinem energischen, wiewohl zuletzt vergeblichen praktischen Zugriff. Ein einziger Satz aus der eben erwähnten Schrift mag die weitere und tiefere Perspektive anzeigen, die sich schon hier eröffnete:

>„Es ist nicht wahr, daß ich objektiv feststellen kann, ob ein Mensch Kopfweh hat oder nicht, es ist nicht wahr, daß ich objektiv urteilen kann, ob er deswegen arbeiten kann oder nicht, und es ist nicht wahr, daß ich objektiv wissen kann, ob das Trauma die Ursache dieses Zustandes ist oder nicht."

Das ist nicht nur ein Zweifel, das ist eine Absage, und in der gleichsam ketzerhaften Aufrichtigkeit dieses öffentlichen Bekenntnisses kündigt sich an, was er nachmals der Objektivitätsfiktion entgegengesetzt hat: die „Einführung des Subjekts in die Methode der Forschung" (wie es in den „Studien zur Pathogenese" von 1935 heißt).

Das war eine grundstürzende Parole. Aber es war noch nicht alles. Von Weizsäckers bohrender, doch durchaus sinnlicher Gedanke zielte in das Wesen der Krankheit selbst. Er sah vor sich „eine umfassende Krankheitslehre, die einmal die Trennung in leibliche und seelische Entstehungsweisen überwinden wird". In der Schrift „Ärztliche Fragen" (von 1934) hat er die fundamentale Einsicht, die den Kern einer solchen neuen Krankheitslehre ausmacht, in eine unvergeßliche dialektische Formel gebracht:

„Nichts Organisches hat keinen Sinn, nichts Psychisches hat keinen Leib." Und es gebe nicht zwei oder drei unterschiedliche Sorten von Krankheitsfällen, organisch Kranke, psychisch Kranke und womöglich sozial Kranke, vielmehr träfen diese Momente in der konkreten Krankheit, im konkreten Kranken stets zusammen.

> „Denn der Mensch in seiner Gemeinschaft und der Mensch mit seinem Ich ist kein anderer wie der Mensch mit seinem Leibe: man kann ihn nicht aufteilen."

Daher forderte er eine Medizin nicht der fachlichen Absonderung, sondern der Zusammenarbeit. Und daraus folgten auch die weisen und übrigens tief christlich geprägten Maximen, die er für das ärztliche Verhalten, für das Verhältnis zwischen Arzt und Krankem aufgestellt – und nach seinen Kräften praktiziert – hat:

> „Ich kann also den Schmerz dessen, der ihn hat, nicht eigentlich wissen und erkennen." – „Nicht ergreifen, aber von ihm ergriffen werden!" – „Hinwendung zum Schmerz des anderen ist die Sachlichkeit des ärztlichen Berufes."

So steht es in dem Bande „Arzt und Kranker" (von 1941). Und so stand es ihm wahrhaft ins Gesicht geschrieben, seine Miene war wie geprägt von der Anstrengung einer grübelnden Teilnahme.

Über Freud hinaus

So bedeutsam gewiß das Werk Sigmund Freuds (mit dem er noch in Korrespondenz gestanden hat) für Viktor von Weizsäcker gewesen ist – er hat das nie verleugnet –, so hat er, wie mir scheinen will, doch einen bedeutenden Schritt über Freud hinaus getan, und das ist ein weiterer Grund, an ihn zu erinnern – heute, da der Freudianismus (neben und mit dem Marxismus) weithin zu einer beherrschenden oder doch jedenfalls unbezweifelten Weltanschauung geworden ist. Es ist der Schritt von der Psychoanalyse zur „psycho-physischen Forschung", wie Weizsäcker seine Intention in einer glänzenden Akademierede von 1934 bezeichnet hat, oder auch zur „psychosomatischen" oder schließlich zur „anthropologischen" Medizin. Es ist der Schritt von der kausalen zur dialektischen Betrachtung des Verhältnisses von Leib und Seele, Seele und Leib; denn auch Freud dachte kausal, wenngleich in umgekehrter Richtung als die konventionelle Klinik, eben psychoanalytisch statt physioanalytisch. Von Weizsäckers Postulat, das Subjekt in die Methode der Forschung – und in die ärztliche Praxis – einzuführen, mag von der Psychoanalyse angeregt oder ermutigt worden sein, aber er ging darauf aus, dieses Prinzip, das aus dem Studium der Neurosen gewonnen war, der ganzen Klinik mitzuteilen und einzuimpfen. In seinen „Studien zur Pathogenese" findet man Beschreibungen von Mandelentzündungen, von Diabetes insipidus und von Herzjagen, und es sind ebensoviele Bemühungen, die psychologische oder, besser gesagt, die lebensgeschichtliche, biographische Bedeutung solcher individuellen Erkrankungen zu ermitteln. Und man findet andererseits die meisterhafte Darstellung einer hysterischen Lähmung, an der umgekehrt gerade das entschieden physische, organische, leibliche Element hervorgekehrt und ernstgenommen ist.

„Nichts Organisches hat keinen Sinn, nichts Psychisches hat keinen Leib."

System und Antisystem

Durchgängig scheint Weizsäckers Denken, seinem Diagnostizieren und Experimentieren ein Trieb innezuwohnen, Differenzen, die die Wissenschaft aus- und festgemacht hat, aufzuheben und gleichsam einzuschmelzen, die Widersprüche etwa zwischen Physiologie und Psychologie, ja zwischen dem Subjekt und seiner Umwelt nicht zwar aufzuheben, wohl aber in die lebendige Einheit zurückzuführen, aus der sie herrühren und in der sie auch wiederum als Widersprüche angelegt sind. So hat er in demjenigen Buch, das als sein systematisches Hauptwerk gilt, im „Gestaltkreis" (zuerst 1940), eine „Theorie der Einheit von Wahrnehmen und Bewegen" entwickelt, welche abermals, nun aber nicht so sehr aus klinischer Beobachtung, vielmehr vorwiegend aus präzisen Laboratoriumsversuchen hergeleitet, das geheimnisvolle Verhältnis von Leib und Seele zu ergründen bestimmt war. Der Titelbegriff ist eine Metapher, das Bild des Kreises will an die Stelle der einsinnigen Kausalität, der Wirkung entweder des Leibes auf die Seele oder der Seele auf den Leib, und zugleich der Vorstellung vom psychophysischen Parallelismus treten: es meint „eine kreisförmige Ordnung, bei der jedes der beiden Glieder aufs andere wirkt". Von Weizsäckers Phantasie in der Prägung neuer und immer sinnenhafter Begriffe mutet fast unerschöpflich an, seine Darstellungsweise, sein Stil ist immer kräftig und durchsichtig, ja wie aus geselliger Mündlichkeit hervorgehend, dabei niemals trivial, die Schwierigkeiten des Gegenstandes nie verleugnend. Kein Zweifel, er war ein großer und origineller Schriftsteller, seine Sprache, sein Vokabular hat alle fachterminologische Routine weit hinter sich gelassen, während andererseits manche philosophische Überlieferung – Leibniz, Schelling – darin eingegangen zu sein scheint.

Es war in ihm aber auch ein heimlicher Widerstand gegen systematische Festlegung überhaupt am Werke, ein Widerhaken inmitten großartiger Produktivität. „Ich freue mich immer, wenn etwas nicht zur Theorie stimmt", schrieb er in seinem Beitrag zu einer privaten Festschrift für Karl Jaspers; er handelt über „das Antilogische" und entstand 1942: es ist ein leise koboldhafter Zug darin, eine untergründige Freude, geistige Sicherheiten einzureißen, auch die eigenen. Und nicht nur die systematischen, sogar die sprachlichen Endgültigkeiten wurden ihm, dem Sprachmeister, zuzeiten unzulänglich, verdächtig und lästig. Immer wieder taucht er in die Beschreibung und Ergründung des einzelnen Krankheitsfalles ein; dann wollte er es als wichtigste Aufgabe klinischer Forschung ansehen, „eine bestimmte Art Krankengeschichten zu schreiben", nämlich Krankengeschichten als Berichte von Lebenskrisen oder von Ereignissen, die „in die schleichende Krise eines ganzen Lebens eingeflochten" sind (so in den „Studien zur Pathogenese").

Der Weg führte zur Erforschung des Leidens selber, von der naturwissenschaftlichen Pathologie zur naturphilosophischen „Pathosophie" – das ist der Titel seines letzten großen Buches (1956). Darin klingt es partienweise wie ein versunkenes Murmeln oder wie Zungenreden. Es scheint nun, als wäre Krankheit das eigentliche Wesensmerkmal, ja die Bestimmung des Menschen.

> „Die Vorstellung, daß die Mehrzahl von uns Menschen die längste Zeit ihres Lebens gesund sei, und daß wir nur da und dort und dann und wann krank würden – diese Vorstellung ist leider ganz unzutreffend." – „Man versteht das kranke Wesen am besten, wenn man sich das ganze Leben als einen unablässigen Krieg mit der Krankheit vorstellt."

Freud erscheint ihm in diesen seinen späten Tagen – „bei großer Wahlverwandtschaft und Verehrung" – doch als ein Sadduzäer, nur und allzusehr auf Erkenntnis und Wissen bedacht. Aber wie sollen wir dann seine, Weizsäckers, eigene Haltung benennen, die auf das Wissen verzichten, doch der Wahrheit des Leidens und des Lebens nur um so näher kommen möchte? Ich glaube nicht, ihm unrecht zu tun, wenn ich ihn – um ebenfalls ein religiöses Urbild anzuführen – im letzten Grunde für einen Mystiker ansehe.

Der so sehr christlichen These von der durchgängigen Krankheit des Menschenwesens korrespondiert sein wissenschaftlich explizierter Glaube, alle Krankheit habe einen Sinn. Ich gestehe, daß mir diese Zuversicht schon damals, um 1930, nicht ganz geheuer war: daß der Zufall, das Zufallende und Zustoßende des Daseins so gar keinen Platz haben, daß alle Kontingenz derart sich auflösen oder einordnen sollte? In der „Pathosophie" finden sich Sätze, die wie Blitze in der Dunkelheit sind. So spricht er von seiner „Lehre, daß der Tod nicht nur etwas schicksalsmäßig Empfangenes, sondern noch mehr etwas Gemachtes, also durch dieses Machen seinen Sinn Empfangendes sei". Das ist so kühn, daß es über die

Möglichkeiten der Mystik noch hinausgeht, es ist ganz ketzerisch, aufsässig gegen Gott, adamitisch, doch ohne die mindeste Hoffnung auf menschliche Vollkommenheit.

Amor fati als Melancholie

Eine heimliche, merkwürdig versonnene Aufsässigkeit gegen das jeweils Geltende machte sich auch bemerkbar, als er nach dem Kriege in seiner abgetragenen, der Abzeichen beraubten Uniform nach Heidelberg zurückgekehrt war. Der Sohn Eckhard war gefallen, der andere, Robert, vermißt – auch er ist verschollen geblieben. Sein Haus, ehedem das Inbild einer glücklichen Familie, war verstümmelt. Ich weiß nicht, ob er auch hier nach einem Sinn geforscht hat, aber ich weiß, daß er tief verletzt war, in der Rede, die Karl Jaspers zur Wiedereröffnung der Medizinischen Fakultät in der Ludolf-Krehl-Klinik hielt, kein Wort über die Gefallenen zu vernehmen. Der Sohn und Enkel von Staatsbeamten und Geistlichen lebte wohl so fest in patriotischer Tradition, daß er auch solche Opfer für pflichtgemäß ansah. Es scheint, er sonderte den Bereich des Kriegsdienstes von demjenigen der Hitler-Diktatur in seinem Inneren völlig ab oder bemühte sich doch, es zu tun. Wie er von dieser dachte, zeigt ein Wort, das ich gleich zu Anfang Dreiunddreißig im Familienkreis aus seinem Mund gehört habe: „Die Farbwahl ist bezeichnend." Er meinte die Braunhemden, niemand lachte, es war auch dies eine „psychophysische" Einsicht.

Das Verdikt der Kollektivschuldthese hat er für sich in gewissem Sinn angenommen, aber auch verwandelt: er entsann sich des paradoxen theologischen Begriffs der *felix culpa*, der glücklichen Schuld, und brauchte ihn mehrfach in Gesprächen. Es war kein Spiel und keine bloße Reminiszenz. Weizsäcker hat von der Erfahrung des *amor fati* die merkwürdige Behauptung aufgestellt, sie könne vom „Gewinner" im Lebensspiel niemals gemacht werden; es ist dies das gerade Gegenteil von Nietzsches Deutung. Und er hat das folgendermaßen erläutert (in einer Schrift mit dem geheimnisvollen Titel „Anonyma", die 1947 in einem Schweizer Verlag herauskam; sie gibt auf 65 Seiten, in aphoristischer Dichte, eine Essenz seines Forschens und Meditierens):

> „Die Erfahrung lautet etwa so, daß mein Unglück, mein Schmerz, Schwäche, Schwindel, Schmach, Entbehrung, Krankheit, Tod, Verlust mit Eifersucht als mir gehörig, zu mir gehörend, mit Stolz als Eigentum und Besitz, mit Verachtung als Probe eigener Kraft und Behauptung erlebt werden. Der Fromme erfährt solches als Gottes Wille und Gnade, der Unfromme als große eigene Leidenschaft."

Ob er sich selbst auf die Seite der Frommen oder Unfrommen gerechnet hat, ist schwer zu sagen, sicher aber auf die der Verlierer. Es war etwas in ihm, das ihn trieb, ein Verlierer sein zu wollen. Dahin konnte oder mochte ihm wohl kaum jemand folgen.

Es war um diese selbe Zeit, daß er mir einmal den Satz entgegenwarf: „Ach, Sie gehören auch zu den *scientes bonum et malum!*" Es war in seiner Wohnung, die Situation ist mir genau vor Augen geblieben, wie es bei dergleichen Äußerungen geht, die uns betreffen und doch etwas Dunkles behalten, nicht völlig begriffen werden. Auch höre ich noch den Tonfall seiner Stimme, sie war eher leise, zugleich trist und abweisend. Daß er auf meine damalige politisch-publizistische Wirksamkeit anspielte, auf die Gewißheit, eine gerechte und gute Sache zu fördern, war zwar ganz deutlich. Aber was sollte das Zitat aus der lateinischen Version der Geschichte vom Sündenfall eigentlich besagen? Soll die Verführung der Schlange, kann der Sündenfall, wenn es denn einer war, rückgängig gemacht, widerrufen werden? Haben wir denn als Adams Kinder nicht alle vom Baum der Erkenntnis gegessen? Könnten wir ohnedem, ohne Gut und Böse zu unterscheiden, irgend etwas in dieser Welt ordnen?

Nach diesem Gespräch trat eine Entfremdung ein, die mir schmerzlich ist. Viktor von Weizsäcker ist in Gram und Krankheit gestorben. Er war ein großer Gelehrter, ein teilnehmender Arzt, ein originaler Denker, ein Denker des Widersprüchlichen, Ergründer des Leidens, und ein Dichter in Begriffen der Sprache, zuweilen am Rande der Sprachlosigkeit. Es ist sehr zu beklagen, daß sein Gedächtnis so blaß geworden ist.